职业教育会计专业营改增系列教材
北京鹏燊国际科技有限公司指定用书

# Excel 在财务中的运用

(第三版)

| 主　编 | 李　煦 | 孙一玲 | 刘　鹏 | 谈先球 |
|---|---|---|---|---|
| 副主编 | 李婉琼 | 田晓静 | 贾振纲 | 陈　钰 |
|  | 杨良松 |  |  |  |
| 参　编 | 张皓阳 | 郭海光 | 张春笋 | 杨　玲 |
|  | 马靖杰 |  |  |  |

立信会计出版社

图书在版编目(CIP)数据

Excel 在财务中的运用/李煦等主编. -- 3 版.
上海:立信会计出版社,2025.5. --(立信精品教材).
ISBN 978-7-5429-7897-4
Ⅰ. F275-39
中国国家版本馆 CIP 数据核字第 2025AU0893 号

| | |
|---|---|
| 策划编辑 | 陈　旻 |
| 责任编辑 | 陈　旻 |
| 美术编辑 | 吴博闻 |

### Excel 在财务中的运用(第三版)
Excel ZAI CAIWU ZHONG DE YUNYONG

| | |
|---|---|
| 出版发行 | 立信会计出版社 |
| 地　　址 | 上海市中山西路 2230 号　邮政编码　200235 |
| 电　　话 | (021)64411389　传　真　(021)64411325 |
| 网　　址 | www.lixinaph.com　电子邮箱　lixinaph2019@126.com |
| 网上书店 | http://lixin.jd.com　http://lxkjcbs.tmall.com |
| 经　　销 | 各地新华书店 |
| 印　　刷 | 常熟市华顺印刷有限公司 |
| 开　　本 | 787 毫米×1092 毫米　1/16 |
| 印　　张 | 16.25 |
| 字　　数 | 416 千字 |
| 版　　次 | 2025 年 5 月第 3 版 |
| 印　　次 | 2025 年 5 月第 1 次 |
| 书　　号 | ISBN 978-7-5429-7897-4/F |
| 定　　价 | 48.00 元 |

如有印订差错,请与本社联系调换

# 第三版前言

在数据化的时代,Excel 已经成为人们日常经济活动中必不可少的工具。尤其对于广大的财务及相关人员而言,仅仅依靠财务软件是不能满足企事业单位灵活多变的数据信息需求的。熟练地运用 Excel 能使我们灵活地处理各种信息,高效、准确地筛选和汇总财务数据。

本书充分利用 Excel 2016 的技术特点,以企业财务与管理常用表单和功能需求为任务,深入揭示了 Excel 2016 与财务数据背后的原理,并配合大量典型实用的应用案例,帮助读者全面掌握 Excel 2016 在财务中的应用。技术内容包括 Excel 2016 的基本功能、公式与函数、图表与图形、表格分析与数据透视表以及高级功能。任务案例包括销售业务单据与统计表、应收账款分析与管理、进销存管理与利润分析、薪资管理、固定资产管理与折旧计算、会计账务处理、财务报表分析、预算管理、筹资管理、项目投资管理、生产成本核算和 Excel 快捷键介绍等。

本书有以下显著特点:

一是专业性。本书体现了较强的数字技术与财务专业知识的融通,遵循新修订的企业会计准则、税收法规及相关政策,是校企合作的成果。

二是实用性。本书充分考虑企业实践中的相关专业应用,建立的模型可以应用到企业实践,并有一定的可扩展性。

三是易学性。本书案例由浅到深,循序渐进。任何具有 Excel 基础知识和会计基础知识的人员,都可以按照本书讲解的步骤轻松使用 Excel 来处理会计实务工作。

本书由李煦、孙一玲、刘鹏、谈先球、李婉琼、田晓静、贾振纲、陈钰、杨良松、张皓阳、郭海光、张春笋、杨玲和马靖杰等老师通力合作完成。李煦和田晓静编写典型项目 1 销售业务单据与统计表,李煦和张春笋编写典型项目 2 应收账款分析与管理,张皓阳编写典型项目 3 进销存管理与利润分析,孙一玲、谈先球和杨玲编写典型项目 4 薪资管理,李婉琼编写典型项目 5 固定资产管理与折旧计算,马靖杰和孙一玲编写典型项目 6 会计账务处理,陈钰和孙一玲编写典型项目 7 财务报表分析和附录 Excel 快捷键,贾振纲和孙一玲编写典型项目 8 预算管理,李煦编写典型项目 9 筹资管理,郭海光编写典型项目 10 项目投资管理,孙一玲和杨良松编写典型项目 11 生产成本核算。李煦、孙一玲、刘鹏和谈先球对本书进行了总纂。

由于编写时间仓促,本书难免存在疏漏之处,恳请广大读者批评指正。

相关教学资源请与立信会计出版社联系索取,或登录 Excel 在财务中应用的实践教学云平台实操,网址:https://www.pskjedu.com,由北京鹏燊国际科技有限公司提供技术支持。

编 者<br>2025 年 5 月

# 目 录

**典型项目 1　销售业务单据与统计表** ······················ 1
 任务 1.1　销售业务单据制作 ······························· 4
 任务 1.2　销售订单的统计表生成 ························· 14
 任务 1.3　销售预测 ·········································· 23
 任务 1.4　销售统计分析图表 ······························· 28
 实战训练 ····················································· 36

**典型项目 2　应收账款分析与管理** ····························· 37
 任务 2.1　应收账款账龄分析 ······························· 40
 任务 2.2　坏账准备的计算 ·································· 42
 实战训练 ······················································ 45

**典型项目 3　进销存管理与利润分析** ························· 47
 任务 3.1　进货统计表编制 ·································· 50
 任务 3.2　销售统计表编制 ·································· 53
 任务 3.3　库存统计表编制 ·································· 55
 任务 3.4　销售毛利分析 ····································· 58
 实战训练 ····················································· 59

**典型项目 4　薪资管理** ········································ 60
 任务 4.1　基础信息录入 ····································· 66
 任务 4.2　职工社会保险、公积金明细表制作 ·············· 69
 任务 4.3　工资结算表制作 ·································· 73
 任务 4.4　个人所得税扣缴申报表制作 ······················ 77
 任务 4.5　工资条制作 ······································· 83
 任务 4.6　工资数据查询 ····································· 86
 任务 4.7　应付职工薪酬分配 ································ 96

实战训练 ·················································································· 98

### 典型项目 5　固定资产管理与折旧计算 ························································ 100
　　任务 5.1　创建固定资产清单 ····················································· 103
　　任务 5.2　个别固定资产折旧计算函数 ··········································· 106
　　实战训练 ·················································································· 110

### 典型项目 6　会计账务处理 ······································································ 112
　　任务 6.1　记账凭证簿编制 ························································· 123
　　任务 6.2　科目余额表编制 ························································· 128
　　任务 6.3　资产负债表编制 ························································· 131
　　任务 6.4　利润表编制 ······························································· 137
　　任务 6.5　现金流量表编制 ························································· 140
　　实战训练 ·················································································· 143

### 典型项目 7　财务报表分析 ······································································ 146
　　任务 7.1　比较分析 ·································································· 150
　　任务 7.2　比率分析 ·································································· 153
　　任务 7.3　综合分析 ·································································· 160
　　实战训练 ·················································································· 162

### 典型项目 8　预算管理 ············································································ 163
　　任务 8.1　业务预算 ·································································· 166
　　任务 8.2　财务预算 ·································································· 178
　　实战训练 ·················································································· 186

### 典型项目 9　筹资管理 ············································································ 187
　　任务 9.1　资金时间价值函数认识 ················································ 189
　　任务 9.2　综合资本成本（平均资本成本）测算 ······························· 200
　　任务 9.3　分期偿还借款方案制作 ················································ 205
　　实战训练 ·················································································· 206

### 典型项目 10　项目投资管理 ····································································· 208
　　任务 10.1　投资项目财务指标函数 ··············································· 211
　　任务 10.2　独立或互斥投资方案 ·················································· 216

任务 10.3　固定资产更新决策 …………………………………………………… 218
　　实战训练 ……………………………………………………………………………… 222

**典型项目 11　生产成本核算** …………………………………………………………… 223
　　任务 11.1　直接材料汇总 …………………………………………………………… 233
　　任务 11.2　职工薪酬分配 …………………………………………………………… 235
　　任务 11.3　辅助生产成本分配 ……………………………………………………… 236
　　任务 11.4　制造费用归集和分配 …………………………………………………… 239
　　任务 11.5　产品成本计算表编制 …………………………………………………… 241
　　任务 11.6　生产规划 ………………………………………………………………… 243
　　实战训练 ……………………………………………………………………………… 246

**附录　Excel 快捷键** ……………………………………………………………………… 247

# 典型项目1　销售业务单据与统计表

## ➤ 项目目标

**知识目标**

1. 熟练掌握财务管理中趋势分析的各种方法、理论
2. 循序渐进地掌握 Excel 部分函数和功能

**技能目标**

1. 掌握销售业务单据制作
2. 掌握销售订单的统计表生成
3. 熟练进行统计表的信息分析统计和图表分析
4. 学会运用数据透视表和数据透视图

**素养目标**

1. 举一反三,掌握企业其他业务单据的编制、汇总、统计和图表分析基本方法
2. 认真学习党的二十大精神,提高自我学习和分析问题、解决问题的能力,为建设制造强国、质量强国、网络强国、数字中国,推进产业基础高级化、产业链现代化,提高经济效益和核心竞争力,尽一份力

## ➤ 项目知识背景

财务角度:了解企业销售业务订单的编制方法,掌握销售订单各个项目信息的特点、来源和作用。Excel 单据的编制要最大限度地满足业务的需要,做到数据精准、规范,同时兼顾美观便捷,从而提高企业形象。

Excel 技巧:利用数据有效性,数据透视表,金额数字的小写转大写,IF、VLOOKUP、IFERROR 和 NUMBERSTRING 等功能和函数。

## ➤ 项目任务

滨海电器商贸有限公司拟完善企业经营业务的信息管理,提高效率,规范销售业务,将手工销售订单通过 Excel 表格归集。表 1.1 至表 1.9 是该公司的部分业务资料,其中,表 1.1 是该公司的销售订单纸质样本,现需要业务人员通过计算机开具订单、存档,并进行统计分析和销售预测。

表 1.1　　　　　　　　　　　　　　销售订单

序号：101　　　　　订单编号：D20240701101　　　　　　　　　制单日期：2024-7-1

| 客户名称 | 上海万联商贸有限公司 | | | 联系人 | 刘芳 | |
|---|---|---|---|---|---|---|
| 联系电话 | 02167231234 | | | 传真 | 02167231234 | |
| 单位地址 | 上海市中山西路120号 | | | | | |
| 交货方式 | 自提 | 交货地点 | | 交货日期 | 2024-7-1 | |
| 付款方式 | | | 网银 | 收款日期 | 2024-7-1 | |
| 业务员 | | | 林卿 | 开票种类 | 增值税专用发票 | |
| 序号 | 编码 | 品名 | 规格 | 单位 | 数量 | 单价 | 金额 |
| 1 | Z230-3 | Z230-3 烤箱 | Z230-3-2000W | 台 | 46 | 4 000.00 | 184 000.00 |
| 2 | J212068 | J212068 面包机 | J212068-1500W | 台 | 20 | 4 230.00 | 84 600.00 |
| 3 | K213281 | K213281 咖啡机 | K213281-800W | 台 | 2 | 1 800.00 | 3 600.00 |
| 4 | | | | | | | |
| 5 | | | | | | | |
| 6 | | | | | | | |
| 7 | | | | | | | |
| 8 | | | | | | | |
| 9 | | | | | | | |
| 10 | | | | | | | |
| 合计 | 人民币贰拾柒万贰仟贰佰元整（￥272 200 元） | | | | | | |
| 备注 | | | | | | | |
| 业务代表 | 签字： | | | | 日期： | | |
| 销售经理 | 签字： | | | | 日期： | | |

表 1.2　　　　　　　　　　　　　销售订单统计表

| 月份 | 制单日期 | 订单编号 | 序号 | 编码 | 品名 | 规格 | 单位 | 数量 | 单价 | 金额 | 客户名称 | 业务员 | 交货方式 | 付款方式 | 开票种类 |
|---|---|---|---|---|---|---|---|---|---|---|---|---|---|---|---|
| 7 | 2024-7-1 | D20240701101-1 | 1 | Z230-3 | Z230-3 烤箱 | Z230-3-2000W | 台 | 46 | 4 000.00 | 184 000.00 | 上海万联商贸有限公司 | 林卿 | 自提 | 网银 | 增值税专用发票 |
| 7 | 2024-7-1 | D20240701101-2 | 2 | J212068 | J212068 面包机 | J212068-1500W | 台 | 20 | 4 230.00 | 84 600.00 | 上海万联商贸有限公司 | 林卿 | 自提 | 网银 | 增值税专用发票 |
| 7 | 2024-7-1 | D20240701101-3 | 3 | K213281 | K213281 咖啡机 | K213281-800W | 台 | 2 | 1 800.00 | 3 600.00 | 上海万联商贸有限公司 | 林卿 | 自提 | 网银 | 增值税专用发票 |
| 7 | 2024-7-2 | D20240702102-1 | 1 | J210565 | J210565 面包机 | J210565-1000W | 台 | 50 | 3 000.00 | 150 000.00 | 北京华通商贸有限公司 | 魏华 | 指定地点交货 | 银行汇票 | 增值税专用发票 |
| 7 | 2024-7-2 | D20240702102-2 | 2 | K213290 | K213290 咖啡机 | K213290-1000W | 台 | 10 | 2 800.00 | 28 000.00 | 北京华通商贸有限公司 | 魏华 | 指定地点交货 | 银行汇票 | 增值税专用发票 |
| 7 | 2024-7-2 | D20240702102-3 | 3 | Z350-6 | Z350-6 烤箱 | Z350-6-2000W | 台 | 10 | 8 000.00 | 80 000.00 | 北京华通商贸有限公司 | 魏华 | 指定地点交货 | 银行汇票 | 增值税专用发票 |

表 1.3　　　　　　　　　　　　　　客户资料

| 序号 | 编码 | 客户名称 | 联系人 | 联系电话 | 传真 | 单位地址 |
|---|---|---|---|---|---|---|
| 1 | bjht | 北京华通商贸有限公司 | 王乔 | 01067231234 | 01067231235 | 北京市东城区钱粮胡同4号 |
| 2 | shwl | 上海万联商贸有限公司 | 刘芳 | 02167231234 | 02167231234 | 上海市中山西路120号 |
| 3 | tjhy | 天津华云电器商贸有限公司 | 刘云华 | 02225327899 | 02225327899 | 天津市滨海新区黄海路1002号 |
| 4 | gzhm | 广州惠民科技有限公司 | 杨平 | 02084722888 | 02084722888 | 广州市越秀区幸福路86号 |
| 5 | tjjn | 天津津南电子器材有限公司 | 马桑 | 02284721238 | 02284721238 | 天津市津南区沿河路86号 |
| 6 | gzxl | 广州西联科技有限公司 | 张品 | 02067891234 | 02067891234 | 广州市花都沿江大道124号 |

表 1.4　　　　　　　　　　商品信息表

| 序号 | 编码 | 品名 | 规格 | 计量单位 | 定价 |
|---|---|---|---|---|---|
| 1 | J210261 | J210261 面包机 | J210261-800W | 台 | 2 000.00 |
| 2 | J210565 | J210565 面包机 | J210565-1000W | 台 | 3 000.00 |
| 3 | J212068 | J212068 面包机 | J212068-1500W | 台 | 4 230.00 |
| 4 | K213281 | K213281 咖啡机 | K213281-800W | 台 | 1 800.00 |
| 5 | K213290 | K213290 咖啡机 | K213290-1000W | 台 | 2 800.00 |
| 6 | Z230-3 | Z230-3 烤箱 | Z230-3-2000W | 台 | 4 000.00 |
| 7 | Z350-6 | Z350-6 烤箱 | Z350-6-2000W | 台 | 8 000.00 |
| 8 | Z460-8 | Z460-8 烤箱 | Z460-8-2000W | 台 | 9 000.00 |

表 1.5　　　　　　　　　　付款方式表

| 编号 | 付款方式 |
|---|---|
| 001 | 现金 |
| 002 | 转账 |
| 003 | 银行汇票 |
| 004 | 支付宝 |
| 005 | 微信 |
| 006 | (2/10,1/20,n/30) |
| 007 | 网银 |

表 1.6　　　　　　　　　　业务员名单

| 编号 | 姓名 |
|---|---|
| 001 | 林卿 |
| 002 | 魏华 |
| 003 | 王颖 |

表 1.7　　　　　　　　　　发票种类表

| 编号 | 发票种类 |
|---|---|
| 001 | 增值税专用发票 |
| 002 | 增值税普通发票 |
| 003 | 增值税电子专用发票 |
| 004 | 收款收据 |

表 1.8　　　　　　　　　　交货方式表

| 编号 | 交货方式 |
|---|---|
| 001 | 自提 |
| 002 | 指定地点交货 |

3

表 1.9　　　　　　　　　　　　销售历史数据　　　　　　　　　　　　单位:元

| 年　份 | 2020 | 2021 | 2022 | 2023 | 2024 |
|---|---|---|---|---|---|
| 销售额 | 1 800 000 | 2 000 000 | 2 100 000 | 2 200 000 | 2 400 000 |

➢ 任务分解

任务分解图,如图 1.1 所示。

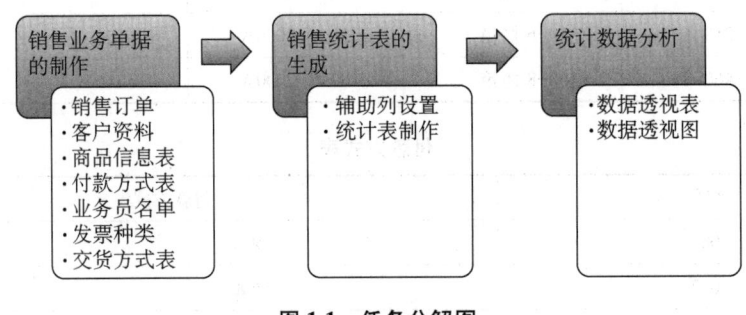

图 1.1　任务分解图

## 任务 1.1　销售业务单据制作

### 1.1.1　任务分析

销售是企业利润的重要来源,建立客户资料、签订订单,并按订单发货是企业数据处理系统化、科学化的基础工作,也是企业准确计算利润的关键。为了保证数据录入的准确规范,方便操作和汇总统计,企业应先建立客户资料、商品信息表、付款方式表、业务员名单、发票种类表和交货方式表等相关基础信息列表。

销售订单采用企业常用格式,企业可根据需要设计适合自己,体现本企业需求和文化的表单形式。当格式固定后,不同订单的数据信息不同,可以手工录入,但是为了高效地进行数据的统计,销售业务单据要实现数据输入的规范性,本案例需使用数据的验证功能,同时,为了验证功能的更新和可扩展,需建立客户资料表、商品信息表、业务员名单、发票种类表、交货方式表和付款方式表等相关辅助列表。

销售统计表根据销售订单生成,生成方法较多,各有优缺点,有的编制复杂但后期操作简单,一劳永逸;有的可利用 Excel 的功能直接生成,但需要操作人员有一定的 Excel 技能基础,并且出错的概率加大。

### 1.1.2　任务实现步骤

#### 1.1.2.1　辅助工作表制作

**步骤 1**　客户资料、商品信息表、付款方式表、业务员名单、发票种类表和交货方式表等相关辅助列表是在调研企业销售业务的需求基础上编制,表 1.3 至表 1.8 已经给出该公司部分资料,建立辅助工作表可以实现资料的可扩展性,即新增资料可以追加在工作表中。

**步骤 2** 建立"销售业务单据与统计表"Excel 工作簿,修改工作表"sheet1"为"客户资料"。录入表 1.3 中的客户资料,如图 1.2 所示。

| 序号 | 编码 | 客户名称 | 联系人 | 联系电话 | 传真 | 单位地址 |
|---|---|---|---|---|---|---|
| 1 | bjht | 北京华通商贸有限公司 | 王乔 | 01067231234 | 01067231235 | 北京市东城区钱粮胡同4号 |
| 2 | shwl | 上海万联商贸有限公司 | 刘芳 | 02167231234 | 02167231234 | 上海市中山西路120号 |
| 3 | tjhy | 天津华云电器商贸有限公司 | 刘云华 | 02225327899 | 02225327899 | 天津市滨海新区黄海路1002号 |
| 4 | gzhm | 广州市惠民科技有限公司 | 杨平 | 02084722888 | 02084722888 | 广州市越秀区幸福路86号 |
| 5 | tjjn | 天津津南电子器材有限公司 | 马桑 | 02284721238 | 02284721238 | 天津市津南区沿河路86号 |
| 6 | gzxl | 广州西联科技有限公司 | 张品 | 02067891234 | 02067891234 | 广州市花都沿江大道124号 |

图 1.2  客户资料

**步骤 3** 同理,将"sheet2"改为"商品信息表",将"sheet3"改为"付款方式表",并录入表 1.4 和表 1.5 中数据,如图 1.3 和图 1.4 所示。

| 序号 | 编码 | 品名 | 规格 | 计量单位 | 定价 |
|---|---|---|---|---|---|
| 1 | J210261 | J210261面包机 | J210261-800W | 台 | 2 000.00 |
| 2 | J210565 | J210565面包机 | J210565-1000W | 台 | 3 000.00 |
| 3 | J212068 | J212068面包机 | J212068-1500W | 台 | 4 230.00 |
| 4 | K213281 | K213281咖啡机 | K213281-800W | 台 | 1 800.00 |
| 5 | K213290 | K213290咖啡机 | K213290-1000W | 台 | 2 800.00 |
| 6 | Z230-3 | Z230-3烤箱 | Z230-3-2000W | 台 | 4 000.00 |
| 7 | Z350-6 | Z350-6烤箱 | Z350-6-2000W | 台 | 8 000.00 |
| 8 | Z460-8 | Z460-8烤箱 | Z460-8-2000W | 台 | 9 000.00 |

图 1.3  商品信息表

| 编号 | 付款方式 |
|---|---|
| 001 | 现金 |
| 002 | 转账 |
| 003 | 银行汇票 |
| 004 | 支付宝 |
| 005 | 微信 |
| 006 | (2/10, 1/20, n/30) |
| 007 | 网银 |

图 1.4  付款方式表

| 编号 | 姓名 |
|---|---|
| 001 | 林卿 |
| 002 | 魏华 |
| 003 | 王颖 |

图 1.5  业务员名单

**步骤 4** 依次增加"业务员名单""发票种类表"和"交货方式表",如图 1.5 至图 1.7 所示。

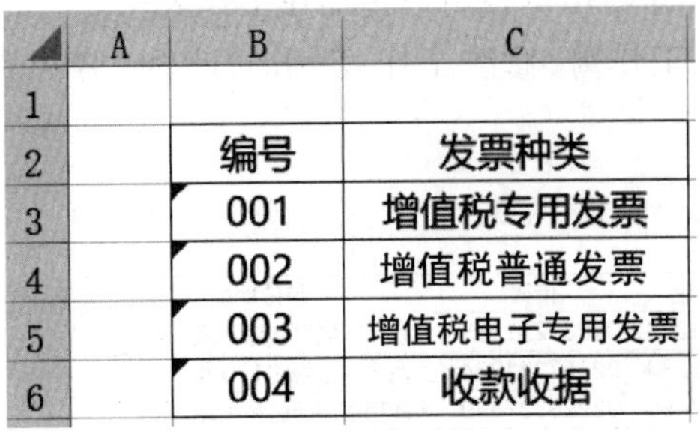

| | A | B | C |
|---|---|---|---|
| 1 | | | |
| 2 | | 编号 | 发票种类 |
| 3 | | 001 | 增值税专用发票 |
| 4 | | 002 | 增值税普通发票 |
| 5 | | 003 | 增值税电子专用发票 |
| 6 | | 004 | 收款收据 |

图 1.6　发票种类表

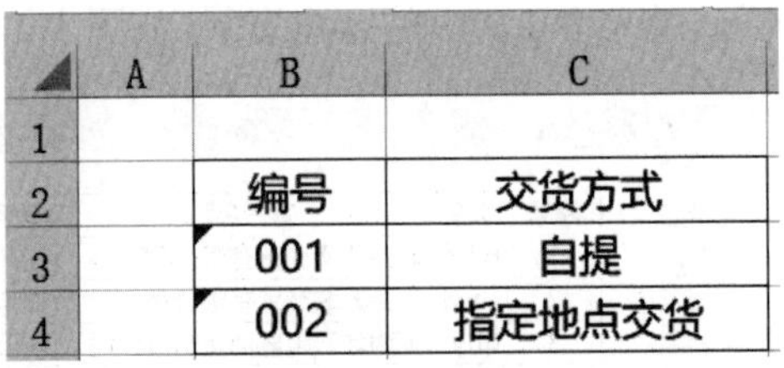

| | A | B | C |
|---|---|---|---|
| 1 | | | |
| 2 | | 编号 | 交货方式 |
| 3 | | 001 | 自提 |
| 4 | | 002 | 指定地点交货 |

图 1.7　交货方式表

### 1.1.2.2　销售订单制作

**步骤 1**　新建“销售订单”工作表，如图 1.8 所示，注意从第二行第 E 列开始。

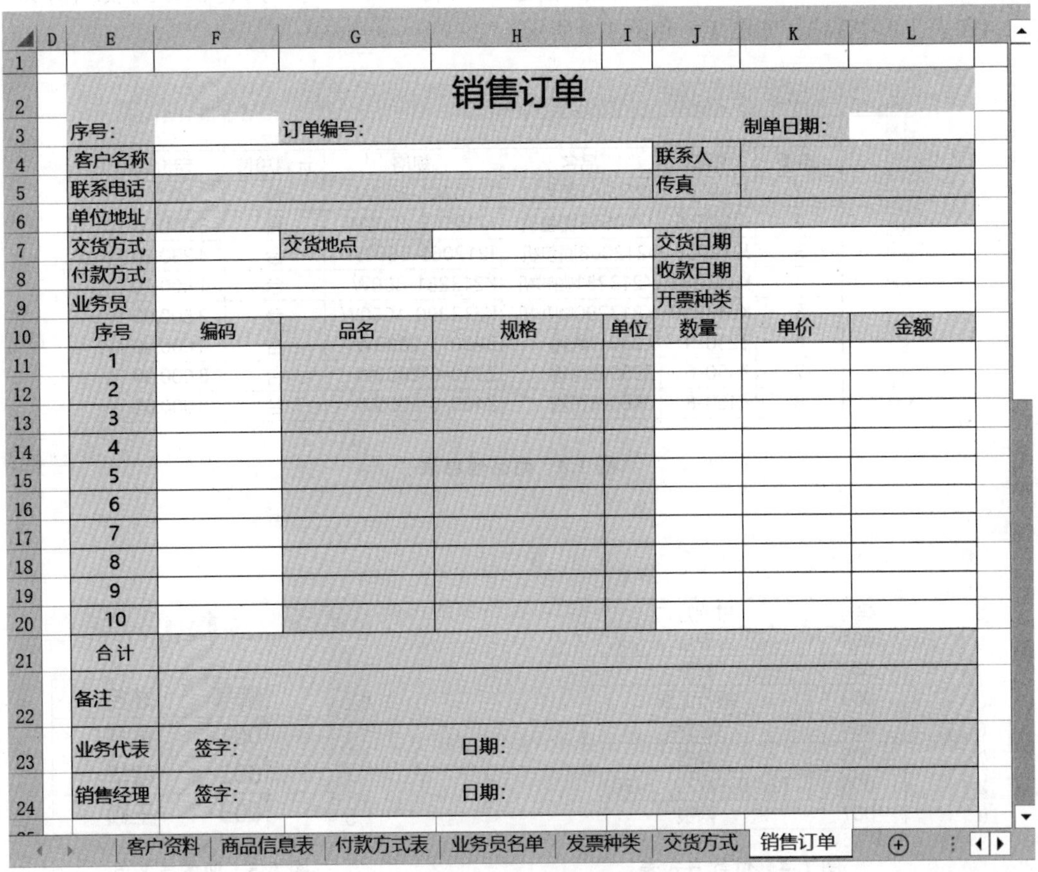

| | D | E | F | G | H | I | J | K | L |
|---|---|---|---|---|---|---|---|---|---|
| 1 | | | | | | | | | |
| 2 | | 销售订单 | | | | | | | |
| 3 | | 序号: | | 订单编号: | | | | 制单日期: | |
| 4 | | 客户名称 | | | | | 联系人 | | |
| 5 | | 联系电话 | | | | | 传真 | | |
| 6 | | 单位地址 | | | | | | | |
| 7 | | 交货方式 | | 交货地点 | | | 交货日期 | | |
| 8 | | 付款方式 | | | | | 收款日期 | | |
| 9 | | 业务员 | | | | | 开票种类 | | |
| 10 | | 序号 | 编码 | 品名 | 规格 | 单位 | 数量 | 单价 | 金额 |
| 11 | | 1 | | | | | | | |
| 12 | | 2 | | | | | | | |
| 13 | | 3 | | | | | | | |
| 14 | | 4 | | | | | | | |
| 15 | | 5 | | | | | | | |
| 16 | | 6 | | | | | | | |
| 17 | | 7 | | | | | | | |
| 18 | | 8 | | | | | | | |
| 19 | | 9 | | | | | | | |
| 20 | | 10 | | | | | | | |
| 21 | | 合计 | | | | | | | |
| 22 | | 备注 | | | | | | | |
| 23 | | 业务代表 | 签字: | | 日期: | | | | |
| 24 | | 销售经理 | 签字: | | 日期: | | | | |



图 1.8　空白销售订单

**步骤 2**　跨越合并。选中 F4: I5 单元格区域，单击“开始”选项卡上“对齐方式”组中的“合并后居中”按钮后的三角，如图 1.9 所示，选择“跨越合并”。同理设置 K4: L5, F8: I9, K7: L9 等单元格区域。

典型项目 1　销售业务单据与统计表

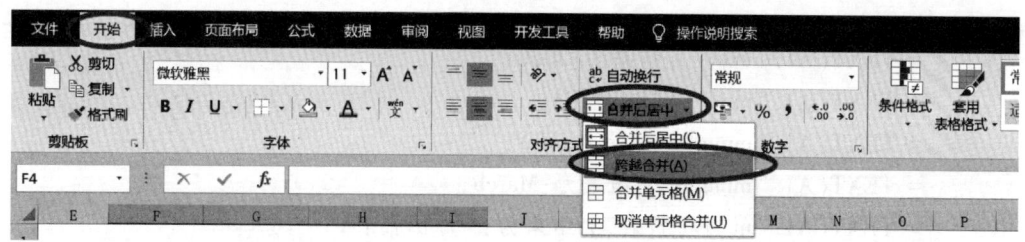

图 1.9　合并选项设置

**步骤 3**　参照图 1.7 将销售订单单元格设置一定颜色,其中图中无色单元格为手工输入或可以修改的信息单元,有色的单元格为不需录入信息和不需修改的自动生成公式信息单元。

**步骤 4**　设置订单序号。选择序号所在 F3 单元格,输入"101",单击"开始"选项卡上"对齐方式"组中的"文本左对齐"按钮。

**步骤 5**　设置制单日期。选择制单日期所在 L3 单元格,设置为日期型,输入"2024/7/1"或"2024-7-1"。

**步骤 6**　设置订单编号。订单编号以字母"D"开头,由日期与订单序号合并而成。选择 H3 单元格,输入公式"="D"&TEXT(L3,"yyyymmdd")&F3",如图 1.10 所示。

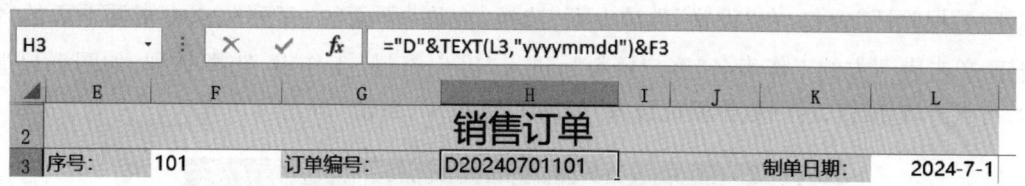

图 1.10　订单编号设置

### ☞ 知识链接

  TEXT 函数用来将数值转换为按指定数字格式表示的文本。该函数的语法规则如下:
$$\text{TEXT(Value, Format\_text)}$$
  具有以下参数:
  Value 为数值、计算结果为数字值的公式,或对包含数字值的单元格的引用。
  Format_text 为"单元格格式"对话框中"数字"选项卡上"分类"框中的文本形式的数字格式。
  **说明**
  Format_text 不能包含星号(*)。通过"格式"菜单调用"单元格"命令,然后在"数字"选项卡上设置单元格的格式,只会更改单元格的格式而不会影响其中的数值。使用函数 TEXT 可以将数值转换为带格式的文本,而其结果将不再作为数字参与计算。
  **实例**
  A1= 2020/3/1,则:
  =TEXT(A1,"yy")结果为:20;

7

= TEXT(A1,"yyyy")结果为:2020;
= TEXT(A1,"mm")结果为:03;
= TEXT(A1,"mmm")结果为:Mar;
= TEXT(A1,"mmmm")结果为:March;
= TEXT(A1,"m月份报表")结果为:3月份报表;
= TEXT(A1,"yyyymmdd")结果为:20200301。

☞ **知识链接**

在 Excel 公式中,"&"是文本合并运算符,即将大写字母"D",TEXT(A1,"yyyymmdd")的结果"20240701"和 F3 单元格中的"101",合并在 H3 单元格中,即 D20240701101。

**步骤 7** 利用下拉菜单,将"客户资料"中的客户名称通过选择的方式录入订单,可以通过设置客户名称的数据验证来完成。

选择 F4 的合并单元格,单击"数据"选项卡上"数据工具"组中的"数据验证"按钮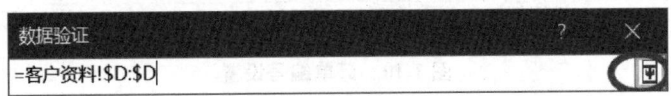。打开"数据验证"窗口,在"设置"选项卡下,选择"允许"下面的"序列",点击来源下面的按钮,单击表下方的工作表名"客户资料",进入"客户资料"工作表,选择 D 列,如图 1.11 所示,再点击按钮,返回数据验证设置,如图 1.12 所示,点击"确定"。

图 1.11 客户名称的数据有效性来源设置

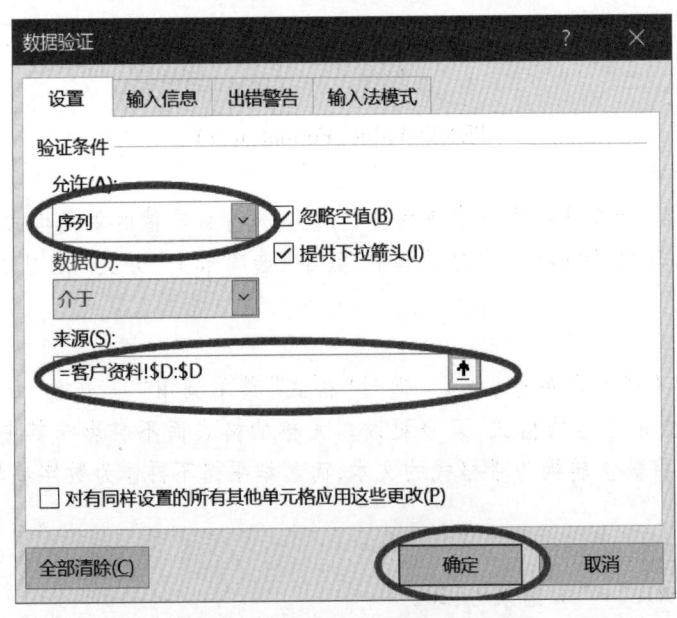

图 1.12 客户名称的数据有效性设置

**步骤 8** 选择 F4 的合并单元格,单元格右部出现向下的三角,点击三角,选择录入客户名称"上海万联商贸有限公司",如图 1.13 所示。数据验证不仅在客户清单已建立的情况下提高了录入速度,更重要的是提高了录入的准确度,为后期的汇总和函数调用提供了基础。

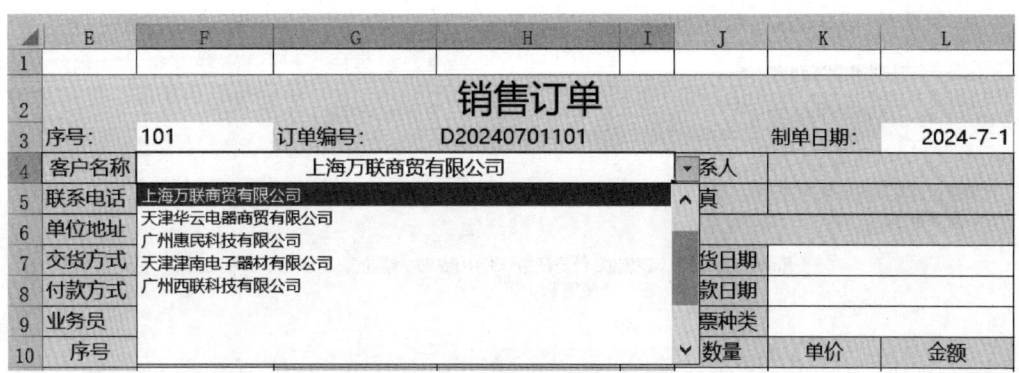

图 1.13　客户名称的数据验证应用

☞ **知识链接**

> 数据验证是对单元格或单元格区域输入的数据从内容到数量上的限制。对于符合条件的数据,允许输入;对于不符合条件的数据,则禁止输入。这样就可以依靠系统检查数据的正确有效性,避免数据录入的错误。

**步骤 9** 通过客户名称,将对应的客户信息自动填入订单。选择 K4 合并单元格,输入公式"=IF(F4<>"",VLOOKUP(F4,客户资料!D:I,2,0),"")",如图 1.14 和图 1.15 所示,或者"=IFERROR(VLOOKUP(F4,客户资料!D:I,2,0),"")",如图 1.16 所示。结果如图 1.17 所示。

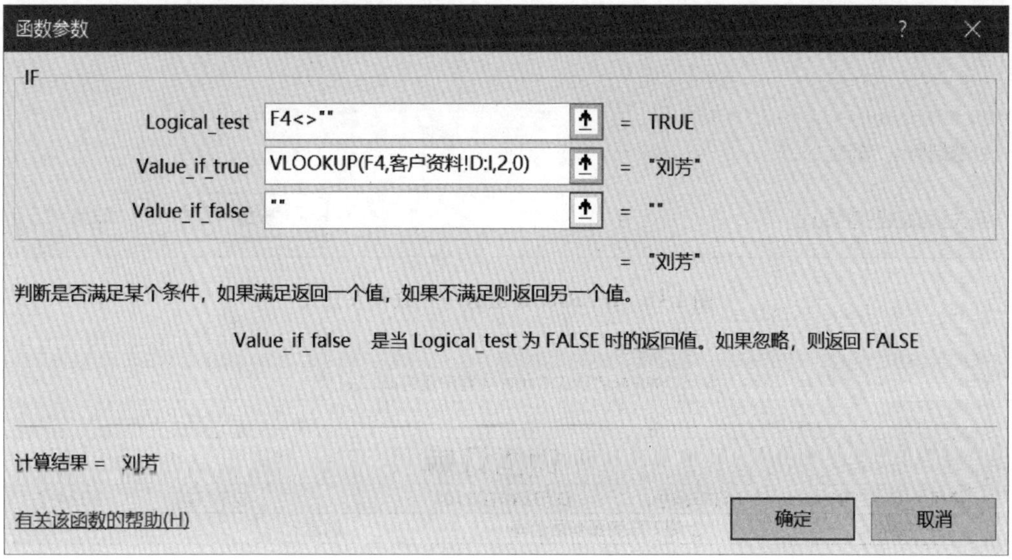

图 1.14　IF 函数——联系人公式

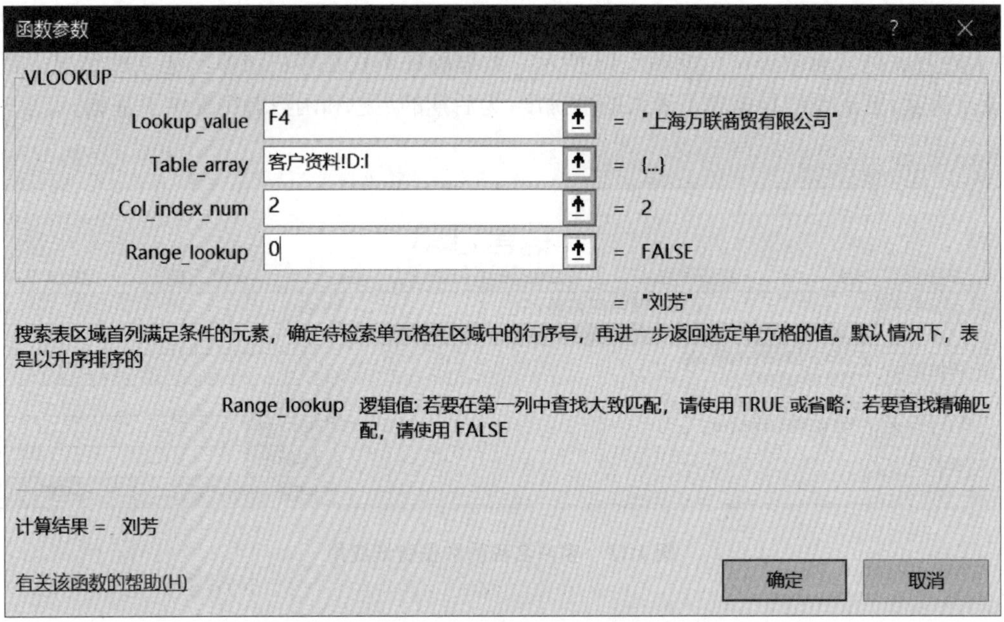

图 1.15　VLOOKUP 函数——联系人公式

图 1.16　IFERROR 函数——联系人公式

图 1.17　联系人的公式设置

☞ 知识链接

　　VLOOKUP 函数是 Excel 中的一个纵向查找函数,它与 LOOKUP 函数和 HLOOKUP 函数属于一类函数,在工作中都有广泛应用。VLOOKUP 是按列查找,最终返回该列所需查询列序所对应的值;与之对应的 HLOOKUP 是按行查找的。该函数的语法规则如下:
　　　　　VLOOKUP(Lookup_value, Table_array, Col_index_num, Range_lookup)
　　具有以下参数:
　　Lookup_value 为需要在数据表第一列中进行查找的数值。Lookup_value 可以为数值、引用或文本字符串。
　　Table_array 为需要在其中查找数据的数据表。使用对区域或区域名称的引用。
　　Col_index_num 为 Table_array 中查找数据的数据列序号。Col_index_num 为 1 时,返回 Table_array 第一列的数值;Col_index_num 为 2 时,返回 Table_array 第二列的数值,以此类推。如果 Col_index_num 小于 1,函数 VLOOKUP 返回错误值#VALUE!;如果 Col_index_num 大于 Table_array 的列数,函数 VLOOKUP 返回错误值#REF!。
　　Range_lookup 为一逻辑值,指明函数 VLOOKUP 查找时是精确匹配,还是近似匹配。如果为 FALSE 或 0,则返回精确匹配;如果找不到,则返回错误值#N/A。如果 Range_lookup 为 TRUE 或 1,函数 VLOOKUP 将查找近似匹配值,也就是说,如果找不到精确匹配值,则返回小于 Lookup_value 的最大数值。如果 Range_lookup 省略,则默认为近似匹配。

☞ 知识链接

　　IF 函数是逻辑函数,表达的意思是当满足某条件时,返回一个值,否则返回另一个值。该函数的语法规则如下:
　　　　　　　　IF(Logical_text, [Value_if_true], [Value_if_false])
　　具有以下参数:
　　Logical_text 表示要判断的条件。
　　Value_if_true 表示当满足判断的条件时返回的值。
　　Value_if_false 表示当不满足判断的条件时返回的值。
　　**实例**
　　销售订单表 K4 合并单元格中使用 IF 函数,是为了防止 F4 为空时,VLOOKUP 返回错误值#N/A。

☞ 知识链接

　　IFERROR 函数用来捕获和处理公式中的错误。如果公式的计算结果错误,则返回指定的值;否则返回公式的结果。该函数的语法规则如下:
　　　　　　　　　　　IFERROR(Value, Value_if_error)

> 具有以下参数：
>
> Value 为检查是否存在错误的参数。参数 Value_if_error 是必需的,公式的计算结果为错误时要返回的值。计算得到的错误类型有#N/A,#VALUE!,#REF!,#DIV/0!,#NUM!,#NAME?或#NULL!。
>
> 7种错误的含义：
>
> 1. #N/A  当在函数或公式中没有可用数值时,将产生错误值#N/A。
>
> 2. #VALUE!  当使用错误的参数或运算对象类型时,或者当公式自动更正功能不能更正公式时,将产生错误值#VALUE!。
>
> 3. #REF!  删除了由其他公式引用的单元格,或将移动单元格粘贴到由其他公式引用的单元格中。当单元格引用无效时将产生错误值#REF!。
>
> 4. #DIV/0!  当公式被零除时,将会产生错误值#DIV/0!。
>
> 5. #NUM!  当公式或函数中某个数字有问题时将产生错误值#NUM!。
>
> 6. #NAME?  当公式或函数无法识别公式中的文本时,将出现此错误值#NAME?。
>
> 7. #NULL!  使用了不正确的区域运算符或不正确的单元格引用。当试图为两个并不相交的区域指定交叉点时,将产生错误值#NULL!。
>
> **实例**
>
> 如果 Value 或 Value_if_error 是空单元格,则 IFERROR 将其视为空字符串值("")。如果 Value 是数组公式,则 IFERROR 为 Value 中指定区域的每个单元格返回一个结果数组。

**步骤10**  同理设置其他相关单元格。选择F5合并单元格,输入公式"=IF(F4<>"",VLOOKUP(F4,客户资料!D:I,3,0),"")"或者"=IFERROR(VLOOKUP(F4,客户资料!D:I,3,0),"")"。

选择K5合并单元格,输入公式"=IF(F4<>"",VLOOKUP(F4,客户资料!D:I,4,0),"")"或者"=IFERROR(VLOOKUP(F4,客户资料!D:I,4,0),"")"。

选择F6合并单元格,输入公式"=IF(F4<>"",VLOOKUP(F4,客户资料!D:I,5,0),"")"或者"=IFERROR(VLOOKUP(F4,客户资料!D:I,5,0),"")"。

**步骤11**  设置交货方式的数据验证,选择F7单元格,设置-允许为序列,来源输入"=交货方式!$C:$C"。选择录入"自提"。

**步骤12**  设置付款方式的数据验证,选择F8单元格,设置-允许为序列,来源输入"=付款方式表!$C:$C"。选择录入"网银"。

**步骤13**  设置业务员的数据验证,选择F9单元格,设置-允许为序列,来源输入"=业务员名单!$C:$C"。选择录入"林卿"。

**步骤14**  设置交货日期和送货日期的默认值为订单的日期,并可以修改。选择K7单元格,输入公式"=IF(L3<>"",L3,"")"。选择K8单元格,输入公式"=IF(L3<>"",L3,"")"或者"=IF(L3<>"",K7,"")"。

**步骤15**  设置增值税专用发票的数据验证,选择K9单元格,设置-允许为序列,来源输入"=发票种类!$C:$C"。选择录入"增值税专用发票"。

**步骤 16** 设置商品编码的数据验证,选择 F11 单元格,设置-允许为序列,来源输入"=商品信息表!$C:$C"。选择录入"Z230-3"。

**步骤 17** 根据商品的编码自动录入相关信息。选择 G11 单元格,输入公式"=IF(F11<>"",VLOOKUP(F11,商品信息表!$C:$F,2),"")"或者"=IFERROR(VLOOKUP(F11,商品信息表!$C:$F,2),"")"。

选择 H11 单元格,输入公式"=IFERROR(VLOOKUP(F11,商品信息表!$C:$F,3),"")"或者"=IFERROR(VLOOKUP(F11,商品信息表!$C:$F,3),"")"。

选择 I11 单元格,输入公式"=IF(F11<>"",VLOOKUP(F11,商品信息表!$C:$F,4),"")"或者"=IFERROR(VLOOKUP(F11,商品信息表!$C:$F,4),"")"。

选择 K11 单元格,输入公式"=IF(F11<>"",VLOOKUP(F11,商品信息表!$C:$G,5),"")"或者"=IFERROR(VLOOKUP(F11,商品信息表!$C:$G,5),"")"。

**步骤 18** 输入数量,选择 J11 单元格,输入"46"。

**步骤 19** 自动计算金额。选择 L11 单元格,输入公式"=IFERROR(J11*K11,"")"。

**步骤 20** 同理,设置下面各行,或拖动复制。

**步骤 21** 录入其他数据,选择 F12 单元格,选择录入"J212068",选择 I12 单元格,输入数量"20"。选择 F3 单元格,选择录入"K213281",选择 I12 单元格,输入数量"2"。

**步骤 22** 设置合计金额的大小写格式。设置的函数和方法很多,举例如下:选择 F21 合并单元格,本单元格中需要录入 L11:L20 金额合计的人民币大写金额。

**方法一** 选择 F21 合并单元格,输入公式"="人民币"&NUMBERSTRING(SUM(L11:L20),2)&"元整"&"(￥"&SUM(L11:L20)&"元)""。该种方法适用于舍弃"角分"的金额处理。

效果如图 1.18 所示。

| F21 | | | | fx | ="人民币"&NUMBERSTRING(SUM(L11:L20),2)&"元整"&"(￥"&SUM(L11:L20)&"元)" | | | | | |
|---|---|---|---|---|---|---|---|---|---|---|
| | D | E | F | G | H | I | J | K | L | M | N |
| 10 | | 序号 | 编码 | 品名 | 规格 | 单位 | 数量 | 单价 | 金额 | | |
| 11 | | 1 | Z230-3 | Z230-3烤箱 | Z230-3-2000W | 台 | 46 | 4 000.00 | 184 000.00 | | |
| 12 | | 2 | J212068 | J212068面包机 | J212068-1500W | 台 | 20 | 4 230.00 | 84 600.00 | | |
| 13 | | 3 | K213281 | K213281咖啡机 | K213281-800W | 台 | 2 | 1 800.00 | 3 600.00 | | |
| 14 | | 4 | | | | | | | | | |
| 15 | | 5 | | | | | | | | | |
| 16 | | 6 | | | | | | | | | |
| 17 | | 7 | | | | | | | | | |
| 18 | | 8 | | | | | | | | | |
| 19 | | 9 | | | | | | | | | |
| 20 | | 10 | | | | | | | | | |
| 21 | | 合计 | | 人民币贰拾柒万贰仟贰佰元整(￥272200元) | | | | | | | |

图 1.18 销售订单"合计"方法一效果图

**方法二** 选择 F21 合并单元格,输入公式"=TEXT(SUM(L11:L20)*100,"[dbnum2]人民币0仟0佰0拾0万0仟0佰0拾0元0角0分")&"(￥"&SUM(L11:L20)&"元)""。效果如图 1.19 所示。

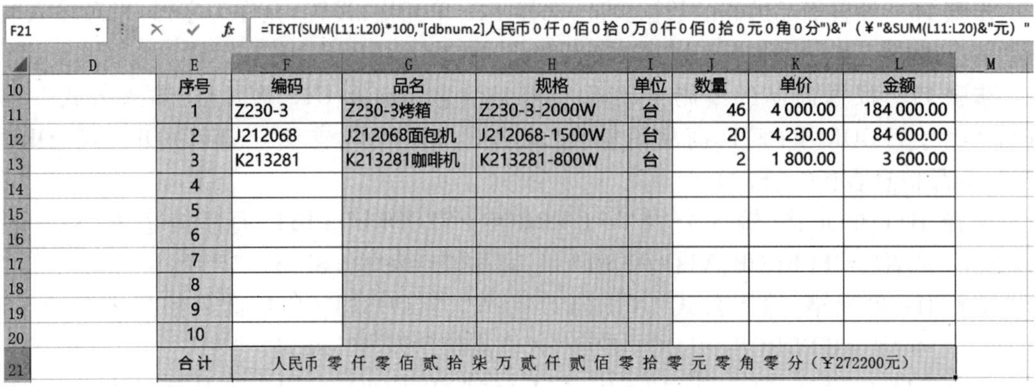

| 序号 | 编码 | 品名 | 规格 | 单位 | 数量 | 单价 | 金额 |
|---|---|---|---|---|---|---|---|
| 1 | Z230-3 | Z230-3烤箱 | Z230-3-2000W | 台 | 46 | 4 000.00 | 184 000.00 |
| 2 | J212068 | J212068面包机 | J212068-1500W | 台 | 20 | 4 230.00 | 84 600.00 |
| 3 | K213281 | K213281咖啡机 | K213281-800W | 台 | 2 | 1 800.00 | 3 600.00 |
| 4 | | | | | | | |
| 5 | | | | | | | |
| 6 | | | | | | | |
| 7 | | | | | | | |
| 8 | | | | | | | |
| 9 | | | | | | | |
| 10 | | | | | | | |
| 合计 | 人民币 零仟 零佰 贰拾 柒万 贰仟 贰佰 零拾 零元 零角 零分（￥272200元） | | | | | | |

图 1.19 销售订单"合计"方法二效果图

☞ **知识链接**

Excel 中隐藏了一个数字转大写的函数 NUMBERSTRING，仅支持正整数。该函数的语法规则如下：

NUMBERSTRING( Value, Type)

具有以下参数：

Value 为要转化的数字；

Type 为返回结果的类型（类型有 1、2、3 共三种），其中：1 为汉字小写，2 为汉字大写，3 为汉字读数。

**实例**

=NumberString(1234567890,1)　　结果为：一十二亿三千四百五十六万七千八百九十

=NumberString(1234567890,2)　　结果为：壹拾贰亿叁仟肆佰伍拾陆万柒仟捌佰玖拾

=NumberString(1234567890,3)　　结果为：一二三四五六七八九〇

### 1.1.3 拓展任务

销售订单中有颜色的区域，是不希望被随意修改的，请您对这部分区域进行保护。

提示：在使用 Excel 过程中，为了防止别人或自己对工作表进行修改，我们经常要将工具表进行锁定，而有时并不是全部锁定，局部表格还要求可以输入才能满足我们工作的需要。这就涉及对工作表进行局部加密，即使用"保护工作表"和"保护工作簿"等功能。

## 任务 1.2　销售订单的统计表生成

### 1.2.1 任务分析

销售订单采用企业常用格式，方便使用人员认知、操作和打印，但是这给统计和分析工作造成一定障碍，因此，需采取一定的技巧与方法，将销售订单转化为列表形式的销售统计表。例如，使用过渡的辅助单元格，隐藏过渡的辅助行或列等。

## 1.2.2 任务实现步骤

### 1.2.2.1 销售订单辅助行列设置

**步骤1** 在销售订单设置辅助列，先设置辅助列的标题，如图1.20所示。

图1.20 销售订单统计表

**步骤2** 为每行获取订单日期，同时订单内容为空时，日期也为空。选择C11单元格，输入公式"=IF(F11<>"",L3,"")"。

**步骤3** 利用C列获取订单月份，同时订单内容为空时，月份也为空。选择B11单元格，输入公式"=IFERROR(MONTH(C11),"")"。

**步骤4** 设置订单编号的唯一码，即订单编号加订单内行号选择D11单元格，输入公式"=IF(F11<>"",H3&"-"&E11,"")"。

**步骤5** 同理设置B11:D20单元格区域其他公式，如图1.21所示。

图1.21 销售订单B11:D20单元格公式

**步骤 6** 设置其他辅助列公式。选择 M11 单元格,参照图 1.22 输入公式,效果如图 1.22 所示。注意 M11:M20 区域公式与 N11:N20 区域公式设计的不同,N11:N20 区域的公式录入效率要高于 M11:M20 区域,公式效果相同。注意此处不要使用绝对地址,因为制作好的订单将要被复制。

| | M | N | O | P | Q |
|---|---|---|---|---|---|
| 1 | 客户名称 | 业务员 | 交货方式 | 付款方式 | 开票种类 |
| 11 | =IF(F11<>"",F4&"","") | =IF(F11<>"",F9&"","") | =IF(F11<>"",F7&"","") | =IF(F11<>"",F8&"","") | =IF(F11<>"",K9&"","") |
| 12 | =IF(F12<>"",F4&"","") | =IF(F12<>"",N11&"","") | =IF(F12<>"",O11&"","") | =IF(F12<>"",P11&"","") | =IF(F12<>"",Q11&"","") |
| 13 | =IF(F13<>"",F4&"","") | =IF(F13<>"",N12&"","") | =IF(F13<>"",O12&"","") | =IF(F13<>"",P12&"","") | =IF(F13<>"",Q12&"","") |
| 14 | =IF(F14<>"",F4&"","") | =IF(F14<>"",N13&"","") | =IF(F14<>"",O13&"","") | =IF(F14<>"",P13&"","") | =IF(F14<>"",Q13&"","") |
| 15 | =IF(F15<>"",F4&"","") | =IF(F15<>"",N14&"","") | =IF(F15<>"",O14&"","") | =IF(F15<>"",P14&"","") | =IF(F15<>"",Q14&"","") |
| 16 | =IF(F16<>"",F4&"","") | =IF(F16<>"",N15&"","") | =IF(F16<>"",O15&"","") | =IF(F16<>"",P15&"","") | =IF(F16<>"",Q15&"","") |
| 17 | =IF(F17<>"",F4&"","") | =IF(F17<>"",N16&"","") | =IF(F17<>"",O16&"","") | =IF(F17<>"",P16&"","") | =IF(F17<>"",Q16&"","") |
| 18 | =IF(F18<>"",F4&"","") | =IF(F18<>"",N17&"","") | =IF(F18<>"",O17&"","") | =IF(F18<>"",P17&"","") | =IF(F18<>"",Q17&"","") |
| 19 | =IF(F19<>"",F4&"","") | =IF(F19<>"",N18&"","") | =IF(F19<>"",O18&"","") | =IF(F19<>"",P18&"","") | =IF(F19<>"",Q18&"","") |
| 20 | =IF(F20<>"",F4&"","") | =IF(F20<>"",N19&"","") | =IF(F20<>"",O19&"","") | =IF(F20<>"",P19&"","") | =IF(F20<>"",Q19&"","") |

图 1.22 销售订单 M11:Q20 单元格公式

此时,第一张订单设置完成。

**步骤 7** 将第一张订单(第 2 行至第 24 行单元格区域),复制到第 26 行至第 48 行。

**步骤 8** 设置第二张订单序号的自动顺序生成公式。选择第二张订单序号单元格 F27,输入公式"=F3+1"。

**步骤 9** 如图 1.23 所示,录入 102 号销售订单,订单内部白色单元格为可填制和可修改区域。同理,将 102 号销售订单,复制到第 50 行至第 72 行单元格区域,可继续生成新的销售订单。

| | A | B | C | D | E | F | G | H | I | J | K | L | M | N | O | P | Q |
|---|---|---|---|---|---|---|---|---|---|---|---|---|---|---|---|---|---|
| | 月份 | 制单日期 | 订单编号 | | 序号 | 编码 | 品名 | 规格 | 单位 | 数量 | 单价 | 金额 | 客户名称 | 业务员 | 交货方式 | 付款方式 | 开票种类 |
| 26 | | | | | | | | | | | | | | | | | |
| 27 | | | | | 序号: | 102 | 订单编号: | D20240702102 | | | 制单日期: | 2024-7-2 | | | | | |
| 28 | | | | | 客户名称 | | 北京华通商贸有限公司 | | | | 联系人 | 王乔 | | | | | |
| 29 | | | | | 联系电话 | | 01067231234 | | | | 传真 | 01067231235 | | | | | |
| 30 | | | | | 单位地址 | | 北京市东城区钱粮胡同4号 | | | | | | | | | | |
| 31 | | | | | 交货方式 | | 指定地点交货地点 | 北京市东城区钱粮胡同4号 | | | 交货日期 | 2024-7-2 | | | | | |
| 32 | | | | | 付款方式 | | 银行汇票 | | | | 收款日期 | 2024-7-2 | | | | | |
| 33 | | | | | 业务员 | | 魏华 | | | | 开票种类 | 增值税专用发票 | | | | | |
| 34 | | | | | 序号 | 编码 | 品名 | 规格 | 单位 | 数量 | 单价 | 金额 | | | | | |
| 35 | 7 | 2024-7-2 | D20240702102-1 | | 1 | J210565 | J210565面包机 | J210565-1000W | 台 | 50 | 3 000.00 | 150 000.00 | 北京华通商贸有限公司 | 魏华 | 指定地点交 | 银行汇票 | 增值税专用发票 |
| 36 | 7 | 2024-7-2 | D20240702102-2 | | 2 | K213290 | K213290咖啡机 | K213290-1000W | 台 | 10 | 2 800.00 | 28 000.00 | 北京华通商贸有限公司 | 魏华 | 指定地点交 | 银行汇票 | 增值税专用发票 |
| 37 | 7 | 2024-7-2 | D20240702102-3 | | 3 | Z350-6 | Z350-6烤箱 | Z350-6-2000W | 台 | 10 | 8 000.00 | 80 000.00 | 北京华通商贸有限公司 | 魏华 | 指定地点交 | 银行汇票 | 增值税专用发票 |
| 38 | | | | | 4 | | | | | | | | | | | | |
| 39 | | | | | 5 | | | | | | | | | | | | |
| 40 | | | | | 6 | | | | | | | | | | | | |
| 41 | | | | | 7 | | | | | | | | | | | | |
| 42 | | | | | 8 | | | | | | | | | | | | |
| 43 | | | | | 9 | | | | | | | | | | | | |
| 44 | | | | | 10 | | | | | | | | | | | | |
| 45 | | | | | 合计 | | | 人民币:贰拾伍万捌仟元整(¥258000元) | | | | | | | | | |
| 46 | | | | | 备注 | | | | | | | | | | | | |
| 47 | | | | | 业务代表 | | 签字: | | | 日期: | | | | | | | |
| 48 | | | | | 销售经理 | | 签字: | | | 日期: | | | | | | | |

图 1.23 销售订单(102)

**步骤10** 为了制作一张美观的订单,可以进行字体颜色、表格边框的修饰。尤其需要隐藏 B、C、D、M、N、O、P 和 Q 列。选中 B、C 和 D 列,同时按住 CTRL 键,再选中 M、N、O、P 和 Q 列,点击鼠标右键,选择"隐藏"。操作如图 1.24 所示,结果如图 1.25 所示。

图 1.24 隐藏列

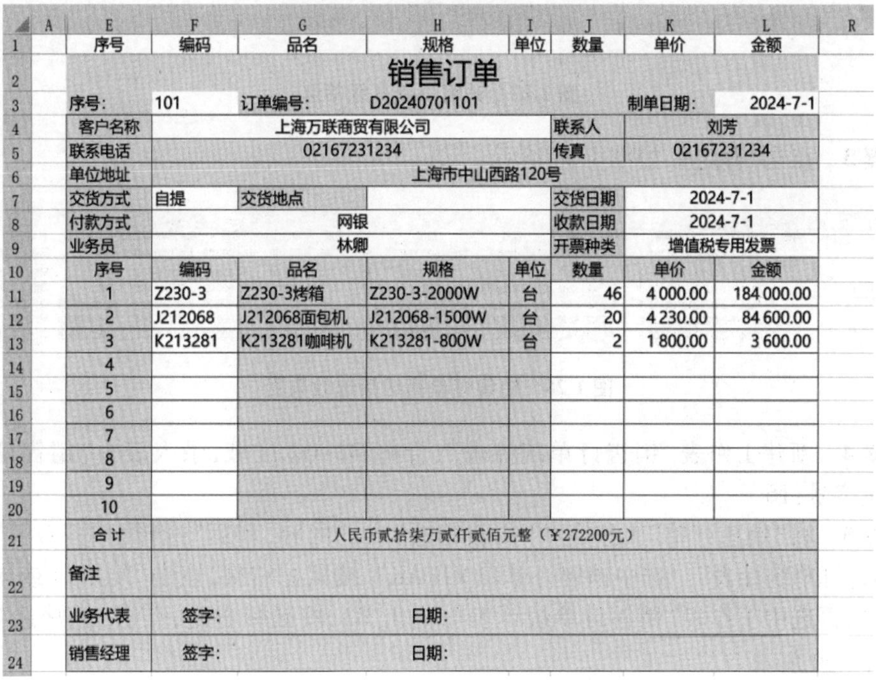

图 1.25 销售订单列隐藏效果图

### 1.2.2.2 销售订单的统计表制作方法

**步骤1** 将 D1 单元格内容(订单编号)复制到 S3 单元格,选择 S4 单元格,输入">=D20240701",单击"数据"选项卡上"排序和筛选"组中的"高级"按钮 ▽高级,如图 1.26 所示。

图 1.26　高级筛选按钮

**步骤 2**　在高级筛选窗口中,方式选择"将筛选结果复制到其他位置",其他选项,如图 1.27 所示。

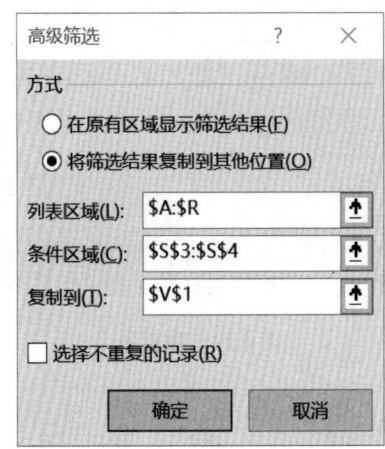

图 1.27　销售订单高级筛选

**步骤 3**　点击"确定",如图 1.28 所示。

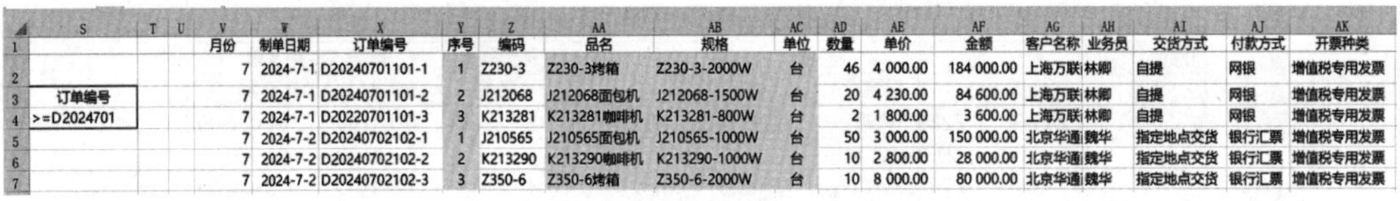

图 1.28　销售订单高级筛选效果图

**步骤 4**　新建工作表"销售订单统计表",合并 B2:Q2 区域,录入表头"销售订单统计表",设定字号:16。

**步骤 5**　将"销售订单"工作表中"高级筛选"出的内容,利用"选择粘贴"数值功能,复制到"销售订单统计表"。选中销售订单表 V1:AK7,按鼠标右键,点击"复制"(或同时按下 CTRL+C),再选中工作表"销售订单统计表",点击 B3,按鼠标右键,点击"粘贴选项-123"，如图 1.29 所示。

**步骤 6**　利用自动调整功能,调整"销售订单统计表"列宽。选中列标 B,拖至列标 Q,即选中 B:Q 单元格区域,光标移至 A 列与 B 列中线,光标变为"↔",双击鼠标右键,各列自动调整为最小列宽。

**步骤 7**　画表格线。选择 A2:P8 单元格区域,单击"开始"选项卡上"字体"组中的"所有框线"按钮　，如图 1.30 所示。效果如图 1.31 所示。

18

图1.29  粘贴选项

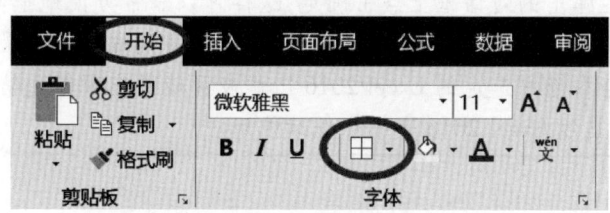

图1.30  所有框线

| | A | B | C | D | E | F | G | H | I | J | K | L | M | N | O | P | Q |
|---|---|---|---|---|---|---|---|---|---|---|---|---|---|---|---|---|---|
| 1 | | | | | | | | | | | | | | | | | |
| 2 | | | | | | | 销售订单统计表 | | | | | | | | | | |
| 3 | 月份 | 制单日期 | 订单编号 | 序号 | 编码 | 品名 | 规格 | 单位 | 数量 | 单价 | 金额 | 客户名称 | 业务员 | 交货方式 | 付款方式 | 开票种类 |
| 4 | 7 | 2024-7-1 | D20240701101-1 | 1 | Z230-3 | Z230-3烤箱 | Z230-3-2000W | 台 | 46 | 4 000.00 | 184 000.00 | 上海万联商贸有限公司 | 林柳 | 自提 | 网银 | 增值税专用发票 |
| 5 | 7 | 2024-7-1 | D20240701101-2 | 2 | J212068 | J212068面包机 | J212068-1500W | 台 | 20 | 4 230.00 | 84 600.00 | 上海万联商贸有限公司 | 林柳 | 自提 | 网银 | 增值税专用发票 |
| 6 | 7 | 2024-7-1 | D20240701101-3 | 3 | K213281 | K213281咖啡机 | K213281-800W | 台 | 2 | 1 800.00 | 3 600.00 | 上海万联商贸有限公司 | 林柳 | 自提 | 网银 | 增值税专用发票 |
| 7 | 7 | 2024-7-2 | D20240702102-1 | 1 | J210565 | J210565面包机 | J210565-1000W | 台 | 50 | 3 000.00 | 150 000.00 | 北京华通商贸有限公司 | 魏华 | 指定地点交货 | 银行汇票 | 增值税专用发票 |
| 8 | 7 | 2024-7-2 | D20240702102-2 | 2 | K213290 | K213290咖啡机 | K213290-1000W | 台 | 10 | 2 800.00 | 28 000.00 | 北京华通商贸有限公司 | 魏华 | 指定地点交货 | 银行汇票 | 增值税专用发票 |
| 9 | 7 | 2024-7-2 | D20240702102-3 | 3 | Z350-6 | Z350-6烤箱 | Z350-6-2000W | 台 | 10 | 8 000.00 | 80 000.00 | 北京华通商贸有限公司 | 魏华 | 指定地点交货 | 银行汇票 | 增值税专用发票 |

图1.31  销售订单统计表

直接使用"高级筛选"功能最大的优点是：不仅能筛选出全部订单列表，还能根据条件区域的设定，筛选出指定条件的数据。比如，任意月份、日期、品名、客户等的单据。这种编制方法的缺点是：要求操作者必须熟练使用该功能的"条件区域"的设置。这种方法生成的统计表是静态报表，不能随销售订单的信息变化而随时变化。

☞ 知识链接

"高级筛选"功能作为一般筛选的补充，可以得到一般筛选无法得到的结果，用于条件较复杂的筛选操作，其筛选的结果可显示在原数据表格中，不符合条件的记录被隐藏起来；也可以在新的位置显示筛选结果，不符合条件的记录同时保留在数据表中而不会被隐藏起来，这样就更加便于进行数据的比对了。

在"高级筛选"功能中,可以使用表1.10所示通配符作为筛选以及查找和替换内容时的比较条件。

**表 1.10    通 配 符**

| 请使用 | 若要查找 |
| --- | --- |
| ?（问号） | 任何单个字符<br>例如,"l? ng"查找到"lang"和"leng" |
| *（星号） | 任何字符数<br>例如," * 面包机"查找"J210261 面包机""J210565 面包机"和"J212068 面包机" |
| ~（波形符）后跟?、* 或 ~ | 问号、星号或波形符<br>例如,"咖啡机~?"将会查找"咖啡机?" |

**操作方法**

在 Excel 2016 中的数据标签中找到排序和筛选项,点击高级按钮,在接下来弹出的"高级筛选"对话框中选择需要筛选的区域、筛选条件的区域,然后可以选择把筛选结果复制到其他位置,在弹出的对话框上点击确定,这样可以非常方便地把筛选的结果复制到其他位置而不出错。还可以选择不重复的记录,以方便得到唯一的结果。

确定之后,就会在用户选定的 Excel 2016 工作表区域中出现筛选结果,这样可以把这个筛选结果复制到其他 Excel 2016 表格中继续使用。

### 1.2.3　拓展任务

Excel 2016 的工作表中行数为 1 至 1 048 576 行,列数为 A 至 XFD,共计 16 384 列,一般中小企业将 1 年的销售订单放在 1 个工作表中是可以实现的,但是录入和查询起来就比较困难,因此,需要建立销售订单模板,每月通过拷贝,制作 1~12 月份销售订单,从而生成各月份销售订单统计表。将各个月份销售订单统计表合并,形成全年的销售订单统计表,继而进行各种分析。

#### 1.2.3.1　将不同期间的销售订单录入在同一个工作表中

**步骤 1**　继续录入 103,104,105,106,107 号销售订单,生成销售统计表,并对产品的销售情况进行分析。订单如图 1.32 至图 1.36 所示。

**销售订单**

| 序号: | 103 | 订单编号: | D20240706103 | | 制单日期: | 2024-7-6 |
| --- | --- | --- | --- | --- | --- | --- |
| 客户名称 | | 天津华云电器商贸有限公司 | | 联系人 | | 刘云华 |
| 联系电话 | | 02225327899 | | 传真 | | 02225327899 |
| 单位地址 | | 天津市滨海新区黄海路1002号 | | | | |
| 交货方式 | 指定地点交货 | 交货地点 | 天津市滨海新区黄海路1002号 | | 交货日期 | 2024-7-6 |
| 付款方式 | | 支付宝 | | | 收款日期 | 2024-7-6 |
| 业务员 | | 王颖 | | | 开票种类 | 增值税电子专用发票 |

| 序号 | 编码 | 品名 | 规格 | 单位 | 数量 | 单价 | 金额 |
| --- | --- | --- | --- | --- | --- | --- | --- |
| 1 | J210261 | J210261面包机 | J210261-800W | 台 | 20 | 2 000.00 | 40 000.00 |
| 2 | K213281 | K213281咖啡机 | K213281-800W | 台 | 10 | 1 800.00 | 18 000.00 |
| 3 | Z230-3 | Z230-3烤箱 | Z230-3-2000W | 台 | 10 | 4 000.00 | 40 000.00 |
| 4 | Z350-6 | Z350-6烤箱 | Z350-6-2000W | 台 | 20 | 8 000.00 | 160 000.00 |

**图 1.32　销售订单 7 月 103 号**

## 销售订单

| 序号: | 104 | 订单编号: | D20240708104 | | 制单日期: | 2024-7-8 |
|---|---|---|---|---|---|---|
| 客户名称 | | 上海万联商贸有限公司 | | 联系人 | | 刘芳 |
| 联系电话 | | 02167231234 | | 传真 | | 02167231234 |
| 单位地址 | | | 上海市中山西路120号 | | | |
| 交货方式 | 自提 | 交货地点 | | 交货日期 | | 2024-7-8 |
| 付款方式 | | | 转账 | 收款日期 | | 2024-7-8 |
| 业务员 | | | 林卿 | 开票种类 | | 增值税专用发票 |
| 序号 | 编码 | 品名 | 规格 | 单位 | 数量 | 单价 | 金额 |
| 1 | J210565 | J210565面包机 | J210565-1000W | 台 | 20 | 3 000.00 | 60 000.00 |
| 2 | J212068 | J212068面包机 | J212068-1500W | 台 | 20 | 4 230.00 | 84 600.00 |
| 3 | Z350-6 | Z350-6烤箱 | Z350-6-2000W | 台 | 10 | 8 000.00 | 80 000.00 |

图 1.33　销售订单 7 月 104 号

## 销售订单

| 序号: | 105 | 订单编号: | D20240720105 | | 制单日期: | 2024-7-20 |
|---|---|---|---|---|---|---|
| 客户名称 | | 广州西联科技有限公司 | | 联系人 | | 张品 |
| 联系电话 | | 02067891234 | | 传真 | | 02067891234 |
| 单位地址 | | | 广州市花都沿江大道124号 | | | |
| 交货方式 | 指定地点交货 | 交货地点 | 广州市花都沿江大道124号 | 交货日期 | | 2024-7-20 |
| 付款方式 | | (2/10, 1/20, n/30) | | 收款日期 | | 2024-7-20 |
| 业务员 | | | 王颖 | 开票种类 | | 增值税普通发票 |
| 序号 | 编码 | 品名 | 规格 | 单位 | 数量 | 单价 | 金额 |
| 1 | Z460-8 | Z460-8烤箱 | Z460-8-2000W | 台 | 25 | 9 000.00 | 225 000.00 |
| 2 | Z350-6 | Z350-6烤箱 | Z350-6-2000W | 台 | 20 | 8 000.00 | 160 000.00 |

图 1.34　销售订单 7 月 105 号

## 销售订单

| 序号: | 106 | 订单编号: | D20240801106 | | 制单日期: | 2024-8-1 |
|---|---|---|---|---|---|---|
| 客户名称 | | 北京华通商贸有限公司 | | 联系人 | | 王乔 |
| 联系电话 | | 01067231234 | | 传真 | | 01067231235 |
| 单位地址 | | | 北京市东城区钱粮胡同4号 | | | |
| 交货方式 | 自提 | 交货地点 | | 交货日期 | | 2024-8-1 |
| 付款方式 | | | 银行汇票 | 收款日期 | | 2024-8-1 |
| 业务员 | | | 魏华 | 开票种类 | | 增值税专用发票 |
| 序号 | 编码 | 品名 | 规格 | 单位 | 数量 | 单价 | 金额 |
| 1 | J210261 | J210261面包机 | J210261-800W | 台 | 10 | 2 000.00 | 20 000.00 |
| 2 | K213281 | K213281咖啡机 | K213281-800W | 台 | 20 | 1 800.00 | 36 000.00 |
| 3 | Z230-3 | Z230-3烤箱 | Z230-3-2000W | 台 | 10 | 4 000.00 | 40 000.00 |

图 1.35　销售订单 8 月 106 号

注：8月份的第一张销售订单的序号可以改为101，第二张销售订单序号自动顺延为102。本例使用全年连续编号方法。

## 销售订单

| 序号: | 107 | 订单编号: | D20240805107 | | 制单日期: | 2024-8-5 |
|---|---|---|---|---|---|---|
| 客户名称 | | 广州西联科技有限公司 | | 联系人 | | 张品 |
| 联系电话 | | 02067891234 | | 传真 | | 02067891234 |
| 单位地址 | | | 广州市花都沿江大道124号 | | | |
| 交货方式 | 指定地点交货 | 交货地点 | 广州市花都沿江大道124号 | 交货日期 | | 2024-8-5 |
| 付款方式 | | | 微信 | 收款日期 | | 2024-8-5 |
| 业务员 | | | 王颖 | 开票种类 | | 增值税电子专用发票 |
| 序号 | 编码 | 品名 | 规格 | 单位 | 数量 | 单价 | 金额 |
| 1 | J210565 | J210565面包机 | J210565-1000W | 台 | 20 | 3 000.00 | 60 000.00 |
| 2 | K213290 | K213290咖啡机 | K213290-1000W | 台 | 30 | 2 800.00 | 84 000.00 |
| 3 | Z350-6 | Z350-6烤箱 | Z350-6-2000W | 台 | 22 | 8 000.00 | 176 000.00 |

图1.36 销售订单8月107号

**步骤2** 生成销售订单统计表,设置制单日期的格式、对齐方式等,如图1.37所示。

### 销售订单统计表

| 月份 | 制单日期 | 订单编号 | 序号 | 编码 | 品名 | 规格 | 单位 | 数量 | 单价 | 金额 | 客户名称 | 业务员 | 交货方式 | 付款方式 | 开票种类 |
|---|---|---|---|---|---|---|---|---|---|---|---|---|---|---|---|
| 7 | 2024/7/1 | D20240701101-1 | 1 | Z230-3 | Z230-3烤箱 | Z230-3-2000W | 台 | 46 | 4 000 | 184 000 | 上海万联商贸有限公司 | 林柳 | 自提 | 网银 | 增值税专用发票 |
| 7 | 2024/7/1 | D20240701101-2 | 2 | J212068 | J212068面包机 | J212068-1500W | 台 | 20 | 4 230 | 84 600 | 上海万联商贸有限公司 | 林柳 | 自提 | 网银 | 增值税专用发票 |
| 7 | 2024/7/1 | D20240701101-3 | 3 | K213281 | K213281咖啡机 | K213281-800W | 台 | 2 | 1 800 | 3 600 | 上海万联商贸有限公司 | 林柳 | 自提 | 网银 | 增值税专用发票 |
| 7 | 2024/7/2 | D20240702102-1 | 1 | J210565 | J210565面包机 | J210565-1000W | 台 | 50 | 3 000 | 150 000 | 北京华通商贸有限公司 | 魏华 | 指定地点交货 | 银行汇票 | 增值税专用发票 |
| 7 | 2024/7/2 | D20240702102-2 | 2 | K213290 | K213290咖啡机 | K213290-1000W | 台 | 10 | 2 800 | 28 000 | 北京华通商贸有限公司 | 魏华 | 指定地点交货 | 银行汇票 | 增值税专用发票 |
| 7 | 2024/7/2 | D20240702102-3 | 3 | Z350-6 | Z350-6烤箱 | Z350-6-2000W | 台 | 10 | 8 000 | 80 000 | 北京华通商贸有限公司 | 魏华 | 指定地点交货 | 银行汇票 | 增值税专用发票 |
| 7 | 2024/7/6 | D20240706103-1 | 1 | J210261 | J210261面包机 | J210261-800W | 台 | 20 | 2 000 | 40 000 | 天津华云电器商贸有限公司 | 王颖 | 指定地点交货 | 支付宝 | 增值税电子专用发票 |
| 7 | 2024/7/6 | D20240706103-2 | 2 | K213281 | K213281咖啡机 | K213281-800W | 台 | 10 | 1 800 | 18 000 | 天津华云电器商贸有限公司 | 王颖 | 指定地点交货 | 支付宝 | 增值税电子专用发票 |
| 7 | 2024/7/6 | D20240706103-3 | 3 | Z230-3 | Z230-3烤箱 | Z230-3-2000W | 台 | 10 | 4 000 | 40 000 | 天津华云电器商贸有限公司 | 王颖 | 指定地点交货 | 支付宝 | 增值税电子专用发票 |
| 7 | 2024/7/6 | D20240706103-4 | 4 | Z350-6 | Z350-6烤箱 | Z350-6-2000W | 台 | 20 | 8 000 | 160 000 | 天津华云电器商贸有限公司 | 王颖 | 指定地点交货 | 支付宝 | 增值税电子专用发票 |
| 7 | 2024/7/8 | D20240708104-1 | 1 | J210565 | J210565面包机 | J210568-1000W | 台 | 20 | 3 000 | 60 000 | 上海万联商贸有限公司 | 林柳 | 自提 | 转账 | 增值税专用发票 |
| 7 | 2024/7/8 | D20240708104-2 | 2 | J212068 | J212068面包机 | J212068-1500W | 台 | 20 | 4 230 | 84 600 | 上海万联商贸有限公司 | 林柳 | 自提 | 转账 | 增值税专用发票 |
| 7 | 2024/7/8 | D20240708104-3 | 3 | Z350-6 | Z350-6烤箱 | Z350-6-2000W | 台 | 10 | 8 000 | 80 000 | 上海万联商贸有限公司 | 林柳 | 自提 | 转账 | 增值税专用发票 |
| 7 | 2024/7/20 | D20240720105-1 | 1 | Z460-8 | Z460-8烤箱 | Z460-8-2000W | 台 | 25 | 9 000 | 225 000 | 广州西联科技有限公司 | 王颖 | 指定地点交货 | (2/10, 1/20, n/30) | 增值税普通发票 |
| 7 | 2024/7/20 | D20240720105-2 | 2 | Z350-6 | Z350-6烤箱 | Z350-6-2000W | 台 | 20 | 8 000 | 160 000 | 广州西联科技有限公司 | 王颖 | 指定地点交货 | (2/10, 1/20, n/30) | 增值税普通发票 |
| 8 | 2024/8/1 | D20240801106-1 | 1 | J210261 | J210261面包机 | J210261-800W | 台 | 20 | 2 000 | 40 000 | 北京华通商贸有限公司 | 魏华 | 自提 | 银行汇票 | 增值税专用发票 |
| 8 | 2024/8/1 | D20240801106-2 | 2 | K213281 | K213281咖啡机 | K213281-800W | 台 | 20 | 1 800 | 36 000 | 北京华通商贸有限公司 | 魏华 | 自提 | 银行汇票 | 增值税专用发票 |
| 8 | 2024/8/1 | D20240801106-3 | 3 | Z230-3 | Z230-3烤箱 | Z230-3-2000W | 台 | 10 | 4 000 | 40 000 | 北京华通商贸有限公司 | 魏华 | 自提 | 银行汇票 | 增值税专用发票 |
| 8 | 2024/8/5 | D20240805107-1 | 1 | J210565 | J210565面包机 | J210565-1000W | 台 | 20 | 3 000 | 60 000 | 广州西联科技有限公司 | 王颖 | 指定地点交货 | 微信 | 增值税电子专用发票 |
| 8 | 2024/8/5 | D20240805107-2 | 2 | K213290 | K213290咖啡机 | K213290-1000W | 台 | 30 | 2 800 | 84 000 | 广州西联科技有限公司 | 王颖 | 指定地点交货 | 微信 | 增值税电子专用发票 |
| 8 | 2024/8/5 | D20240805107-3 | 3 | Z350-6 | Z350-6烤箱 | Z350-6-2000W | 台 | 22 | 8 000 | 176 000 | 广州西联科技有限公司 | 王颖 | 指定地点交货 | 微信 | 增值税电子专用发票 |

图1.37 销售订单统计表

### 1.2.3.2 将不同期间的销售订单录入不同工作表中

参考步骤如下:

**步骤1** 鼠标选中"销售订单"的工作表标签,同时按住"Ctrl"键+鼠标左键,拖动,松开,复制出"销售订单(2)"的工作表,更改工作表名为"销售订单模板",将白色不含公式的单元格清空,序号不清空。

**步骤2** 同理,将"销售订单模板"工作表复制并更名为"7月销售订单""8月销售订单"等工作表,录入各个月份销售订单。

**步骤3** 分别制作"7月销售订单统计表""8月销售订单统计表"等各月销售统计报表。

**步骤4** 将各月销售订单统计表复制到一张工作表中,形成全年的销售订单统计表。

**步骤5** 让我们继续拓展一下,根据2024年的销售订单及统计表的工作簿,制作出销售订单及统计表的工作簿空白模板,就可以完成各年度的销售订单录入和统计。

## 任务1.3 销售预测

### 1.3.1 任务分析

销售预测是指对未来特定时间内,全部产品或特定产品的销售数量与销售金额的估计。销售预测是在充分考虑未来各种影响因素的基础上,结合本企业的销售业绩,通过一定的分析方法提出切实可行的销售目标。销售预测方法有定性预测和定量预测。常见的定量预测有时间序列分析法和回归分析法。

1. 时间序列分析法

时间序列分析法是利用变量与时间存在的相关关系,通过对以前数据的分析来预测将来的数据。在分析销售收入时,一般我们会将销售收入按照年或月的次序排列下来,以观察其变化趋势。时间序列分析法现已成为销售预测中具有代表性的方法。

2. 回归分析法

各种事物彼此之间都存在直接或间接的因果关系。同样的,销售量亦会随着某种变量的变化而变化。当销售与时间之外的其他事物存在相关性时,就可运用回归和相关分析法进行销售预测。

滨海电器商贸有限公司需根据表1.9销售的历史数据,预测计划期2023年的销售量。拟采用的方法如下:①采用移动平均法预测,样本期为3期。②采用修正的移动平均法预测。③采用回归分析法预测。

### 1.3.2 任务实现步骤

#### 1.3.2.1 移动平均法预测

**步骤1** 录入销售历史数据,如图1.38所示。

| | A | B | C | D | E | F | G | H | I |
|---|---|---|---|---|---|---|---|---|---|
| 1 | | | | | | | | | |
| 2 | | 年 份 | 2020 | 2021 | 2022 | 2023 | 2024 | 2025 | 修正的2025 |
| 3 | | 销售额 | 1 800 000 | 2 000 000 | 2 100 000 | 2 200 000 | 2 400 000 | | |
| 4 | | 3期移动平均 | | | | | | | |

图1.38 销售预测历史数据

**步骤2** 计算2020—2022年度的3期移动平均数。选中F4,输入公式"=SUM(C3:E3)/3",如图1.39所示。

F4　fx　=SUM(C3:E3)/3

| | A | B | C | D | E | F | G | H | I |
|---|---|---|---|---|---|---|---|---|---|
| 1 | | | | | | | | | |
| 2 | | 年 份 | 2020 | 2021 | 2022 | 2023 | 2024 | 2025 | 修正的2025 |
| 3 | | 销售额 | 1 800 000 | 2 000 000 | 2 100 000 | 2 200 000 | 2 400 000 | | |
| 4 | | 3期移动平均 | | | | 1 966 666.67 | | | |

图1.39 销售预测(移动平均公式)

**步骤 3** 拖动填充手柄至 H4,复制出 2021—2023 年度的 3 期移动平均数和 2022—2024 年度的 3 期移动平均数,如图 1.40 所示。

| | A | B | C | D | E | F | G | H | I |
|---|---|---|---|---|---|---|---|---|---|
| 1 | | | | | | | | | |
| 2 | | 年 份 | 2020 | 2021 | 2022 | 2023 | 2024 | 2025 | 修正的2025 |
| 3 | | 销售额 | 1 800 000 | 2 000 000 | 2 100 000 | 2 200 000 | 2 400 000 | | |
| 4 | | 3期移动平均 | | | | 1 966 666.67 | 2 100 000.00 | 2 233 333.33 | |

H4: =SUM(E3:G3)/3

图 1.40 销售预测(移动平均公式结果图)

#### 1.3.2.2 修正的移动平均法预测

计算修正的 2025 年预测数。选中 I4,输入公式"=H4+(H4-G4)",如图 1.41 所示。

| | A | B | C | D | E | F | G | H | I |
|---|---|---|---|---|---|---|---|---|---|
| 1 | | | | | | | | | |
| 2 | | 年 份 | 2020 | 2021 | 2022 | 2023 | 2024 | 2025 | 修正的2025 |
| 3 | | 销售额 | 1 800 000 | 2 000 000 | 2 100 000 | 2 200 000 | 2 400 000 | | |
| 4 | | 3期移动平均 | | | | 1 966 666.67 | 2 100 000.00 | 2 233 333.33 | 2 366 666.67 |

I4: =H4+(H4-G4)

图 1.41 销售预测(修正的移动平均法)

#### 1.3.2.3 回归分析法预测

回归分析法预测,先建立趋势预测方程:$y = a + bx$(其中 $y$ 代表销售额,$x$ 代表年份)。常数项 $a$ 和系数 $b$ 的计算公式为:

$$b = \frac{n\sum xy - \sum x \sum y}{n\sum x^2 - (\sum x)^2}$$

$$a = \frac{\sum y - b\sum x}{n}$$

待求出 $a,b$ 之后,代入公式 $y=a+bx$,根据 $x$ 的取值,可以求得销售额 $y$ 的预测值。

**步骤 1** 录入相关信息,如图 1.42 所示。

| | A | B | C | D | E | F | G | H | I |
|---|---|---|---|---|---|---|---|---|---|
| 1 | | | | | | | | | |
| 2 | | 年 份 | 2020 | 2021 | 2022 | 2023 | 2024 | 2025 | 修正的2025 |
| 3 | | 销售额 | 1 800 000 | 2 000 000 | 2 100 000 | 2 200 000 | 2 400 000 | | |
| 4 | | 3期移动平均 | | | | 1 966 666.67 | 2 100 000.00 | 2 233 333.33 | |
| 5 | | 趋势预测方程: y=a+bx (其中y代表销售额,x代表年份) | | | | | | | |
| 6 | | b= | | | | | | | |
| 7 | | a= | | | | | | | |
| 8 | | R²= | | | | | | | |
| 9 | | 利用此方程预测2020年销售额为: | | | | | | | |

图 1.42 销售预测回归分析图(原始)

**步骤 2** 选中 C6,输入系数 b 公式"=INDEX(LINEST(C3:G3,C2:G2,1,1),1,1)",如图 1.43 至图 1.45 所示。

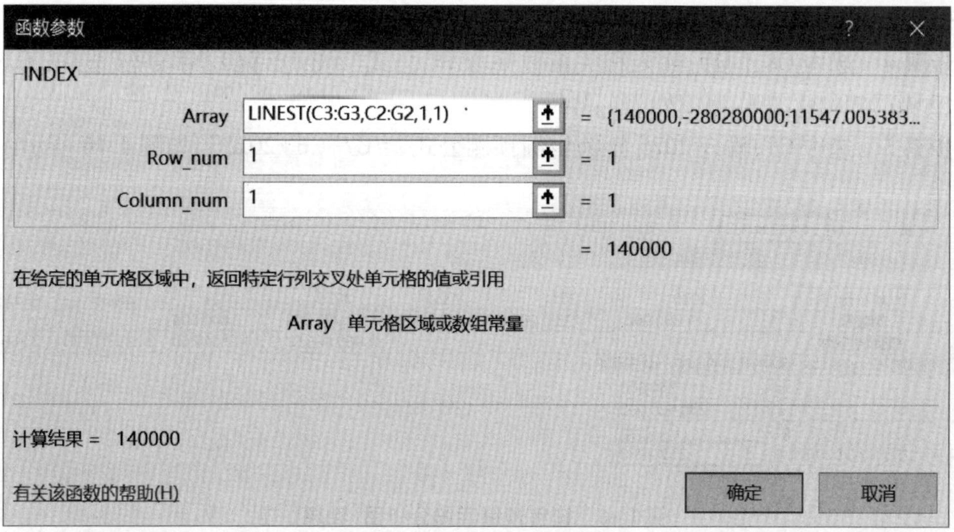

图 1.43 INDEX 函数

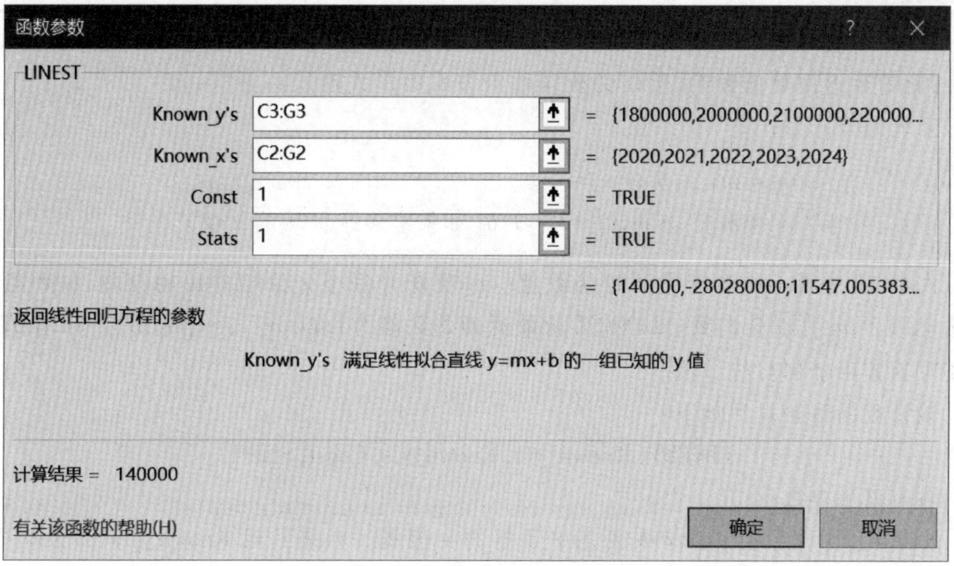

图 1.44 LINEST 函数

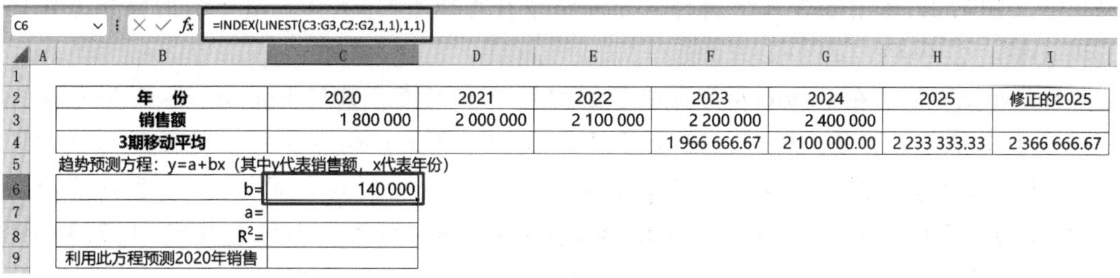

图 1.45 系数 b 公式图

**步骤 3** 选中 C7,同理,输入常数 a 公式"=INDEX(LINEST(C3:G3,C2:G2,1,1),1,2)"。

**步骤 4** 选中 C8,同理,输入相关系数平方 $R^2$ 公式"=INDEX(LINEST(C3:G3,C2:G2,1,1),3,1)"。

**步骤 5** 选中 C9,输入 2025 年销售额预测公式"=C7+C6*2025",如图 1.46 所示。

| 年份 | 2020 | 2021 | 2022 | 2023 | 2024 | 2025 | 修正的2025 |
|---|---|---|---|---|---|---|---|
| 销售额 | 1 800 000 | 2 000 000 | 2 100 000 | 2 200 000 | 2 400 000 | | |
| 3期移动平均 | | | | 1 966 666.67 | 2 100 000.00 | 2 233 333.33 | 2 366 666.67 |
| 趋势预测方程:y=a+bx (其中y代表销售额,x代表年份) | | | | | | | |
| b= | 140 000 | | | | | | |
| a= | -280 980 000 | | | | | | |
| $R^2$= | 0.98 | | | | | | |
| 利用此方程预测2020年销售 | 2 520 000 | | | | | | |

图 1.46 销售预测回归分析图(结果)

### ☞ 知识链接

  LINEST 使用最小二乘法对已知数据进行最佳直线拟合,并返回描述此直线的数组。因为,此函数返回数值数组,所以必须以数组公式的形式输入。

  直线的公式为:

$$y = mx + b \text{ or}$$
$$y = m_1 x_1 + m_2 x_2 + \cdots + b (如果有多个区域的 x 值)$$

  式中,因变量 $y$ 是自变量 $x$ 的函数值。$m$ 值是与每个 $x$ 值相对应的系数,$b$ 为常量。注意 $y$,$x$ 和 $m$ 可以是向量。LINEST 函数返回的数组为 $\{m_n, m_{n-1}, \cdots, m_1, b\}$。LINEST 函数还可返回附加回归统计值。

  该函数的语法规则如下:

$$\text{LINEST(Known\_y's, Known\_x's, Const, Stats)}$$

  具有以下参数:

  Known_y's 为已在 $y=mx+b$ 关系中了解的 $y$ 值集。如果数组 Known_y's 位于单个列中,则每列 Known_x's 都会被解释为单独的变量。如果数组 Known_y's 位于单个行中,则每行 Known_x's 都会被解释为单独的变量。输入数组常量作为参数时,可以使用逗号分隔同一行中的值,使用分号来分隔行。分隔符字符可能不同,具体取决于您的操作系统的区域设置。

  Known_x's 为已在 $y=mx+b$ 关系中了解的可选 $x$ 值集。数组 Known_x's 可以包含一个或多个变量集。如果只使用一个变量,Known_y's 和 Known_x's 可以是任意形状的区域,只要它们维度相同。如果使用多个变量,Known_y's 必须是单元格区域,且高度为一行、宽度为一列(也称为矢量)。如果 Known_x's 被忽略,则系统会假定数组 $\{1,2,3,\cdots\}$ 与 Known_y's 大小相同。输入数组常量作为参数时,可以使用逗号分隔同一行中的值,使用分号来分隔行。分隔符字符可能不同,具体取决于您的操作系统的区域设置。

Const 用于指定是否强制常数 $b$ 等于零的逻辑值。如果 Const 为 TRUE 或被忽略,将以正常方式计算 $b$。如果 Const 为 FALSE,则将 $b$ 设置为等于 0(零)并调整 $m$ 值,使 $y=mx$。

Stats 用于指定是否返回附加的回归统计值的逻辑值。如果 Stats 为 TRUE,此函数将返回附加的回归统计值,以便返回的数组为{mn,mn-1,…,m1,b;sen,sen-1,…,se1,seb;r2,sey;F,df;ssreg,ssresid}。如果 Stats 为 FALSE 并被忽略,此函数将只返回 $m$ 系数和常数 $b$。

☞ **知识链接**

INDEX 用于返回表格或区域中的数值或对数值的引用。

函数 INDEX( ) 有两种形式:数组和引用。数组形式通常返回数值或数值数组;引用形式通常返回引用。

(1) 返回数组中指定单元格或单元格数组的数值。

$$\text{INDEX(Array, Row\_num, Column\_num)}$$

具有以下参数:

Array 为单元格区域或数组常数。

Row_num 为数组中某行的行序号,函数从该行返回数值。

Column_num 为数组中某列的列序号,函数从该列返回数值。

需注意的是 Row_num 和 Column_num 必须指向 Array 中的某一单元格;否则,函数 INDEX 返回错误值#REF!。

(2) 返回引用中指定单元格或单元格区域的引用。

$$\text{INDEX(Reference, Row\_num, Column\_num, Area\_num)}$$

具有以下参数:

Reference 为对一个或多个单元格区域的引用。

Row_num 为引用中某行的行序号,函数从该行返回一个引用。

Column_num 为引用中某列的列序号,函数从该列返回一个引用。

需注意的是 Row_num,Column_num 和 Area_num 必须指向 Reference 中的单元格;否则,函数 INDEX 返回错误值#REF!。如果省略 Row_num 和 Column_num,函数 INDEX 返回由 Area_num 所指定的区域。

**实例**

如果 A1=34,A2=55,B1=67,B2=72,C1=89,C2=42,则公式"=INDEX(A1:C2,1,1)"返回 34,"=INDEX(A1:C2,2,2)"返回 72,如图 1.47 所示。

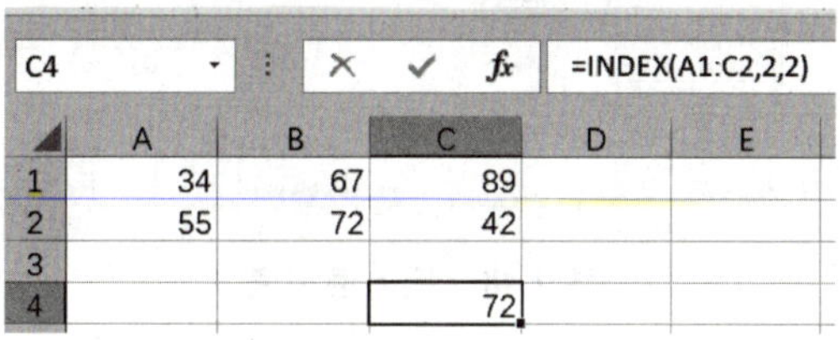

图 1.47 INDEX 函数示意图

### 1.3.3 拓展任务

用于回归分析法预测的函数不止本案例中涉及的,大家可以搜集和总结一些进行比较,如本案例对应的 SLOPE,INTERCEPT,PEARSON(或 CORREL)和 TREND 函数,同时,利用图表功能也可以进行相关预测。

## 任务 1.4 销售统计分析图表

### 1.4.1 任务分析

数据分析最简便和有效的方法是数据透视表。数据透视表是一种对大量数据快速汇总和建立交叉分析的数据分析和工具,可以有效、灵活地对数据进行各种统计和分析。直接生成的透视表有时不能满足使用者的视觉需求,为了制作达到一定要求的报表格式,还需使用者进一步探索。

根据销售订单统计表(见图 1.37),编制各月份商品销售分析表和分析图。

### 1.4.2 任务实现步骤

#### 1.4.2.1 数据透视表

**步骤 1** 打开销售订单统计工作表,选中数据区域中任意单元格,单击"插入"选项卡"表格"组中"数据透视表" 按钮,在弹出的下拉菜单中选择"数据透视表"选项。弹出窗口,如图 1.48 所示。

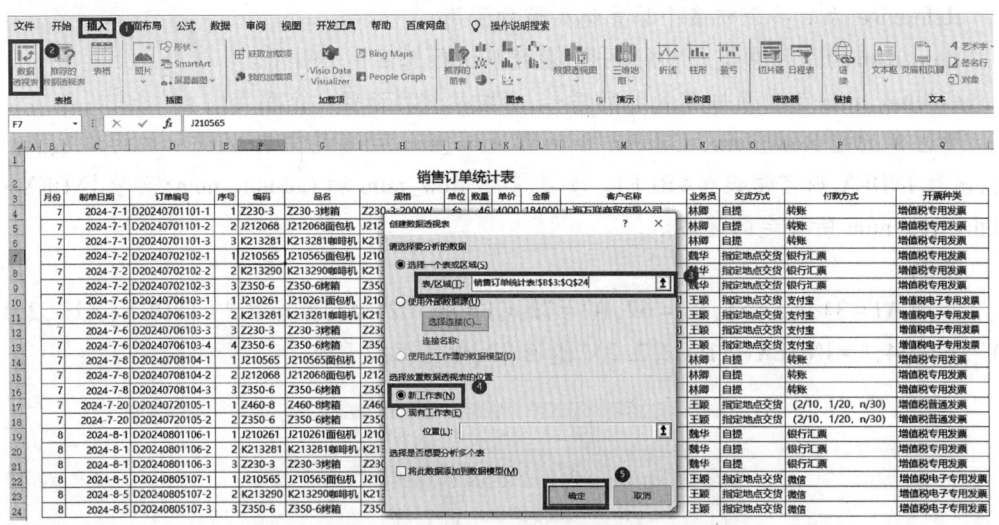

图 1.48 插入透视表

**步骤 2** 点击"确定",如图 1.49 所示。

典型项目 1　销售业务单据与统计表

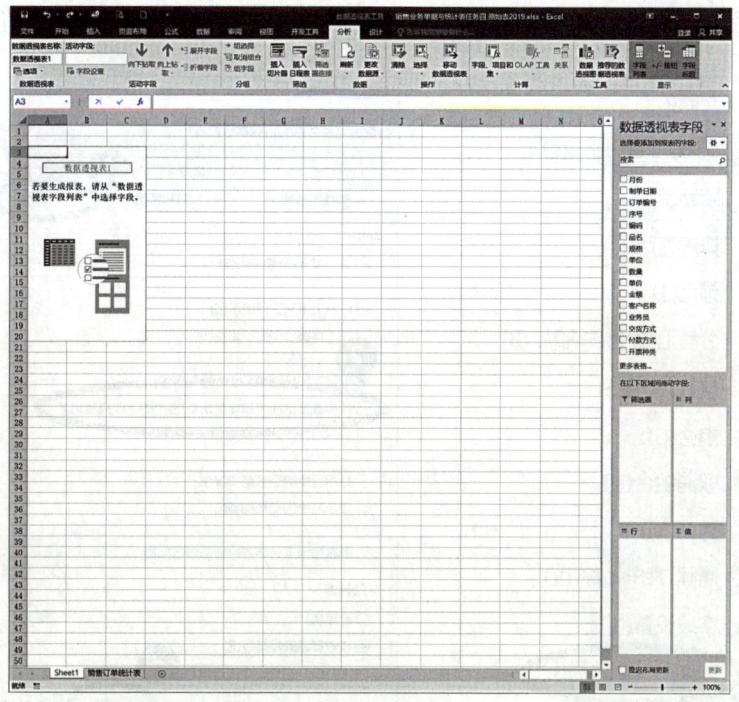

图 1.49　数据透视表字段列表

**步骤 3**　将"开票种类"拖入"筛选"区域,将"月份""品名""客户名称"拖入"行"区域,将"数量""金额"拖入"$\sum$ 值"区域,如图 1.50 所示。

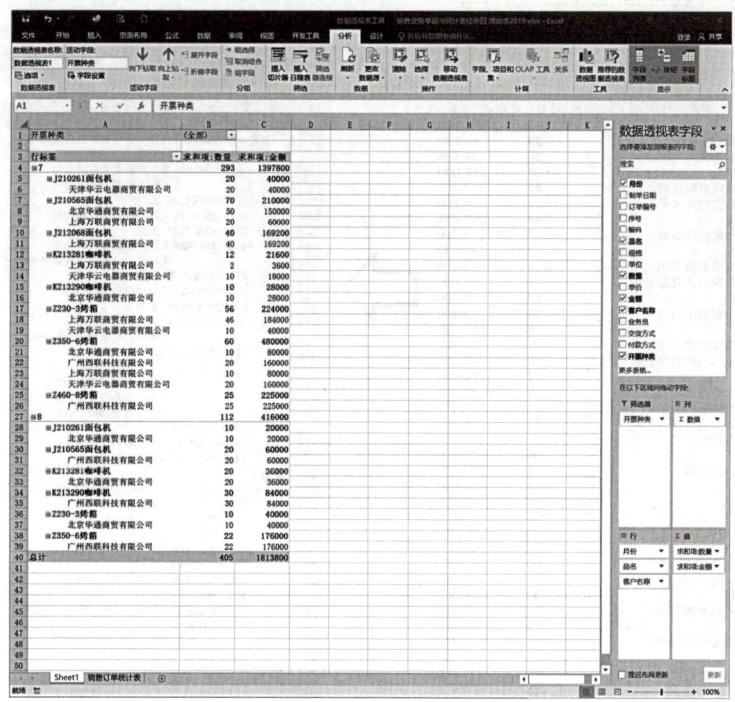

图 1.50　数据透视表

29

**步骤 4** 设置经典数据透视表布局。光标放在数据表内,点击鼠标右键,如图 1.51 所示。

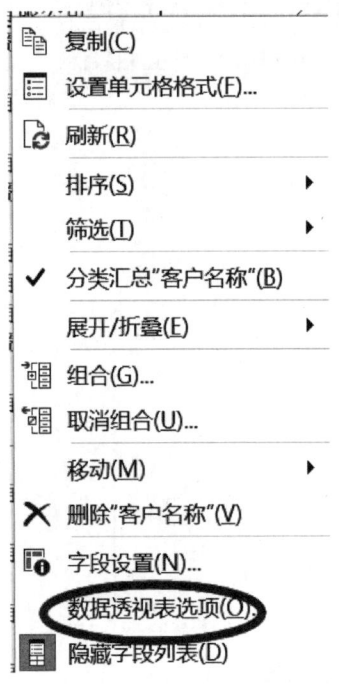

图 1.51　数据透视表选项的调用

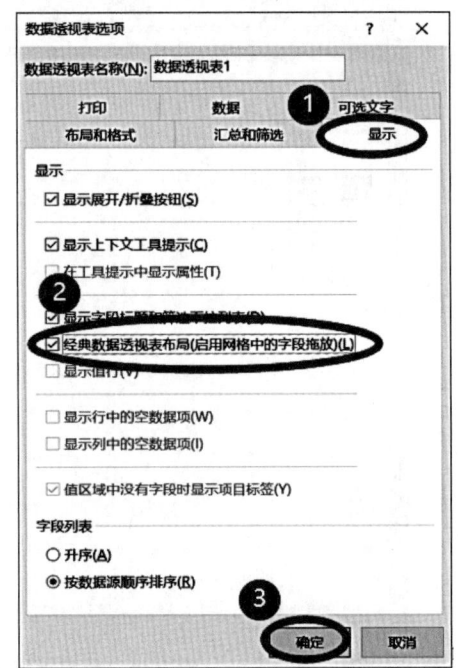

图 1.52　经典数据透视表布局设置

选择"数据透视表选项",选择"显示"标签,选择"经典数据透视表布局",如图 1.52 所示。点击"确定",效果如图 1.53 所示。

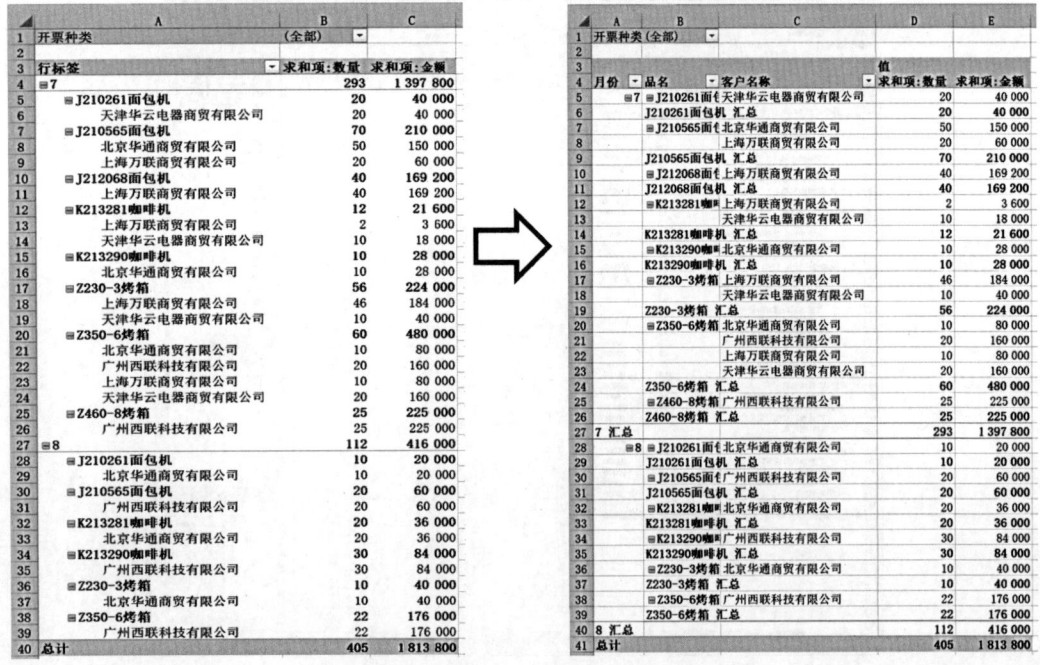

图 1.53　数据透视表布局效果变化

**步骤 5** 去掉经典数据透视表布局中的品名汇总。

方法一：光标放在品名所在数据区域，点击右键，去掉分类汇总"品名"的勾选，如图 1.54 所示。效果如图 1.56 所示。

方法二：选择"字段设置"，如图 1.54 所示。分类汇总选择"无"，如图 1.55 所示。效果如图 1.56 所示。

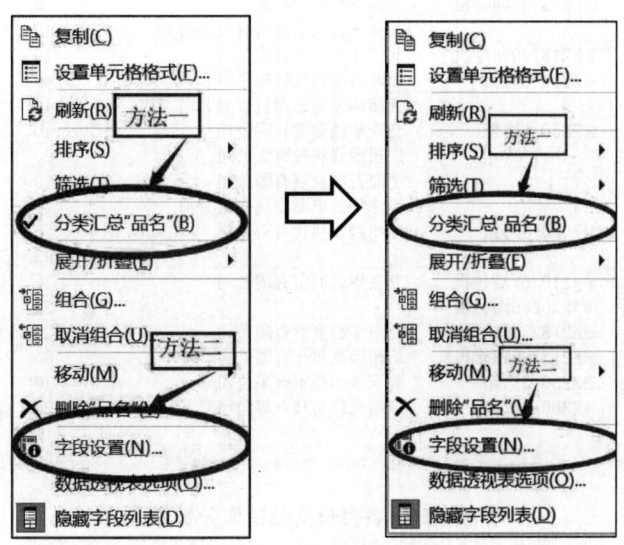

图 1.54 去掉"品名"分类汇总

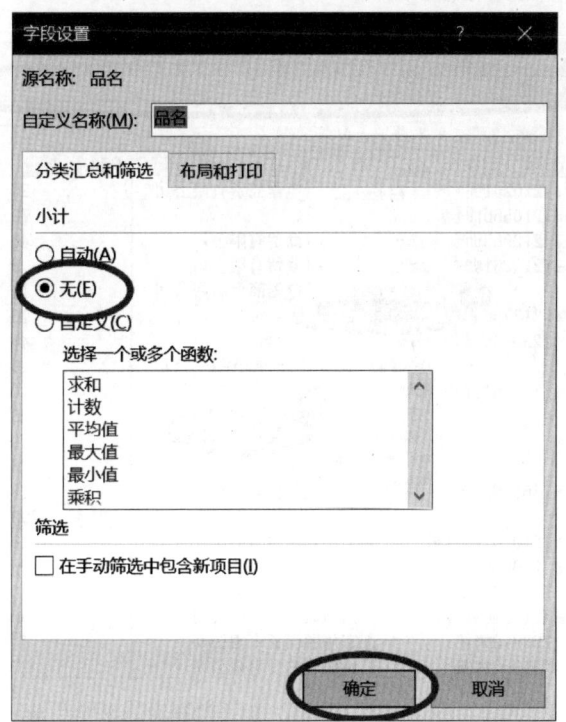

图 1.55 字段设置

| | A | B | C | D | E |
|---|---|---|---|---|---|
| 1 | 开票种类 | (全部) | | | |
| 2 | | | | | |
| 3 | | | | 值 | |
| 4 | 月份 | 品名 | 客户名称 | 求和项:数量 | 求和项:金额 |
| 5 | ⊟7 | ⊟J210261面包机 | 天津华云电器商贸有限公司 | 20 | 40 000 |
| 6 | | ⊞J210565面包机 | | 70 | 210 000 |
| 7 | | ⊟J212068面包机 | 上海万联商贸有限公司 | 40 | 169 200 |
| 8 | | ⊟K213281咖啡机 | 上海万联商贸有限公司 | 2 | 3 600 |
| 9 | | | 天津华云电器商贸有限公司 | 10 | 18 000 |
| 10 | | ⊟K213290咖啡机 | 北京华通商贸有限公司 | 10 | 28 000 |
| 11 | | ⊟Z230-3烤箱 | 上海万联商贸有限公司 | 46 | 184 000 |
| 12 | | | 天津华云电器商贸有限公司 | 10 | 40 000 |
| 13 | | ⊟Z350-6烤箱 | 北京华通商贸有限公司 | 10 | 80 000 |
| 14 | | | 广州西联科技有限公司 | 20 | 160 000 |
| 15 | | | 上海万联商贸有限公司 | 10 | 80 000 |
| 16 | | | 天津华云电器商贸有限公司 | 20 | 160 000 |
| 17 | | ⊟Z460-8烤箱 | 广州西联科技有限公司 | 25 | 225 000 |
| 18 | 7 汇总 | | | 293 | 1 397 800 |
| 19 | ⊟8 | ⊟J210261面包机 | 北京华通商贸有限公司 | 10 | 20 000 |
| 20 | | ⊞J210565面包机 | | 20 | 60 000 |
| 21 | | ⊟K213281咖啡机 | 北京华通商贸有限公司 | 20 | 36 000 |
| 22 | | ⊟K213290咖啡机 | 广州西联科技有限公司 | 30 | 84 000 |
| 23 | | ⊟Z230-3烤箱 | 北京华通商贸有限公司 | 10 | 40 000 |
| 24 | | ⊟Z350-6烤箱 | 广州西联科技有限公司 | 22 | 176 000 |
| 25 | 8 汇总 | | | 112 | 416 000 |
| 26 | 总计 | | | 405 | 1 813 800 |

图 1.56　各月份商品销售分析表

**步骤 6**　将光标指向行标签区域,点击右键,选择展开/折叠选项,选择"折叠到'品名'"。操作如图 1.57 所示,效果如图 1.58 所示。

图 1.57　展开/折叠设置

典型项目 1 销售业务单据与统计表

| | A | B | C | D | E |
|---|---|---|---|---|---|
| 1 | 开票种类 | (全部) | | | |
| 2 | | | | | |
| 3 | | | | 值 | |
| 4 | 月份 | 品名 | 客户名称 | 求和项:数量 | 求和项:金额 |
| 5 | ⊟7 | ⊞J210261面包机 | | 20 | 40 000 |
| 6 | | ⊞J210565面包机 | | 70 | 210 000 |
| 7 | | ⊞J212068面包机 | | 40 | 169 200 |
| 8 | | ⊞K213281咖啡机 | | 12 | 21 600 |
| 9 | | ⊞K213290咖啡机 | | 10 | 28 000 |
| 10 | | ⊞Z230-3烤箱 | | 56 | 224 000 |
| 11 | | ⊞Z350-6烤箱 | | 60 | 480 000 |
| 12 | | ⊞Z460-8烤箱 | | 25 | 225 000 |
| 13 | 7 汇总 | | | 293 | 1 397 800 |
| 14 | ⊟8 | ⊞J210261面包机 | | 10 | 20 000 |
| 15 | | ⊞J210565面包机 | | 20 | 60 000 |
| 16 | | ⊞K213281咖啡机 | | 20 | 36 000 |
| 17 | | ⊞K213290咖啡机 | | 30 | 84 000 |
| 18 | | ⊞Z230-3烤箱 | | 10 | 40 000 |
| 19 | | ⊞Z350-6烤箱 | | 22 | 176 000 |
| 20 | 8 汇总 | | | 112 | 416 000 |
| 21 | 总计 | | | 405 | 1 813 800 |

图 1.58 销售统计折叠效果图

#### 1.4.2.2 数据透视图

**步骤 1** 打开销售统计工作表,选中$B$3:$Q$24区域,单击"插入"选项卡"图表"组中"数据透视图"按钮,如图 1.59 所示。

图 1.59 数据透视图按钮

**步骤 2** 在弹出的下拉菜单中选择"数据透视图"选项。"选择放置数据透视图的位置"保持默认的"新工作表",点击"确定",如图 1.60 所示。

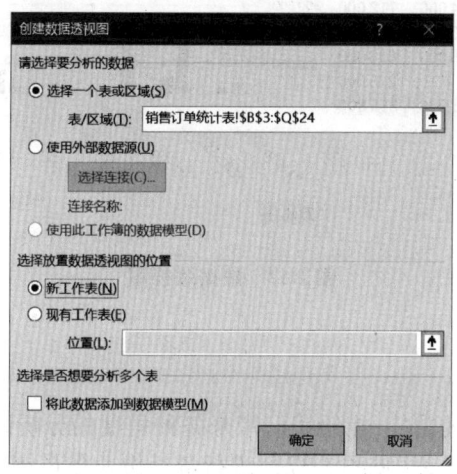

图 1.60 创建数据透视图

**步骤3** 将"月份"拖入"图例(系列)"字段,将"品名"拖入"轴(类别)"字段,将"金额"拖入"Σ值"字段,如图1.61所示。效果如图1.62所示。

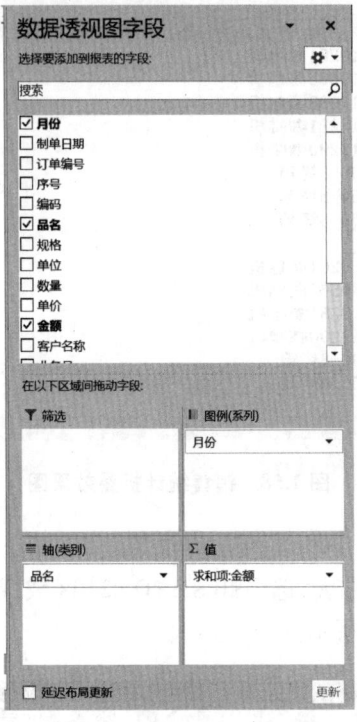

图1.61 数据透视图字段

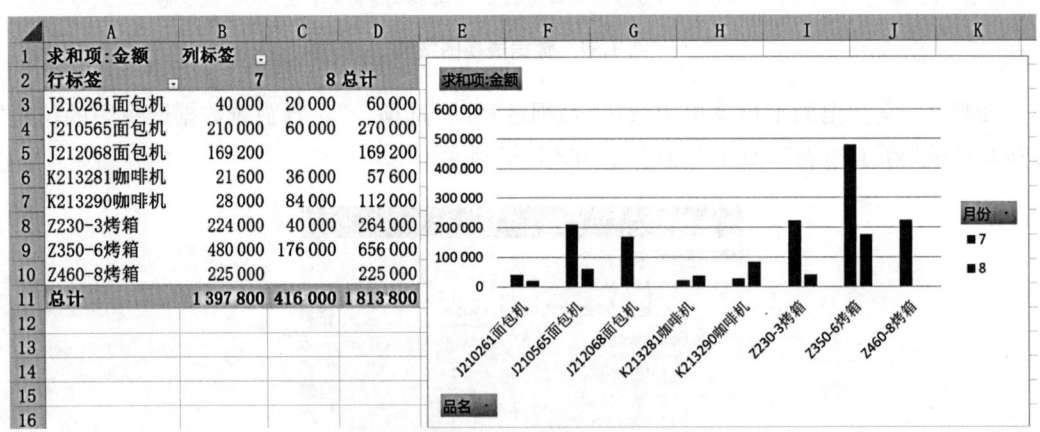

图1.62 数据透视图

### 1.4.3 拓展任务

熟练使用数据透视表的功能,能给我们带来各种角度的分析结果。拓展任务如下:

(1) 根据销售订单统计表(见图1.37),进行各月份业务员销售分析、各个客户的销售记录查询。更改销售统计表数据,刷新数据透视表。

（2）调整数据透视表行标题的前后位置，进行不同形式的统计分析和分类汇总，如图 1.63 和图 1.64 所示。

图 1.63　客户销售分析表

图 1.64　各月客户销售分析表

（3）进行数据透视表的排序和筛选。

☞ **知识链接**

透视数据表排序的顺序:
1. 升序排序的顺序:数字、文本、逻辑值、错误值、空白单元格。
2. 降序排序的顺序:错误值、逻辑值、文本、数字、空白单元格。
空白单元格无论是升序还是降序都会排在最后。升序和降序的顺序刚好相反。
3. 单独文本排序:符号、英文字母、中文排序顺序。
4. 中文文本排序顺序则是按照拼音字母在英文字母顺序中的顺序进行排列。
数据透视表与普通数据有十分相似的排序功能和完全相同的排序规则。在普通数据表格中可以实现的排序效果大都可以应用于数据透视表。

## 实 战 训 练

根据图 1.65 表单样式,为本公司编制销售发货单,并完成下列任务。

| 序号 | | 发货单编号: | F20240701101 | 订单编号: | D20240701101 | 制单日期: | 2024-7-1 |
|---|---|---|---|---|---|---|---|
| 客户名称 | | | 上海万联商贸有限公司 | | 联系人 | | 刘芳 |
| 联系电话 | | | 02167231234 | | 传真 | | 02167231234 |
| 单位地址 | | | 上海市中山西路120号 | | | | |
| 交货方式 | 自提 | 交货地点 | | | 交货日期 | | 2024-7-1 |
| 付款方式 | 网银 | 业务员 | | 林卿 | 收款日期 | | 2024-7-1 |
| 仓库 | | 成品库 | | | 开票种类 | | 增值税专用发票 |
| 序号 | 编码 | 品名 | 规格 | 单位 | 数量 | 单价 | 金额 |
| 1 | Z230-3 | Z230-3烤箱 | Z230-3-2000W | 台 | 46 | 4 000.00 | 184 000.00 |
| 2 | J212068 | J212068面包机 | J212068-1500W | 台 | 20 | 4 230.00 | 84 600.00 |
| 3 | K213281 | K213281咖啡机 | K213281-800W | 台 | 2 | 1 800.00 | 3 600.00 |
| 4 | | | | | | | |
| 5 | | | | | | | |
| 6 | | | | | | | |
| 7 | | | | | | | |
| 8 | | | | | | | |
| 9 | | | | | | | |
| 10 | | | | | | | |
| 合计 | | | 人民币贰拾柒万贰仟贰佰元整(¥272 200元) | | | | |
| 备注 | | | | | | | |
| 业务代表 | 签字: | | | 日期: | | | |
| 销售经理 | 签字: | | | 日期: | | | |

图 1.65 销售发货单

(1)建立仓库名称表,01 原料库,02 成品库。
(2)建立销售发货单与统计表。
**问题思考** 如何根据订单编号生成发货单,并做到可以分次发货?
(3)生成数据透视图表。

# 典型项目 2　应收账款分析与管理

## ➢ 项目目标

**知识目标**
1. 掌握应收账款的账龄分析方法
2. 掌握坏账准备的账龄分析法
3. 通过实操掌握应收账款赊销策略分析方法

**技能目标**
1. 掌握应收账款账龄分析表的编制
2. 通过应收账款账龄分析表计提坏账准备
3. 掌握应收账款赊销策略分析模型的建立
4. 通过应收账款赊销策略分析模型进行方案选择

**素养目标**
1. 培养财务人员不仅为企业管好有形财产,还要管好应收账款
2. 通过学习,将新企业会计准则提倡的账龄分析法轻松地运用到企业中

## ➢ 项目知识背景

财务角度:应收账款是指企业因销售商品、提供劳务等经营活动,应向购货单位或接受劳务单位收取的款项,主要包括企业销售商品或提供劳务等应向有关债务人收取的价款及代购货单位垫付的包装费、运杂费等。

按照现行会计准则和会计制度的规定,企业根据谨慎性原则的要求,应当在期末或年终对应收账款进行检查,合理地预计可能发生的损失,对可能发生的各项资产损失计提减值准备和坏账准备,以便减少企业风险成本。

Excel 技巧:利用单元格自动填充功能和 DAYS360,IF,SUM,AND 函数。

## ➢ 项目任务

根据滨海电器商贸有限公司销售订单统计表,进行应收账款账龄分析,编制账龄分析表,并计提坏账准备,如表 2.2 至表 2.3 所示。表 2.1 为简化的销售订单统计表。

表 2.1　　　　　　　　　　　销售订单统计表（简化表）

| 制单日期 | 金额 | 客户名称 | 业务员 |
|---|---|---|---|
| 2024/7/1 | 184 000 | 上海万联商贸有限公司 | 林卿 |
| 2024/7/1 | 84 600 | 上海万联商贸有限公司 | 林卿 |
| 2024/7/1 | 3 600 | 上海万联商贸有限公司 | 林卿 |
| 2024/7/2 | 150 000 | 北京华通商贸有限公司 | 魏华 |
| 2024/7/2 | 28 000 | 北京华通商贸有限公司 | 魏华 |
| 2024/7/2 | 80 000 | 北京华通商贸有限公司 | 魏华 |
| 2024/7/6 | 40 000 | 天津华云电器商贸有限公司 | 王颖 |
| 2024/7/6 | 18 000 | 天津华云电器商贸有限公司 | 王颖 |
| 2024/7/6 | 40 000 | 天津华云电器商贸有限公司 | 王颖 |
| 2024/7/6 | 160 000 | 天津华云电器商贸有限公司 | 王颖 |
| 2024/7/8 | 60 000 | 上海万联商贸有限公司 | 林卿 |
| 2024/7/8 | 84 600 | 上海万联商贸有限公司 | 林卿 |
| 2024/7/8 | 80 000 | 上海万联商贸有限公司 | 林卿 |
| 2024/7/20 | 225 000 | 广州西联科技有限公司 | 王颖 |
| 2024/7/20 | 160 000 | 广州西联科技有限公司 | 王颖 |
| 2024/8/1 | 20 000 | 北京华通商贸有限公司 | 魏华 |
| 2024/8/1 | 36 000 | 北京华通商贸有限公司 | 魏华 |
| 2024/8/1 | 40 000 | 北京华通商贸有限公司 | 魏华 |
| 2024/8/5 | 60 000 | 广州西联科技有限公司 | 王颖 |
| 2024/8/5 | 84 000 | 广州西联科技有限公司 | 王颖 |
| 2024/8/5 | 176 000 | 广州西联科技有限公司 | 王颖 |

表 2.2　　　　　　　　　　　账龄分析明细表

账龄截止日　2024 年 11 月 30 日

| 制单日期 | 金额 | 客户名称 | 业务员 | 信用期（天） | 出货日期 | 应收账款 | 应收款日期 | 实收款日期 | 收款金额 | 欠款金额 | 超期时间（天） | 信用期内 | 0~30天 | 30~60天 | 60~90天 | 90天以上 |
|---|---|---|---|---|---|---|---|---|---|---|---|---|---|---|---|---|
| 2024/7/1 | 184 000 | 上海万联商贸有限公司 | 林卿 | 60 | 2024/7/1 | 184 000 | 2024/7/1 | | | | | | | | | |
| 2024/7/1 | 84 600 | 上海万联商贸有限公司 | 林卿 | 60 | 2024/7/1 | 84 600 | 2024/7/1 | | | | | | | | | |
| 2024/7/1 | 3 600 | 上海万联商贸有限公司 | 林卿 | 60 | 2024/7/1 | 3 600 | 2024/7/1 | | | | | | | | | |
| 2024/7/2 | 150 000 | 北京华通商贸有限公司 | 魏华 | 90 | 2024/7/2 | 150 000 | 2024/7/2 | 2024/07/02 | 150 000 | | | | | | | |
| 2024/7/2 | 28 000 | 北京华通商贸有限公司 | 魏华 | 90 | 2024/7/2 | 28 000 | 2024/7/2 | 2024/07/02 | 28 000 | | | | | | | |
| 2024/7/2 | 80 000 | 北京华通商贸有限公司 | 魏华 | 90 | 2024/7/2 | 80 000 | 2024/7/2 | | | | | | | | | |
| 2024/7/6 | 40 000 | 天津华云电器商贸有限公司 | 王颖 | 60 | 2024/7/6 | 40 000 | 2024/7/6 | 2024/07/06 | 40 000 | | | | | | | |
| 2024/7/6 | 18 000 | 天津华云电器商贸有限公司 | 王颖 | 60 | 2024/7/6 | 18 000 | 2024/7/6 | 2024/07/06 | 18 000 | | | | | | | |

(续表)

| 制单日期 | 金额 | 客户名称 | 业务员 | 信用期（天） | 出货日期 | 应收账款 | 应收款日期 | 实收款日期 | 收款金额 | 欠款金额 | 超期时间（天） | 信用期内 | 0~30天 | 30~60天 | 60~90天 | 90天以上 |
|---|---|---|---|---|---|---|---|---|---|---|---|---|---|---|---|---|
| 2024/7/6 | 40 000 | 天津华云电器商贸有限公司 | 王颖 | 60 | 2024/7/6 | 40 000 | 2024/7/6 | | | | | | | | | |
| 2024/7/6 | 160 000 | 天津华云电器商贸有限公司 | 王颖 | 60 | 2024/7/6 | 160 000 | 2024/7/6 | | | | | | | | | |
| 2024/7/8 | 60 000 | 上海万联商贸有限公司 | 林卿 | 60 | 2024/7/8 | 60 000 | 2024/7/8 | | | | | | | | | |
| 2024/7/8 | 84 600 | 上海万联商贸有限公司 | 林卿 | 60 | 2024/7/8 | 84 600 | 2024/7/8 | | | | | | | | | |
| 2024/7/8 | 80 000 | 上海万联商贸有限公司 | 林卿 | 60 | 2024/7/8 | 80 000 | 2024/7/8 | | | | | | | | | |
| 2024/7/20 | 225 000 | 广州西联科技有限公司 | 王颖 | 60 | 2024/7/20 | 225 000 | 2024/7/20 | 2024/07/20 | 225 000 | | | | | | | |
| 2024/7/20 | 160 000 | 广州西联科技有限公司 | 王颖 | 60 | 2024/7/20 | 160 000 | 2024/7/20 | | | | | | | | | |
| 2024/8/1 | 20 000 | 北京华通商贸有限公司 | 魏华 | 90 | 2024/8/1 | 20 000 | 2024/8/1 | | | | | | | | | |
| 2024/8/1 | 36 000 | 北京华通商贸有限公司 | 魏华 | 90 | 2024/8/1 | 36 000 | 2024/8/1 | | | | | | | | | |
| 2024/8/1 | 40 000 | 北京华通商贸有限公司 | 魏华 | 90 | 2024/8/1 | 40 000 | 2024/8/1 | | | | | | | | | |
| 2024/8/5 | 60 000 | 广州西联科技有限公司 | 王颖 | 120 | 2024/8/5 | 60 000 | 2024/8/5 | 2024/08/05 | 60 000 | | | | | | | |
| 2024/8/5 | 84 000 | 广州西联科技有限公司 | 王颖 | 120 | 2024/8/5 | 84 000 | 2024/8/5 | 2024/08/05 | 84 000 | | | | | | | |
| 2024/8/5 | 176 000 | 广州西联科技有限公司 | 王颖 | 120 | 2024/8/5 | 176 000 | 2024/8/5 | | | | | | | | | |
| | | 合计 | | | | 1813 800 | | | 605 000 | | | | | | | |

表2.3　　　　　　　　　应收账款账龄分析汇总表
年　　月　　日

| 应收账款期限 | 金额 | 比重 | 计提坏账百分比 | 坏账准备金额 |
|---|---|---|---|---|
| 信用期内 | | | | |
| 0~30天 | | | | |
| 30~60天 | | | | |
| 60~90天 | | | | |
| 90天以上 | | | | |
| 合计 | | | | |

## ▶ 任务分解

任务分解图，如图2.1所示。

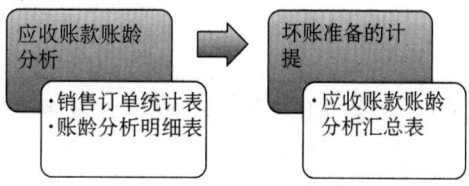

图2.1　任务分解图

## 任务 2.1 应收账款账龄分析

### 2.1.1 任务分析

获取滨海电器商贸有限公司项目二的拓展资料（销售订单统计表），编制销售回款的相关资料。如果前期资料不完善，可先建立表2.1那样的简化的销售订单统计表，在此基础上继续编制。

### 2.1.2 任务实现步骤

**步骤1** 建立"应收账款分析与管理"工作簿。

**步骤2** 将"销售订单统计表"整理为"销售订单统计表（简化表）"，或者录入"销售订单统计表（简化表）"，如表2.1所示。

**步骤3** 将销售订单统计表（简化表）复制到新工作表"账龄分析表明细表"，先将出货日期默认为制单日期，如实际工作中出货日期与制单日期不同，可修改。应收账款等于B列的金额，应收款的日期等于出货日期，根据表2.2录入实际收款日和收款金额，如图2.2所示。

| 制单日期 | 金额 | 客户名称 | 业务员 | 信用期（天） | 出货日期 | 应收账款 | 应收款日期 | 实收款日期 | 收款金额 | 欠款金额 | 超期时间（天） | 信用期内 | 0~30天 | 30~60天 | 60~90天 | 90天以上 |
|---|---|---|---|---|---|---|---|---|---|---|---|---|---|---|---|---|
| | | | | | | | | 截止日：2024/11/30 | | | | 0 | 30 | 60 | 90 | |
| 2024/7/1 | 184 000 | 上海万联商贸有限公司 | 林卿 | 60 | 2024/7/1 | 184 000 | 2024/7/1 | | | | | | | | | |
| 2024/7/1 | 84 600 | 上海万联商贸有限公司 | 林卿 | 60 | 2024/7/1 | 84 600 | 2024/7/1 | | | | | | | | | |
| 2024/7/1 | 3 600 | 上海万联商贸有限公司 | 林卿 | 60 | 2024/7/1 | 3 600 | 2024/7/1 | | | | | | | | | |
| 2024/7/2 | 150 000 | 北京华通商贸有限公司 | 魏华 | 90 | 2024/7/2 | 150 000 | 2024/7/2 | 2024/07/02 | 150 000.00 | | | | | | | |
| 2024/7/2 | 28 000 | 北京华通商贸有限公司 | 魏华 | 90 | 2024/7/2 | 28 000 | 2024/7/2 | 2024/07/02 | 28 000.00 | | | | | | | |
| 2024/7/2 | 80 000 | 北京华通商贸有限公司 | 魏华 | 90 | 2024/7/2 | 80 000 | 2024/7/2 | | | | | | | | | |
| 2024/7/6 | 40 000 | 天津华云电器商贸有限公司 | 王颖 | 60 | 2024/7/6 | 40 000 | 2024/7/6 | 2024/07/06 | 40 000.00 | | | | | | | |
| 2024/7/6 | 18 000 | 天津华云电器商贸有限公司 | 王颖 | 60 | 2024/7/6 | 18 000 | 2024/7/6 | 2024/07/06 | 18 000.00 | | | | | | | |
| 2024/7/6 | 40 000 | 天津华云电器商贸有限公司 | 王颖 | 60 | 2024/7/6 | 40 000 | 2024/7/6 | | | | | | | | | |
| 2024/7/6 | 160 000 | 天津华云电器商贸有限公司 | 王颖 | 60 | 2024/7/6 | 160 000 | 2024/7/6 | | | | | | | | | |
| 2024/7/8 | 60 000 | 上海万联商贸有限公司 | 林卿 | 60 | 2024/7/8 | 60 000 | 2024/7/8 | | | | | | | | | |
| 2024/7/8 | 84 600 | 上海万联商贸有限公司 | 林卿 | 60 | 2024/7/8 | 84 600 | 2024/7/8 | | | | | | | | | |
| 2024/7/8 | 80 000 | 上海万联商贸有限公司 | 林卿 | 60 | 2024/7/8 | 80 000 | 2024/7/8 | | | | | | | | | |
| 2024/7/20 | 225 000 | 广州西联科技有限公司 | 王颖 | 60 | 2024/7/20 | 225 000 | 2024/7/20 | 2024/07/20 | 225 000.00 | | | | | | | |
| 2024/7/20 | 160 000 | 广州西联科技有限公司 | 王颖 | 60 | 2024/7/20 | 160 000 | 2024/7/20 | | | | | | | | | |
| 2024/8/1 | 20 000 | 北京华通商贸有限公司 | 魏华 | 90 | 2024/8/1 | 20 000 | 2024/8/1 | | | | | | | | | |
| 2024/8/1 | 36 000 | 北京华通商贸有限公司 | 魏华 | 90 | 2024/8/1 | 36 000 | 2024/8/1 | | | | | | | | | |
| 2024/8/1 | 40 000 | 北京华通商贸有限公司 | 魏华 | 90 | 2024/8/1 | 40 000 | 2024/8/1 | | | | | | | | | |
| 2024/8/5 | 60 000 | 广州西联科技有限公司 | 王颖 | 120 | 2024/8/5 | 60 000 | 2024/8/5 | 2024/08/05 | 60 000.00 | | | | | | | |
| 2024/8/5 | 84 000 | 广州西联科技有限公司 | 王颖 | 120 | 2024/8/5 | 84 000 | 2024/8/5 | 2024/08/05 | 84 000.00 | | | | | | | |
| 2024/8/5 | 176 000 | 广州西联科技有限公司 | 王颖 | 120 | 2024/8/5 | 176 000 | 2024/8/5 | | | | | | | | | |
| | | 合计 | | | | 1 813 800 | | | 605 000.00 | | | | | | | |

**图 2.2　账龄分析明细表**

**步骤4** 计算欠款金额，等于应收账款减去收款金额。

**步骤5** 计算超期时间（天），等于应收款日期减去截止日期，参考公式如下：

在单元格L3中输入公式"=IF(K3=0,0,DAYS360(H3,$F$1,1)-E3)"。

> **知识链接**
>
> DAYS360按照1年360天的算法（每个月以30天计，1年共计12个月），返回两日期间相差的天数，这在一些会计计算中将会用到。如果会计系统是基于1年12个月、每月30天，则可用此函数帮助计算支付款项。该函数的语法规则如下：

> DAYS360(Start_date, End_date, [Method])
>
> 具有以下参数：
> Start_date：开始日期。
> End_date：结束日期。
> Method：逻辑值，用来设置使用美国或欧洲的算法。False 或省略为美国算法，True 为欧洲算法。
> Start_date 和 End_date 两个参数是必须写的，且两个参数的类型必须为日期型。如果 Start_date 在 End_date 之后，则 DAYS360 将返回一个负数。

**步骤 6** 在 M1，N1，O1 和 P1 单元格分别录入：0，30，60，90。用来对应 M2，N2，O2 和 P2 单元格的"信用期内""0~30 天""30~60 天"和"60~90 天"。

**步骤 7** 计算未到期金额，若超期时间（天）为正数，则说明欠款金额已经超出信用期，因此未到期金额为零；否则，说明欠款在信用期内，未到期金额等于欠款金额。参考公式如下：

在单元格 M3 中输入公式"=IF(L3<=0,K3,0)"。

**步骤 8** 计算 0~30 天应收账款，通过判断超过时间来计算应收账款。参考公式如下：
在单元格 N3 中输入公式"=IF(AND(L3>M $1,L3<=N $1),K3,0)"。

☞ **知识链接**

> AND 函数一般用来检验一组数据是否都满足条件。AND 函数中所有参数的逻辑值为真时，返回 TRUE；只要一个参数的逻辑值为假，即返回 FALSE。简言之，就是当 AND 的参数全部满足某一条件时，返回结果为 TRUE，否则为 FALSE。该函数的语法规则如下：
>
> AND(Logicall1, Logicall2, …)
>
> 具有以下参数：
> Logicall1，Logicall2，…允许 1 到 30 个条件表达式，而这些条件表达式不是 FALSE 就是 TRUE。参数必须是逻辑值，或者包含逻辑值的数组或引用。

**步骤 9** 计算 30~60 天应收账款，通过判断超期时间来计算应收账款。参考公式如下：

在单元格 O3 中输入公式"=IF(AND(L3>N $1,L3<=O $1),K3,0)"。

**步骤 10** 计算 60~90 天应收账款，通过判断超期时间来计算应收账款。参考公式如下：

在单元格 P3 中输入公式"=IF(AND(L3>O $1,L3<=P $1),K3,0)"。

**步骤 11** 计算 90 天以上应收账款，通过判断超期时间来计算应收账款。参考公式如下：

在单元格 Q3 中输入公式"=IF(L3>P $1,K3,0)"。

**步骤 12** 继续输入的所有公式，如图 2.3 所示，结果如图 2.4 所示。

## 图 2.3　账龄分析明细表(公式明细)

| | K | L | M | N | O | P | Q |
|---|---|---|---|---|---|---|---|
| 1 | | | 0 | | 30 | 60 | 90 |
| 2 | 欠款金额 | 超过时间(天) | 信用期内 | 0～30天 | 30～60天 | 60～90天 | 90天以上 |
| 3 | =G3-J3 | =IF(K3=0, 0, DAYS360(H3, $F$1, 1))-E3 | =IF(L3<=0, K3, 0) | =IF(AND(L3>M$1, L3<=N$1), K3, 0) | =IF(AND(L3>N$1, L3<=O$1), K3, 0) | =IF(AND(L3>O$1, L3<=P$1), K3, 0) | =IF(L3>P$1, K3, 0) |
| 4 | =G4-J4 | =IF(K4=0, 0, DAYS360(H4, $F$1, 1))-E4 | =IF(L4<=0, K4, 0) | =IF(AND(L4>M$1, L4<=N$1), K4, 0) | =IF(AND(L4>N$1, L4<=O$1), K4, 0) | =IF(AND(L4>O$1, L4<=P$1), K4, 0) | =IF(L4>P$1, K4, 0) |
| 5 | =G5-J5 | =IF(K5=0, 0, DAYS360(H5, $F$1, 1))-E5 | =IF(L5<=0, K5, 0) | =IF(AND(L5>M$1, L5<=N$1), K5, 0) | =IF(AND(L5>N$1, L5<=O$1), K5, 0) | =IF(AND(L5>O$1, L5<=P$1), K5, 0) | =IF(L5>P$1, K5, 0) |
| 6 | =G6-J6 | =IF(K6=0, 0, DAYS360(H6, $F$1, 1))-E6 | =IF(L6<=0, K6, 0) | =IF(AND(L6>M$1, L6<=N$1), K6, 0) | =IF(AND(L6>N$1, L6<=O$1), K6, 0) | =IF(AND(L6>O$1, L6<=P$1), K6, 0) | =IF(L6>P$1, K6, 0) |
| 7 | =G7-J7 | =IF(K7=0, 0, DAYS360(H7, $F$1, 1))-E7 | =IF(L7<=0, K7, 0) | =IF(AND(L7>M$1, L7<=N$1), K7, 0) | =IF(AND(L7>N$1, L7<=O$1), K7, 0) | =IF(AND(L7>O$1, L7<=P$1), K7, 0) | =IF(L7>P$1, K7, 0) |
| 8 | =G8-J8 | =IF(K8=0, 0, DAYS360(H8, $F$1, 1))-E8 | =IF(L8<=0, K8, 0) | =IF(AND(L8>M$1, L8<=N$1), K8, 0) | =IF(AND(L8>N$1, L8<=O$1), K8, 0) | =IF(AND(L8>O$1, L8<=P$1), K8, 0) | =IF(L8>P$1, K8, 0) |
| 9 | =G9-J9 | =IF(K9=0, 0, DAYS360(H9, $F$1, 1))-E9 | =IF(L9<=0, K9, 0) | =IF(AND(L9>M$1, L9<=N$1), K9, 0) | =IF(AND(L9>N$1, L9<=O$1), K9, 0) | =IF(AND(L9>O$1, L9<=P$1), K9, 0) | =IF(L9>P$1, K9, 0) |
| 10 | =G10-J10 | =IF(K10=0, 0, DAYS360(H10, $F$1, 1))-E10 | =IF(L10<=0, K10, 0) | =IF(AND(L10>M$1, L10<=N$1), K10, 0) | =IF(AND(L10>N$1, L10<=O$1), K10, 0) | =IF(AND(L10>O$1, L10<=P$1), K10, 0) | =IF(L10>P$1, K10, 0) |
| 11 | =G11-J11 | =IF(K11=0, 0, DAYS360(H11, $F$1, 1))-E11 | =IF(L11<=0, K11, 0) | =IF(AND(L11>M$1, L11<=N$1), K11, 0) | =IF(AND(L11>N$1, L11<=O$1), K11, 0) | =IF(AND(L11>O$1, L11<=P$1), K11, 0) | =IF(L11>P$1, K11, 0) |
| 12 | =G12-J12 | =IF(K12=0, 0, DAYS360(H12, $F$1, 1))-E12 | =IF(L12<=0, K12, 0) | =IF(AND(L12>M$1, L12<=N$1), K12, 0) | =IF(AND(L12>N$1, L12<=O$1), K12, 0) | =IF(AND(L12>O$1, L12<=P$1), K12, 0) | =IF(L12>P$1, K12, 0) |
| 13 | =G13-J13 | =IF(K13=0, 0, DAYS360(H13, $F$1, 1))-E13 | =IF(L13<=0, K13, 0) | =IF(AND(L13>M$1, L13<=N$1), K13, 0) | =IF(AND(L13>N$1, L13<=O$1), K13, 0) | =IF(AND(L13>O$1, L13<=P$1), K13, 0) | =IF(L13>P$1, K13, 0) |
| 14 | =G14-J14 | =IF(K14=0, 0, DAYS360(H14, $F$1, 1))-E14 | =IF(L14<=0, K14, 0) | =IF(AND(L14>M$1, L14<=N$1), K14, 0) | =IF(AND(L14>N$1, L14<=O$1), K14, 0) | =IF(AND(L14>O$1, L14<=P$1), K14, 0) | =IF(L14>P$1, K14, 0) |
| 15 | =G15-J15 | =IF(K15=0, 0, DAYS360(H15, $F$1, 1))-E15 | =IF(L15<=0, K15, 0) | =IF(AND(L15>M$1, L15<=N$1), K15, 0) | =IF(AND(L15>N$1, L15<=O$1), K15, 0) | =IF(AND(L15>O$1, L15<=P$1), K15, 0) | =IF(L15>P$1, K15, 0) |
| 16 | =G16-J16 | =IF(K16=0, 0, DAYS360(H16, $F$1, 1))-E16 | =IF(L16<=0, K16, 0) | =IF(AND(L16>M$1, L16<=N$1), K16, 0) | =IF(AND(L16>N$1, L16<=O$1), K16, 0) | =IF(AND(L16>O$1, L16<=P$1), K16, 0) | =IF(L16>P$1, K16, 0) |
| 17 | =G17-J17 | =IF(K17=0, 0, DAYS360(H17, $F$1, 1))-E17 | =IF(L17<=0, K17, 0) | =IF(AND(L17>M$1, L17<=N$1), K17, 0) | =IF(AND(L17>N$1, L17<=O$1), K17, 0) | =IF(AND(L17>O$1, L17<=P$1), K17, 0) | =IF(L17>P$1, K17, 0) |
| 18 | =G18-J18 | =IF(K18=0, 0, DAYS360(H18, $F$1, 1))-E18 | =IF(L18<=0, K18, 0) | =IF(AND(L18>M$1, L18<=N$1), K18, 0) | =IF(AND(L18>N$1, L18<=O$1), K18, 0) | =IF(AND(L18>O$1, L18<=P$1), K18, 0) | =IF(L18>P$1, K18, 0) |
| 19 | =G19-J19 | =IF(K19=0, 0, DAYS360(H19, $F$1, 1))-E19 | =IF(L19<=0, K19, 0) | =IF(AND(L19>M$1, L19<=N$1), K19, 0) | =IF(AND(L19>N$1, L19<=O$1), K19, 0) | =IF(AND(L19>O$1, L19<=P$1), K19, 0) | =IF(L19>P$1, K19, 0) |
| 20 | =G20-J20 | =IF(K20=0, 0, DAYS360(H20, $F$1, 1))-E20 | =IF(L20<=0, K20, 0) | =IF(AND(L20>M$1, L20<=N$1), K20, 0) | =IF(AND(L20>N$1, L20<=O$1), K20, 0) | =IF(AND(L20>O$1, L20<=P$1), K20, 0) | =IF(L20>P$1, K20, 0) |
| 21 | =G21-J21 | =IF(K21=0, 0, DAYS360(H21, $F$1, 1))-E21 | =IF(L21<=0, K21, 0) | =IF(AND(L21>M$1, L21<=N$1), K21, 0) | =IF(AND(L21>N$1, L21<=O$1), K21, 0) | =IF(AND(L21>O$1, L21<=P$1), K21, 0) | =IF(L21>P$1, K21, 0) |
| 22 | =G22-J22 | =IF(K22=0, 0, DAYS360(H22, $F$1, 1))-E22 | =IF(L22<=0, K22, 0) | =IF(AND(L22>M$1, L22<=N$1), K22, 0) | =IF(AND(L22>N$1, L22<=O$1), K22, 0) | =IF(AND(L22>O$1, L22<=P$1), K22, 0) | =IF(L22>P$1, K22, 0) |
| 23 | =G23-J23 | =IF(K23=0, 0, DAYS360(H23, $F$1, 1))-E23 | =IF(L23<=0, K23, 0) | =IF(AND(L23>M$1, L23<=N$1), K23, 0) | =IF(AND(L23>N$1, L23<=O$1), K23, 0) | =IF(AND(L23>O$1, L23<=P$1), K23, 0) | =IF(L23>P$1, K23, 0) |
| 24 | =G24-J24 | | =SUM(M3:M23) | =SUM(N3:N23) | =SUM(O3:O23) | =SUM(P3:P23) | =SUM(Q3:Q23) |

## 图 2.4　账龄分析明细表结果图

| | A | B | C | D | E | F | G | H | I | J | K | L | M | N | O | P | Q |
|---|---|---|---|---|---|---|---|---|---|---|---|---|---|---|---|---|---|
| 1 | | | | | | 截止日: | 2024/11/30 | | | | | | 0 | 30 | 60 | 90 | |
| 2 | 制单日期 | 金额 | 客户名称 | 业务员 | 信用期(天) | 出货日期 | 应收账款 | 应收款日期 | 实收款日期 | 收款金额 | 欠款金额 | 超期时间(天) | 信用期内 | 0～30天 | 30～60天 | 60～90天 | 90天以上 |
| 3 | 2024/07/01 | 184 000 | 上海万联商贸有限公司 | 林柳 | 60 | 2024/07/01 | 184 000 | 2024/07/01 | | | 184 000.00 | 89.00 | - | - | - | - | 184 000.00 |
| 4 | 2024/07/01 | 84 600 | 上海万联商贸有限公司 | 林柳 | 60 | 2024/07/01 | 84 600 | 2024/07/01 | | | 84 600.00 | 89.00 | - | - | - | - | 84 600.00 |
| 5 | 2024/07/01 | 3 600 | 上海万联商贸有限公司 | 林柳 | 60 | 2024/07/01 | 3 600 | 2024/07/01 | | | 3 600.00 | 89.00 | - | - | - | - | 3 600.00 |
| 6 | 2024/07/02 | 150 000 | 北京华通商贸有限公司 | 魏华 | 90 | 2024/07/02 | 150 000 | 2024/07/02 | 2024/07/02 | 150 000.00 | - | | - | - | - | - | - |
| 7 | 2024/07/02 | 28 000 | 北京华通商贸有限公司 | 魏华 | 90 | 2024/07/02 | 28 000 | 2024/07/02 | 2024/07/02 | 28 000.00 | - | | - | - | - | - | - |
| 8 | 2024/07/02 | 80 000 | 北京华通商贸有限公司 | 魏华 | 90 | 2024/07/02 | 80 000 | 2024/07/02 | | | 80 000.00 | 58.00 | - | - | - | 80 000.00 | - |
| 9 | 2024/07/06 | 40 000 | 天津华云电器商贸有限公司 | 王颖 | 60 | 2024/07/06 | 40 000 | 2024/07/06 | 2024/07/06 | 40 000.00 | - | | - | - | - | - | - |
| 10 | 2024/07/06 | 18 000 | 天津华云电器商贸有限公司 | 王颖 | 60 | 2024/07/06 | 18 000 | 2024/07/06 | 2024/07/06 | 18 000.00 | - | | - | - | - | - | - |
| 11 | 2024/07/06 | 40 000 | 天津华云电器商贸有限公司 | 王颖 | 60 | 2024/07/06 | 40 000 | 2024/07/06 | | | 40 000.00 | 84.00 | - | - | - | - | 40 000.00 |
| 12 | 2024/07/06 | 160 000 | 天津华云电器商贸有限公司 | 王颖 | 60 | 2024/07/06 | 160 000 | 2024/07/06 | | | 160 000.00 | 84.00 | - | - | - | - | 160 000.00 |
| 13 | 2024/07/08 | 60 000 | 上海万联商贸有限公司 | 林柳 | 60 | 2024/07/08 | 60 000 | 2024/07/08 | | | 60 000.00 | 82.00 | - | - | - | - | 60 000.00 |
| 14 | 2024/07/08 | 84 600 | 上海万联商贸有限公司 | 林柳 | 60 | 2024/07/08 | 84 600 | 2024/07/08 | | | 84 600.00 | 82.00 | - | - | - | - | 84 600.00 |
| 15 | 2024/07/08 | 80 000 | 上海万联商贸有限公司 | 林柳 | 60 | 2024/07/08 | 80 000 | 2024/07/08 | | | 80 000.00 | 82.00 | - | - | - | - | 80 000.00 |
| 16 | 2024/07/20 | 225 000 | 广州西联科技有限公司 | 王颖 | 60 | 2024/07/20 | 225 000 | 2024/07/20 | 2024/07/20 | 225 000.00 | - | | - | - | - | - | - |
| 17 | 2024/07/20 | 160 000 | 广州西联科技有限公司 | 王颖 | 60 | 2024/07/20 | 160 000 | 2024/07/20 | | | 160 000.00 | 70.00 | - | - | - | 160 000.00 | - |
| 18 | 2024/08/01 | 20 000 | 北京华通商贸有限公司 | 魏华 | 90 | 2024/08/01 | 20 000 | 2024/08/01 | | | 20 000.00 | 29.00 | - | 20 000.00 | - | - | - |
| 19 | 2024/08/01 | 36 000 | 北京华通商贸有限公司 | 魏华 | 90 | 2024/08/01 | 36 000 | 2024/08/01 | | | 36 000.00 | 29.00 | - | 36 000.00 | - | - | - |
| 20 | 2024/08/01 | 40 000 | 北京华通商贸有限公司 | 魏华 | 90 | 2024/08/01 | 40 000 | 2024/08/01 | | | 40 000.00 | 29.00 | - | 40 000.00 | - | - | - |
| 21 | 2024/08/05 | 60 000 | 广州西联科技有限公司 | 王颖 | 120 | 2024/08/05 | 60 000 | 2024/08/05 | 2024/08/05 | 60 000.00 | - | | - | - | - | - | - |
| 22 | 2024/08/05 | 84 000 | 广州西联科技有限公司 | 王颖 | 120 | 2024/08/05 | 84 000 | 2024/08/05 | 2024/08/05 | 84 000.00 | - | | - | - | - | - | - |
| 23 | 2024/08/05 | 176 000 | 广州西联科技有限公司 | 王颖 | 120 | 2024/08/05 | 176 000 | 2024/08/05 | | | 176 000.00 | -5.00 | 176 000.00 | - | - | - | - |
| 24 | | | 合计 | | | | | | | | 1 208 800.00 | | 176 000.00 | 96 000.00 | - | 80 000.00 | 856 800.00 | - |

# 任务 2.2　坏账准备的计算

## 2.2.1　任务分析

坏账准备是按企业的应收款项(含应收账款、其他应收款等)计提的,是备抵科目。企业对坏账损失的核算,采用备抵法。在备抵法下,企业每期期末要估计坏账损失,设置"坏账准备"科目。备抵法是指采用一定的方法按期(至少每年年末)估计坏账损失,提取坏账准备并转作当期费用,实际发生坏账时,直接冲减已计提坏账准备,同时转销相应的应收账款余额的一种处理方法。

企业应设置"坏账准备"科目,用以核算企业提取的坏账准备。企业应当定期或者至少每年年度终了,对应收款项进行全面检查,预计各项应收款项可能发生的坏账,对于没有把握收回的应收款项,应当计提坏账准备。

坏账准备的计提方法有四种，即余额百分比法、账龄分析法、销货百分比法和个别认定法。

企业在确定坏账准备的计提比例时，应当根据企业以往的经验、债务单位的实际财务状况和现金流量的情况，以及其他相关信息合理地估计。除有确凿证据表明该项应收款项不能收回，或收回的可能性不大外（如债务单位撤销、破产、资不抵债、现金流量严重不足、发生严重的自然灾害等导致停产而在短时间内无法偿付债务等，以及应收款项逾期3年以上），一般不能全额计提坏账准备。

账龄分析法是根据应收账款账龄的长短来估计坏账损失的方法。通常而言，应收账款的账龄越长，发生坏账的可能性越大。为此，将企业的应收账款按账龄长短进行分组，分别确定不同的计提百分比估算坏账损失，使坏账损失的计算结果更符合客观情况。

采用账龄分析法计提坏账准备的计算公式如下：

（1）首次计提坏账准备的计算公式：

$$\text{当期应计提的坏账准备} = \sum(\text{期末各账龄组应收账款余额} \times \text{各账龄组坏账准备计提百分比})$$

（2）以后计提坏账准备的计算公式：

$$\begin{matrix}\text{当期应计提的}\\\text{坏账准备}\end{matrix} = \begin{matrix}\text{当期按应收账款计算应}\\\text{计提的坏账准备金额}\end{matrix} +(\text{或}-) \begin{matrix}\text{“坏账准备”科目}\\\text{借方余额(或贷方余额)}\end{matrix}$$

## 2.2.2　任务实现步骤

**步骤1**　新建“应收账款账龄分析汇总表”工作表，样式如图2.5所示，数据通过对“账龄分析明细表”数据的计算汇总得来。

| | A | B | C | D | E |
|---|---|---|---|---|---|
| 1 | 应收账款账龄分析汇总表 | | | | |
| 2 | 年　月　日 | | | | |
| 3 | 应收账款期限 | 金额 | 比重 | 计提坏账百分比 | 坏账准备金额 |
| 4 | 信用期内 | | | | |
| 5 | 0～30天 | | | | |
| 6 | 30～60天 | | | | |
| 7 | 60～90天 | | | | |
| 8 | 90天以上 | | | | |
| 9 | 合计 | | | | |

**图2.5　应收账款账龄分析汇总表**

**方法一**

**步骤2**　计算应收账款的金额，参考公式如下：

在单元格B4中输入公式“=账龄分析表明细表!M24”。

**步骤3**　计算比重，参考公式如下：

在单元格C4中输入公式“=B4/$B $9”。

**步骤 4**　录入计提坏账百分比,如图 2.5 所示。

**步骤 5**　计算准备金额,参考公式如下:

在 E4 单元格中输入公式"=B4*D4"。

**步骤 6**　继续录入其他公式,比重和坏账准备金额公式可以通过拖动复制完成,如图 2.6 所示。效果如图 2.9 所示。

| | A | B | C | D | E |
|---|---|---|---|---|---|
| 1 | | | 应收账款账龄分析汇总表 | | |
| 2 | =账龄分析表明细表!F1 | | | | |
| 3 | 应收账款期限 | 金额 | 比重 | 计提坏账百分比 | 坏账准备金额 |
| 4 | 信用期内 | =账龄分析表明细表!M24 | =B4/$B$9 | 0 | =B4*D4 |
| 5 | 0~30天 | =账龄分析表明细表!N24 | =B5/$B$9 | 0.01 | =B5*D5 |
| 6 | 30~60天 | =账龄分析表明细表!O24 | =B6/$B$9 | 0.02 | =B6*D6 |
| 7 | 60~90天 | =账龄分析表明细表!P24 | =B7/$B$9 | 0.05 | =B7*D7 |
| 8 | 90天以上 | =账龄分析表明细表!Q24 | =B8/$B$9 | 0.2 | =B8*D8 |
| 9 | 合计 | =SUM(B4:B8) | =SUM(C4:C8) | | =SUM(E4:E8) |

图 2.6　应收账款账龄分析汇总表公式(方法一)

**方法二**

**步骤 1**　计算应收账款的金额可以使用 HLOOKUP 函数,修改公式如下:

在 B4 单元格中输入公式"=HLOOKUP(A4,账龄分析明细表!$M$2:$Q$24,23,0)",如图 2.7 所示。

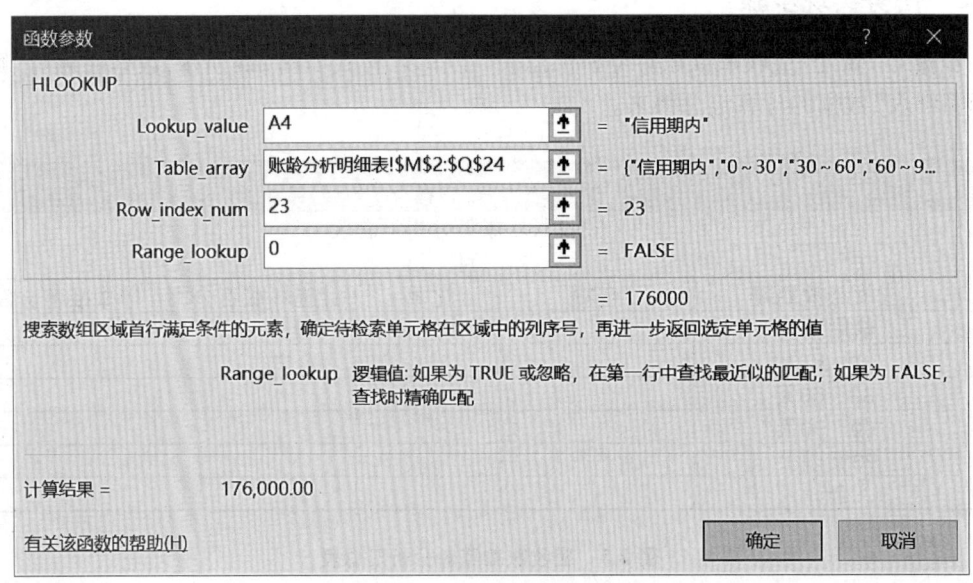

图 2.7　HLOOKUP 函数

**步骤 2**　将 B4 公式向下拖动复制。

**步骤 3**　参照方法一的步骤 3 至步骤 6 完成其他公式录入,如图 2.8 所示。效果如图 2.9 所示。

典型项目2 应收账款分析与管理

| | A | B | C | D | E |
|---|---|---|---|---|---|
| 1 | | | 应收账款账龄分析汇总表 | | |
| 2 | =账龄分析明细表!F1 | | | | |
| 3 | 应收账款期限 | 金额 | 比重 | 计提坏账百分比 | 坏账准备金额 |
| 4 | 信用期内 | =HLOOKUP(A4,账龄分析明细表!$M$2:$Q$24,23,0) | =B4/$B$9 | 0 | =B4*D4 |
| 5 | 0～30天 | =HLOOKUP(A5,账龄分析明细表!$M$2:$Q$24,23,0) | =B5/$B$9 | 0.01 | =B5*D5 |
| 6 | 30～60天 | =HLOOKUP(A6,账龄分析明细表!$M$2:$Q$24,23,0) | =B6/$B$9 | 0.02 | =B6*D6 |
| 7 | 60～90天 | =HLOOKUP(A7,账龄分析明细表!$M$2:$Q$24,23,0) | =B7/$B$9 | 0.05 | =B7*D7 |
| 8 | 90天以上 | =HLOOKUP(A8,账龄分析明细表!$M$2:$Q$24,23,0) | =B8/$B$9 | 0.2 | =B8*D8 |
| 9 | 合计 | =SUM(B4:B8) | | =SUM(C4:C8) | =SUM(E4:E8) |

图2.8 应收账款账龄分析汇总表公式(方法二)

| | A | B | C | D | E |
|---|---|---|---|---|---|
| 1 | | 应收账款账龄分析汇总表 | | | |
| 2 | | 2024年7月31日 | | | |
| 3 | 应收账款期限 | 金额 | 比重 | 计提坏账百分比 | 坏账准备金额 |
| 4 | 信用期内 | 176 000.00 | 14.56% | 0 | — |
| 5 | 0～30天 | 96 000.00 | 7.94% | 1% | 960.00 |
| 6 | 30～60天 | 80 000.00 | 6.62% | 2% | 1 600.00 |
| 7 | 60～90天 | 856 800.00 | 70.88% | 5% | 42 840.00 |
| 8 | 90天以上 | — | 0.00% | 20% | — |
| 9 | 合计 | 1 208 800.00 | 100% | | 45 400.00 |

图2.9 应收账款账龄分析汇总表效果图

# 实 战 训 练

北京嘉华商贸有限公司的财务人员设计了两种账龄分析明细表,如表2.4和表2.5所示,请你帮助补充完整,并分别编制应收账款账龄分析表,如表2.6所示。

表2.4 账龄分析明细表(一)

编制单位:北京嘉华商贸有限公司    截止日:2024/12/31

| 制单日期 | 客户名称 | 金额 | 业务员 | 出货日期 | 应收账款 | 应收款日期 | 实收款日期 | 收款金额 | 欠款金额 | 账龄 | 1年以内 | 1~2年 | 2~3年 | 3年以上 |
|---|---|---|---|---|---|---|---|---|---|---|---|---|---|---|
| 2021/6/21 | 河南嘉华商贸有限公司 | 250 000.00 | 林卿 | 2021/6/21 | 250 000.00 | 2021/6/21 | | | 250 000.00 | 1269.00 | | | | |
| 2021/11/22 | 河南嘉华商贸有限公司 | 94 600.00 | 林卿 | 2021/11/22 | 94 600.00 | 2021/11/22 | | | 94 600.00 | 1118.00 | | | | |
| 2022/2/19 | 河南嘉华商贸有限公司 | 3 600.00 | 林卿 | 2022/2/19 | 3 600.00 | 2022/2/19 | | | 3 600.00 | 1031.00 | | | | |
| 2022/7/23 | 安徽华通商贸有限公司 | 210 000.00 | 魏华 | 2022/7/23 | 210 000.00 | 2022/7/23 | | | 210 000.00 | 877.00 | | | | |
| 2022/11/22 | 安徽华通商贸有限公司 | 28 000.00 | 魏华 | 2022/11/22 | 28 000.00 | 2022/11/22 | 2022/11/22 | 8 000.00 | 20 000.00 | 758.00 | | | | |
| 2022/12/20 | 安徽华通商贸有限公司 | 80 000.00 | 魏华 | 2022/12/20 | 80 000.00 | 2022/12/20 | | | 80 000.00 | 730.00 | | | | |
| 2023/2/24 | 天津华光电器商贸有限公司 | 40 000.00 | 王颖 | 2023/2/24 | 40 000.00 | 2023/2/24 | | | 40 000.00 | 666.00 | | | | |
| 2023/2/24 | 天津华光电器商贸有限公司 | 18 000.00 | 王颖 | 2023/2/24 | 18 000.00 | 2023/2/24 | 2023/2/24 | 18 000.00 | — | 545.00 | | | | |
| 2023/6/25 | 天津华光电器商贸有限公司 | 40 000.00 | 王颖 | 2023/6/25 | 40 000.00 | 2023/6/25 | | | 40 000.00 | 545.00 | | | | |
| 2023/7/26 | 天津华光电器商贸有限公司 | 20 000.00 | 王颖 | 2023/7/26 | 20 000.00 | 2023/7/26 | | | 20 000.00 | 514.00 | | | | |
| 2023/8/28 | 河南嘉华商贸有限公司 | 60 000.00 | 林卿 | 2023/8/28 | 60 000.00 | 2023/8/28 | | | 60 000.00 | 482.00 | | | | |
| 2024/2/25 | 河南嘉华商贸有限公司 | 84 600.00 | 林卿 | 2024/2/25 | 84 600.00 | 2024/2/25 | | | 84 600.00 | 305.00 | | | | |
| 2024/2/25 | 河南嘉华商贸有限公司 | 80 000.00 | 林卿 | 2024/2/25 | 80 000.00 | 2024/2/25 | | | 80 000.00 | 305.00 | | | | |
| 2024/3/9 | 浙江西联科技有限公司 | 225 000.00 | 王颖 | 2024/3/9 | 225 000.00 | 2024/3/9 | 2024/3/9 | 225 000.00 | — | 0.00 | | | | |
| 2024/3/9 | 浙江西联科技有限公司 | 160 000.00 | 王颖 | 2024/3/9 | 160 000.00 | 2024/3/9 | | | 160 000.00 | 291.00 | | | | |
| 2024/3/21 | 安徽华通商贸有限公司 | 20 000.00 | 魏华 | 2024/3/21 | 20 000.00 | 2024/3/21 | | | 20 000.00 | 279.00 | | | | |
| 2024/3/21 | 安徽华通商贸有限公司 | 36 000.00 | 魏华 | 2024/3/21 | 36 000.00 | 2024/3/21 | | | 36 000.00 | 279.00 | | | | |
| 2024/5/28 | 安徽华通商贸有限公司 | 40 000.00 | 魏华 | 2024/5/28 | 40 000.00 | 2024/5/28 | | | 40 000.00 | 212.00 | | | | |
| 2024/7/25 | 浙江西联科技有限公司 | 60 000.00 | 王颖 | 2024/7/25 | 60 000.00 | 2024/7/25 | 2024/7/25 | 60 000.00 | — | 0.00 | | | | |
| 2024/9/24 | 浙江西联科技有限公司 | 84 000.00 | 王颖 | 2024/9/24 | 84 000.00 | 2024/9/24 | 2024/9/24 | 84 000.00 | — | 0.00 | | | | |
| 2024/10/25 | 浙江西联科技有限公司 | 176 000.00 | 王颖 | 2024/10/25 | 176 000.00 | 2024/10/25 | | | 176 000.00 | 65.00 | | | | |
| | 合计 | 1 809 800.00 | | | 1 809 800.00 | | | 395 000.00 | 1 414 800.00 | | | | | |

45

表 2.5　　　　　　　　　　　　　账龄分析明细表（二）

编制单位：北京嘉华商贸有限公司　　　　截止日：2024/12/31

| 制单日期 | 客户名称 | 金额 | 业务员 | 出货日期 | 应收账款 | 应收款日期 | 实收款日期 | 收款金额 | 欠款金额 | 账龄 | 账期 |
|---|---|---|---|---|---|---|---|---|---|---|---|
| 2021/6/21 | 河南嘉华商贸有限公司 | 250 000.00 | 林卿 | 2021/6/21 | 250 000.00 | 2021/6/21 | | | 250 000.00 | | |
| 2021/11/22 | 河南嘉华商贸有限公司 | 94 600.00 | 林卿 | 2021/11/22 | 94 600.00 | 2021/11/22 | | | 94 600.00 | | |
| 2022/2/19 | 河南嘉华商贸有限公司 | 3 600.00 | 林卿 | 2022/2/19 | 3 600.00 | 2022/2/19 | | | 3 600.00 | | |
| 2022/7/23 | 安徽华通商贸有限公司 | 210 000.00 | 魏华 | 2022/7/23 | 210 000.00 | 2022/7/23 | | | 210 000.00 | | |
| 2022/11/22 | 安徽华通商贸有限公司 | 28 000.00 | 魏华 | 2022/11/22 | 28 000.00 | 2022/11/22 | 2022/11/22 | 8 000.00 | 20 000.00 | | |
| 2022/12/20 | 安徽华通商贸有限公司 | 80 000.00 | 魏华 | 2022/12/20 | 80 000.00 | 2022/12/20 | | | 80 000.00 | | |
| 2023/2/24 | 天津华光电器商贸有限公司 | 40 000.00 | 王颖 | 2023/2/24 | 40 000.00 | 2023/2/24 | | | 40 000.00 | | |
| 2023/2/24 | 天津华光电器商贸有限公司 | 18 000.00 | 王颖 | 2023/2/24 | 18 000.00 | 2023/2/24 | 2023/2/24 | 18 000.00 | - | | |
| 2023/6/25 | 天津华光电器商贸有限公司 | 40 000.00 | 王颖 | 2023/6/25 | 40 000.00 | 2023/6/25 | | | 40 000.00 | | |
| 2023/7/26 | 天津华光电器商贸有限公司 | 20 000.00 | 王颖 | 2023/7/26 | 20 000.00 | 2023/7/26 | | | 20 000.00 | | |
| 2023/8/28 | 河南嘉华商贸有限公司 | 60 000.00 | 林卿 | 2023/8/28 | 60 000.00 | 2023/8/28 | | | 60 000.00 | | |
| 2024/2/25 | 河南嘉华商贸有限公司 | 84 600.00 | 林卿 | 2024/2/25 | 84 600.00 | 2024/2/25 | | | 84 600.00 | | |
| 2024/2/25 | 河南嘉华商贸有限公司 | 80 000.00 | 林卿 | 2024/2/25 | 80 000.00 | 2024/2/25 | | | 80 000.00 | | |
| 2024/3/9 | 浙江西联科技有限公司 | 225 000.00 | 王颖 | 2024/3/9 | 225 000.00 | 2024/3/9 | 2024/3/9 | 225 000.00 | - | | |
| 2024/3/9 | 浙江西联科技有限公司 | 160 000.00 | 王颖 | 2024/3/9 | 160 000.00 | 2024/3/9 | | | 160 000.00 | | |
| 2024/3/21 | 安徽华通商贸有限公司 | 20 000.00 | 魏华 | 2024/3/21 | 20 000.00 | 2024/3/21 | | | 20 000.00 | | |
| 2024/3/21 | 安徽华通商贸有限公司 | 36 000.00 | 魏华 | 2024/3/21 | 36 000.00 | 2024/3/21 | | | 36 000.00 | | |
| 2024/5/28 | 安徽华通商贸有限公司 | 40 000.00 | 魏华 | 2024/5/28 | 40 000.00 | 2024/5/28 | | | 40 000.00 | | |
| 2024/7/25 | 浙江西联科技有限公司 | 60 000.00 | 王颖 | 2024/7/25 | 60 000.00 | 2024/7/25 | 2024/7/25 | 60 000.00 | - | | |
| 2024/9/24 | 浙江西联科技有限公司 | 84 000.00 | 王颖 | 2024/9/24 | 84 000.00 | 2024/9/24 | 2024/9/24 | 84 000.00 | | | |
| 2024/10/25 | 浙江西联科技有限公司 | 176 000.00 | 王颖 | 2024/10/25 | 176 000.00 | 2024/10/25 | | | 176 000.00 | | |
| | 合计 | 1 809 800.00 | | | 1 809 800.00 | | | 395 000.00 | 1 414 800.00 | | |

提示：账龄分析明细表（二）可以使用 VLOOKUP 函数。

表 2.6　　　　　　　　　　　应收账款账龄分析表

2024 年 12 月 31 日

| 账龄 | 账期 | 金额 | 比重 |
|---|---|---|---|
| 1 | 1 年以内 | | |
| 360 | 1~2 年 | | |
| 720 | 2~3 年 | | |
| 1 080 | 3 年以上 | | |
| | 合计 | | |

# 典型项目3　进销存管理与利润分析

## ➢ 项目目标

**知识目标**
1. 熟悉企业进销存管理原理
2. 掌握企业进销存管理系统数据的勾稽关系
3. 融会贯通地掌握财务中销售、成本和利润的形成

**技能目标**
1. 掌握进货统计表的编制
2. 掌握销售统计表的编制
3. 掌握库存统计表的编制
4. 掌握销售毛利分析表的编制

**素养目标**
1. 在互联网技术和大数据环境下，做好自身技术储备
2. 学会控制好企业供应链运营管理核心点，为企业安全运营提供精准数据

## ➢ 知识背景

财务角度：进销存又称购销链。进是指询价、采购到入库与付款的过程；销是指报价、销售到出库与收款的过程；存是指出入库之外，包括领料、退货、盘点、报损报溢、借入、借出、调拨等影响库存数量的动作。

商品流通企业进销存是从商品的采购（进）到入库（存）到销售（销）的动态管理过程。工业企业进销存是从原材料的采购（进）到入库（存）、领料加工、产品入库（存）、销售（销）的动态管理过程。

随着信息技术的飞速发展，企业相应的进销存管理应用软件使这一动态的过程更加有条理。应用进销存管理软件，不仅使企业的进销存管理实现了即时性，结合互联网技术更使进销存管理实现了跨区域管理。

Excel 技巧：条件格式、数据有效性、SUMIF、VLOOKUP 等功能和函数。

## ➢ 项目任务

滨海电器商贸有限公司建立了进货明细表和销售明细表，进而编制进货统计表和销售

统计表、库存统计表和销售毛利表。资料和样本,如表3.1至表3.8所示。

表3.1　　　　　　　　　　　　　仓库信息表

| 序号 | 仓库名称 |
| --- | --- |
| 1 | 甲仓库 |
| 2 | 乙仓库 |
| 3 | 丙仓库 |

表3.2　　　　　　　　　　　　　进货明细表　　　　　　　　　　　　金额单位:元

| 序号 | 进货日期 | 进货仓库 | 货品名称 | 单位 | 数量 | 单价 | 金额 | 采购员 |
| --- | --- | --- | --- | --- | --- | --- | --- | --- |
| 1 | 2025/3/1 | 甲仓库 | Z230-3 烤箱 | 台 | 50 | 2 000.00 | 100 000.00 | 林卿 |
| 2 | 2025/3/1 | 乙仓库 | J210261 面包机 | 台 | 60 | 1 200.00 | 72 000.00 | 林卿 |
| 3 | 2025/3/1 | 丙仓库 | K213281 咖啡机 | 台 | 100 | 900.00 | 90 000.00 | 林卿 |
| 4 | 2025/3/1 | 乙仓库 | J210565 面包机 | 台 | 100 | 1 500.00 | 150 000.00 | 魏华 |
| 5 | 2025/3/1 | 丙仓库 | K213290 咖啡机 | 台 | 20 | 1 400.00 | 28 000.00 | 魏华 |
| 6 | 2025/3/1 | 甲仓库 | Z350-6 烤箱 | 台 | 45 | 4 000.00 | 180 000.00 | 魏华 |
| 7 | 2025/3/11 | 甲仓库 | Z230-3 烤箱 | 台 | 50 | 1 900.00 | 95 000.00 | 王颖 |
| 8 | 2025/3/11 | 乙仓库 | J212068 面包机 | 台 | 380 | 2 300.00 | 874 000.00 | 王颖 |
| 9 | 2025/3/11 | 丙仓库 | K213281 咖啡机 | 台 | 55 | 1 000.00 | 55 000.00 | 王颖 |
| 10 | 2025/3/11 | 乙仓库 | J210565 面包机 | 台 | 20 | 1 700.00 | 34 000.00 | 林卿 |
| 11 | 2025/3/11 | 丙仓库 | K213290 咖啡机 | 台 | 40 | 1 500.00 | 60 000.00 | 林卿 |
| 12 | 2025/3/11 | 甲仓库 | Z350-6 烤箱 | 台 | 10 | 3 900.00 | 39 000.00 | 林卿 |
| 13 | 2025/3/21 | 甲仓库 | Z230-3 烤箱 | 台 | 24 | 1 850.00 | 44 400.00 | 魏华 |
| 14 | 2025/3/21 | 乙仓库 | J212068 面包机 | 台 | 40 | 2 450.00 | 98 000.00 | 魏华 |
| 15 | 2025/3/21 | 丙仓库 | K213281 咖啡机 | 台 | 28 | 1 200.00 | 33 600.00 | 魏华 |
| 16 | 2025/3/21 | 乙仓库 | J210565 面包机 | 台 | 30 | 1 800.00 | 54 000.00 | 王颖 |
| 17 | 2025/3/21 | 丙仓库 | K213290 咖啡机 | 台 | 40 | 1 550.00 | 62 000.00 | 王颖 |
| 18 | 2025/3/21 | 甲仓库 | Z460-8 烤箱 | 台 | 30 | 4 600.00 | 138 000.00 | 王颖 |

表3.3　　　　　　　　　　　　　进货统计表　　　　　　　　　　　　金额单位:元

| 货品名称 | 单位 | 进货总量 | 进货总成本 | 平均单价 |
| --- | --- | --- | --- | --- |
| J210261 面包机 | 台 | | | |
| J210565 面包机 | 台 | | | |
| J212068 面包机 | 台 | | | |
| K213281 咖啡机 | 台 | | | |
| K213290 咖啡机 | 台 | | | |
| Z230-3 烤箱 | 台 | | | |
| Z350-6 烤箱 | 台 | | | |
| Z460-8 烤箱 | 台 | | | |

表 3.4　　　　　　　　　　　销售明细表　　　　　　　　　　　金额单位:元

| 制单日期 | 品名 | 单位 | 数量 | 单价 | 金额 | 客户名称 | 业务员 |
|---|---|---|---|---|---|---|---|
| 20250301 | Z230-3 烤箱 | 台 | 46 | 4 000.00 | 184 000.00 | 上海万联商贸有限公司 | 林卿 |
| 20250301 | J212068 面包机 | 台 | 20 | 4 230.00 | 84 600.00 | 上海万联商贸有限公司 | 林卿 |
| 20250301 | K213281 咖啡机 | 台 | 2 | 1 800.00 | 3 600.00 | 上海万联商贸有限公司 | 林卿 |
| 20250301 | J210565 面包机 | 台 | 50 | 3 000.00 | 150 000.00 | 北京华通商贸有限公司 | 魏华 |
| 20250301 | K213290 咖啡机 | 台 | 10 | 2 800.00 | 28 000.00 | 北京华通商贸有限公司 | 魏华 |
| 20250301 | Z350-6 烤箱 | 台 | 10 | 8 000.00 | 80 000.00 | 北京华通商贸有限公司 | 魏华 |
| 20250306 | J210261 面包机 | 台 | 20 | 2 000.00 | 40 000.00 | 天津华云电器商贸有限公司 | 王颖 |
| 20250306 | K213281 咖啡机 | 台 | 10 | 1 800.00 | 18 000.00 | 天津华云电器商贸有限公司 | 王颖 |
| 20250306 | Z230-3 烤箱 | 台 | 10 | 4 000.00 | 40 000.00 | 天津华云电器商贸有限公司 | 王颖 |
| 20250306 | Z350-6 烤箱 | 台 | 20 | 8 000.00 | 160 000.00 | 天津华云电器商贸有限公司 | 王颖 |
| 20250308 | J210565 面包机 | 台 | 20 | 3 000.00 | 60 000.00 | 上海万联商贸有限公司 | 林卿 |
| 20250308 | J212068 面包机 | 台 | 20 | 4 230.00 | 84 600.00 | 上海万联商贸有限公司 | 林卿 |
| 20250308 | Z350-6 烤箱 | 台 | 10 | 8 000.00 | 80 000.00 | 上海万联商贸有限公司 | 林卿 |
| 20250320 | Z460-8 烤箱 | 台 | 25 | 9 000.00 | 225 000.00 | 广州西联科技有限公司 | 王颖 |
| 20250320 | Z350-6 烤箱 | 台 | 20 | 8 000.00 | 160 000.00 | 广州西联科技有限公司 | 王颖 |
| 20250401 | J210261 面包机 | 台 | 10 | 2 000.00 | 20 000.00 | 北京华通商贸有限公司 | 魏华 |
| 20250401 | K213281 咖啡机 | 台 | 20 | 1 800.00 | 36 000.00 | 北京华通商贸有限公司 | 魏华 |
| 20250401 | Z230-3 烤箱 | 台 | 10 | 4 000.00 | 40 000.00 | 北京华通商贸有限公司 | 魏华 |
| 20250405 | J210565 面包机 | 台 | 20 | 3 000.00 | 60 000.00 | 广州西联科技有限公司 | 王颖 |
| 20250405 | K213290 咖啡机 | 台 | 30 | 2 800.00 | 84 000.00 | 广州西联科技有限公司 | 王颖 |
| 20250405 | Z350-6 烤箱 | 台 | 22 | 8 000.00 | 176 000.00 | 广州西联科技有限公司 | 王颖 |

表 3.5　　　　　　　　　　　销售统计表　　　　　　　　　　　金额单位:元

| 货品名称 | 单位 | 平均售价 | 销售总量 | 销售额 |
|---|---|---|---|---|
| J210261 面包机 | 台 | | | |
| J210565 面包机 | 台 | | | |
| J212068 面包机 | 台 | | | |
| K213281 咖啡机 | 台 | | | |
| K213290 咖啡机 | 台 | | | |
| Z230-3 烤箱 | 台 | | | |
| Z350-6 烤箱 | 台 | | | |
| Z460-8 烤箱 | 台 | | | |
| 合计 | | | | |

表 3.6　　　　　　　　　　　期初库存数据　　　　　　　　　　　金额单位:元

| 序号 | 货品名称 | 期初库存 | | |
|---|---|---|---|---|
| | | 单价 | 数量(台) | 总价 |
| 1 | Z230-3 烤箱 | 750.00 | 1000 | 750 000.00 |
| 2 | Z350-6 烤箱 | 800.00 | 800 | 640 000.00 |
| 3 | K213281 咖啡机 | 1 220.00 | 600 | 732 000.00 |
| 4 | K213290 咖啡机 | 1 000.00 | 450 | 450 000.00 |
| 5 | J210565 面包机 | 900.00 | 500 | 450 000.00 |
| 6 | J212068 面包机 | 1 050.00 | 300 | 315 000.00 |

表 3.7　　　　　　　　　　　库 存 统 计 表　　　　　　　　　　金额单位:元

| 序号 | 货品名称 | 期初库存 | | | 入库 | | | 出库 | | | 期末库存 | | |
|---|---|---|---|---|---|---|---|---|---|---|---|---|---|
| | | 单价 | 数量 | 总价 | 单价 | 数量 | 总价 | 单价 | 数量 | 总价 | 单价 | 数量 | 总价 |
| 1 | Z230-3 烤箱 | | | | | | | | | | | | |
| 2 | Z350-6 烤箱 | | | | | | | | | | | | |
| 3 | K213281 咖啡机 | | | | | | | | | | | | |
| 4 | K213290 咖啡机 | | | | | | | | | | | | |
| 5 | J210565 面包机 | | | | | | | | | | | | |
| 6 | J212068 面包机 | | | | | | | | | | | | |

表 3.8　　　　　　　　　　　销 售 毛 利 表　　　　　　　　　　金额单位:元

| 序号 | 货品名称 | 单位 | 销售数量 | 单位成本 | 销售总成本 | 销售单价 | 本期销售额 | 毛利润 |
|---|---|---|---|---|---|---|---|---|
| 1 | Z230-3 烤箱 | 台 | | | | | | |
| 2 | Z350-6 烤箱 | 台 | | | | | | |
| 3 | K213281 咖啡机 | 台 | | | | | | |
| 4 | K213290 咖啡机 | 台 | | | | | | |
| 5 | J210565 面包机 | 台 | | | | | | |
| 6 | J212068 面包机 | 台 | | | | | | |

➢ 任务分解

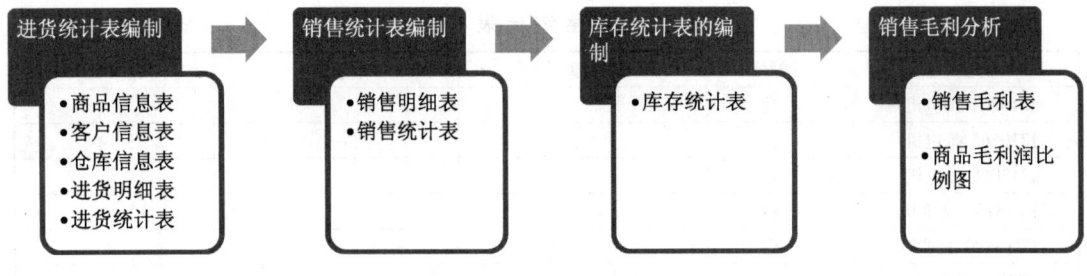

图 3.1　任务分解图

## 任务 3.1　进货统计表编制

### 3.1.1　任务分析

首先录入进货明细表,其次通过进货明细表生成进货统计表。进货明细表依据采购计划完成,记录了原始进货信息,通过它可以了解商品的进货情况,对同一种商品、不同批次进货可能存在价格差,通过单个商品的总成本和总数量可以计算得到商品的平均单价,供销售时参考。

进货明细表的创建可以由进货单合成,效果类似典型项目 1 将销售订单合成销售统计表,在此为了方便实现本典型项目的内容,我们采用直接手工录入进货明细表的方法,以滨海电器商贸有限公司 2025 年 3 月份的进货情况为例。

操作注意要点：

(1) 序号列可以用数列填充的方法。

(2) 进货日期项，如存在相同的单元格内容一致的输入，可以用复制的方法，也可以先选中要输入的单元格区域，输入日期，如 2025-3-1，然后按 Ctrl+Enter 组合键实现统一输入。

(3) 进货仓库由于是确定的几个选项，为了简便输入，也为了防止出现错误，可以通过“数据有效性”来限制输入的内容，在“数据有效性”对话框中的“设置”选项卡里，在“允许”的下拉列表中选择“序列”，然后在“来源”编辑框输入“甲仓库，乙仓库，丙仓库”，单击“确定”按钮即可。在本例中，还可以参照典型项目 1 的设置，创建仓库信息表，那么在“来源”选项卡就可以选择对应的区域进行设置。同理，可对货品名称进行“数据有效性”的设置。

(4) 商品规格、单位、定价等信息可以用 VLOOKUP 函数从别的表进行引用，以保证和商品名称一一对应，并且简化输入。

(5) 数量可通过“数据有效性”保证输入必须是大于 0 的整数。

(6) 同一商品，每次的进货单价有可能不同，这里计算采购单位成本采用以下公式：

进货单位成本 = 总进货成本 ÷ 总进货数量

## 3.1.2　任务实现步骤

**步骤 1**　新建“进销存管理”工作簿，建立工作表，包括：“商品信息表”“客户信息表”和“仓库信息表”，从已完成的项目复制相关内容(部分数据有改动)，新建工作表命名为“进货明细表”，在该工作表中录入相关信息，效果如图 3.2 所示。

| | A | B | C | D | E | F | G | H | I |
|---|---|---|---|---|---|---|---|---|---|
| 1 | 进货明细表 | | | | | | | | |
| 2 | 序号 | 进货日期 | 进货仓库 | 货品名称 | 单位 | 数量 | 单价 | 金额 | 采购员 |
| 3 | 1 | 2025/3/1 | 甲仓库 | Z230-3烤箱 | 台 | 50.00 | 2 000 | 100 000.00 | 林卿 |
| 4 | | | | | | | | | |
| 5 | | | | | | | | | |
| 6 | | | | | | | | | |
| 7 | | | | | | | | | |
| 8 | | | | | | | | | |
| 9 | | | | | | | | | |
| 10 | | | | | | | | | |
| 11 | | | | | | | | | |
| 12 | | | | | | | | | |
| 13 | | | | | | | | | |
| 14 | | | | | | | | | |
| 15 | | | | | | | | | |
| 16 | | | | | | | | | |
| 17 | | | | | | | | | |
| 18 | | | | | | | | | |
| 19 | | | | | | | | | |
| 20 | | | | | | | | | |

**图 3.2　进货明细表初始图**

**步骤 2**　对“进货仓库”进行“数据验证”设置。选中“进货仓库”列对应的数据项(C3：C20)，在“数据”选项卡，选择“数据工具”组中的“数据验证”按钮，在“数据验证”对话框中的

"设置"选项卡里,在"允许"的下拉列表中选择"序列","来源"选择"仓库信息表"B3:B5位置。同理,对"货品名称"做"数据验证"设置,序列来源分别是"商品信息表"对应的位置。

**步骤3** 对"数量"进行"数据验证"设置。选中"数量"列对应的数据项,在"数据"选项卡,选择"数据工具"组中的"数据验证"按钮,在"数据验证"对话框中的"设置"选项卡里,在"允许"的下拉列表中选择"整数",在"数据"的下拉列表中选择"大于",在"最小值"的文本框中输入"0",即输入的数量列必须是大于0的整数,还可以继续设置"出错警告",在输入不允许的数值时提示。

**步骤4** 计算"金额"列。"金额"的计算公式是 = 数量×单价,在H3单元格输入"=F3*G3"。这里为了保证信息的完整和美观,对这个公式做一些改进,输入函数=IF(AND(D3<>"",F3<>"",G3<>""),G3*F3,""),即只有"货品名称""数量""单价"都不为空值时,才计算"金额";否则,"金额"列为空值。

**步骤5** 完成进货明细表的录入工作,对G3:H20单元格区域设置保留两位小数。最终效果,如图3.3所示。

| | A | B | C | D | E | F | G | H | I |
|---|---|---|---|---|---|---|---|---|---|
| 1 | 进货明细表 | | | | | | | | |
| 2 | 序号 | 进货日期 | 进货仓库 | 货品名称 | 单位 | 数量 | 单价 | 金额 | 采购员 |
| 3 | 1 | 2025/3/1 | 甲仓库 | Z230-3烤箱 | 台 | 50.00 | 2 000 | 100 000.00 | 林卿 |
| 4 | 2 | 2025/3/1 | 乙仓库 | J210261面包机 | 台 | 60.00 | 1 200 | 72 000.00 | 林卿 |
| 5 | 3 | 2025/3/1 | 丙仓库 | K213281咖啡机 | 台 | 100.00 | 900 | 90 000.00 | 林卿 |
| 6 | 4 | 2025/3/1 | 乙仓库 | J210565面包机 | 台 | 100.00 | 1 500 | 150 000.00 | 魏华 |
| 7 | 5 | 2025/3/1 | 丙仓库 | K213281咖啡机 | 台 | 20.00 | 1 400 | 28 000.00 | 魏华 |
| 8 | 6 | 2025/3/1 | 甲仓库 | Z350-6烤箱 | 台 | 45.00 | 4 000 | 180 000.00 | 魏华 |
| 9 | 7 | 2025/3/11 | 甲仓库 | Z230-3烤箱 | 台 | 50.00 | 1 900 | 95 000.00 | 王颖 |
| 10 | 8 | 2025/3/11 | 乙仓库 | J212068面包机 | 台 | 380.00 | 2 300 | 874 000.00 | 王颖 |
| 11 | 9 | 2025/3/11 | 丙仓库 | K213281咖啡机 | 台 | 55.00 | 1 000 | 55 000.00 | 王颖 |
| 12 | 10 | 2025/3/11 | 乙仓库 | J210565面包机 | 台 | 20.00 | 1 700 | 34 000.00 | 林卿 |
| 13 | 11 | 2025/3/11 | 丙仓库 | K213290咖啡机 | 台 | 40.00 | 1 500 | 60 000.00 | 林卿 |
| 14 | 12 | 2025/3/11 | 甲仓库 | Z350-6烤箱 | 台 | 10.00 | 3 900 | 39 000.00 | 林卿 |
| 15 | 13 | 2025/3/21 | 甲仓库 | Z230-3烤箱 | 台 | 24.00 | 1 850 | 44 400.00 | 魏华 |
| 16 | 14 | 2025/3/21 | 乙仓库 | J212068面包机 | 台 | 40.00 | 2 450 | 98 000.00 | 魏华 |
| 17 | 15 | 2025/3/21 | 丙仓库 | K213281咖啡机 | 台 | 28.00 | 1 200 | 33 600.00 | 魏华 |
| 18 | 16 | 2025/3/21 | 乙仓库 | J210565面包机 | 台 | 30.00 | 1 800 | 54 000.00 | 王颖 |
| 19 | 17 | 2025/3/21 | 丙仓库 | K213290咖啡机 | 台 | 40.00 | 1 550 | 62 000.00 | 王颖 |
| 20 | 18 | 2025/3/21 | 甲仓库 | Z460-8烤箱 | 台 | 30.00 | 4 600 | 138 000.00 | 王颖 |

图3.3 进货明细表完成效果图

**步骤6** 创建新工作表,命名"进货统计表",完成基本数据的录入,如图3.4所示。

| | A | B | C | D | E |
|---|---|---|---|---|---|
| 1 | 进货统计表 | | | | |
| 2 | 货品名称 | 单位 | 进货总量 | 进货总成本 | 平均单价 |
| 3 | J210261面包机 | 台 | | | |
| 4 | J210565面包机 | 台 | | | |
| 5 | J212068面包机 | 台 | | | |
| 6 | K213281咖啡机 | 台 | | | |
| 7 | K213290咖啡机 | 台 | | | |
| 8 | Z230-3烤箱 | 台 | | | |
| 9 | Z350-6烤箱 | 台 | | | |
| 10 | Z460-8烤箱 | 台 | | | |

图3.4 进货统计表初始图

**步骤 7**　通过 SUMIF 函数实现不同商品的进货数量和成本总和。在 C3 单元格输入“=SUMIF(进货明细表!$D $3: $D $20, A3, 进货明细表! $F $3: $F $20)”,向下填充;在 D3 单元格输入“=SUMIF(进货明细表! $D $3: $D $20, A3, 进货明细表! $H $3: $H $20)”,向下填充。

**步骤 8**　计算平均单价。计算公式为 = 本月进货总成本÷本月进货总量,在 E3 单元格输入“IFERROR(D3/C3)”,向下填充。

**步骤 9**　对 D3:E10 单元格区域设置保留 2 位小数。最终效果,如图 3.5 所示。

| | A | B | C | D | E |
|---|---|---|---|---|---|
| 1 | 进货统计表 | | | | |
| 2 | 货品名称 | 单位 | 进货总量 | 进货总成本 | 平均单价 |
| 3 | J210261面包机 | 台 | 60 | 72 000.00 | 1 200.00 |
| 4 | J210565面包机 | 台 | 150 | 238 000.00 | 1 586.67 |
| 5 | J212068面包机 | 台 | 420 | 972 000.00 | 2 314.29 |
| 6 | K213281咖啡机 | 台 | 183 | 178 600.00 | 975.96 |
| 7 | K213290咖啡机 | 台 | 100 | 150 000.00 | 1 500.00 |
| 8 | Z230-3烤箱 | 台 | 124 | 239 400.00 | 1 930.65 |
| 9 | Z350-6烤箱 | 台 | 55 | 219 000.00 | 3 981.82 |
| 10 | Z460-8烤箱 | 台 | 30 | 138 000.00 | 4 600.00 |

**图 3.5　进货统计表完成效果图**

## 任务 3.2　销售统计表编制

### 3.2.1　任务分析

销售是企业获取利润的手段,企业通过把日常销售的数据记录下来,以便对销售情况进行分析、总结,更好地实现企业利润最大化。

本次任务首先要对销售情况进行记录,即完成销售明细表的制作,其次通过销售明细表生成销售统计表。

### 3.2.2　任务实现步骤

**步骤 1**　创建“销售明细表”,输入基础数据,如图 3.6 所示。A1:H1 区域采用“设置单元格格式”|“对齐”|“水平对齐”的“跨列居中”。

仿照任务 1 对“品名”“客户名称”做“数据有效性”设置,序列来源分别是“商品信息表”和“客户信息表”,对“数量”做“数据有效性”设置,保证输入的数据是正整数。

**步骤 2**　通过 VLOOKUP 函数实现自动添加销售明细表中的“单价”。选中 E3 单元格,输入函数“=VLOOKUP(B3,商品信息表! $C $3: $F $10, 4, 0)”,即根据品名,查找商品信息表中对应的“定价”,向下填充。

**步骤 3**　计算“金额”。“金额”列公式为 = 单价 * 数量,这里在 F3 单元格输入“=IF(AND(B3<>"", D3<>"", E3<>""), D3*E3, "")”,向下填充。

Excel 在财务中的运用

| | A | B | C | D | E | F | G | H |
|---|---|---|---|---|---|---|---|---|
| 1 | | | | 销售明细表 | | | | |
| 2 | 制单日期 | 品名 | 单位 | 数量 | 单价 | 金额 | 客户名称 | 业务员 |
| 3 | 20250301 | Z230-3烤箱 | 台 | 46.00 | | | 上海万联商贸有限公司 | 林卿 |
| 4 | 20250301 | J212068面包机 | 台 | 20.00 | | | 上海万联商贸有限公司 | 林卿 |
| 5 | 20250301 | K213281咖啡机 | 台 | 2.00 | | | 上海万联商贸有限公司 | 林卿 |
| 6 | 20250301 | J210565面包机 | 台 | 50.00 | | | 北京华通商贸有限公司 | 魏华 |
| 7 | 20250301 | K213290咖啡机 | 台 | 10.00 | | | 北京华通商贸有限公司 | 魏华 |
| 8 | 20250301 | Z350-6烤箱 | 台 | 10.00 | | | 北京华通商贸有限公司 | 魏华 |
| 9 | 20250306 | J210261面包机 | 台 | 20.00 | | | 天津华云电器商贸有限公司 | 王颖 |
| 10 | 20250306 | K213281咖啡机 | 台 | 10.00 | | | 天津华云电器商贸有限公司 | 王颖 |
| 11 | 20250306 | Z230-3烤箱 | 台 | 10.00 | | | 天津华云电器商贸有限公司 | 王颖 |
| 12 | 20250306 | Z350-6烤箱 | 台 | 20.00 | | | 天津华云电器商贸有限公司 | 王颖 |
| 13 | 20250308 | J210565面包机 | 台 | 20.00 | | | 上海万联商贸有限公司 | 林卿 |
| 14 | 20250308 | J212068面包机 | 台 | 20.00 | | | 上海万联商贸有限公司 | 林卿 |
| 15 | 20250308 | Z350-6烤箱 | 台 | 10.00 | | | 上海万联商贸有限公司 | 林卿 |
| 16 | 20250320 | Z460-8烤箱 | 台 | 25.00 | | | 广州西联科技有限公司 | 王颖 |
| 17 | 20250320 | Z350-6烤箱 | 台 | 20.00 | | | 广州西联科技有限公司 | 王颖 |
| 18 | 20250401 | J210261面包机 | 台 | 10.00 | | | 北京华通商贸有限公司 | 魏华 |
| 19 | 20250401 | K213281咖啡机 | 台 | 20.00 | | | 北京华通商贸有限公司 | 魏华 |
| 20 | 20250401 | Z230-3烤箱 | 台 | 10.00 | | | 北京华通商贸有限公司 | 魏华 |
| 21 | 20250405 | J210565面包机 | 台 | 20.00 | | | 广州西联科技有限公司 | 王颖 |
| 22 | 20250405 | K213290咖啡机 | 台 | 30.00 | | | 广州西联科技有限公司 | 王颖 |
| 23 | 20250405 | Z350-6烤箱 | 台 | 22.00 | | | 广州西联科技有限公司 | 王颖 |
| 24 | | 合计 | | 405.00 | | | | |

图 3.6　商品销售明细表初始图

**步骤 4**　计算合计项。分别在 D24 和 F24 单元格计算数量合计和金额合计。

**步骤 5**　选中 A 列,使用"数据"|"分列"功能,在"文本分列向导-第 3 步,共 3 步"的界面选择"日期(D)",将制单日期改为"日期型"。

**步骤 6**　为 E3:F24 区域的单元格设置保留 2 位小数。最终效果,如图 3.7 所示。

| | A | B | C | D | E | F | G | H |
|---|---|---|---|---|---|---|---|---|
| 1 | | | | 销售明细表 | | | | |
| 2 | 制单日期 | 品名 | 单位 | 数量 | 单价 | 金额 | 客户名称 | 业务员 |
| 3 | 2025-3-1 | Z230-3烤箱 | 台 | 46.00 | 4 000.00 | 184 000.00 | 上海万联商贸有限公司 | 林卿 |
| 4 | 2025-3-1 | J212068面包机 | 台 | 20.00 | 4 230.00 | 84 600.00 | 上海万联商贸有限公司 | 林卿 |
| 5 | 2025-3-1 | K213281咖啡机 | 台 | 2.00 | 1 800.00 | 3 600.00 | 上海万联商贸有限公司 | 林卿 |
| 6 | 2025-3-1 | J210565面包机 | 台 | 50.00 | 3 000.00 | 150 000.00 | 北京华通商贸有限公司 | 魏华 |
| 7 | 2025-3-1 | K213290咖啡机 | 台 | 10.00 | 2 800.00 | 28 000.00 | 北京华通商贸有限公司 | 魏华 |
| 8 | 2025-3-1 | Z350-6烤箱 | 台 | 10.00 | 8 000.00 | 80 000.00 | 北京华通商贸有限公司 | 魏华 |
| 9 | 2025-3-6 | J210261面包机 | 台 | 20.00 | 2 000.00 | 40 000.00 | 天津华云电器商贸有限公司 | 王颖 |
| 10 | 2025-3-6 | K213281咖啡机 | 台 | 10.00 | 1 800.00 | 18 000.00 | 天津华云电器商贸有限公司 | 王颖 |
| 11 | 2025-3-6 | Z230-3烤箱 | 台 | 10.00 | 4 000.00 | 40 000.00 | 天津华云电器商贸有限公司 | 王颖 |
| 12 | 2025-3-6 | Z350-6烤箱 | 台 | 20.00 | 8 000.00 | 160 000.00 | 天津华云电器商贸有限公司 | 王颖 |
| 13 | 2025-3-8 | J210565面包机 | 台 | 20.00 | 3 000.00 | 60 000.00 | 上海万联商贸有限公司 | 林卿 |
| 14 | 2025-3-8 | J212068面包机 | 台 | 20.00 | 4 230.00 | 84 600.00 | 上海万联商贸有限公司 | 林卿 |
| 15 | 2025-3-8 | Z350-6烤箱 | 台 | 10.00 | 8 000.00 | 80 000.00 | 上海万联商贸有限公司 | 林卿 |
| 16 | 2025-3-20 | Z460-8烤箱 | 台 | 25.00 | 9 000.00 | 225 000.00 | 广州西联科技有限公司 | 王颖 |
| 17 | 2025-3-20 | Z350-6烤箱 | 台 | 20.00 | 8 000.00 | 160 000.00 | 广州西联科技有限公司 | 王颖 |
| 18 | 2025-4-1 | J210261面包机 | 台 | 10.00 | 2 000.00 | 20 000.00 | 北京华通商贸有限公司 | 魏华 |
| 19 | 2025-4-1 | K213281咖啡机 | 台 | 20.00 | 1 800.00 | 36 000.00 | 北京华通商贸有限公司 | 魏华 |
| 20 | 2025-4-1 | Z230-3烤箱 | 台 | 10.00 | 4 000.00 | 40 000.00 | 北京华通商贸有限公司 | 魏华 |
| 21 | 2025-4-5 | J210565面包机 | 台 | 20.00 | 3 000.00 | 60 000.00 | 广州西联科技有限公司 | 王颖 |
| 22 | 2025-4-5 | K213290咖啡机 | 台 | 30.00 | 2 800.00 | 84 000.00 | 广州西联科技有限公司 | 王颖 |
| 23 | 2025-4-5 | Z350-6烤箱 | 台 | 22.00 | 8 000.00 | 176 000.00 | 广州西联科技有限公司 | 王颖 |
| 24 | | 合计 | | 405.00 | | 1 813 800.00 | | |

图 3.7　商品销售明细表完成效果图

**步骤 7**　创建"销售统计表",并输入基本信息,如图 3.8 所示。

**步骤 8**　利用 SUMIF 函数计算销售总量和销售额。

在 D3 单元格输入"=SUMIF(销售明细表!$B$3:$F$23,A3,销售明细表!$D$3:$D$23)",向下填充;

在 E3 单元格输入"=SUMIF(销售明细表!$B$3:$F$23,A3,销售明细表!$F$3:$F$

| | A | B | C | D | E |
|---|---|---|---|---|---|
| 1 | 销售统计表 | | | | |
| 2 | 货品名称 | 单位 | 平均售价 | 销售总量 | 销售额 |
| 3 | J210261面包机 | 台 | | | |
| 4 | J210565面包机 | 台 | | | |
| 5 | J212068面包机 | 台 | | | |
| 6 | K213281咖啡机 | 台 | | | |
| 7 | K213290咖啡机 | 台 | | | |
| 8 | Z230-3烤箱 | 台 | | | |
| 9 | Z350-6烤箱 | 台 | | | |
| 10 | Z460-8烤箱 | 台 | | | |
| 11 | 合计 | | | | |

图3.8 商品销售统计表初始图

23)",向下填充。

**步骤9** 计算平均售价。在C3单元格输入"=E3/D3",向下填充。

**步骤10** 计算销售总量和销售额的合计项,存放在D11和E11中。

**步骤11** 为C3:C11和E3:E11单元格区域设置保留2位小数。最终效果,如图3.9所示。

| | A | B | C | D | E |
|---|---|---|---|---|---|
| 1 | 销售统计表 | | | | |
| 2 | 货品名称 | 单位 | 平均售价 | 销售总量 | 销售额 |
| 3 | J210261面包机 | 台 | 2 000.00 | 30 | 60 000.00 |
| 4 | J210565面包机 | 台 | 3 000.00 | 90 | 270 000.00 |
| 5 | J212068面包机 | 台 | 4 230.00 | 40 | 169 200.00 |
| 6 | K213281咖啡机 | 台 | 1 800.00 | 32 | 57 600.00 |
| 7 | K213290咖啡机 | 台 | 2 800.00 | 40 | 112 000.00 |
| 8 | Z230-3烤箱 | 台 | 4 000.00 | 66 | 264 000.00 |
| 9 | Z350-8烤箱 | 台 | 8 000.00 | 82 | 656 000.00 |
| 10 | Z460-8烤箱 | 台 | 9 000.00 | 25 | 225 000.00 |
| 11 | 合计 | | | 405 | 1 813 800.00 |

图3.9 商品销售统计表完成效果图

## 任务3.3 库存统计表编制

### 3.3.1 任务分析

库存统计表主要记录上月库存余额、本期入库情况和出库情况,最后合成期末库存。如果是完整的月报表统计,期初库存应取自上月的期末库存,这里为了便于操作,采用手工录入的方法,先创建期初库存表。库存统计表的数据分别来自期初库存表、进货统计表和销售统计表,通过计算每个环节的单价和数量,进而计算期末库存情况。

重要计算公式为:

出库的单价是本月与上月库存商品的加权单位价格,公式为:

出库单价=(期初库存总价+入库总价)÷(期初库存数量+入库数量)

出库的总价是出库商品的成本总价,公式为:

出库总价 = 出库单价 × 出库数量
期末库存单价= 期末库存总价÷期末库存数量(数值应与出库单价相同)
期末库存数量= 期初库存数量 + 入库数量 − 出库数量
期末总价 = 期初库存总价 + 入库总价 − 出库总价

另外,还需要了解库存统计表中在库库存是否合理,通常情况下,如果有过量的库存,意味着占用较大的资金,仓储管理的成本也较高,但是如果库存过小,买家订了货,又不能及时补货,就影响了销售,所以保持合理的库存量是需要关注的一个问题。这里通过 Excel 的条件格式功能,把期末库存数量显示为三种颜色,设定一个库存范围,假定某类商品库存低于 100 用红色显示,高于 500 用黄色显示,处于 100~500 之间用绿色显示,通过颜色直观地告诉管理者目前的在库量情况,方便判断,以制定下一步的采购和销售计划。

### 3.3.2 任务实现步骤

**步骤 1** 创建"库存统计表",录入基本信息,并将表 3.6 期初库存数据一并录入,效果如图 3.10 所示。

| 序号 | 货品名称 | 期初库存 | | | 入库 | | | 出库 | | | 期末库存 | | |
|---|---|---|---|---|---|---|---|---|---|---|---|---|---|
| | | 单价 | 数量 | 总价 | 单价 | 数量 | 总价 | 单价 | 数量 | 总价 | 单价 | 数量 | 总价 |
| 1 | J210261面包机 | 1 000 | 20 | 20 000.00 | | | | | | | | | |
| 2 | J210585面包机 | 1 500 | 10 | 15 000.00 | | | | | | | | | |
| 3 | J212068面包机 | 2 115 | 600 | 1 269 000.00 | | | | | | | | | |
| 4 | K213281咖啡机 | 900 | 450 | 405 000.00 | | | | | | | | | |
| 5 | K213290咖啡机 | 1 400 | 500 | 700 000.00 | | | | | | | | | |
| 6 | Z230-3烤箱 | 2 000 | 300 | 600 000.00 | | | | | | | | | |
| 7 | Z350-6烤箱 | 4 000 | 150 | 600 000.00 | | | | | | | | | |
| 8 | Z460-8烤箱 | 4 500 | 200 | 900 000.00 | | | | | | | | | |

图 3.10 库存统计表初始图

**步骤 2** 利用 VLOOKUP 函数实现"入库"的"单价"和"数量"的填入,计算入库总价。

在 F4 单元格输入=VLOOKUP(B4,进货统计表!$A$3:$E$10,5,0),向下填充;

在 G4 单元格输入=VLOOKUP(B4,进货统计表!$A$3:$E$10,3,0),向下填充;

在 H4 单元格输入=VLOOKUP(B4,进货统计表!$A$3:$E$10,4,0),向下填充。

(其中,H4 也可以用 =F4*G4 实现)

**步骤 3** 计算出库的"单价"。由任务分析中,出库单价的计算公式,在 I4 单元格输入=(H4+E4)/(D4+G4),向下填充。

**步骤 4** 利用 VLOOKUP 函数实现本月"出库"的"数量"填入,在 J4 单元格输入=

VLOOKUP(B4,销售统计表!$A$3:$E$10,4,0),向下填充。

**步骤5** 计算出库总价。由任务分析中的公式,在K4单元格输入=I4*J4,向下填充。

**步骤6** 计算期末库存的各列数据。

在L4单元格输入=N4/M4,向下填充;

在M4单元格输入=D4+G4-J4,向下填充;

在N4单元格输入=E4+H4-K4,向下填充。

**步骤7** 对C4:N11单元格设置保留2位小数,将数量所在区域的小数位保留为"0",效果如图3.11所示。

| 序号 | 货品名称 | 期初库存 | | | 入库 | | | 出库 | | | 期末库存 | | |
|---|---|---|---|---|---|---|---|---|---|---|---|---|---|
| | | 单价 | 数量 | 总价 | 单价 | 数量 | 总价 | 单价 | 数量 | 总价 | 单价 | 数量 | 总价 |
| 1 | J210261面包机 | 1000.00 | 20 | 20000.00 | 1200.00 | 60 | 72000.00 | 1150.00 | 30 | 34500.00 | 1150.00 | 50 | 57500.00 |
| 2 | J210565面包机 | 1500.00 | 10 | 15000.00 | 1586.67 | 150 | 238000.00 | 1581.25 | 90 | 142312.50 | 1581.25 | 70 | 110687.50 |
| 3 | J212068面包机 | 2115.00 | 600 | 1269000.00 | 2314.29 | 420 | 972000.00 | 2197.06 | 40 | 87882.35 | 2197.06 | 980 | 2153117.65 |
| 4 | K213281咖啡机 | 900.00 | 450 | 405000.00 | 975.96 | 183 | 178600.00 | 921.96 | 32 | 29502.69 | 921.96 | 601 | 554097.31 |
| 5 | K213290咖啡机 | 1400.00 | 500 | 700000.00 | 1500.00 | 100 | 150000.00 | 1416.67 | 40 | 56666.67 | 1416.67 | 560 | 793333.33 |
| 6 | Z230-3烤箱 | 2000.00 | 300 | 600000.00 | 1930.65 | 124 | 239400.00 | 1979.72 | 66 | 130661.32 | 1979.72 | 358 | 708738.68 |
| 7 | Z350-6烤箱 | 4000.00 | 150 | 600000.00 | 3981.82 | 55 | 219000.00 | 3995.12 | 82 | 327600.00 | 3995.12 | 123 | 491400.00 |
| 8 | Z460-8烤箱 | 4500.00 | 200 | 900000.00 | 4600.00 | 30 | 138000.00 | 4513.04 | 25 | 112826.09 | 4513.04 | 205 | 925173.91 |

图3.11 库存统计表数据图

**步骤8** 对期末库存的数量应用条件格式。

在"期末库存"的"数量"列(M4:M11),通过"开始"选项卡"样式"组中的"条件格式"选项,选择下拉菜单中的"新建规则",在"选择规则类型"中选择"只为包含以下内容的单元格设置格式",在"编辑规则说明"里选择"单元格值""小于""100",点"格式"按钮,在"填充"选项卡中选择红色,这样如有商品的"实际库存"小于100,该单元格就会是红色的背景,提醒我们及时补货。

通过"条件格式"下拉菜单中的"管理规则",点击"新建规则",完成当单元格值大于500时,用橙色显示,当单元格值介于100~500,用绿色显示,操作效果如图3.12所示。

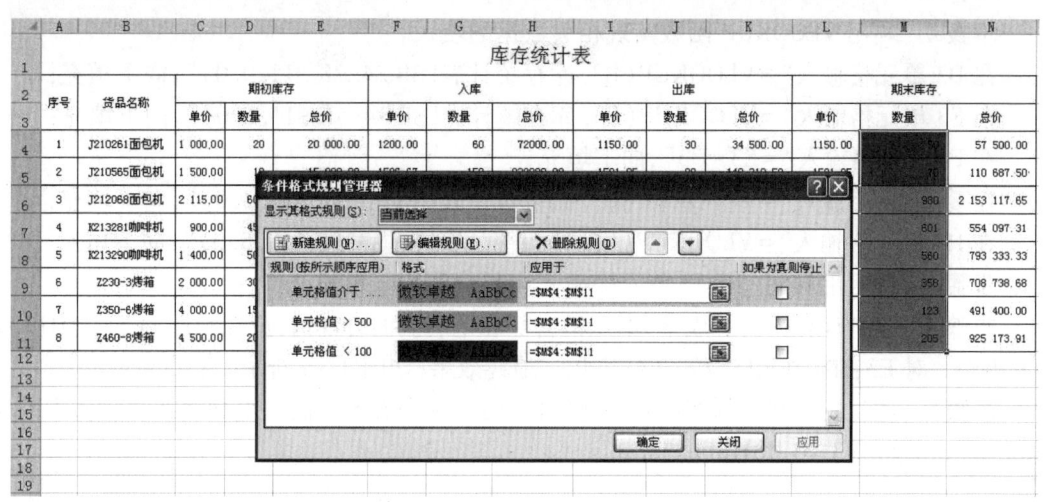

图3.12 条件格式设置效果图

## 任务 3.4 销售毛利分析

### 3.4.1 任务分析

通过库存统计表,我们可以了解本月的成本价格和出库的成本总价,通过销售统计表我们可以知道各类商品的销售额,而某类商品的销售额减去出库总价,就是该商品的毛利,通过计算毛利,我们可以了解该商品的具体盈利情况,也可以进行一些对比,如毛利润比例关系等,对收益进行进一步分析。

### 3.4.2 任务实现步骤

**步骤 1** 创建"销售毛利表",效果如图 3.13 所示。

| | A | B | C | D | E | F | G | H | I |
|---|---|---|---|---|---|---|---|---|---|
| 1 | 销售毛利表 | | | | | | | | |
| 2 | 序号 | 货品名称 | 单位 | 销售数量 | 单位成本 | 销售总成本 | 销售单价 | 本期销售额 | 毛利润 |
| 3 | 1 | J210261面包机 | | | | | | | |
| 4 | 2 | J210565面包机 | | | | | | | |
| 5 | 3 | J212068面包机 | | | | | | | |
| 6 | 4 | K213281咖啡机 | | | | | | | |
| 7 | 5 | K213290咖啡机 | | | | | | | |
| 8 | 6 | Z230-3烤箱 | | | | | | | |
| 9 | 7 | Z350-6烤箱 | | | | | | | |
| 10 | 8 | Z460-8烤箱 | | | | | | | |
| 11 | | 合计 | | | | | | | |

图 3.13 销售毛利表初始图

**步骤 2** 利用 VLOOKUP 函数实现相关数据的填入。

在 D3 单元格输入"=VLOOKUP(B3,库存统计表!$B$4:$K$11,9,0)",向下填充;

在 E3 单元格输入"=VLOOKUP(B3,库存统计表!$B$4:$K$11,8,0)",向下填充;

在 F3 单元格输入"=E3*D3",向下填充;

在 G3 单元格输入"=VLOOKUP(B3,销售统计表!$A$3:$E$10,3,0)",向下填充;

在 H3 单元格输入"=VLOOKUP(B3,销售统计表!$A$3:$E$10,5,0)",向下填充。

**步骤 3** 计算毛利润。在 I3 单元格输入=H3-F3,向下填充。

**步骤 4** 分别计算销售总成本、本期销售额和毛利润的合计值,放在对应的 F11、H11 和 I11 当中。对 E3:I11 单元格设置 2 位小数。最终效果,如图 3.14 所示。

**步骤 5** 通过货品和毛利润两列创建饼图,可直观查看各类商品毛利润在总收益中的比例关系,效果如图 3.15 所示。

| | A | B | C | D | E | F | G | H | I |
|---|---|---|---|---|---|---|---|---|---|
| 1 | 销售毛利表 | | | | | | | | |
| 2 | 序号 | 货品名称 | 单位 | 销售数量 | 单位成本 | 销售总成本 | 销售单价 | 本期销售额 | 毛利润 |
| 3 | 1 | J210261面包机 | 台 | 30 | 1 150.00 | 34 500.00 | 2 000.00 | 60 000.00 | 25 500.00 |
| 4 | 2 | J210565面包机 | 台 | 90 | 1 581.25 | 142 312.50 | 3 000.00 | 270 000.00 | 127 687.50 |
| 5 | 3 | J212068面包机 | 台 | 40 | 2 197.06 | 87 882.35 | 4 230.00 | 169 200.00 | 81 317.65 |
| 6 | 4 | K213281咖啡机 | 台 | 32 | 921.96 | 29 502.69 | 1 800.00 | 57 600.00 | 28 097.31 |
| 7 | 5 | K213290咖啡机 | 台 | 40 | 1 416.67 | 56 666.67 | 2 800.00 | 112 000.00 | 55 333.33 |
| 8 | 6 | Z230-3烤箱 | 台 | 66 | 1 979.72 | 130 661.32 | 4 000.00 | 264 000.00 | 133 338.68 |
| 9 | 7 | Z350-6烤箱 | 台 | 82 | 3 995.12 | 327 600.00 | 8 000.00 | 656 000.00 | 328 400.00 |
| 10 | 8 | Z460-8烤箱 | 台 | 25 | 4 513.04 | 112 826.09 | 9 000.00 | 225 000.00 | 112 173.91 |
| 11 | | 合计 | | | | 921 951.61 | | 1 813 800.00 | 891 848.39 |

图 3.14 销售毛利表完成效果图

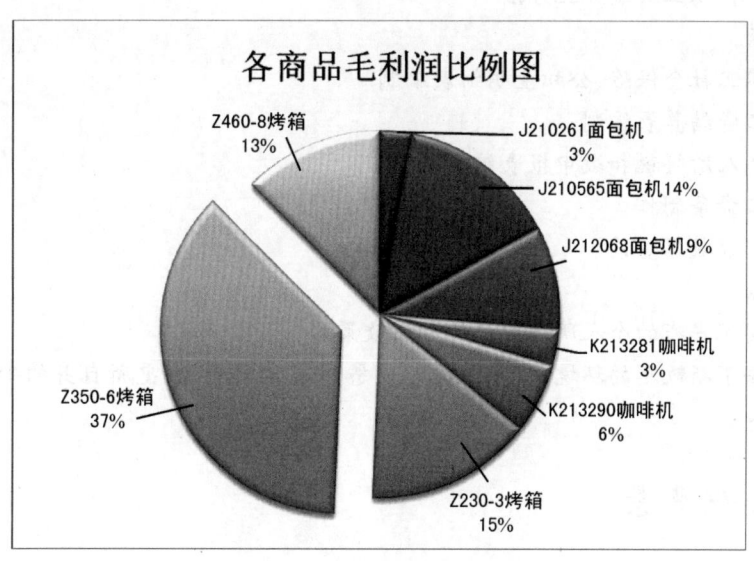

图 3.15 各商品毛利润比例图

# 实 战 训 练

将上述模型的不同月份资料分开编制报表,分别建立 3 月和 4 月进销存统计表,并做到 4 月进销存统计表的期初库存数据取自 3 月进销存统计表的期末库存数据。

# 典型项目 4 薪资管理

## ➢ 项目目标

**知识目标**

1. 熟悉企业职工社会保险、公积金计算原理
2. 掌握企业个人所得税代扣代缴知识点
3. 掌握应付职工薪酬分配方法

**技能目标**

1. 掌握职工社会保险、公积金明细表编制
2. 掌握工资结算表编制
3. 掌握个人所得税扣缴申报表编制
4. 掌握工资条制作
5. 熟练工资数据查询

**素养目标**

1. 熟悉国家发布的个人所得税法的相关政策
2. 在税法不断改革的环境中,学会及时获悉国家政策变化,更新自身的知识体系,不断提高财务修养

## ➢ 项目知识背景

财务角度:工资管理是一项琐碎、复杂而又十分细致的工作,工资计算、发放、核算的工作量很大,一般不允许出错,如果实行手工操作,每月发放工资需手工填制大量的表格,这就会耗费工作人员大量的时间和精力,同时无法做到实时监控,难以保证数据的准确性和及时性。因此,先进的管理思想在企业中实现就成了一个可望而不可及的目标。目前市面上流行的工资发放软件不少。但是,对于企事业单位的工资发放来说,不需要太大型的数据库系统。只需要一个操作方便、功能实用、能同时满足财务部门、单位其他相关部门对数据的管理及需求的软件。

2018 年 12 月 18 日,中华人民共和国国务院令第 707 号第四次修订了《中华人民共和国个人所得税法实施条例》,个人所得税的计算方法发生了较大的变化。Excel 制作并保存职工基础档案表、职工社会保险、公积金明细表、职工工资结算表,为个人所得税系统申报而编制工资申报表,并生成工资条;实现工资数据自动查询和汇总,从而方便企业的薪资管理,提高企业的薪资管理管理水平。

Excel 技巧:利用数据验证、相对地址与绝地地址、自动筛选、高级筛选和排序等功能,运用 IF、VLOOKUP、INDEX、IFERROR、ROUND、MAX、LOOKUP、SUMIF 和 SUMIFS 等函数。

## ➤ 项目任务

泰德股份有限公司是一家典型的制造业企业,主要有企管部、财务部、人事部、销售部、采购部和生产部六个部门,有总经理、部门经理、秘书、职员、生产人员五个岗位。每个员工的工资项目有基本工资、岗位工资、工龄工资、奖金、交补、养老保险、医疗保险、事假扣款、病假扣款。现抽取各部门典型岗位的 18 名员工信息,来编制薪资管理的相关报表。

2024 年 11 月该公司职工的基本情况和基本工资,如表 4.1 所示。

表 4.1　　　　　　　　　　　　职工基础档案　　　　　　　　　　　　单位:元

| 工号 | 姓名 | 部门 | 性别 | 岗位 | 入职时间 | 基本工资 | 社保与公积金基数 |
|---|---|---|---|---|---|---|---|
| 1001 | 赵艳涛 | 企管部 | 男 | 总经理 | 2018-02-14 | 25 000.00 | 33 000.00 |
| 1002 | 席淑华 | 企管部 | 女 | 部门经理 | 2019-12-05 | 18 000.00 | 20 000.00 |
| 1003 | 熊延平 | 企管部 | 男 | 秘书 | 2020-06-27 | 5 000.00 | 6 000.00 |
| 1004 | 韩建俊 | 财务部 | 男 | 部门经理 | 2023-10-14 | 10 000.00 | 12 000.00 |
| 1005 | 丁　峰 | 财务部 | 男 | 职员 | 2022-08-12 | 6 100.00 | 7 100.00 |
| 1006 | 邢　兰 | 财务部 | 女 | 职员 | 2022-02-08 | 6 800.00 | 7 800.00 |
| 1007 | 郑春丽 | 人事部 | 女 | 部门经理 | 2021-08-30 | 8 000.00 | 10 000.00 |
| 1008 | 张淑果 | 人事部 | 女 | 职员 | 2024-01-07 | 6 500.00 | 7 500.00 |
| 1009 | 侯永江 | 销售部 | 男 | 部门经理 | 2023-11-03 | 12 000.00 | 14 000.00 |
| 1010 | 李兰义 | 销售部 | 女 | 职员 | 2024-02-15 | 6 600.00 | 7 600.00 |
| 1011 | 张怀媛 | 销售部 | 女 | 职员 | 2022-06-27 | 5 000.00 | 6 000.00 |
| 1012 | 范春辉 | 采购部 | 男 | 部门经理 | 2021-10-26 | 11 000.00 | 13 000.00 |
| 1013 | 贾春华 | 采购部 | 女 | 职员 | 2021-06-14 | 5 400.00 | 6 400.00 |
| 1014 | 赵聪生 | 采购部 | 男 | 职员 | 2023-02-25 | 5 000.00 | 6 000.00 |
| 1015 | 贾林森 | 生产部 | 男 | 部门经理 | 2024-01-31 | 12 000.00 | 14 000.00 |
| 1016 | 邢金琴 | 生产部 | 女 | 生产人员 | 2021-10-02 | 3 200.00 | 4 200.00 |
| 1017 | 任友影 | 生产部 | 女 | 生产人员 | 2024-08-06 | 5 000.00 | 6 000.00 |
| 1018 | 刘智恒 | 生产部 | 男 | 生产人员 | 2024-11-02 | 3 800.00 | 4 800.00 |

职工岗位工资标准,如表 4.2 所示。

表 4.2　　　　　　　　　　　　岗位工资标准　　　　　　　　　　　　单位:元

| 序号 | 岗位 | 岗位工资(元) |
|---|---|---|
| 1 | 总经理 | 8 000.00 |
| 2 | 部门经理 | 2 000.00 |
| 3 | 秘书 | 1 000.00 |
| 4 | 职员 | 1 000.00 |
| 5 | 生产人员 | 1 000.00 |

职工绩效工资标准,如表 4.3 所示。

表 4.3　　　　　　　　　　　　绩效工资标准　　　　　　　　　　　　单位:元

| 序号 | 部门 | 绩效工资(元) |
|---|---|---|
| 1 | 企管部 | 50 000.00 |
| 2 | 财务部 | 20 000.00 |
| 3 | 人事部 | 10 000.00 |

(续表)

| 序号 | 部门 | 绩效工资(元) |
|---|---|---|
| 4 | 销售部 | 10 000.00 |
| 5 | 采购部 | 8 000.00 |
| 6 | 生产部 | 5 000.00 |

职工加班与缺勤情况通过考勤表记录,如表4.4所示。

表4.4　　　　　　　　　　　　考　勤　表　　　　　　　　　　　单位:天

| 工号 | 姓名 | 加班天数 | 事假天数 | 病假天数 |
|---|---|---|---|---|
| 1002 | 席淑华 | 1 | | |
| 1003 | 熊延平 | 2 | | |
| 1004 | 韩建俊 | | | 1 |
| 1007 | 郑春丽 | 3 | | |
| 1008 | 张淑果 | | | 2 |
| 1009 | 侯永江 | | 1 | |
| 1010 | 李兰义 | | 11 | |
| 1011 | 张怀嫒 | | | 4 |
| 1012 | 范春辉 | 2 | | |
| 1013 | 贾春华 | 1 | | |

职工专项附加扣除信息,如表4.5所示。

表4.5　　　　　　　　　　　职工专项附加扣除　　　　　　　　　　单位:元

| 工号 | 姓名 | 部门 | 子女教育 | 住房贷款利息 | 住房租金 | 赡养老人 | 继续教育 |
|---|---|---|---|---|---|---|---|
| 1005 | 丁　峰 | 财务部 | 1 000.00 | 1 000.00 | | 1 000.00 | |
| 1010 | 李兰义 | 销售部 | | | 1 000.00 | | |
| 1011 | 张怀嫒 | 销售部 | | | | 2 000.00 | |
| 1014 | 赵聪生 | 采购部 | | | | | 400.00 |
| 1016 | 邢金琴 | 生产部 | 1 000.00 | | | | |
| 1017 | 任友影 | 生产部 | | | | 2 000.00 | |
| 1018 | 刘智恒 | 生产部 | | | 1 000.00 | | 400.00 |

个人所得税依据个人所得税税率表,如表4.6所示。

表4.6　　　　　　　　　　　个人所得税税率表

| 级数 | 分界线 | 全年应纳税所得额 | 税率 | 扣除数 |
|---|---|---|---|---|
| 0 | | 小于0 | 0 | 0.00 |
| 1 | 0.00 | 不超过36 000元的 | 3% | 0.00 |
| 2 | 36 000.00 | 超过36 000~144 000元的部分 | 10% | 2 520.00 |
| 3 | 144 000.00 | 超过144 000~300 000元的部分 | 20% | 16 920.00 |
| 4 | 300 000.00 | 超过300 000~420 000元的部分 | 25% | 31 920.00 |
| 5 | 420 000.00 | 超过420 000~660 000元的部分 | 30% | 52 920.00 |
| 6 | 660 000.00 | 超过660 000~960 000元的部分 | 35% | 85 920.00 |
| 7 | 960 000.00 | 超过960 000元的部分 | 45% | 181 920.00 |

上月个人所得税扣缴申报表,如表4.7和表4.8所示。

### 表 4.7 个人所得税扣缴申报表

薪资属期:2024 年 10 月 01 日至 2024 年 10 月 31 日

| 姓名 | 身份证号 | 部门 | 入职时间 | 收入计算额 | | | 减除费用 | 专项扣除 | | | | 专项扣除小计 | 专项附加扣除 | | | | | 专项附加小计 |
|---|---|---|---|---|---|---|---|---|---|---|---|---|---|---|---|---|---|---|
| | | | | 收入 | 费用 | 免税收入 | | 基本养老保险 | 基本医疗保险 | 失业保险 | 住房公积金 | | 子女教育 | 赡养老人 | 住房贷款利息 | 住房租金 | 继续教育 | |
| 1 | 2 | 3 | 4 | 5 | 6 | 7 | 8 | 9 | 10 | 11 | 12 | 13 | 14 | 15 | 16 | 17 | 18 | 19 |
| 赵艳涛 | （略） | 企管部 | 2018-2-14 | 22 003.20 | — | — | 5 000.00 | 2 640.00 | 660.00 | 165.00 | 3 300.00 | 6 765.00 | — | — | — | — | — | — |
| 席淑华 | （略） | 企管部 | 2019-12-5 | 14 054.40 | — | — | 5 000.00 | 1 600.00 | 400.00 | 100.00 | 2 000.00 | 4 100.00 | — | — | — | — | — | — |
| 熊延平 | （略） | 企管部 | 2020-6-27 | 10 169.60 | — | — | 5 000.00 | 480.00 | 120.00 | 30.00 | 600.00 | 1 230.00 | — | — | — | — | — | — |
| 韩建俊 | （略） | 财务部 | 2023-10-14 | 6 566.40 | — | — | 5 000.00 | 960.00 | 240.00 | 60.00 | 1 200.00 | 2 460.00 | — | — | — | — | — | — |
| 丁 峰 | （略） | 财务部 | 2022-8-12 | 8 281.60 | — | — | 5 000.00 | 568.00 | 142.00 | 35.50 | 710.00 | 1 455.50 | 1 000.00 | 1 000.00 | 1 000.00 | — | — | 3 000.00 |
| 邢 兰 | （略） | 财务部 | 2022-2-8 | 6 726.40 | — | — | 5 000.00 | 624.00 | 156.00 | 39.00 | 780.00 | 1 599.00 | — | — | — | — | — | — |
| 郑春丽 | （略） | 人事部 | 2021-8-30 | 6 451.20 | — | — | 5 000.00 | 800.00 | 200.00 | 50.00 | 1 000.00 | 2 050.00 | — | — | — | — | — | — |
| 张淑果 | （略） | 人事部 | 2024-1-7 | 7 052.80 | — | — | 5 000.00 | 600.00 | 150.00 | 37.50 | 750.00 | 1 537.50 | — | — | — | — | — | — |
| 侯永江 | （略） | 销售部 | 2023-11-3 | 13 017.60 | — | — | 5 000.00 | 1 120.00 | 280.00 | 70.00 | 1 400.00 | 2 870.00 | — | — | — | — | — | — |
| 李兰义 | （略） | 销售部 | 2024-2-15 | 12 281.60 | — | — | 5 000.00 | 608.00 | 152.00 | 38.00 | 760.00 | 1 558.00 | — | — | — | 1 000.00 | — | 1 000.00 |
| 张怀嫒 | （略） | 销售部 | 2022-6-27 | 3 686.40 | — | — | 5 000.00 | 480.00 | 120.00 | 30.00 | 600.00 | 1 230.00 | — | 2 000.00 | — | — | — | 2 000.00 |
| 范春辉 | （略） | 采购部 | 2021-10-26 | 4 492.80 | — | — | 5 000.00 | 1 040.00 | 260.00 | 65.00 | 1 300.00 | 2 665.00 | — | — | — | — | — | — |
| 贾春华 | （略） | 采购部 | 2021-6-14 | 14 220.80 | — | — | 5 000.00 | 512.00 | 128.00 | 32.00 | 640.00 | 1 312.00 | — | — | — | — | — | — |
| 赵聪生 | （略） | 采购部 | 2023-2-25 | 6 451.20 | — | — | 5 000.00 | 480.00 | 120.00 | 30.00 | 600.00 | 1 230.00 | — | — | — | — | — | — |
| 贾林淼 | （略） | 生产部 | 2024-1-31 | 12 486.40 | — | — | 5 000.00 | 1 120.00 | 280.00 | 70.00 | 1 400.00 | 2 870.00 | 1 000.00 | — | — | — | 400.00 | 400.00 |
| 邢金琴 | （略） | 生产部 | 2021-10-2 | 3 801.60 | — | — | 5 000.00 | 336.00 | 84.00 | 21.00 | 420.00 | 861.00 | — | — | — | — | — | 1 000.00 |
| 任友影 | （略） | 生产部 | 2024-8-6 | 3 270.40 | — | — | 5 000.00 | 480.00 | 120.00 | 30.00 | 600.00 | 1 230.00 | — | 2 000.00 | — | — | — | 2 000.00 |

表 4.8 个人所得税扣缴申报表（续）

| 其他扣除 | | | | 累计收入额 | 累计减除费用 | 累计专项扣除 | 累计专项附加扣除 | | | | | 累计其他扣除 | 减按计税比例 | 准予扣除的捐赠额 | 应纳税所得额 | 税率/预扣率 | 速算扣除数 | 税款计算 | | | |
|---|---|---|---|---|---|---|---|---|---|---|---|---|---|---|---|---|---|---|---|---|---|
| 商业健康保险 | 税延养老保险 | 其他扣除小计 | | | | | 子女教育 | 赡养老人 | 住房贷款利息 | 住房租金 | 继续教育 | | | | | | | 应纳税额 | 减免税额 | 已缴税额 | 应补/退税额 |
| 21 | 22 | 23 | 24 | | 25 | 26 | 27 | 28 | 29 | 30 | 31 | 32 | 33 | 34 | 35 | 36 | 37 | 38 | 39 | 40 | 41 |
| — | — | — | 323 532.16 | | 50 000.00 | 31 896.93 | — | — | — | — | — | — | 100% | — | 241 635.07 | 20% | 16 920.00 | 31 407.01 | — | 26 574.31 | 4 832.70 |
| — | — | — | 224 044.00 | | 50 000.00 | 31 896.93 | — | — | — | — | — | — | 100% | — | 142 147.07 | 10% | 2 520.00 | 11 694.71 | — | 10 273.24 | 1 421.47 |
| — | — | — | 145 196.00 | | 50 000.00 | 26 894.82 | — | — | — | — | — | — | 100% | — | 68 301.18 | 10% | 2 520.00 | 4 310.12 | — | 3 627.11 | 683.01 |
| — | — | — | 99 164.00 | | 50 000.00 | 16 721.74 | — | — | — | — | — | — | 100% | — | 32 442.26 | 3% | — | 973.27 | — | 875.94 | 97.33 |
| — | — | — | 116 316.00 | | 50 000.00 | 22 722.34 | 4 000.00 | 10 000.00 | 10 000.00 | — | — | — | 100% | — | 19 593.66 | 3% | — | 587.81 | — | 603.43 | — |
| — | — | — | 90 764.00 | | 50 000.00 | 17 075.34 | — | — | — | — | — | — | 100% | — | 23 688.66 | 3% | — | 710.66 | — | 639.59 | 71.07 |
| — | — | — | 98 012.00 | | 50 000.00 | 18 677.15 | — | 20 000.00 | — | — | — | — | 100% | — | 29 334.85 | 3% | — | 880.05 | — | 48.04 | 832.01 |
| — | — | — | 94 028.00 | | 50 000.00 | 17 796.69 | — | — | — | — | — | — | 100% | — | 26 231.31 | 3% | — | 786.94 | — | 600.25 | 186.69 |
| — | — | — | 173 676.00 | | 50 000.00 | 31 896.93 | — | — | — | 4 000.00 | — | — | 100% | — | 91 779.07 | 10% | 2 520.00 | 6 657.91 | — | 5 740.12 | 917.79 |
| — | — | — | 140 684.40 | | 45 000.00 | 26 417.10 | — | — | — | — | — | — | 100% | — | 65 267.30 | 10% | 2 520.00 | 4 006.73 | — | 3 637.09 | 369.64 |
| — | — | — | 70 364.00 | | 50 000.00 | 12 566.94 | — | — | — | — | — | — | 100% | — | — | 3% | — | — | — | 210.52 | — |
| — | — | — | 68 428.00 | | 50 000.00 | 12 139.09 | — | — | — | — | — | — | 100% | — | 6 288.91 | 3% | — | 188.67 | — | 169.80 | 18.87 |
| — | — | — | 173 708.00 | | 50 000.00 | 31 896.93 | — | — | — | — | — | — | 100% | — | 91 811.07 | 10% | 2 520.00 | 6 661.11 | — | 5 743.00 | 918.11 |
| — | — | — | 86 012.00 | | 50 000.00 | 16 467.15 | — | — | — | — | 4 000.00 | — | 100% | — | 15 544.85 | 3% | — | 466.35 | — | — | 466.35 |
| — | — | — | 156 364.00 | | 50 000.00 | 31 896.93 | — | — | — | — | — | — | 100% | — | 74 467.07 | 10% | 2 520.00 | 4 926.71 | — | 4 182.04 | 744.67 |
| — | — | — | 59 516.20 | | 50 000.00 | 10 611.54 | 10 000.00 | 20 000.00 | — | — | — | — | 100% | — | — | 3% | — | — | — | — | — |
| — | — | — | 16 261.20 | | 15 000.00 | 2 831.28 | — | — | — | — | — | — | 100% | — | — | 3% | — | — | — | — | — |

其他工资项目的发放情况及有关情况如下：

工龄工资=工龄年数×100元/天(工龄年数按照入职年份计算,不考虑入职天数)

加班工资=日工资×加班天数

全勤奖:没有缺勤的人员可以获得全勤奖400元。

月工作日:23天。

日工资=(基本工资+岗位工资+工龄工资+绩效工资)÷月工作日

事假扣款规定:事假扣除日工资×事假天数

病假扣款规定:病假不超过3天的,只扣除日工资×病假天数×0.5;超过3天的,则扣除日工资×病假天数。

社会保险与公积金的缴纳,各个省市的标准不同,按照本公司社保基数和公积金基数的相关比例扣除。相关比例为:基本养老保险单位负担16%,个人负担8%;基本医疗保险单位负担9%,个人负担2%;失业保险单位和个人分别负担0.5%;生育保险单位负担0.5%;工伤保险单位负担0.2%。公积金单位和个人都是10%。退休返聘人员无需缴纳保险和公积金,但仍需要申报个人所得税。社保基数和公积金基数不得高于所属地的社会平均工资的3倍,不得低于所属地的社会最低工资标准。

其中财务部的职工邢兰本年11月份退休并被返聘,其社会保险和公积金不再缴纳,但依旧发放工资。刘智恒为本年11月份新聘用的职工。11月份工资事项同10月份。即费用、免税收入、年金、商业健康保险、税延养老保险、其他扣除小计、准予扣除的捐赠额为0,减按计税比例为100%。

## ➤ 任务分解

任务分解图,如图4.1所示。

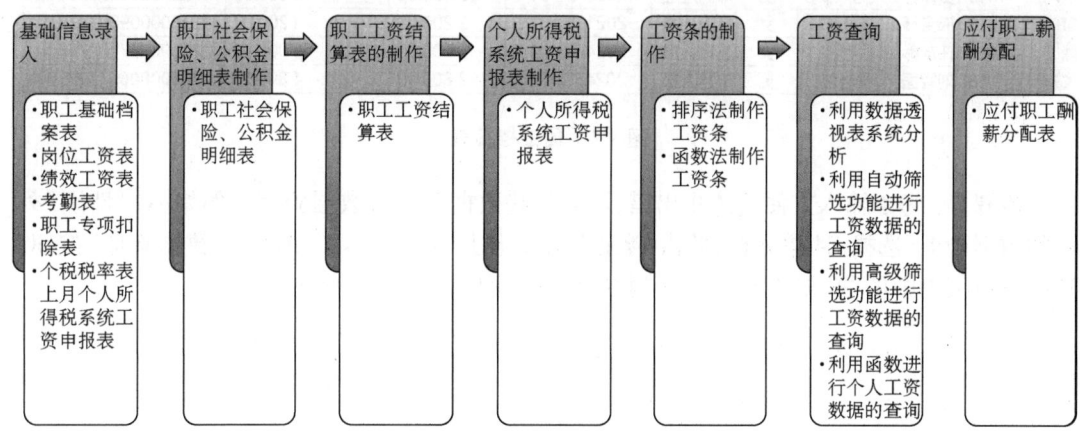

**图4.1　任务分解图**

## 任务 4.1  基础信息录入

### 4.1.1  任务分析

基础信息是薪资管理基础的资料,是企业发放工资的基础数据。建立如表 4.1 至表 4.7 所示的职工基础档案、岗位工资标准、绩效工资标准、考勤表、个人所得税税率表、职工专项附加扣除和上一月的个人所得税扣缴申报表。

本任务的 Excel 学习目的是建立辅助表的理念。

### 4.1.2  任务实现步骤

**步骤 1**  新建工作簿,命名为"薪资管理",将 Sheet1 重命名为"职工基础档案"。

**步骤 2**  录入表 4.1 职工基础档案[①],如图 4.2 所示。

| 工号 | 姓名 | 部门 | 性别 | 岗位 | 入职时间 | 基本工资 | 社保与公积金基数 | 工资卡号 |
|---|---|---|---|---|---|---|---|---|
| 1001 | 赵艳涛 | 企管部 | 男 | 总经理 | 2018-02-14 | 25 000.00 | 33 000.00 | 6222280000699488717 |
| 1002 | 席淑华 | 企管部 | 女 | 部门经理 | 2019-12-05 | 18 000.00 | 20 000.00 | 6222280000694930546 |
| 1003 | 熊延平 | 企管部 | 男 | 秘书 | 2020-06-27 | 5 000.00 | 6 000.00 | 6222280000767254853 |
| 1004 | 韩建俊 | 财务部 | 男 | 部门经理 | 2023-10-14 | 10 000.00 | 12 000.00 | 6222280000971217407 |
| 1005 | 丁峰 | 财务部 | 男 | 职员 | 2022-08-12 | 6 100.00 | 7 100.00 | 6222280000683941107 |
| 1006 | 邢兰 | 财务部 | 女 | 职员 | 2022-02-08 | 6 800.00 | 7 800.00 | 6222280000320968662 |
| 1007 | 郑春丽 | 人事部 | 女 | 部门经理 | 2021-08-30 | 8 000.00 | 10 000.00 | 6222280000797525828 |
| 1008 | 张淑果 | 人事部 | 女 | 职员 | 2024-01-07 | 6 500.00 | 7 500.00 | 6222280000246358304 |
| 1009 | 侯永江 | 销售部 | 男 | 部门经理 | 2023-11-03 | 12 000.00 | 14 000.00 | 6222280000430403605 |
| 1010 | 李兰义 | 销售部 | 女 | 职员 | 2024-02-15 | 6 600.00 | 7 600.00 | 6222280000698404799 |
| 1011 | 张怀媛 | 销售部 | 女 | 职员 | 2022-06-27 | 5 000.00 | 6 000.00 | 6222280000698412345 |
| 1012 | 范春辉 | 采购部 | 男 | 部门经理 | 2021-10-26 | 11 000.00 | 13 000.00 | 6222280000353345695 |
| 1013 | 贾春华 | 采购部 | 女 | 职员 | 2021-06-14 | 5 400.00 | 6 400.00 | 6222280000911928189 |
| 1014 | 赵聪生 | 采购部 | 男 | 职员 | 2023-02-25 | 5 000.00 | 6 000.00 | 6222280000320378662 |
| 1015 | 贾林森 | 生产部 | 男 | 部门经理 | 2024-01-31 | 12 000.00 | 14 000.00 | 6222280000183289466 |
| 1016 | 邢金琴 | 生产部 | 女 | 生产人员 | 2021-10-02 | 3 200.00 | 4 200.00 | 6222280000986282839 |
| 1017 | 任友影 | 生产部 | 女 | 生产人员 | 2024-08-06 | 5 000.00 | 6 000.00 | 6222280000779776800 |
| 1018 | 刘智恒 | 生产部 | 男 | 生产人员 | 2024-11-02 | 3 800.00 | 4 800.00 | 6222280000653307360 |

**图 4.2  员工档案表**

**步骤 3**  为了输入方便并防止出错,可对某些数据列进行数据验证。例如,对"性别"列添加数据验证,选择 E4 单元格,单击"数据"选项卡上"数据工具"组中的"数据验证"按钮。选择下拉菜单中的"数据验证",打开"数据验证"窗口,如图 4.3 所示。

---

① 职工基础档案数据内容较多,任课教师可通过立信会计出版社获取相关原始数据的 Excel 工作簿。

典型项目 4　薪 资 管 理

图 4.3　数据验证位置

**步骤 4**　在数据验证窗口的"设置"选项卡下，选择"允许"下面的"序列"，在"来源"文本框中输入"男,女"（注意中间的逗号为半角字符），单击"确定"按钮，如图 4.4 所示。可利用填充功能将 E4 单元格的数据验证复制到其他单元格中，也可以选中 E4: E21 执行数据验证功能。

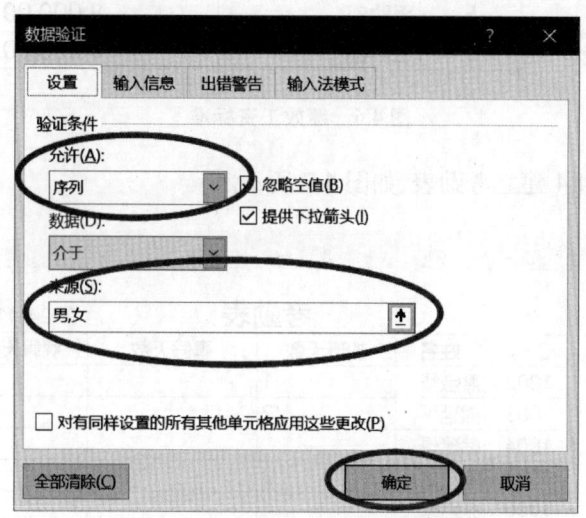

图 4.4　"性别"列的数据验证

**步骤 5**　采用同样的方法对其他需要设置数据验证的数据列（如"部门""岗位"）进行设置。

**步骤 6**　设置入职时间为日期型。设置工资卡号列的单元格格式为文本格式，以便录入银行卡号时能正常显示。

**步骤 7**　根据表 4.2 建立岗位工资标准表，如图 4.5 所示。

| | A | B | C | D |
|---|---|---|---|---|
| 1 | | | | |
| 2 | | | 岗位工资标准 | 单位：元 |
| 3 | | 序号 | 岗位 | 岗位工资 |
| 4 | | 1 | 总经理 | 8 000.00 |
| 5 | | 2 | 部门经理 | 2 000.00 |
| 6 | | 3 | 秘书 | 1 000.00 |
| 7 | | 4 | 职员 | 1 000.00 |
| 8 | | 5 | 生产人员 | 1 000.00 |

图 4.5　岗位工资标准

**步骤 8** 根据表 4.3 建立绩效工资表,如图 4.6 所示。

| | A | B | C | D |
|---|---|---|---|---|
| 1 | | | | |
| 2 | | 绩效工资标准 | | 单位:元 |
| 3 | | 序号 | 部门 | 绩效工资 |
| 4 | | 1 | 企管部 | 50 000.00 |
| 5 | | 2 | 财务部 | 20 000.00 |
| 6 | | 3 | 人事部 | 10 000.00 |
| 7 | | 4 | 销售部 | 10 000.00 |
| 8 | | 5 | 采购部 | 8 000.00 |
| 9 | | 6 | 生产部 | 5 000.00 |

图 4.6 绩效工资标准

**步骤 9** 根据表 4.4 建立考勤表,如图 4.7 所示。

| | A | B | C | D | E | F |
|---|---|---|---|---|---|---|
| 1 | | | | | | |
| 2 | | | | 考勤表 | | 2024-11-30 |
| 3 | | 工号 | 姓名 | 加班天数 | 事假天数 | 病假天数 |
| 4 | | 1002 | 席淑华 | 1 | | |
| 5 | | 1003 | 熊延平 | 2 | | |
| 6 | | 1004 | 韩建俊 | | | 1 |
| 7 | | 1007 | 郑春丽 | 3 | | |
| 8 | | 1008 | 张淑果 | | | 2 |
| 9 | | 1009 | 侯永江 | | 1 | |
| 10 | | 1010 | 李兰义 | | 11 | |
| 11 | | 1011 | 张怀媛 | | | 4 |
| 12 | | 1012 | 范春辉 | 2 | | |
| 13 | | 1013 | 贾春华 | 1 | | |

图 4.7 考勤表

**步骤 10** 根据表 4.5 建立职工专项附加扣除表,如图 4.8 所示。

| | A | B | C | D | E | F | G | H | I |
|---|---|---|---|---|---|---|---|---|---|
| 1 | | | | | | | | | |
| 2 | | | | | 职工专项附加扣除 | | | | |
| 3 | | 工号 | 姓名 | 部门 | 子女教育 | 住房贷款利息 | 住房租金 | 赡养老人 | 继续教育 |
| 4 | | 1005 | 丁峰 | 财务部 | 1 000.00 | 1 000.00 | | 1 000.00 | |
| 5 | | 1010 | 李兰义 | 销售部 | | | 1 000.00 | | |
| 6 | | 1011 | 张怀媛 | 销售部 | | | | 2 000.00 | |
| 7 | | 1014 | 赵聪生 | 采购部 | | | | | 400.00 |
| 8 | | 1016 | 邢金琴 | 生产部 | 1 000.00 | | | | |
| 9 | | 1017 | 任友影 | 生产部 | | | | 2 000.00 | |
| 10 | | 1018 | 刘智恒 | 生产部 | | | 1 000.00 | | 400.00 |

图 4.8 职工专项附加扣除表

**步骤 11** 根据表 4.6 建立个人所得税税率表,如图 4.9 所示。

| | A | B | C | D | E | F |
|---|---|---|---|---|---|---|
| 1 | | | | | | |
| 2 | | | | 个人所得税税率表 | | |
| 3 | | 级数 | 分界线 | 全年应纳税所得额 | 税率 | 扣除数 |
| 4 | | 0 | 0.00 | 小于0 | 0 | 0.00 |
| 5 | | 1 | 0.00 | 不超过36 000元的 | 3% | 0.00 |
| 6 | | 2 | 36 000.00 | 超过36 000~44 000元的部分 | 10% | 2 520.00 |
| 7 | | 3 | 144 000.00 | 超过144 000~300 000元的部分 | 20% | 16 920.00 |
| 8 | | 4 | 300 000.00 | 超过300 000~420 000元的部分 | 25% | 31 920.00 |
| 9 | | 5 | 420 000.00 | 超过420 000~660 000元的部分 | 30% | 52 920.00 |
| 10 | | 6 | 660 000.00 | 超过660 000~960 000元的部分 | 35% | 85 920.00 |
| 11 | | 7 | 960 000.00 | 超过960 000元的部分 | 45% | 181 920.00 |

图 4.9　个人所得税税率表

**步骤 12** 根据表 4.7 建立上月个人所得税扣缴申报表[①],如图 4.10 和图 4.11 所示。

## 任务 4.2　职工社会保险、公积金明细表制作

### 4.2.1　任务分析

社会保险的主要项目包括养老保险、医疗保险、失业保险、工伤保险、生育保险,保障公民在年老、疾病、工伤、失业、生育等情况下依法从国家和社会获得物质帮助的权利。住房公积金是指国家机关、国有企业、城镇集体企业、外商投资企业、城镇私营企业及其他城镇企业、事业单位、民办非企业单位、社会团体及其在职职工缴存的长期住房储备金。

基本养老保险费、基本医疗保险费和失业保险费由用人单位和职工个人共同缴纳,工伤保险费和生育保险费用人单位缴纳。

本任务的 Excel 学习目的是学会灵活使用相对地址引用和绝对地址引用功能。

### 4.2.2　任务实现步骤

**步骤 1** 建立"职工保险公积金明细表"。在薪资管理工作簿中新增工作表,命名为"职工保险公积金明细表"。

**步骤 2** 录入表头(总标题)。在 B2 单元格录入"职工保险公积金明细表",选中 B2:S2 区域,合并单元格(也可以不合并 B2:S2 区域,通过空格调整标题位置,方便后期公式引用时选择)。

**步骤 3** 录入所属期。在 B3 单元格录入"保险和公积金所属期:2024 年 11 月 01 日至 2024 年 11 月 30 日"。

---

① 个人所得税扣缴申报表数据较多,任课教师可通过立信会计出版社获取相关原始数据的 Excel 工作簿。

## 个人所得税扣缴申报表

新税率表2: 2024年10月01日至2024年10月31日

| 姓名 | 身份证号 | 部门 | 入职时间 | 收入 | 费用 | 免税收入 | 减除费用 | 基本养老保险 | 基本医疗保险 | 失业保险 | 住房公积金 | 专项扣缴小计 | 子女教育 | 赡养老人 | 住房贷款利息 | 住房租金 | 继续教育 | 专项附加小计 |
|---|---|---|---|---|---|---|---|---|---|---|---|---|---|---|---|---|---|---|
| 赵鸿涛 | 略 | 企管部 | 2018年2月14日 | 22 003.20 | 5 000.00 | - | - | 2 640.00 | 660.00 | 165.00 | 3 300.00 | 6 765.00 | - | - | - | - | - | - |
| 席建华 | 略 | 企管部 | 2019年12月5日 | 14 054.40 | 5 000.00 | - | - | 1 600.00 | 400.00 | 100.00 | 2 000.00 | 4 100.00 | - | - | - | - | - | 3 000.00 |
| 梅娥平 | 略 | 企管部 | 2020年6月27日 | 10 169.60 | 5 000.00 | - | - | 480.00 | 120.00 | 30.00 | 600.00 | 1 230.00 | - | - | - | - | - | - |
| 杨赵玲 | 略 | 财务部 | 2023年10月14日 | 6 566.40 | 5 000.00 | - | - | 960.00 | 240.00 | 60.00 | 1 200.00 | 2 460.00 | - | - | - | - | - | - |
| 丁婷 | 略 | 财务部 | 2022年6月12日 | 8 281.60 | 5 000.00 | - | - | 568.00 | 142.00 | 35.50 | 710.00 | 1 455.50 | 1 000.00 | - | - | - | - | - |
| 屠兰 | 略 | 财务部 | 2022年2月8日 | 6 726.40 | 5 000.00 | - | - | 624.00 | 156.00 | 39.00 | 780.00 | 1 599.00 | - | - | - | - | - | - |
| 邓春晓 | 略 | 人事部 | 2021年8月30日 | 6 451.20 | 5 000.00 | - | - | 800.00 | 200.00 | 50.00 | 1 000.00 | 2 050.00 | - | - | - | - | 400.00 | - |
| 张富贵 | 略 | 人事部 | 2021年1月7日 | 7 052.80 | 5 000.00 | - | - | 600.00 | 150.00 | 37.50 | 750.00 | 1 537.50 | - | - | 1 000.00 | - | - | 1 000.00 |
| 梁杰江 | 略 | 销售部 | 2023年11月3日 | 13 017.60 | 5 000.00 | - | - | 1 120.00 | 280.00 | 70.00 | 1 400.00 | 2 870.00 | - | 2 000.00 | - | - | - | 2 000.00 |
| 李三义 | 略 | 销售部 | 2024年2月15日 | 12 281.60 | 5 000.00 | - | - | 608.00 | 152.00 | 38.00 | 760.00 | 1 558.00 | - | - | - | - | - | - |
| 张祠赠 | 略 | 销售部 | 2022年6月27日 | 3 486.40 | 5 000.00 | - | - | 480.00 | 120.00 | 30.00 | 600.00 | 1 230.00 | - | - | - | - | - | - |
| 范彦新 | 略 | 梁勤部 | 2021年10月26日 | 4 492.80 | 5 000.00 | - | - | 1 040.00 | 260.00 | 65.00 | 1 300.00 | 2 665.00 | - | - | - | - | - | - |
| 曹皋华 | 略 | 梁勤部 | 2020年6月14日 | 14 220.60 | 5 000.00 | - | - | 512.00 | 128.00 | 32.00 | 640.00 | 1 312.00 | 1 000.00 | - | - | - | - | - |
| 赵敏生 | 略 | 梁勤部 | 2023年8月25日 | 6 451.20 | 5 000.00 | - | - | 480.00 | 120.00 | 30.00 | 600.00 | 1 230.00 | - | - | - | - | - | 400.00 |
| 曹林嘉 | 略 | 生产部 | 2024年1月31日 | 12 466.40 | 5 000.00 | - | - | 1 120.00 | 280.00 | 70.00 | 1 400.00 | 2 870.00 | - | 2 000.00 | - | - | - | 1 000.00 |
| 屠金华 | 略 | 生产部 | 2021年10月2日 | 3 801.60 | 5 000.00 | - | - | 336.00 | 84.00 | 21.00 | 420.00 | 861.00 | - | - | - | - | - | - |
| 任友静 | 略 | 生产部 | 2024年8月6日 | 3 270.40 | 5 000.00 | - | - | 480.00 | 120.00 | 30.00 | 600.00 | 1 230.00 | - | 2 000.00 | - | - | - | 2 000.00 |

图 4.10 上月个人所得税扣缴申报表

## 所得税扣缴申报表

新税率表2:

| 姓名 | 年金 | 商业健康保险 | 税收优惠保险 | 其他扣除小计 | 累计收入 | 累计减除费用 | 累计专项扣除 | 子女教育 | 赡养老人 | 累计专项附加扣除 住房贷款利息 | 住房租金 | 继续教育 | 累计其他扣除 | 准予扣除的捐赠 | 累计应纳所得额 | 税率 | 速算扣除数 | 扣除税款 | 减免税额 | 已预税额 | 应补(退税额) |
|---|---|---|---|---|---|---|---|---|---|---|---|---|---|---|---|---|---|---|---|---|---|
| 赵鸿涛 | - | - | - | - | 323 532.00 | 50 000.00 | 31 696.93 | - | - | - | - | - | - | - | 241 635.07 | 20% | 16 920.00 | 31 407.01 | - | 26 574.31 | 4 832.70 |
| 席建华 | - | - | - | - | 224 044.00 | 50 000.00 | 31 696.93 | - | - | - | - | - | - | - | 142 147.07 | 10% | 2 520.00 | 11 694.71 | - | 10 273.24 | 1 421.47 |
| 梅娥平 | - | - | - | - | 145 196.00 | 50 000.00 | 26 894.82 | - | - | - | - | - | - | - | 68 301.18 | 10% | 2 520.00 | 4 310.12 | - | 3 627.11 | 683.01 |
| 杨赵玲 | - | - | - | - | 99 164.00 | 50 000.00 | 16 721.74 | 4 000.00 | - | - | - | - | - | - | 32 442.26 | 3% | - | 973.27 | - | 875.94 | 97.33 |
| 丁婷 | - | - | - | - | 116 316.00 | 50 000.00 | 22 722.34 | - | 10 000.00 | - | - | - | - | - | 19 593.66 | 3% | - | 587.81 | - | 603.43 | 603.43 |
| 屠兰 | - | - | - | - | 90 764.00 | 50 000.00 | 17 075.34 | - | - | - | - | - | - | - | 23 688.66 | 3% | - | 710.66 | - | 639.59 | 71.07 |
| 邓春晓 | - | - | - | - | 98 012.00 | 50 000.00 | 18 677.15 | - | - | - | - | - | - | - | 29 334.85 | 3% | - | 880.05 | - | 48.04 | 832.01 |
| 张富贵 | - | - | - | - | 94 028.00 | 50 000.00 | 17 796.69 | - | - | 20 000.00 | - | - | - | - | 26 231.31 | 3% | - | 786.94 | - | 600.25 | 186.69 |
| 梁杰江 | - | - | - | - | 173 676.00 | 50 000.00 | 31 696.93 | - | - | - | - | - | - | - | 91 779.07 | 10% | 2 520.00 | 6 657.91 | - | 5 740.12 | 917.79 |
| 李三义 | - | - | - | - | 140 684.40 | 45 000.00 | 26 417.10 | - | 20 000.00 | - | - | - | - | - | 65 267.30 | 10% | 2 520.00 | 4 006.73 | - | 3 637.09 | 369.64 |
| 张祠赠 | - | - | - | - | 70 364.00 | 50 000.00 | 12 566.94 | - | - | - | - | 4 000.00 | - | - | 6 288.91 | 3% | - | 188.67 | - | 210.52 | 18.87 |
| 范彦新 | - | - | - | - | 68 428.00 | 50 000.00 | 12 139.09 | - | - | - | - | - | - | - | 6 288.91 | 3% | - | 188.67 | - | 169.80 | 18.87 |
| 曹皋华 | - | - | - | - | 173 708.00 | 50 000.00 | 16 467.15 | 4 000.00 | - | - | - | - | - | - | 91 811.07 | 10% | 2 520.00 | 6 661.11 | - | 5 743.00 | 918.11 |
| 赵敏生 | - | - | - | - | 86 012.00 | 50 000.00 | 20 467.15 | - | - | - | - | - | - | - | 15 544.85 | 3% | - | 466.35 | - | - | 466.35 |
| 曹林嘉 | - | - | - | - | 156 364.00 | 50 000.00 | 31 696.93 | - | - | 10 000.00 | - | - | - | - | 74 467.07 | 10% | 2 520.00 | 4 926.71 | - | 4 182.04 | 744.67 |
| 屠金华 | - | - | - | - | 59 516.00 | 50 000.00 | 10 611.54 | - | - | - | - | - | - | - | - | - | - | - | - | - | - |
| 任友静 | - | - | - | - | 16 261.20 | 15 000.00 | 2 831.28 | - | - | - | - | - | - | - | - | - | - | - | - | - | - |

图 4.11 上月个人所得税扣缴申报表（续）

**步骤 4**　录入行标题。参照图 4.9 所示，依次录入行标题，基本养老保险单位负担 16%，个人负担 8%；基本医疗保险单位负担 9%，个人负担 2%；失业保险单位和个人分别负担是 0.5%；生育保险单位负担 0.5%；工伤保险单位负担 0.2%。公积金单位和个人都是 10%。

**步骤 5**　录入序号。使用自动填充功能在 B7: B24 区域，录入序号 1 至 18。

**步骤 6**　录入职工名单。复制"职工基础档案"表中职工名单，粘贴在"职工保险公积金明细表"中的 C7:C24 区域，并删除邢兰所在行，序号重新编制，如图 4.12 所示。

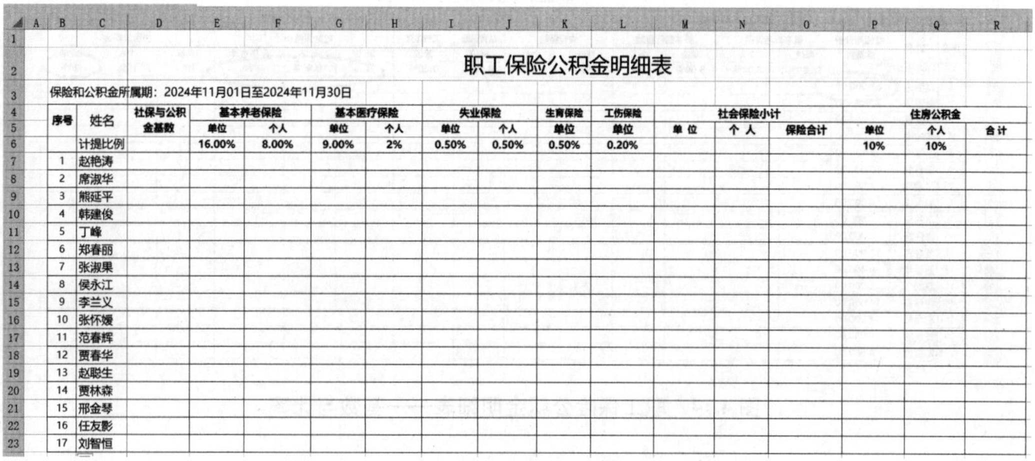

职工保险公积金明细表

保险和公积金所属期：2024年11月01日至2024年11月30日

| 序号 | 姓名 | 社保与公积金基数 | 基本养老保险 | | 基本医疗保险 | | 失业保险 | | 生育保险 | 工伤保险 | 社会保险小计 | | | 住房公积金 | | |
|---|---|---|---|---|---|---|---|---|---|---|---|---|---|---|---|---|
| | | | 单位 | 个人 | 单位 | 个人 | 单位 | 个人 | 单位 | 单位 | 单 位 | 个 人 | 保险合计 | 单位 | 个人 | 合 计 |
| | 计提比例 | | 16.00% | 8.00% | 9.00% | 2% | 0.50% | 0.50% | 0.50% | 0.20% | | | | 10% | 10% | |
| 1 | 赵艳涛 | | | | | | | | | | | | | | | |
| 2 | 席淑华 | | | | | | | | | | | | | | | |
| 3 | 熊延平 | | | | | | | | | | | | | | | |
| 4 | 韩建俊 | | | | | | | | | | | | | | | |
| 5 | 丁峰 | | | | | | | | | | | | | | | |
| 6 | 郑春丽 | | | | | | | | | | | | | | | |
| 7 | 张淑果 | | | | | | | | | | | | | | | |
| 8 | 侯永江 | | | | | | | | | | | | | | | |
| 9 | 李兰义 | | | | | | | | | | | | | | | |
| 10 | 张怀媛 | | | | | | | | | | | | | | | |
| 11 | 范春辉 | | | | | | | | | | | | | | | |
| 12 | 贾春华 | | | | | | | | | | | | | | | |
| 13 | 赵聪生 | | | | | | | | | | | | | | | |
| 14 | 贾林森 | | | | | | | | | | | | | | | |
| 15 | 邢金琴 | | | | | | | | | | | | | | | |
| 16 | 任友影 | | | | | | | | | | | | | | | |
| 17 | 刘智恒 | | | | | | | | | | | | | | | |

**图 4.12　职工保险公积金明细表——初始表**

**步骤 7**　录入社保基数。选择 D7 单元格，通过函数输入公式"D7 = VLOOKUP(C7,职工基础档案!C:I,7,0)"。点击 FX，选择 VLOOKUP 函数，录入参数，如图 4.13 所示。

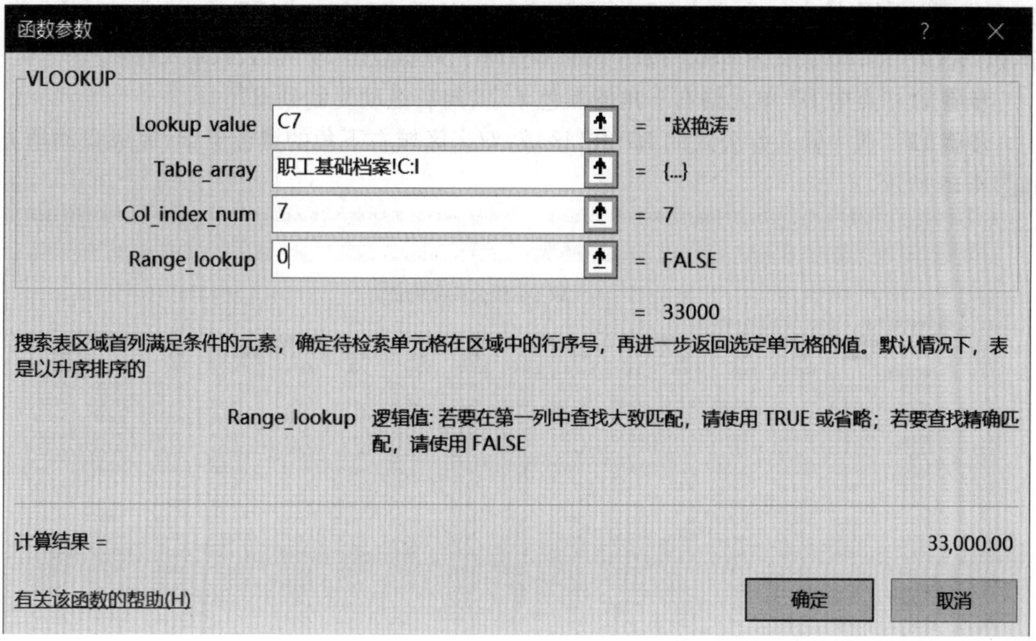


**图 4.13　VLOOKUP 函数——社保基数**

**步骤 8** 双击 D7 单元格右下角的黑色十字,完成自动填充。

**步骤 9** 录入社会保险和公积金计提比率,并将比率合计。

M6=L6+K6+I6+G6+E6;N6 =J6+H6+F6;O6 =SUM(M6: N6);R6 =SUM(P6: Q6),如图 4.14 所示。

D7 =VLOOKUP(C7,职工基础档案!C:I,7,0)

职工保险公积金明细表

保险和公积金所属期:2024年11月01日至2024年11月30日

| 序号 | 姓名 | 社保与公积金基数 | 基本养老保险 | | 基本医疗保险 | | 失业保险 | | 生育保险 | 工伤保险 | 社会保险小计 | | | 住房公积金 | | |
|---|---|---|---|---|---|---|---|---|---|---|---|---|---|---|---|---|
| | | | 单位 | 个人 | 单位 | 个人 | 单位 | 个人 | 单位 | 单位 | 单 位 | 个 人 | 保险合计 | 单位 | 个人 | 合计 |
| | 计提比例 | | 16.00% | 8.00% | 9.00% | 2% | 0.50% | 0.50% | 0.50% | 0.20% | 26% | 10.50% | 37% | 10% | 10% | 20% |
| 1 | 赵艳涛 | 33 000.00 | | | | | | | | | | | | | | |
| 2 | 席淑华 | 20 000.00 | | | | | | | | | | | | | | |
| 3 | 熊延平 | 6 000.00 | | | | | | | | | | | | | | |
| 4 | 韩建俊 | 12 000.00 | | | | | | | | | | | | | | |
| 5 | 丁峰 | 7 100.00 | | | | | | | | | | | | | | |
| 6 | 郑春丽 | 10 000.00 | | | | | | | | | | | | | | |
| 7 | 张淑果 | 7 500.00 | | | | | | | | | | | | | | |
| 8 | 侯永江 | 14 000.00 | | | | | | | | | | | | | | |
| 9 | 李兰义 | 7 600.00 | | | | | | | | | | | | | | |
| 10 | 张怀媛 | 6 000.00 | | | | | | | | | | | | | | |
| 11 | 范春辉 | 13 000.00 | | | | | | | | | | | | | | |
| 12 | 贾春华 | 6 400.00 | | | | | | | | | | | | | | |
| 13 | 赵聪生 | 6 000.00 | | | | | | | | | | | | | | |
| 14 | 贾林森 | 14 000.00 | | | | | | | | | | | | | | |
| 15 | 邢金琴 | 4 200.00 | | | | | | | | | | | | | | |
| 16 | 任友影 | 6 000.00 | | | | | | | | | | | | | | |
| 17 | 刘智恒 | 4 800.00 | | | | | | | | | | | | | | |

**图 4.14 职工保险公积金明细表——基数与比率**

**注**:可以使用"开始"选项卡中"编辑"组中的 $\sum$ 或"ALT+="快捷键快速完成求和公式(SUM)。

**步骤 10** 录入基本养老保险公式。E7=$D7*E$6。

录入这个公式的方法很多,可以直接通过键盘输入,也可以通过结合鼠标点击来完成。例如,我们可以采用:输入"=",点击 D7 单元格,按三次 F4 键,D7 会变成$D7,输入"*",点击 E6 单元格,按两次 F4 键,E6 会变为 E$6。按回车键(ENTER),或者点击"√"。公式录入完毕。

**步骤 11** 点中 D7 单元格右下角的黑色十字,向右拖动复制到 R7。

**步骤 12** 选中输入好公式的 D7: R7 区域,双击区域右下角的黑色十字,完成自动填充,如图 4.15 所示。

E7 =$D7*E$6

职工保险公积金明细表

保险和公积金所属期:2024年11月01日至2024年11月30日

| 序号 | 姓名 | 社保与公积金基数 | 基本养老保险 | | 基本医疗保险 | | 失业保险 | | 生育保险 | 工伤保险 | 社会保险小计 | | | 住房公积金 | | |
|---|---|---|---|---|---|---|---|---|---|---|---|---|---|---|---|---|
| | | | 单位 | 个人 | 单位 | 个人 | 单位 | 个人 | 单位 | 单位 | 单 位 | 个 人 | 保险合计 | 单位 | 个人 | 合 计 |
| | 计提比例 | | 16.00% | 8.00% | 9.00% | 2% | 0.50% | 0.50% | 0.50% | 0.20% | 26% | 10.50% | 37% | 10% | 10% | 20% |
| 1 | 赵艳涛 | 33 000.00 | 5 280.00 | 2 640.00 | 2 970.00 | 660.00 | 165.00 | 165.00 | 165.00 | 66.00 | 8 646.00 | 3 465.00 | 12 111.00 | 3 300.00 | 3 300.00 | 6 600.00 |
| 2 | 席淑华 | 20 000.00 | 3 200.00 | 1 600.00 | 1 800.00 | 400.00 | 100.00 | 100.00 | 100.00 | 40.00 | 5 240.00 | 2 100.00 | 7 340.00 | 2 000.00 | 2 000.00 | 4 000.00 |
| 3 | 熊延平 | 6 000.00 | 960.00 | 480.00 | 540.00 | 120.00 | 30.00 | 30.00 | 30.00 | 12.00 | 1 572.00 | 630.00 | 2 202.00 | 600.00 | 600.00 | 1 200.00 |
| 4 | 韩建俊 | 12 000.00 | 1 920.00 | 960.00 | 1 080.00 | 240.00 | 60.00 | 60.00 | 60.00 | 24.00 | 3 144.00 | 1 260.00 | 4 404.00 | 1 200.00 | 1 200.00 | 2 400.00 |
| 5 | 丁峰 | 7 100.00 | 1 136.00 | 568.00 | 639.00 | 142.00 | 35.50 | 35.50 | 35.50 | 14.20 | 1 860.20 | 745.50 | 2 605.70 | 710.00 | 710.00 | 1 420.00 |
| 6 | 郑春丽 | 10 000.00 | 1 600.00 | 800.00 | 900.00 | 200.00 | 50.00 | 50.00 | 50.00 | 20.00 | 2 620.00 | 1 050.00 | 3 670.00 | 1 000.00 | 1 000.00 | 2 000.00 |
| 7 | 张淑果 | 7 500.00 | 1 200.00 | 600.00 | 675.00 | 150.00 | 37.50 | 37.50 | 37.50 | 15.00 | 1 965.00 | 787.50 | 2 752.50 | 750.00 | 750.00 | 1 500.00 |
| 8 | 侯永江 | 14 000.00 | 2 240.00 | 1 120.00 | 1 260.00 | 280.00 | 70.00 | 70.00 | 70.00 | 28.00 | 3 668.00 | 1 470.00 | 5 138.00 | 1 400.00 | 1 400.00 | 2 800.00 |
| 9 | 李兰义 | 7 600.00 | 1 216.00 | 608.00 | 684.00 | 152.00 | 38.00 | 38.00 | 38.00 | 15.20 | 1 991.20 | 798.00 | 2 789.20 | 760.00 | 760.00 | 1 520.00 |
| 10 | 张怀媛 | 6 000.00 | 960.00 | 480.00 | 540.00 | 120.00 | 30.00 | 30.00 | 30.00 | 12.00 | 1 572.00 | 630.00 | 2 202.00 | 600.00 | 600.00 | 1 200.00 |
| 11 | 范春辉 | 13 000.00 | 2 080.00 | 1 040.00 | 1 170.00 | 260.00 | 65.00 | 65.00 | 65.00 | 26.00 | 3 406.00 | 1 365.00 | 4 771.00 | 1 300.00 | 1 300.00 | 2 600.00 |
| 12 | 贾春华 | 6 400.00 | 1 024.00 | 512.00 | 576.00 | 128.00 | 32.00 | 32.00 | 32.00 | 12.80 | 1 676.80 | 672.00 | 2 348.80 | 640.00 | 640.00 | 1 280.00 |
| 13 | 赵聪生 | 6 000.00 | 960.00 | 480.00 | 540.00 | 120.00 | 30.00 | 30.00 | 30.00 | 12.00 | 1 572.00 | 630.00 | 2 202.00 | 600.00 | 600.00 | 1 200.00 |
| 14 | 贾林森 | 14 000.00 | 2 240.00 | 1 120.00 | 1 260.00 | 280.00 | 70.00 | 70.00 | 70.00 | 28.00 | 3 668.00 | 1 470.00 | 5 138.00 | 1 400.00 | 1 400.00 | 2 800.00 |
| 15 | 邢金琴 | 4 200.00 | 672.00 | 336.00 | 378.00 | 84.00 | 21.00 | 21.00 | 21.00 | 8.40 | 1 100.40 | 441.00 | 1 541.40 | 420.00 | 420.00 | 840.00 |
| 16 | 任友影 | 6 000.00 | 960.00 | 480.00 | 540.00 | 120.00 | 30.00 | 30.00 | 30.00 | 12.00 | 1 572.00 | 630.00 | 2 202.00 | 600.00 | 600.00 | 1 200.00 |
| 17 | 刘智恒 | 4 800.00 | 768.00 | 384.00 | 432.00 | 96.00 | 24.00 | 24.00 | 24.00 | 9.60 | 1 257.60 | 504.00 | 1 761.60 | 480.00 | 480.00 | 960.00 |

**图 4.15 职工保险公积金明细表——效果图**

# 任务4.3 工资结算表制作

## 4.3.1 任务分析

工资结算表是在基础档案表等的基础上编制的，包括职工的工号、部门、姓名、岗位、入职时间、基本工资、岗位工资、工龄工资、绩效工资、加班工资、全勤奖、事假扣款、病假扣款、社会保险和公积金。这些项目的数值需要根据职工特定的信息关系来确定。

本任务的 Excel 学习目的是熟练使用相关函数，掌握多个函数的嵌套方法。

## 4.3.2 任务实现步骤

**步骤1** 建立"工资结算表"。在 A1 单元格输入表头"工资结算表"。在 A2 单元格输入"工资所属期：2024 年 11 月 01 日至 2024 年 11 月 30 日"。在 L2 单元格输入"工资结算日"。在 M2 单元格输入"2024 年 11 月 30 日"。

**注：**表头文字可以不在工作表中输入，而是输入在页面设置中的"页眉/页脚"中，这样方便表格的处理工作，同时打印出来的工作表依旧有美观的表头。

**步骤2** 输入职工的工号。通过复制"职工基础档案"中 B3：B21 区域，粘贴在"工资结算表"中。或者通过在 A3 录入公式"=职工基础档案！B3"，并向下拖动复制，从"职工基础档案"工作表中获取。

**步骤3** 同理输入职工的部门、姓名和岗位信息。也可以使用函数方法输入，参照"入职时间"的输入方法。

**步骤4** 输入其他工资结算表项目。从 E3 开始依次录入入职时间、基本工资、岗位工资、工龄工资、绩效工资、加班工资、全勤奖、事假扣款、病假扣款、应付工资、个人养老保险、个人失业保险、个人医疗保险、个人住房公积金、个人所得税、扣款合计、实发工资、工资卡号、日工资、单位负担的保险、单位负担的公积金和职工薪酬总额，如图 4.16 和图 4.17 所示。

E4

| | A | B | C | D | E | F | G | H | I | J | K | L | M |
|---|---|---|---|---|---|---|---|---|---|---|---|---|---|
| 1 | | | | | | | | | | | | | 工资结算表 |
| 2 | 工资所属期：2024年11月01日至2024年11月30日 | | | | | | | | | | | 工资结算日： | 2024年11月30日 |
| 3 | 工号 | 部门 | 姓名 | 岗位 | 入职时间 | 基本工资 | 岗位工资 | 工龄工资 | 绩效工资 | 加班工资 | 全勤奖 | 事假扣款 | 病假扣款 |
| 4 | 1001 | 企管部 | 赵艳涛 | 总经理 | | | | | | | | | |
| 5 | 1002 | 企管部 | 席淑华 | 部门经理 | | | | | | | | | |
| 6 | 1003 | 企管部 | 熊延平 | 秘书 | | | | | | | | | |
| 7 | 1004 | 财务部 | 韩建俊 | 部门经理 | | | | | | | | | |
| 8 | 1005 | 财务部 | 丁峰 | 职员 | | | | | | | | | |
| 9 | 1006 | 财务部 | 邢兰 | 职员 | | | | | | | | | |
| 10 | 1007 | 人事部 | 郑春丽 | 部门经理 | | | | | | | | | |
| 11 | 1008 | 人事部 | 张淑果 | 职员 | | | | | | | | | |
| 12 | 1009 | 销售部 | 侯永江 | 部门经理 | | | | | | | | | |
| 13 | 1010 | 销售部 | 李兰义 | 职员 | | | | | | | | | |
| 14 | 1011 | 销售部 | 张怀媛 | 职员 | | | | | | | | | |
| 15 | 1012 | 采购部 | 范春辉 | 部门经理 | | | | | | | | | |
| 16 | 1013 | 采购部 | 贾春华 | 职员 | | | | | | | | | |
| 17 | 1014 | 采购部 | 赵聪生 | 职员 | | | | | | | | | |
| 18 | 1015 | 生产部 | 贾林森 | 部门经理 | | | | | | | | | |
| 19 | 1016 | 生产部 | 邢金琴 | 生产人员 | | | | | | | | | |
| 20 | 1017 | 生产部 | 任友影 | 生产人员 | | | | | | | | | |
| 21 | 1018 | 生产部 | 刘智恒 | 生产人员 | | | | | | | | | |

**图 4.16 工资结算表初始信息**

图4.17 工资结算表初始信息（续）

**步骤5** 定义职工基础档案名称。选择基础档案表中的B3:J21区域，执行"公式"—"定义名称"，名称输入"职工基础档案"，单击"确定"，如图4.18所示。

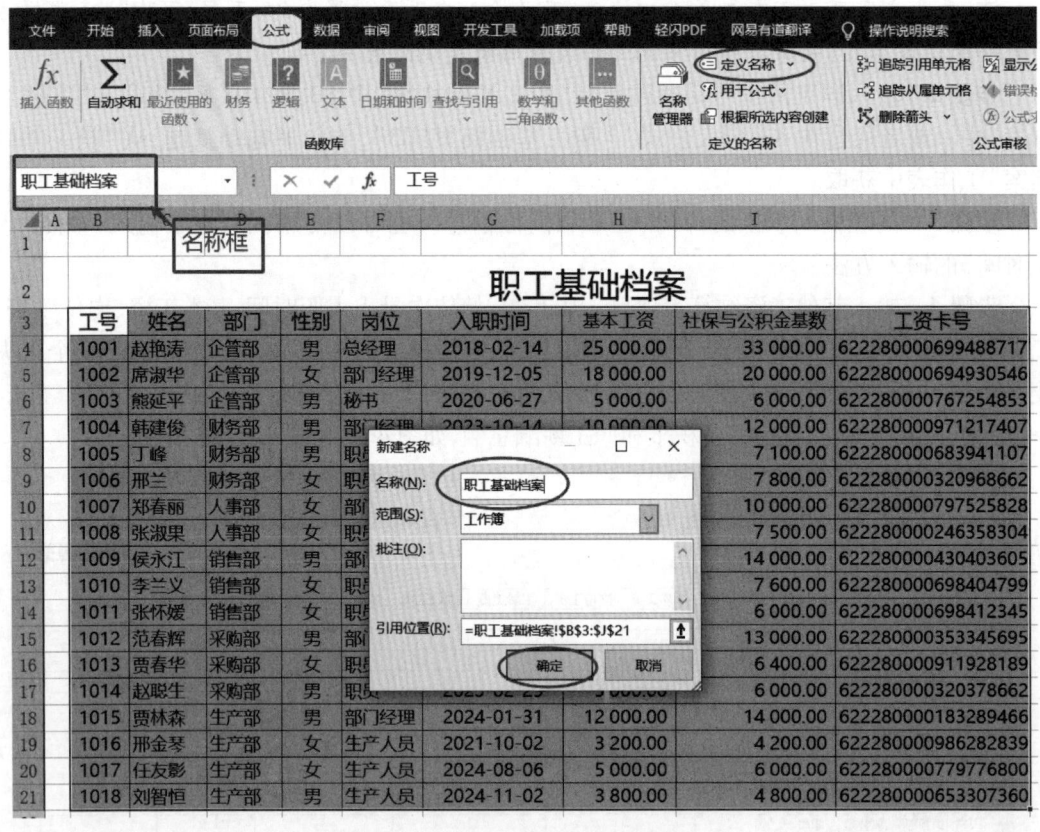

图4.18 定义名称——职工基础档案

注：定义名称还可以选择职工基础档案表中的B3:J21区域，在名称框里输入"职工基础档案"，按回车键。

**步骤6** 输入职工入职时间计算公式。选择"入职时间"列的E4单元格，通过函数输入公式"=VLOOKUP(A4,职工基础档案,6,0)",如图4.19所示。如果结果显示不是日期格式,执行"开始"选项卡"数字"组中的格式选项,选择"日期"格式。

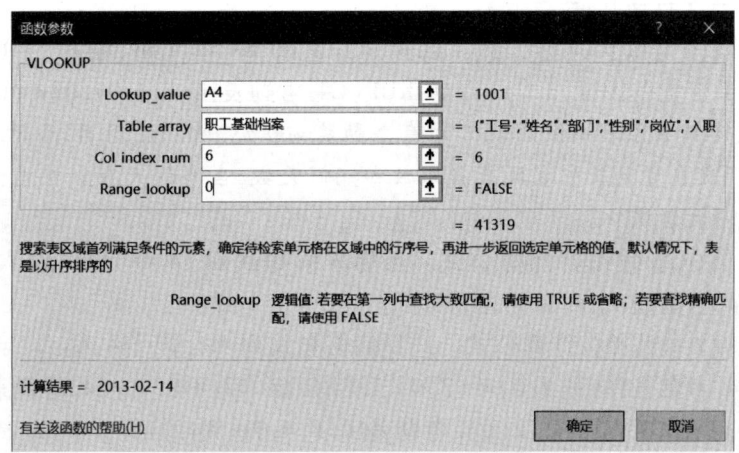

图 4.19　VLOOPUP——入职时间公式

**步骤 7**　输入职工基本工资计算公式。选择基本工资列的 F4 单元格,通过函数输入公式"=VLOOKUP(A4,职工基础档案,7,0)"。

**步骤 8**　输入职工岗位工资计算公式。选择岗位工资列的 G4 单元格,通过函数输入公式"=VLOOKUP(D4,岗位工资!C:D,2,0)",如图 4.20 所示。

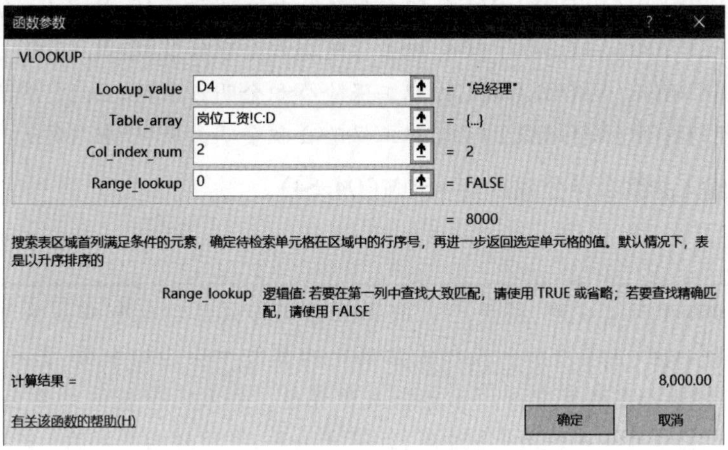

图 4.20　VLOOPUP——岗位工资公式

**步骤 9**　输入工龄工资计算公式。选择工龄工资列 H4 单元格,输入"=(YEAR($M$2)-YEAR(E4))*100"。

**步骤 10**　输入绩效工资计算公式。选择绩效工资列 I4 单元格,输入"=VLOOKUP(B4,绩效工资!C:D,2,0)"。

**步骤 11**　输入加班工资计算公式。选择加班工资列 J4 单元格,输入"=IFERROR(VLOOKUP(工资结算表!C4,考勤表!C:F,2,0)*W4,0)"。

**注**：由于考勤表只记录了加班和缺勤人员姓名，VLOOKUP函数在搜索不到查询信息时，会返回"#N/A"，影响后期的数据计算和汇总，IFERROR函数可以使函数在出现报错信息时返回指定的值，这里返回0值。

**步骤12** 输入全勤奖计算公式。选择全勤奖列K4单元格，输入"=IF((IFERROR(VLOOKUP(C4,考勤表!C:F,3,0)+VLOOKUP(C4,考勤表!C:F,4,0),0)<=0),400,0)"。

**注**：本期没有请事假和病假的职工才有全勤奖400元，所以使用IF函数进行判断。通过VLOOKUP函数在考勤表中查找事假天数和病假天数，当事假天数和病假天数都不大于0时，其合计也不大于0。

**步骤13** 输入事假扣款计算公式。选择事假扣款列L4单元格，输入"=IFERROR(VLOOKUP(C4,考勤表!C:F,3,0),0)*W4"。

**步骤14** 输入病假扣款计算公式。选择病假扣款列M4单元格，输入"=IF(IFERROR(VLOOKUP(C4,考勤表!C:F,4,0)<=3,0),IFERROR(VLOOKUP(C4,考勤表!C:F,4,0)*W4*0.5,0),IFERROR(VLOOKUP(C4,考勤表!C:F,4,0)*W4,0))"。

**步骤15** 输入应付工资计算公式。选择病假扣款列N4单元格，输入"=SUM(F4:K4)-SUM(L4:M4)"。

**步骤16** 输入个人养老保险、个人医疗保险、个人失业保险、个人住房公积金、单位负担的保险和单位负担的公积金计算公式。

O4=IFERROR(VLOOKUP(C4,职工保险公积金明细表!C:R,4,0),0)

P4=IFERROR(VLOOKUP(C4,职工保险公积金明细表!C:R,6,0),0)

Q4=IFERROR(VLOOKUP(C4,职工保险公积金明细表!C:R,8,0),0)

R4=IFERROR(VLOOKUP(C4,职工保险公积金明细表!C:R,15,0),0)

X4=IFERROR(VLOOKUP(C4,职工保险公积金明细表!C:R,11,0),0)

Y4=IFERROR(VLOOKUP(C4,职工保险公积金明细表!C:R,14,0),0)

**步骤17** 输入扣款合计公式。T4=SUM(O4:S4)。

☞ **知识链接**

> 由于2019年1月1日起，居民个人取得综合所得以每一纳税年度收入额减除费用6万元以及专项扣除、专项附加扣除和依法确定的其他扣除后的余额，因此，不能简单地通过本月现有的收入金额就直接计算出个人所得税。个人所得税的计算公式，我们将在本月的"个人所得税扣缴申报表"中计算，计算完毕时，再通过函数取得。

**步骤18** 输入实发工资公式。U4=N4-T4。

**步骤19** 输入工资卡号公式。V4=VLOOKUP(A4,职工基础档案,9,0)。

**步骤20** 输入日工资公式。W4=SUM(F4:I4)/23。

**步骤21** 输入职工薪酬总额公式。Z4=N4+X4+Y4。

**步骤22** 向下自动填充。选择E4:Z4区域。鼠标在区域右下角变为黑色十字，双击鼠标左键，公式自动填充，如图4.21和图4.22所示。注：此时的数据不是最终数据，个人所得税数据输入完毕，数据自动计算正确。

典型项目 4　薪资管理

| 工号 | 部门 | 姓名 | 岗位 | 入职时间 | 基本工资 | 岗位工资 | 工龄工资 | 绩效工资 | 加班工资 | 全勤奖 | 事假扣款 | 病假扣款 | 应付工资 | 个人养老保险 | 个人医疗保险 |
|---|---|---|---|---|---|---|---|---|---|---|---|---|---|---|---|
| 1001 | 企管部 | 赵艳涛 | 总经理 | 2018年2月14日 | 25 000.00 | 8 000.00 | 600.00 | 50 000.00 | - | 400.00 | - | - | 84 000.00 | 2 640.00 | 660.00 |
| 1002 | 企管部 | 席淑华 | 部门经理 | 2019年12月5日 | 18 000.00 | 2 000.00 | 500.00 | 50 000.00 | 3 065.22 | 400.00 | - | - | 73 965.22 | 1 600.00 | 400.00 |
| 1003 | 企管部 | 熊延平 | 秘书 | 2020年6月27日 | 5 000.00 | 1 000.00 | 400.00 | 50 000.00 | 4 904.35 | 400.00 | - | - | 61 704.35 | 480.00 | 120.00 |
| 1004 | 财务部 | 韩建俊 | 部门经理 | 2023年10月14日 | 10 000.00 | 2 000.00 | 100.00 | 20 000.00 | - | - | - | 697.83 | 31 402.17 | 960.00 | 240.00 |
| 1005 | 财务部 | 丁峰 | 职员 | 2022年8月12日 | 6 100.00 | 1 000.00 | 200.00 | 20 000.00 | - | 400.00 | - | - | 27 700.00 | 568.00 | 142.00 |
| 1006 | 财务部 | 邢兰 | 职员 | 2022年2月8日 | 6 800.00 | 1 000.00 | 200.00 | 20 000.00 | - | 400.00 | - | - | 28 400.00 | - | - |
| 1007 | 人事部 | 郑春丽 | 部门经理 | 2021年8月30日 | 8 000.00 | 2 000.00 | 300.00 | 10 000.00 | 2 647.83 | 400.00 | - | - | 23 347.83 | 800.00 | 200.00 |
| 1008 | 人事部 | 张源果 | 职员 | 2024年1月7日 | 6 500.00 | 1 000.00 | - | 10 000.00 | - | - | - | 760.87 | 16 739.13 | 600.00 | 150.00 |
| 1009 | 销售部 | 侯永江 | 部门经理 | 2023年11月3日 | 12 000.00 | 2 000.00 | 100.00 | 10 000.00 | - | - | 1 047.83 | - | 23 052.17 | 1 120.00 | 280.00 |
| 1010 | 销售部 | 李兰义 | 职员 | 2024年2月15日 | 6 600.00 | 1 000.00 | - | 10 000.00 | - | - | 8 417.39 | - | 9 182.61 | 608.00 | 152.00 |
| 1011 | 销售部 | 张怀媛 | 职员 | 2022年6月25日 | 5 000.00 | 1 000.00 | 200.00 | 10 000.00 | - | - | - | 2 817.39 | 13 382.61 | 480.00 | 120.00 |
| 1012 | 采购部 | 范春辉 | 部门经理 | 2021年10月26日 | 11 000.00 | 2 000.00 | 300.00 | 8 000.00 | 1 852.17 | 400.00 | - | - | 23 552.17 | 1 040.00 | 260.00 |
| 1013 | 采购部 | 贾春华 | 职员 | 2021年6月14日 | 5 400.00 | 1 000.00 | 300.00 | 8 000.00 | 639.13 | 400.00 | - | - | 15 739.13 | 512.00 | 128.00 |
| 1014 | 采购部 | 赵聪生 | 职员 | 2023年2月25日 | 6 000.00 | 1 000.00 | 100.00 | 8 000.00 | - | 400.00 | - | - | 14 500.00 | 480.00 | 120.00 |
| 1015 | 生产部 | 贾林森 | 部门经理 | 2024年1月31日 | 12 000.00 | 2 000.00 | - | 5 000.00 | - | 400.00 | - | - | 19 400.00 | 1 120.00 | 280.00 |
| 1016 | 生产部 | 邢金琴 | 生产人员 | 2021年10月2日 | 3 200.00 | 1 000.00 | 300.00 | 5 000.00 | - | 400.00 | - | - | 9 900.00 | 336.00 | 84.00 |
| 1017 | 生产部 | 任友影 | 生产人员 | 2024年8月6日 | 5 000.00 | 1 000.00 | - | 5 000.00 | - | 400.00 | - | - | 11 400.00 | 480.00 | 120.00 |
| 1018 | 生产部 | 刘智恒 | 生产人员 | 2024年11月2日 | 3 800.00 | 1 000.00 | - | 5 000.00 | - | 400.00 | - | - | 10 200.00 | 384.00 | 96.00 |

工资所属期：2024年11月01日至2024年11月30日　　工资结算日：2024年11月30日　　工资结算表

图 4.21　工资结算表效果图（不含个人所得税）

| 工号 | 部门 | 姓名 | 岗位 | 个人失业保险 | 个人住房公积金 | 个人所得税 | 扣款合计 | 实发工资 | 工资卡号 | 日工资 | 单位负担的保险 | 单位负担的公积金 | 职工薪酬总额 |
|---|---|---|---|---|---|---|---|---|---|---|---|---|---|
| 1001 | 企管部 | 赵艳涛 | 总经理 | 165.00 | 3 300.00 | | | | 622280000699488717 | 3 634.78 | 8 646.00 | 3 300.00 | 95 946.00 |
| 1002 | 企管部 | 席淑华 | 部门经理 | 100.00 | 2 000.00 | | | | 622280000694930546 | 3 065.22 | 5 240.00 | 2 000.00 | 81 205.22 |
| 1003 | 企管部 | 熊延平 | 秘书 | 30.00 | 600.00 | | | | 622280000767254853 | 2 452.17 | 1 572.00 | 600.00 | 63 876.35 |
| 1004 | 财务部 | 韩建俊 | 部门经理 | 60.00 | 1 200.00 | | | | 622280000971217407 | 1 395.65 | 3 144.00 | 1 200.00 | 35 746.17 |
| 1005 | 财务部 | 丁峰 | 职员 | 35.50 | 710.00 | | | | 622280000683941107 | 1 186.96 | 1 860.20 | 710.00 | 30 270.20 |
| 1006 | 财务部 | 邢兰 | 职员 | - | - | | | | 622280000320968662 | 1 217.39 | - | - | 28 400.00 |
| 1007 | 人事部 | 郑春丽 | 部门经理 | 50.00 | 1 000.00 | | | | 622280000797525828 | 882.61 | 2 620.00 | 1 000.00 | 26 967.83 |
| 1008 | 人事部 | 张源果 | 职员 | 37.50 | 750.00 | | | | 622280000246358304 | 760.87 | 1 965.00 | 750.00 | 19 454.13 |
| 1009 | 销售部 | 侯永江 | 部门经理 | 70.00 | 1 400.00 | | | | 622280000430403605 | 1 047.83 | 3 668.00 | 1 400.00 | 28 120.17 |
| 1010 | 销售部 | 李兰义 | 职员 | 38.00 | 760.00 | | | | 622280000698404799 | 765.22 | 1 991.20 | 760.00 | 11 933.81 |
| 1011 | 销售部 | 张怀媛 | 职员 | 30.00 | 600.00 | | | | 622280000698412345 | 704.35 | 1 572.00 | 600.00 | 15 554.61 |
| 1012 | 采购部 | 范春辉 | 部门经理 | 65.00 | 1 300.00 | | | | 622280000353345695 | 926.09 | 3 406.00 | 1 300.00 | 28 258.17 |
| 1013 | 采购部 | 贾春华 | 职员 | 32.00 | 640.00 | | | | 622280000911928189 | 639.13 | 1 676.80 | 640.00 | 18 055.93 |
| 1014 | 采购部 | 赵聪生 | 职员 | 30.00 | 600.00 | | | | 622280000320378662 | 613.04 | 1 572.00 | 600.00 | 16 672.00 |
| 1015 | 生产部 | 贾林森 | 部门经理 | 70.00 | 1 400.00 | | | | 622280000183289466 | 826.09 | 3 668.00 | 1 400.00 | 24 468.00 |
| 1016 | 生产部 | 邢金琴 | 生产人员 | 21.00 | 420.00 | | | | 622280000986282839 | 413.04 | 1 100.40 | 420.00 | 11 420.40 |
| 1017 | 生产部 | 任友影 | 生产人员 | 30.00 | 600.00 | | | | 622280000779776800 | 478.26 | 1 572.00 | 600.00 | 13 572.00 |
| 1018 | 生产部 | 刘智恒 | 生产人员 | 24.00 | 480.00 | | | | 622280000653307360 | 426.09 | 1 257.60 | 480.00 | 11 937.60 |

图 4.22　工资结算表效果图（不含个人所得税）（续）

## 任务 4.4　个人所得税扣缴申报表制作

### 4.4.1　任务分析

居民个人取得综合所得，按年计算个人所得税；有扣缴义务人的，由扣缴义务人按月或者按次预扣预缴税款。居民个人取得综合所得以每一纳税年度收入额减除费用 6 万元以及专项扣除、专项附加扣除和依法确定的其他扣除后的余额。专项扣除、专项附加扣除和依法确定的其他扣除，以居民个人一个纳税年度的应纳税所得额为限额。因此，建议同时建立 12 个月份的薪资数据表，依次联动，本书篇幅有限，本任务仅以 10 月份薪资个税数据为基础，编制 11 月份个人所得税扣缴申报表。

本任务的 Excel 学习目的为专项扣除和专项附加扣除的累计金额公式，个人所得税的计算公式。

### 4.4.2　任务实现步骤

**步骤 1**　建立"11 月个人所得税扣缴申报表"。选中"10 月个人所得税扣缴申报表"的表名，按住 CTRL 键，按住鼠标左键拖动，复制出"10 月个人所得税扣缴申报表（2）"，修改表名为"11 月个人所得税扣缴申报表"。修改 A2 单元格为"薪资属期：2024 年 11 月 01 日至

2024年11月30日"。保留表头标题和姓名列,身份证号依旧略,费用、免税收入、年金、商业健康保险、税延养老保险、其他扣除小计、准予扣除的捐赠额和减免税额依旧为0,减除费用依旧为5 000,减按计税比例依旧为100%。删除原表其他数据。

**步骤2** 增加新员工。选择B23,输入"刘智恒",如图4.23和图4.24所示。

**步骤3** 输入部门、入职时间、收入计算额、专项扣除和专项附加扣除公式。这些信息在本期没有变化时可以直接复制上期的信息,也可以通过函数获取。建议通过函数获取,方便数据自动更新。

  D6=VLOOKUP(B6,职工基础档案!C:G,2,0)
  E6=VLOOKUP(B6,职工基础档案!C:G,5,0)
  F6=VLOOKUP(B6,工资结算表!C:V,12,0)
  J6=IFERROR(VLOOKUP(B6,职工保险公积金明细表!C:R,4,0),0)
  K6=IFERROR(VLOOKUP(B6,职工保险公积金明细表!C:R,6,0),0)
  L6=IFERROR(VLOOKUP(B6,职工保险公积金明细表!C:R,8,0),0)
  M6=IFERROR(VLOOKUP(B6,职工保险公积金明细表!C:R,15,0),0)
  N6=SUM(J6:M6)
  O6=IFERROR(VLOOKUP(B6,职工专项扣除!C:J,3,0),0)
  P6=IFERROR(VLOOKUP(B6,职工专项扣除!C:J,6,0),0)
  Q6=IFERROR(VLOOKUP(B6,职工专项扣除!C:J,4,0),0)
  R6=IFERROR(VLOOKUP(B6,职工专项扣除!C:J,5,0),0)
  S6=IFERROR(VLOOKUP(B6,职工专项扣除!C:J,7,0),0)
  T6=SUM(O6:S6)
  X6=SUM(U6:W6)

**步骤4** 输入累计收入额计算公式。
  Y6=F6-G6-H6+IFERROR(VLOOKUP(B6,'10月个人所得税扣缴申报表'!B:AP,$Y$5,0),0)

> **☞ 知识链接**
> 
>   11月份的"累计收入额"是本期收入加上10月份的"累计收入额"计算得来,在企业实操中,本表应包含1~12月份的个人所得税扣缴申报表,1月份"累计收入额"等于1月份收入,从2月份起至12月份的"累计收入额"不断累计,等于本月收入额加上月"累计收入额"。

**步骤5** 同理输入累计减除费用、累计专项扣除、累计专项附加扣除和累计其他扣除计算公式。

  Z6=I6+IFERROR(VLOOKUP(B6,'10月个人所得税扣缴申报表'!B:AP,$Z$5,0),0)
  AA6=N6+IFERROR(VLOOKUP(B6,'10月个人所得税扣缴申报表'!B:AP,$AA$5,0),0)

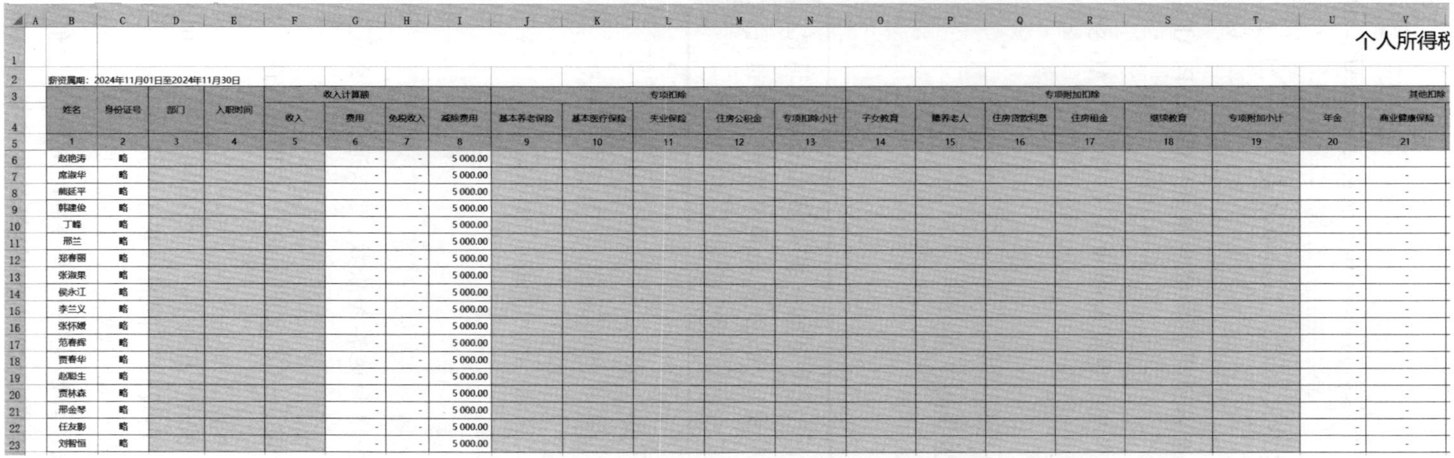

图 4.23　11 月个人所得税扣缴申报表初始图

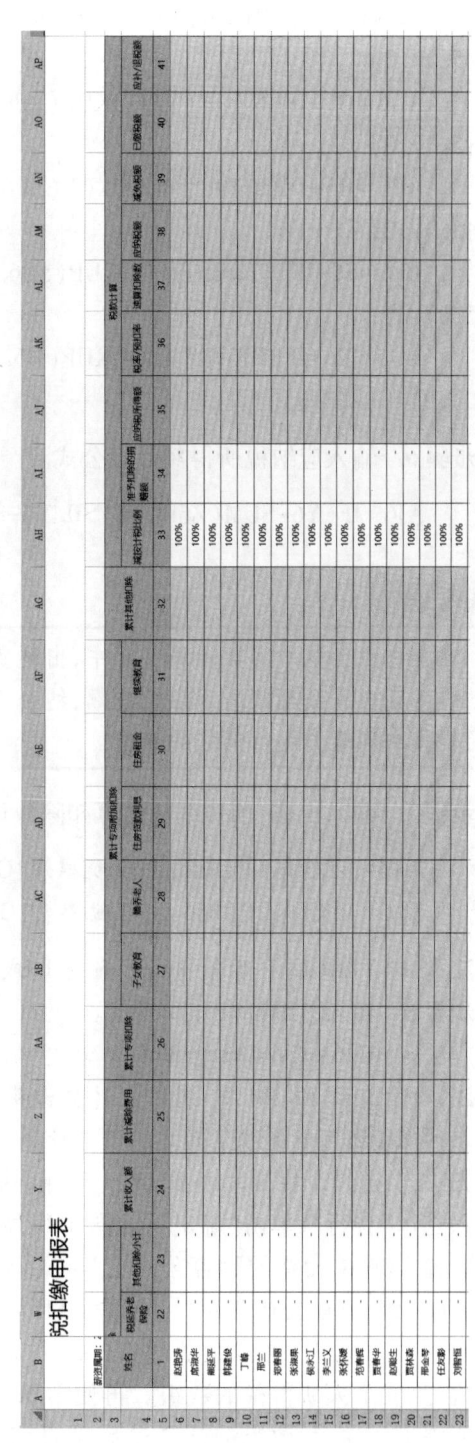

图 4.24　11 月个人所得税扣缴申报表初始图（续）

AB6=O6+IFERROR(VLOOKUP($B6,'10月个人所得税扣缴申报表'!$B:$AP,AB$5,0),0)

AC6=P6+IFERROR(VLOOKUP($B6,'10月个人所得税扣缴申报表'!$B:$AP,AC$5,0),0)

AD6=Q6+IFERROR(VLOOKUP($B6,'10月个人所得税扣缴申报表'!$B:$AP,AD$5,0),0)

AE6=R6+IFERROR(VLOOKUP($B6,'10月个人所得税扣缴申报表'!$B:$AP,AE$5,0),0)

AF6=S6+IFERROR(VLOOKUP($B6,'10月个人所得税扣缴申报表'!$B:$AP,AF$5,0),0)

AG6=X6+IFERROR(VLOOKUP(B6,'10月个人所得税扣缴申报表'!B:AP,AG$5,0),0)

**步骤6** 输入应纳税所得额计算公式。

AJ6=IF(Y6-SUM(Z6:AG6)>0,Y6-SUM(Z6:AG6),0)

☞ **知识链接**

在各月应纳税所得额计算过程中,出现负数时,个人所得税申报系统无法立即退税。当纳税年度内预缴税额高于应纳税额,纳税人可以申请退税,并在汇算清缴地办理退税,同时提供中国境内银行开立的账户。

**步骤7** 输入税率/预扣率和速算扣除数计算公式。

AK6=VLOOKUP(AJ6,个税税率表!C:F,3,1)
AL6=VLOOKUP(AJ6,个税税率表!C:F,4,1)

**注**:这时 VLOOKUP 的第4个参数是1(或 TRUE)。

**步骤8** 输入应纳税额计算公式。

方法一:AM6=AJ6*AK6-AL6。

**注**:由于前面 AK 和 AL 列已经计算出税率/预扣率和速算扣除数,可以通过本公式计算。应纳税额还可以通过下面方法进行计算。

方法二:选择个税税率表 E3:F11 区域,执行"公式"—"定义的名称"—"根据所选内容创建",选择"首行",单击"确定",如图4.25所示。

设置 AM6 单元格的计算公式为"=MAX(AJ6*税率-扣除数)",然后同时按下 Ctrl+Shift+Enter 组合键,公式变为"={MAX(AJ6*税率-扣除数)}",同时计算出相应的金额。即使用税率表中税率与扣除数的对应的两列数据,分别计算应纳税所得额需要缴纳的个人所得税,生成个人所得税的数组。再使用 MAX 函数计算出应纳税所得额的对应的正确的个人所得税。注意,数组的计算最后需要用同时按 CTRL+SHIFT+ENTER 组合键方式结束公式的输入。采用这种方法,不用提前计算出应纳税所得额所对应的税率和速算扣除数。

典型项目4 薪资管理

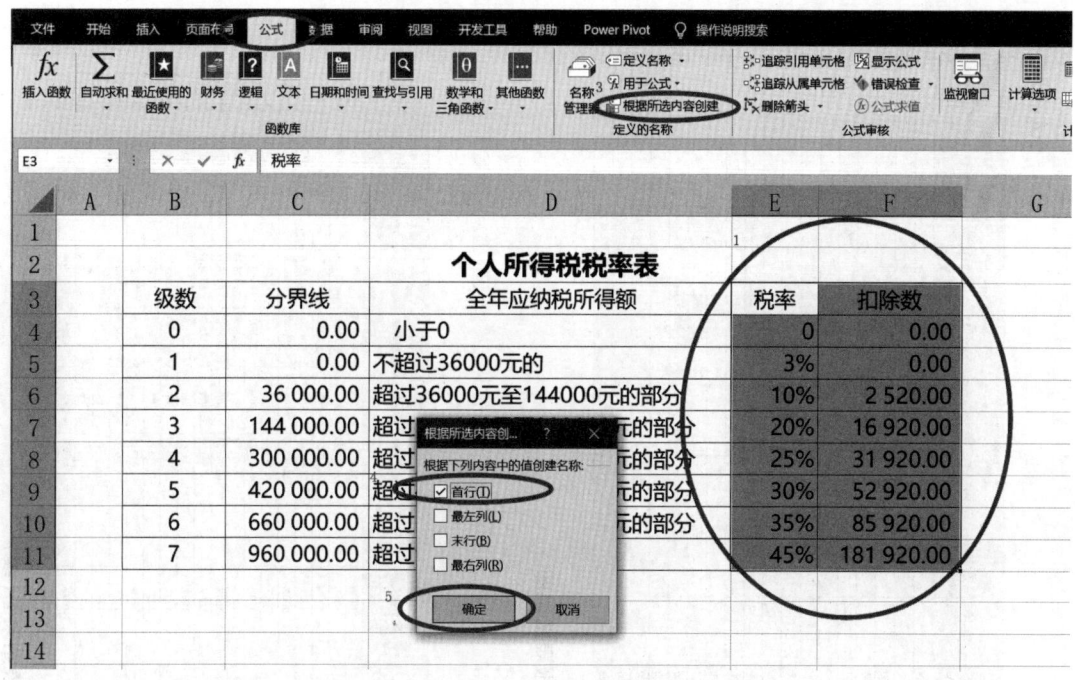

图4.25 定义名称-税率和扣除数

**步骤9** 输入已缴税额和应补/退税额计算公式。

AO6=IFERROR(VLOOKUP(B6,"10月个人所得税扣缴申报表"!B:AP,40,0),0)+IFERROR(VLOOKUP(B6,'10月个人所得税扣缴申报表'!B:AP,41,0),0)

AP6=IF(AM6-AN6-AO6>0,AM6-AN6-AO6,0)

注：使用IF函数的原因参见应纳税所得额的计算公式的知识链接。

**步骤10** 将第六行所有公式向下复制。结果如图4.26和图4.27所示。

**步骤11** 输入"工资结算表"中的个人所得税计算公式。选择"工资结算表"的S4单元格，输入公式"=VLOOKUP(C4,'11月个人所得税扣缴申报表'!B:AP,41,0)"。将公式向下拖动复制，扣款合计和实发工资金额相应发生变化，如图4.28所示。

图4.28 工资结算表结果图

个人所得税

薪资属期：2024年11月01日至2024年11月30日

| 姓名 | 身份证号 | 部门 | 入职时间 | 收入计算额 | | | 减除费用 | 专项扣除 | | | | | 专项附加扣除 | | | | | | 其他扣除 | |
|---|---|---|---|---|---|---|---|---|---|---|---|---|---|---|---|---|---|---|---|---|
| | | | | 收入 | 费用 | 免税收入 | | 基本养老保险 | 基本医疗保险 | 失业保险 | 住房公积金 | 专项扣除小计 | 子女教育 | 赡养老人 | 住房贷款利息 | 住房租金 | 继续教育 | 专项附加小计 | 年金 | 商业健康保险 |
| 1 | 2 | 3 | 4 | 5 | 6 | 7 | 8 | 9 | 10 | 11 | 12 | 13 | 14 | 15 | 16 | 17 | 18 | 19 | 20 | 21 |
| 赵艳涛 | 略 | 企管部 | 2018年2月14日 | 84 000.00 | - | - | 5 000.00 | 2 640.00 | 660.00 | 165.00 | 3 300.00 | 6 765.00 | - | - | - | - | - | - | - | - |
| 席淑华 | 略 | 企管部 | 2019年12月5日 | 73 965.22 | - | - | 5 000.00 | 1 600.00 | 400.00 | 100.00 | 2 000.00 | 4 100.00 | - | - | - | - | - | - | - | - |
| 熊延平 | 略 | 企管部 | 2020年6月27日 | 61 704.35 | - | - | 5 000.00 | 480.00 | 120.00 | 30.00 | 600.00 | 1 230.00 | - | - | - | - | - | - | - | - |
| 韩建俊 | 略 | 财务部 | 2023年10月14日 | 31 402.17 | - | - | 5 000.00 | 960.00 | 240.00 | 60.00 | 1 200.00 | 2 460.00 | - | - | - | - | - | - | - | - |
| 丁峰 | 略 | 财务部 | 2022年8月12日 | 27 700.00 | - | - | 5 000.00 | 568.00 | 142.00 | 35.50 | 710.00 | 1 455.50 | 1 000.00 | 1 000.00 | 1 000.00 | - | - | 3 000.00 | - | - |
| 邢兰 | 略 | 财务部 | 2022年2月8日 | 28 400.00 | - | - | 5 000.00 | - | - | - | - | - | - | - | - | - | - | - | - | - |
| 郑春丽 | 略 | 人事部 | 2021年8月30日 | 23 347.83 | - | - | 5 000.00 | 800.00 | 200.00 | 50.00 | 1 000.00 | 2 050.00 | - | - | - | - | - | - | - | - |
| 张淑果 | 略 | 人事部 | 2024年1月7日 | 16 739.13 | - | - | 5 000.00 | 600.00 | 150.00 | 37.50 | 750.00 | 1 537.50 | - | - | - | - | - | - | - | - |
| 侯永江 | 略 | 销售部 | 2023年11月3日 | 23 052.17 | - | - | 5 000.00 | 1 120.00 | 280.00 | 70.00 | 1 400.00 | 2 870.00 | - | - | - | - | - | - | - | - |
| 李兰义 | 略 | 销售部 | 2024年2月15日 | 9 182.61 | - | - | 5 000.00 | 608.00 | 152.00 | 38.00 | 760.00 | 1 558.00 | - | - | - | 1 000.00 | - | 1 000.00 | - | - |
| 张怀媛 | 略 | 销售部 | 2022年6月27日 | 13 382.61 | - | - | 5 000.00 | 480.00 | 120.00 | 30.00 | 600.00 | 1 230.00 | - | 2 000.00 | - | - | - | 2 000.00 | - | - |
| 范春辉 | 略 | 采购部 | 2021年10月26日 | 23 552.17 | - | - | 5 000.00 | 1 040.00 | 260.00 | 65.00 | 1 300.00 | 2 665.00 | - | - | - | - | - | - | - | - |
| 贾春华 | 略 | 采购部 | 2021年6月14日 | 15 739.13 | - | - | 5 000.00 | 512.00 | 128.00 | 32.00 | 640.00 | 1 312.00 | - | - | - | - | - | - | - | - |
| 赵聪生 | 略 | 采购部 | 2023年2月25日 | 14 500.00 | - | - | 5 000.00 | 480.00 | 120.00 | 30.00 | 600.00 | 1 230.00 | - | - | - | - | 400.00 | 400.00 | - | - |
| 贾林森 | 略 | 生产部 | 2024年1月31日 | 19 400.00 | - | - | 5 000.00 | 1 120.00 | 280.00 | 70.00 | 1 400.00 | 2 870.00 | - | - | - | - | - | - | - | - |
| 邢金琴 | 略 | 生产部 | 2021年10月2日 | 9 900.00 | - | - | 5 000.00 | 336.00 | 84.00 | 21.00 | 420.00 | 861.00 | 1 000.00 | - | - | - | - | 1 000.00 | - | - |
| 任友影 | 略 | 生产部 | 2024年8月6日 | 11 400.00 | - | - | 5 000.00 | 480.00 | 120.00 | 30.00 | 600.00 | 1 230.00 | - | 2 000.00 | - | - | - | 2 000.00 | - | - |
| 刘智恒 | 略 | 生产部 | 2024年11月2日 | 10 200.00 | - | - | 5 000.00 | 384.00 | 96.00 | 24.00 | 480.00 | 984.00 | - | - | - | 1 000.00 | 400.00 | 1 400.00 | - | - |

图 4.26　11 月个人所得税扣缴申报表结果图

扣缴申报表

薪资属期：2

| 姓名 | 其他扣除 | | 累计收入额 | 累计减除费用 | 累计专项扣除 | 累计专项附加扣除 | | | | | 累计其他扣除 | 税款计算 | | | | | | | | |
|---|---|---|---|---|---|---|---|---|---|---|---|---|---|---|---|---|---|---|---|---|
| | 税延养老保险 | 其他扣除小计 | | | | 子女教育 | 赡养老人 | 住房贷款利息 | 住房租金 | 继续教育 | | 减按计税比例 | 准予扣除的捐赠额 | 应纳税所得额 | 税率/预扣率 | 速算扣除数 | 应纳税额 | 减免税额 | 已缴税额 | 应补/退税额 |
| 1 | 22 | 23 | 24 | 25 | 26 | 27 | 28 | 29 | 30 | 31 | 32 | 33 | 34 | 35 | 36 | 37 | 38 | 39 | 40 | 41 |
| 赵艳涛 | - | - | 407 532.00 | 55 000.00 | 38 661.93 | - | - | - | - | - | - | 100% | - | 313 870.07 | 25% | 31 920.00 | 46 547.52 | - | 31 407.01 | 15 140.51 |
| 席淑华 | - | - | 298 009.22 | 55 000.00 | 35 996.93 | - | - | - | - | - | - | 100% | - | 207 012.29 | 20% | 16 920.00 | 24 482.46 | - | 11 694.71 | 12 787.75 |
| 熊延平 | - | - | 206 900.35 | 55 000.00 | 28 124.82 | - | - | - | - | - | - | 100% | - | 123 775.53 | 10% | 2 520.00 | 9 857.55 | - | 4 310.12 | 5 547.43 |
| 韩建俊 | - | - | 130 566.17 | 55 000.00 | 19 181.74 | - | - | - | - | - | - | 100% | - | 56 384.43 | 10% | 2 520.00 | 3 118.44 | - | 973.27 | 2 145.17 |
| 丁峰 | - | - | 144 016.00 | 55 000.00 | 24 177.84 | 5 000.00 | 11 000.00 | 11 000.00 | - | - | - | 100% | - | 37 838.16 | 10% | 2 520.00 | 1 263.82 | - | 603.43 | 660.39 |
| 邢兰 | - | - | 119 164.00 | 55 000.00 | 17 075.34 | - | - | - | - | - | - | 100% | - | 47 088.66 | 10% | 2 520.00 | 2 188.87 | - | 710.66 | 1 478.21 |
| 郑春丽 | - | - | 121 359.83 | 55 000.00 | 20 727.15 | - | - | - | - | - | - | 100% | - | 45 632.67 | 10% | 2 520.00 | 2 043.27 | - | 880.05 | 1 163.22 |
| 张淑果 | - | - | 110 767.13 | 55 000.00 | 19 334.19 | - | - | - | - | - | - | 100% | - | 36 432.94 | 10% | 2 520.00 | 1 123.29 | - | 786.94 | 336.35 |
| 侯永江 | - | - | 196 728.17 | 55 000.00 | 34 766.93 | - | - | - | - | - | - | 100% | - | 106 961.24 | 10% | 2 520.00 | 8 176.12 | - | 6 657.91 | 1 518.21 |
| 李兰义 | - | - | 149 867.01 | 50 000.00 | 27 975.10 | - | - | - | 5 000.00 | - | - | 100% | - | 66 891.91 | 10% | 2 520.00 | 4 169.19 | - | 4 006.73 | 162.46 |
| 张怀媛 | - | - | 83 746.61 | 55 000.00 | 13 796.94 | - | 22 000.00 | - | - | - | - | 100% | - | - | 3% | - | - | - | 210.52 | - |
| 范春辉 | - | - | 91 980.17 | 55 000.00 | 14 804.09 | - | - | - | - | - | - | 100% | - | 22 176.09 | 3% | - | 665.28 | - | 188.67 | 476.61 |
| 贾春华 | - | - | 189 447.13 | 55 000.00 | 33 208.93 | - | - | - | - | - | - | 100% | - | 101 238.20 | 10% | 2 520.00 | 7 603.82 | - | 6 661.11 | 942.71 |
| 赵聪生 | - | - | 100 512.00 | 55 000.00 | 17 697.15 | - | - | - | - | 4 400.00 | - | 100% | - | 23 414.85 | 3% | - | 702.45 | - | 466.35 | 236.10 |
| 贾林森 | - | - | 175 764.00 | 55 000.00 | 34 766.93 | - | - | - | - | - | - | 100% | - | 85 997.07 | 10% | 2 520.00 | 6 079.71 | - | 4 926.71 | 1 153.00 |
| 邢金琴 | - | - | 69 416.00 | 55 000.00 | 11 472.54 | 11 000.00 | - | - | - | - | - | 100% | - | - | 3% | - | - | - | - | - |
| 任友影 | - | - | 27 661.20 | 20 000.00 | 4 061.28 | - | 22 000.00 | - | - | - | - | 100% | - | - | 3% | - | - | - | - | - |
| 刘智恒 | - | - | 10 200.00 | 5 000.00 | 984.00 | - | - | - | 1 000.00 | 400.00 | - | 100% | - | 2 816.00 | 3% | - | 84.48 | - | - | 84.48 |

图 4.27　11 月个人所得税扣缴申报表结果图(续)

# 任务 4.5 工资条制作

## 4.5.1 任务分析

制作工资条的方法有多种,这里介绍两种相对较简单的方式。

本任务的 Excel 学习目的在于巧妙应用辅助项的排序筛选功能,运用数学思路,利用函数公式,使 Excel 表中数据"动"起来。

## 4.5.2 任务实现步骤

### 4.5.2.1 排序法

**步骤 1** 新建工作表,名称为"工资条 1-排序法",复制"工资结算表"区域 A3: U21 到"工资条 1-排序法"工作表的 A1 单元格,采用选择性粘贴方式为"123",即粘贴单元格的值,将入职时间 E2: E19 区域设置为"长日期",其他金额区域设置为会计专用的千位分隔样式,如图 4.29 所示。

| | A | B | C | D | E | F | G | H | I | J | K | L | M | N | O | P | Q | R | S | T | U |
|---|---|---|---|---|---|---|---|---|---|---|---|---|---|---|---|---|---|---|---|---|---|
| 1 | 工号 | 部门 | 姓名 | 岗位 | 入职时间 | 基本工资 | 岗位工资 | 工龄工资 | 绩效工资 | 加班工资 | 全勤奖 | 事假扣款 | 病假扣款 | 应付工资 | 个人养老保险 | 个人医疗保 | 个人失业保 | 个人住房公积 | 个人所得税 | 扣款合计 | 实发工资 |
| 2 | 1001 | 企管部 | 赵艳涛 | 总经理 | 2018年2月14日 | 25 000.00 | 8 000.00 | 600.00 | 50 000.00 | - | 400.00 | - | - | 84 000.00 | 2 640.00 | 660.00 | 165.00 | 3 300.00 | 15 140.51 | 21 905.51 | 62 094.49 |
| 3 | 1002 | 企管部 | 席淑华 | 部门经理 | 2019年12月5日 | 18 000.00 | 2 000.00 | 500.00 | 50 000.00 | 3 065.22 | 400.00 | - | - | 73 965.22 | 1 600.00 | 400.00 | 100.00 | 2 000.00 | 12 787.75 | 16 887.75 | 57 077.47 |
| 4 | 1003 | 企管部 | 熊延平 | 秘书 | 2020年6月27日 | 5 000.00 | 1 000.00 | 400.00 | 50 000.00 | 4 904.35 | 400.00 | - | - | 61 704.35 | 480.00 | 120.00 | 30.00 | 600.00 | 5 547.43 | 6 777.43 | 54 926.91 |
| 5 | 1004 | 财务部 | 韩建俊 | 部门经理 | 2023年10月14日 | 10 000.00 | 2 000.00 | 100.00 | 20 000.00 | - | - | - | 697.83 | 31 402.17 | 960.00 | 240.00 | 60.00 | 1 200.00 | 2 145.17 | 4 605.17 | 26 797.00 |
| 6 | 1005 | 财务部 | 丁峰 | 职员 | 2022年8月12日 | 6 100.00 | 1 000.00 | 200.00 | 20 000.00 | - | 400.00 | - | - | 27 700.00 | 568.00 | 142.00 | 35.50 | 710.00 | 660.39 | 2 115.89 | 25 584.11 |
| 7 | 1006 | 财务部 | 邢兰 | 职员 | 2022年2月8日 | 6 800.00 | 1 000.00 | 200.00 | 20 000.00 | - | 400.00 | - | - | 28 400.00 | - | - | - | - | 1 478.21 | 1 478.21 | 26 921.79 |
| 8 | 1007 | 人事部 | 郑春丽 | 部门经理 | 2021年8月30日 | 8 000.00 | 2 000.00 | 300.00 | 10 000.00 | 2 647.83 | 400.00 | - | - | 23 347.83 | 800.00 | 200.00 | 50.00 | 1 000.00 | 1 163.22 | 3 213.22 | 20 134.61 |
| 9 | 1008 | 人事部 | 张淑果 | 职员 | 2024年1月7日 | 6 500.00 | 1 000.00 | - | 10 000.00 | - | - | - | 760.87 | 16 739.13 | 600.00 | 150.00 | 37.50 | 750.00 | 336.35 | 1 873.85 | 14 865.28 |
| 10 | 1009 | 销售部 | 侯永江 | 部门经理 | 2023年11月3日 | 12 000.00 | 2 000.00 | 100.00 | 10 000.00 | - | - | 1 047.83 | - | 23 052.17 | 1 120.00 | 280.00 | 70.00 | 1 400.00 | 1 518.21 | 4 388.21 | 18 663.96 |
| 11 | 1010 | 销售部 | 李兰义 | 职员 | 2024年2月15日 | 6 600.00 | 1 000.00 | - | 10 000.00 | - | - | 8 417.39 | - | 9 182.61 | 608.00 | 152.00 | 38.00 | 760.00 | 162.46 | 1 720.46 | 7 462.15 |
| 12 | 1011 | 销售部 | 张怀媛 | 职员 | 2022年6月27日 | 5 000.00 | 1 000.00 | 200.00 | 10 000.00 | - | - | - | 2 817.39 | 13 382.61 | 480.00 | 120.00 | 30.00 | 600.00 | - | 1 230.00 | 12 152.61 |
| 13 | 1012 | 采购部 | 范春辉 | 部门经理 | 2021年10月26日 | 11 000.00 | 2 000.00 | 300.00 | 8 000.00 | 1 852.17 | 400.00 | - | - | 23 552.17 | 1 040.00 | 260.00 | 65.00 | 1 300.00 | 476.61 | 3 141.61 | 20 410.56 |
| 14 | 1013 | 采购部 | 贾春华 | 职员 | 2021年6月14日 | 5 400.00 | 1 000.00 | 300.00 | 8 000.00 | 639.13 | 400.00 | - | - | 15 739.13 | 512.00 | 128.00 | 32.00 | 640.00 | 942.71 | 2 254.71 | 13 484.42 |
| 15 | 1014 | 采购部 | 赵聪生 | 职员 | 2023年2月25日 | 5 000.00 | 1 000.00 | 100.00 | 8 000.00 | - | 400.00 | - | - | 14 500.00 | 480.00 | 120.00 | 30.00 | 600.00 | 236.10 | 1 466.10 | 13 033.90 |
| 16 | 1015 | 生产部 | 贾林森 | 部门经理 | 2024年1月31日 | 12 000.00 | 2 000.00 | - | 5 000.00 | - | 400.00 | - | - | 19 400.00 | 1 120.00 | 280.00 | 70.00 | 1 400.00 | 1 153.00 | 4 023.00 | 15 377.00 |
| 17 | 1016 | 生产部 | 邢金琴 | 生产人员 | 2021年10月2日 | 3 200.00 | 1 000.00 | 300.00 | 5 000.00 | - | 400.00 | - | - | 9 900.00 | 336.00 | 84.00 | 21.00 | 420.00 | - | 861.00 | 9 039.00 |
| 18 | 1017 | 生产部 | 任友影 | 生产人员 | 2024年8月6日 | 5 000.00 | 1 000.00 | - | 5 000.00 | - | 400.00 | - | - | 11 400.00 | 480.00 | 120.00 | 30.00 | 600.00 | - | 1 230.00 | 10 170.00 |
| 19 | 1018 | 生产部 | 刘智恒 | 生产人员 | 2024年11月2日 | 3 800.00 | 1 000.00 | - | 5 000.00 | - | 400.00 | - | - | 10 200.00 | 384.00 | 96.00 | 24.00 | 480.00 | 84.48 | 1 068.48 | 9 131.52 |

图 4.29 工资表复制数据

**步骤 2** 在"工资条 1-排序法"工作表中,V1 单元格中输入"辅助列",并把该列设置为数值类型,小数位保留 2 位。

**步骤 3** 在 V2 和 V3 单元格中分别输入 1.00 和 2.00,选择 V2 和 V3 单元格,向下拖拉填充到 V19 单元格,如图 4.30 所示。

| | A | B | C | D | E | F | G | H | I | J | K | L | M | N | O | P | Q | R | S | T | U | V |
|---|---|---|---|---|---|---|---|---|---|---|---|---|---|---|---|---|---|---|---|---|---|---|
| 1 | 工号 | 部门 | 姓名 | 岗位 | 入职时间 | 基本工资 | 岗位工资 | 工龄工资 | 绩效工资 | 加班工资 | 全勤奖 | 事假扣款 | 病假扣款 | 应付工资 | 个人养老保险 | 个人医疗保 | 个人失业保 | 个人住房公积 | 个人所得税 | 扣款合计 | 实发工资 | 辅助列 |
| 2 | 1001 | 企管部 | 赵艳涛 | 总经理 | 2018年2月14日 | 25 000.00 | 8 000.00 | 600.00 | 50 000.00 | - | 400.00 | - | - | 84 000.00 | 2 640.00 | 660.00 | 165.00 | 3 300.00 | 15 140.51 | 21 905.51 | 62 094.49 | 1.00 |
| 3 | 1002 | 企管部 | 席淑华 | 部门经理 | 2019年12月5日 | 18 000.00 | 2 000.00 | 500.00 | 50 000.00 | 3 065.22 | 400.00 | - | - | 73 965.22 | 1 600.00 | 400.00 | 100.00 | 2 000.00 | 12 787.75 | 16 887.75 | 57 077.47 | 2.00 |
| 4 | 1003 | 企管部 | 熊延平 | 秘书 | 2020年6月27日 | 5 000.00 | 1 000.00 | 400.00 | 50 000.00 | 4 904.35 | 400.00 | - | - | 61 704.35 | 480.00 | 120.00 | 30.00 | 600.00 | 5 547.43 | 6 777.43 | 54 926.91 | 3.00 |
| 5 | 1004 | 财务部 | 韩建俊 | 部门经理 | 2023年10月14日 | 10 000.00 | 2 000.00 | 100.00 | 20 000.00 | - | - | - | 697.83 | 31 402.17 | 960.00 | 240.00 | 60.00 | 1 200.00 | 2 145.17 | 4 605.17 | 26 797.00 | 4.00 |
| 6 | 1005 | 财务部 | 丁峰 | 职员 | 2022年8月12日 | 6 100.00 | 1 000.00 | 200.00 | 20 000.00 | - | 400.00 | - | - | 27 700.00 | 568.00 | 142.00 | 35.50 | 710.00 | 660.39 | 2 115.89 | 25 584.11 | 5.00 |
| 7 | 1006 | 财务部 | 邢兰 | 职员 | 2022年2月8日 | 6 800.00 | 1 000.00 | 200.00 | 20 000.00 | - | 400.00 | - | - | 28 400.00 | - | - | - | - | 1 478.21 | 1 478.21 | 26 921.79 | 6.00 |
| 8 | 1007 | 人事部 | 郑春丽 | 部门经理 | 2021年8月30日 | 8 000.00 | 2 000.00 | 300.00 | 10 000.00 | 2 647.83 | 400.00 | - | - | 23 347.83 | 800.00 | 200.00 | 50.00 | 1 000.00 | 1 163.22 | 3 213.22 | 20 134.61 | 7.00 |
| 9 | 1008 | 人事部 | 张淑果 | 职员 | 2024年1月7日 | 6 500.00 | 1 000.00 | - | 10 000.00 | - | - | - | 760.87 | 16 739.13 | 600.00 | 150.00 | 37.50 | 750.00 | 336.35 | 1 873.85 | 14 865.28 | 8.00 |
| 10 | 1009 | 销售部 | 侯永江 | 部门经理 | 2023年11月3日 | 12 000.00 | 2 000.00 | 100.00 | 10 000.00 | - | - | 1 047.83 | - | 23 052.17 | 1 120.00 | 280.00 | 70.00 | 1 400.00 | 1 518.21 | 4 388.21 | 18 663.96 | 9.00 |
| 11 | 1010 | 销售部 | 李兰义 | 职员 | 2024年2月15日 | 6 600.00 | 1 000.00 | - | 10 000.00 | - | - | 8 417.39 | - | 9 182.61 | 608.00 | 152.00 | 38.00 | 760.00 | 162.46 | 1 720.46 | 7 462.15 | 10.00 |
| 12 | 1011 | 销售部 | 张怀媛 | 职员 | 2022年6月27日 | 5 000.00 | 1 000.00 | 200.00 | 10 000.00 | - | - | - | 2 817.39 | 13 382.61 | 480.00 | 120.00 | 30.00 | 600.00 | - | 1 230.00 | 12 152.61 | 11.00 |
| 13 | 1012 | 采购部 | 范春辉 | 部门经理 | 2021年10月26日 | 11 000.00 | 2 000.00 | 300.00 | 8 000.00 | 1 852.17 | 400.00 | - | - | 23 552.17 | 1 040.00 | 260.00 | 65.00 | 1 300.00 | 476.61 | 3 141.61 | 20 410.56 | 12.00 |
| 14 | 1013 | 采购部 | 贾春华 | 职员 | 2021年6月14日 | 5 400.00 | 1 000.00 | 300.00 | 8 000.00 | 639.13 | 400.00 | - | - | 15 739.13 | 512.00 | 128.00 | 32.00 | 640.00 | 942.71 | 2 254.71 | 13 484.42 | 13.00 |
| 15 | 1014 | 采购部 | 赵聪生 | 职员 | 2023年2月25日 | 5 000.00 | 1 000.00 | 100.00 | 8 000.00 | - | 400.00 | - | - | 14 500.00 | 480.00 | 120.00 | 30.00 | 600.00 | 236.10 | 1 466.10 | 13 033.90 | 14.00 |
| 16 | 1015 | 生产部 | 贾林森 | 部门经理 | 2024年1月31日 | 12 000.00 | 2 000.00 | - | 5 000.00 | - | 400.00 | - | - | 19 400.00 | 1 120.00 | 280.00 | 70.00 | 1 400.00 | 1 153.00 | 4 023.00 | 15 377.00 | 15.00 |
| 17 | 1016 | 生产部 | 邢金琴 | 生产人员 | 2021年10月2日 | 3 200.00 | 1 000.00 | 300.00 | 5 000.00 | - | 400.00 | - | - | 9 900.00 | 336.00 | 84.00 | 21.00 | 420.00 | - | 861.00 | 9 039.00 | 16.00 |
| 18 | 1017 | 生产部 | 任友影 | 生产人员 | 2024年8月6日 | 5 000.00 | 1 000.00 | - | 5 000.00 | - | 400.00 | - | - | 11 400.00 | 480.00 | 120.00 | 30.00 | 600.00 | - | 1 230.00 | 10 170.00 | 17.00 |
| 19 | 1018 | 生产部 | 刘智恒 | 生产人员 | 2024年11月2日 | 3 800.00 | 1 000.00 | - | 5 000.00 | - | 400.00 | - | - | 10 200.00 | 384.00 | 96.00 | 24.00 | 480.00 | 84.48 | 1 068.48 | 9 131.52 | 18.00 |

图 4.30 添加辅助列

**步骤 4** 从单元格 V20 开始输入 1.10, 2.10, …, 17.10, 比上方的数据少一行, 如图 4.31 所示。

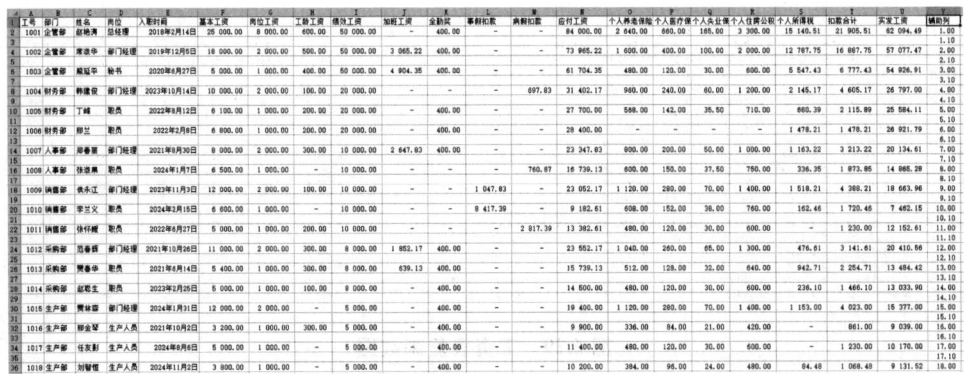

图 4.31 继续添加辅助数字

**步骤 5** 在 V 列任意一个单元格中, 执行"数据"—"排序和筛选", 按升序排列按钮 ↑, 如图 4.32 所示。

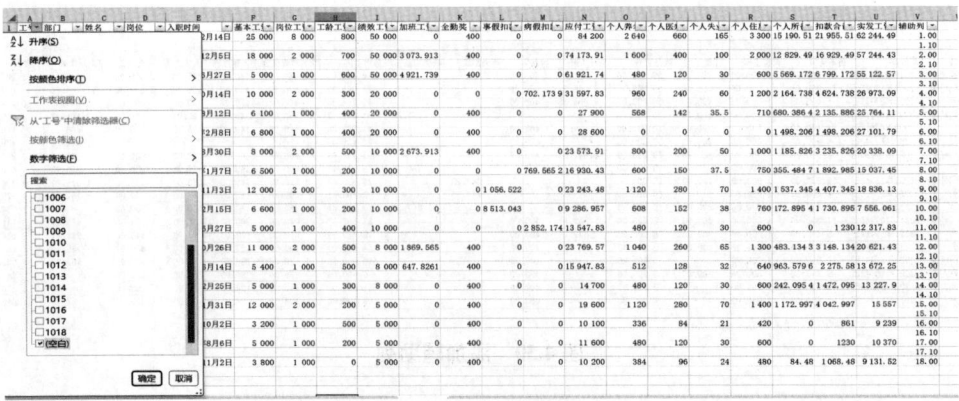

图 4.32 升序排列

**步骤 6** 选中 A1 单元格, 执行"数据"—"排序和筛选", 按自动筛选按钮 ▼, 然后单击 A1 单元格旁的下拉箭头, 只选择"空值", 如图 4.33 所示, 再点击"确定"。

图 4.33 自动筛选

**步骤 7** 选中 A1:U1 单元格区域,向下填充到 A35:U35 区域,如图 4.34 所示。

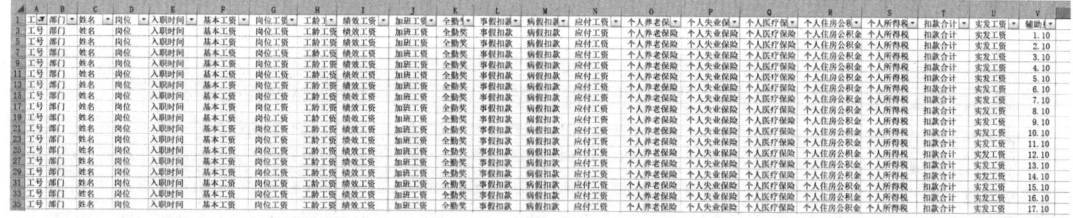

图 4.34 工资项目向下填充

**步骤 8** 取消自动筛选。在单元格 V36 下方输入 1.01, 2.01, …, 一直输入到 17.01, 如图 4.35 所示。

图 4.35 添加辅助数字

**步骤 9** 选择 V 列某个含数值的单元格,单击"数据"选项卡里升序排列按钮,如图 4.36 所示。

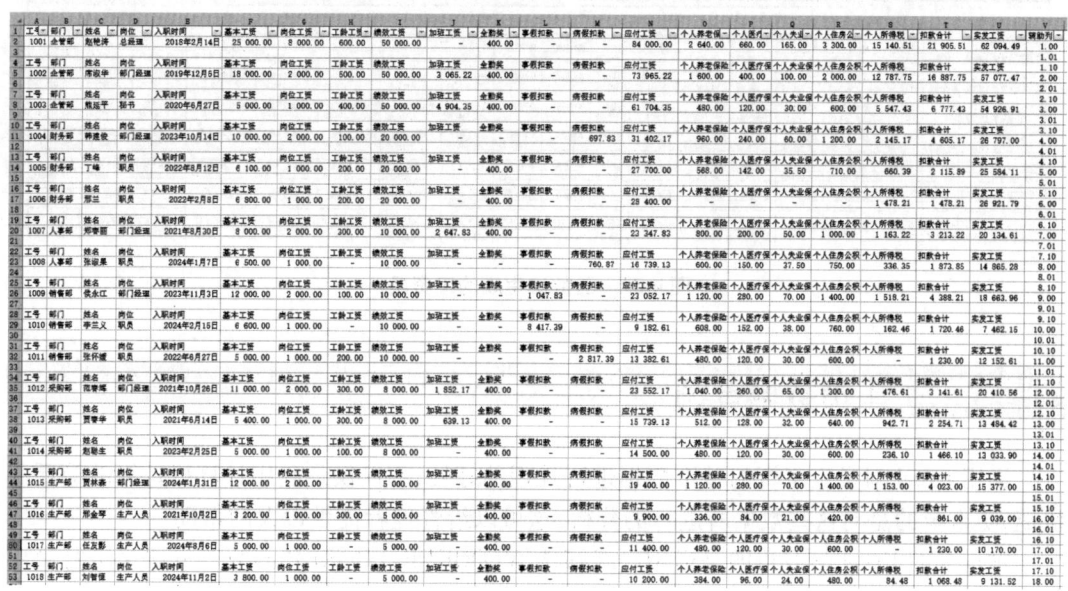

图 4.36 排序法生成工资条项目名称

**步骤 10** 删除 V 列，把表格区域中包含数值区域没有添加表格边框的，添加表格边框线，制作成工资条，如图 4.37 所示。

| | A | B | C | D | E | F | G | H | I | J | K | L | M | N | O | P | Q | R | S | T | U |
|---|---|---|---|---|---|---|---|---|---|---|---|---|---|---|---|---|---|---|---|---|---|
| 1 | 工号 | 部门 | 姓名 | 岗位 | 入职时间 | 基本工资 | 岗位工资 | 工龄工资 | 绩效工资 | 加班工资 | 全勤奖 | 事假扣款 | 病假扣款 | 应付工资 | 个人养老保 | 个人医疗 | 个人失业 | 个人住房公 | 个人所得税 | 扣款合计 | 实发工资 |
| 2 | 1001 | 企管部 | 赵艳涛 | 总经理 | 2018年2月14日 | 25 000.00 | 8 000.00 | 600.00 | 50 000.00 | - | 400.00 | - | - | 84 000.00 | 2 640.00 | 660.00 | 165.00 | 3 300.00 | 15 140.51 | 21 905.51 | 62 094.49 |
| 3 | | | | | | | | | | | | | | | | | | | | | |
| 4 | 工号 | 部门 | 姓名 | 岗位 | 入职时间 | 基本工资 | 岗位工资 | 工龄工资 | 绩效工资 | 加班工资 | 全勤奖 | 事假扣款 | 病假扣款 | 应付工资 | 个人养老保险 | 个人医疗保 | 个人失业保 | 个人住房公积 | 个人所得税 | 扣款合计 | 实发工资 |
| 5 | 1002 | 企管部 | 席淑华 | 部门经理 | 2019年12月5日 | 18 000.00 | 2 000.00 | 500.00 | 50 000.00 | 3 065.22 | 400.00 | - | - | 73 965.22 | 1 600.00 | 400.00 | 100.00 | 2 000.00 | 12 787.75 | 16 887.75 | 57 077.47 |
| 6 | | | | | | | | | | | | | | | | | | | | | |
| 7 | 工号 | 部门 | 姓名 | 岗位 | 入职时间 | 基本工资 | 岗位工资 | 工龄工资 | 绩效工资 | 加班工资 | 全勤奖 | 事假扣款 | 病假扣款 | 应付工资 | 个人养老保险 | 个人医疗保 | 个人失业保 | 个人住房公积 | 个人所得税 | 扣款合计 | 实发工资 |
| 8 | 1003 | 企管部 | 熊延平 | 秘书 | 2020年6月27日 | 5 000.00 | 1 000.00 | 400.00 | 50 000.00 | 4 904.35 | 400.00 | - | - | 61 704.35 | 480.00 | 120.00 | 30.00 | 600.00 | 5 547.43 | 6 777.43 | 54 926.91 |
| 9 | | | | | | | | | | | | | | | | | | | | | |
| 10 | 工号 | 部门 | 姓名 | 岗位 | 入职时间 | 基本工资 | 岗位工资 | 工龄工资 | 绩效工资 | 加班工资 | 全勤奖 | 事假扣款 | 病假扣款 | 应付工资 | 个人养老保险 | 个人医疗保 | 个人失业保 | 个人住房公积 | 个人所得税 | 扣款合计 | 实发工资 |
| 11 | 1004 | 财务部 | 韩建俊 | 部门经理 | 2023年10月14日 | 10 000.00 | 2 000.00 | 100.00 | 20 000.00 | - | - | - | 697.83 | 31 402.17 | 960.00 | 240.00 | 60.00 | 1 200.00 | 2 145.17 | 4 605.17 | 26 797.00 |
| 12 | | | | | | | | | | | | | | | | | | | | | |
| 13 | 工号 | 部门 | 姓名 | 岗位 | 入职时间 | 基本工资 | 岗位工资 | 工龄工资 | 绩效工资 | 加班工资 | 全勤奖 | 事假扣款 | 病假扣款 | 应付工资 | 个人养老保险 | 个人医疗保 | 个人失业保 | 个人住房公积 | 个人所得税 | 扣款合计 | 实发工资 |
| 14 | 1005 | 财务部 | 丁峰 | 职员 | 2022年8月12日 | 6 100.00 | 1 000.00 | 200.00 | 20 000.00 | - | 400.00 | - | - | 27 700.00 | 568.00 | 142.00 | 35.50 | 710.00 | 660.39 | 2 115.89 | 25 584.11 |
| 15 | | | | | | | | | | | | | | | | | | | | | |
| 16 | 工号 | 部门 | 姓名 | 岗位 | 入职时间 | 基本工资 | 岗位工资 | 工龄工资 | 绩效工资 | 加班工资 | 全勤奖 | 事假扣款 | 病假扣款 | 应付工资 | 个人养老保险 | 个人医疗保 | 个人失业保 | 个人住房公积 | 个人所得税 | 扣款合计 | 实发工资 |
| 17 | 1006 | 财务部 | 邢兰 | 职员 | 2022年2月8日 | 6 800.00 | 1 000.00 | 200.00 | 20 000.00 | - | 400.00 | - | - | 28 400.00 | - | - | - | - | 1 478.21 | 1 478.21 | 26 921.79 |
| 18 | | | | | | | | | | | | | | | | | | | | | |

**图 4.37 排序法生成的工资条**

### 4.5.2.2 函数法

**步骤 1** 新建工作表，名称为"工资条 2-函数法"。

**步骤 2** 选择该工作表 A1 单元格，输入"=IF(MOD(ROW(),3)=0,"",IF(MOD(ROW(),3)=1,工资结算表!A $3,INDEX(工资结算表!$A $3:$Z $21,INT((ROW()+4)/3),COLUMN())))"，向后拖动复制到 U1 单元格（注：拖的长度应与原表长度相同），如图 4.38 所示。

A1　=IF(MOD(ROW(),3)=0,"",IF(MOD(ROW(),3)=1,工资结算表!A$3,INDEX(工资结算表!$A$3:$Z$21,INT((ROW()+4)/3),COLUMN())))

| | A | B | C | D | E | F | G | H | I | J | K | L | M | N | O | P | Q | R | S | T | U |
|---|---|---|---|---|---|---|---|---|---|---|---|---|---|---|---|---|---|---|---|---|---|
| 1 | 工号 | 部门 | 姓名 | 岗位 | 入职时间 | 基本工资 | 岗位工资 | 工龄工资 | 绩效工资 | 加班工资 | 全勤奖 | 事假扣款 | 病假扣款 | 应付工资 | 个人养老 | 个人失业 | 个人医疗 | 个人住房 | 个人所得 | 扣款合计 | 实发工资 |

**图 4.38 函数法生成工资条项目**

**步骤 3** 选择 A1:U1 区域向下拖动复制到第 53 行（注：拖的时候可能拖多或拖少，这要看原表长度，包含所有人员工资即可），给表格包含数值区域添加边框线，将入职时间列设置为"长日期"，其他金额列设置为会计专用的千位分隔样式，即制作成工资条，如图 4.39 所示。

A1　=IF(MOD(ROW(),3)=0,"",IF(MOD(ROW(),3)=1,工资结算表!A$3,INDEX(工资结算表!$A$3:$Z$21,INT((ROW()+4)/3),COLUMN())))

| | A | B | C | D | E | F | G | H | I | J | K | L | M | N | O | P | Q | R | S | T | U |
|---|---|---|---|---|---|---|---|---|---|---|---|---|---|---|---|---|---|---|---|---|---|
| 1 | 工号 | 部门 | 姓名 | 岗位 | 入职时间 | 基本工资 | 岗位工资 | 工龄工资 | 绩效工资 | 加班工资 | 全勤奖 | 事假扣款 | 病假扣款 | 应付工资 | 个人养老保险 | 个人失业保险 | 个人医疗保险 | 个人住房公积金 | 个人所得税 | 扣款合计 | 实发工资 |
| 2 | 1001 | 企管部 | 赵艳涛 | 总经理 | 2018-02-14 | 25 000.00 | 8 000.00 | 600.00 | 50 000.00 | - | 400.00 | - | - | 84 000.00 | 2 640.00 | 660.00 | 165.00 | 3 300.00 | 15 140.51 | 21 905.51 | 62 094.49 |
| 3 | | | | | | | | | | | | | | | | | | | | | |
| 4 | 工号 | 部门 | 姓名 | 岗位 | 入职时间 | 基本工资 | 岗位工资 | 工龄工资 | 绩效工资 | 加班工资 | 全勤奖 | 事假扣款 | 病假扣款 | 应付工资 | 个人养老保险 | 个人失业保险 | 个人医疗保险 | 个人住房公积金 | 个人所得税 | 扣款合计 | 实发工资 |
| 5 | 1002 | 企管部 | 席淑华 | 部门经理 | 2019-12-05 | 18 000.00 | 2 000.00 | 500.00 | 50 000.00 | 3 065.22 | 400.00 | - | - | 73 965.22 | 1 600.00 | 400.00 | 100.00 | 2 000.00 | 12 787.75 | 16 887.75 | 57 077.47 |
| 6 | | | | | | | | | | | | | | | | | | | | | |
| 7 | 工号 | 部门 | 姓名 | 岗位 | 入职时间 | 基本工资 | 岗位工资 | 工龄工资 | 绩效工资 | 加班工资 | 全勤奖 | 事假扣款 | 病假扣款 | 应付工资 | 个人养老保险 | 个人失业保险 | 个人医疗保险 | 个人住房公积金 | 个人所得税 | 扣款合计 | 实发工资 |
| 8 | 1003 | 企管部 | 熊延平 | 秘书 | 2020-06-27 | 5 000.00 | 1 000.00 | 400.00 | 50 000.00 | 4 904.35 | 400.00 | - | - | 61 704.35 | 480.00 | 120.00 | 30.00 | 600.00 | 5 547.43 | 6 777.43 | 54 926.91 |
| 9 | | | | | | | | | | | | | | | | | | | | | |
| 10 | 工号 | 部门 | 姓名 | 岗位 | 入职时间 | 基本工资 | 岗位工资 | 工龄工资 | 绩效工资 | 加班工资 | 全勤奖 | 事假扣款 | 病假扣款 | 应付工资 | 个人养老保险 | 个人失业保险 | 个人医疗保险 | 个人住房公积金 | 个人所得税 | 扣款合计 | 实发工资 |
| 11 | 1004 | 财务部 | 韩建俊 | 部门经理 | 2023-10-14 | 10 000.00 | 2 000.00 | 100.00 | 20 000.00 | - | - | - | 697.83 | 31 402.17 | 960.00 | 240.00 | 60.00 | 1 200.00 | 2 145.17 | 4 605.17 | 26 797.00 |
| 12 | | | | | | | | | | | | | | | | | | | | | |
| 13 | 工号 | 部门 | 姓名 | 岗位 | 入职时间 | 基本工资 | 岗位工资 | 工龄工资 | 绩效工资 | 加班工资 | 全勤奖 | 事假扣款 | 病假扣款 | 应付工资 | 个人养老保险 | 个人失业保险 | 个人医疗保险 | 个人住房公积金 | 个人所得税 | 扣款合计 | 实发工资 |
| 14 | 1005 | 财务部 | 丁峰 | 职员 | 2022-08-12 | 6 100.00 | 1 000.00 | 200.00 | 20 000.00 | - | 400.00 | - | - | 27 700.00 | 568.00 | 142.00 | 35.50 | 710.00 | 660.39 | 2 115.89 | 25 584.11 |
| 15 | | | | | | | | | | | | | | | | | | | | | |
| 16 | 工号 | 部门 | 姓名 | 岗位 | 入职时间 | 基本工资 | 岗位工资 | 工龄工资 | 绩效工资 | 加班工资 | 全勤奖 | 事假扣款 | 病假扣款 | 应付工资 | 个人养老保险 | 个人失业保险 | 个人医疗保险 | 个人住房公积金 | 个人所得税 | 扣款合计 | 实发工资 |
| 17 | 1006 | 财务部 | 邢兰 | 职员 | 2022-02-08 | 6 800.00 | 1 000.00 | 200.00 | 20 000.00 | - | 400.00 | - | - | 28 400.00 | - | - | - | - | 1 478.21 | 1 478.21 | 26 921.79 |
| 18 | | | | | | | | | | | | | | | | | | | | | |
| 19 | 工号 | 部门 | 姓名 | 岗位 | 入职时间 | 基本工资 | 岗位工资 | 工龄工资 | 绩效工资 | 加班工资 | 全勤奖 | 事假扣款 | 病假扣款 | 应付工资 | 个人养老保险 | 个人失业保险 | 个人医疗保险 | 个人住房公积金 | 个人所得税 | 扣款合计 | 实发工资 |
| 20 | 1007 | 人事部 | 郑春丽 | 部门经理 | 2021-08-30 | 8 000.00 | 2 000.00 | 300.00 | 10 000.00 | 2 647.83 | 400.00 | - | - | 23 347.83 | 800.00 | 200.00 | 50.00 | 1 000.00 | 1 163.22 | 3 213.22 | 20 134.61 |

**图 4.39 函数法生成的工资条**

## 任务 4.6 工资数据查询

运用 Excel 对员工工资的基本数据进行处理的好处，不仅仅是利用计算机计算的简便和快捷，更重要的是对这些数据所进行的分析，这可以给管理者提供很大的帮助。

本任务的 Excel 学习目的是运用高级筛选、VLOOKUP，LOOKUP 函数等方法来进行简单的数据处理和分析。

### 4.6.1 任务分析

在日常工资管理中,经常需要查询某员工工资、某个部门工资、部门平均工资,或者单个部门工资增长情况等,可以利用 Excel 常见操作技能来完成。

### 4.6.2 任务实现步骤

#### 4.6.2.1 依据部门和职工类别的统计分析

1. 计算每一部门"职工薪酬总额"的汇总数

**步骤 1** 打开"薪资管理"工作簿,进入"工资结算表"工作表。

**步骤 2** 生成数据透视图。选中要进行数据分析的区域 A3:Z21,单击选择"插入"选项卡中的"图表"组中的"数据透视图"下边的小三角箭头,选择"数据透视图"命令(或直接单击"图表"组中的"数据透视图"),如图 4.40 所示。弹出"创建数据透视表"对话框,在"选择放置数据透视表的位置"中选择"新工作表"选项,如图 4.41 所示。

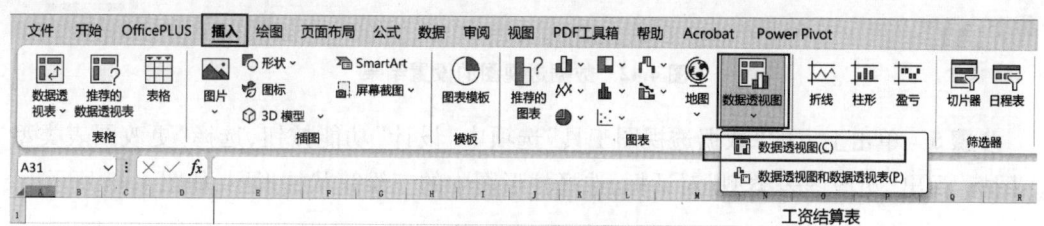

图 4.40 数据透视图

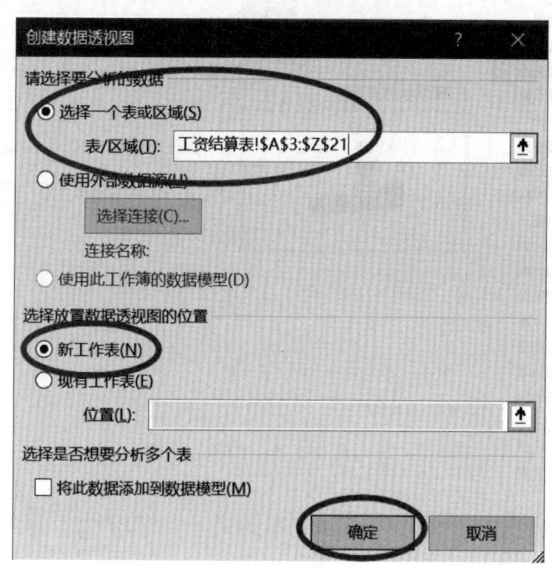

图 4.41 创建数据透视图对话框

**步骤 3** 单击"确定"按钮,进入数据透视图界面。命名新工作表的名称为"工资统计分析",并将该工作表拖动到"工资结算表"后面。

**步骤 4** 在"工资统计分析"工作表界面的右边"数据透视图列表"区域,将"职工薪酬总额"项目拖到"Σ值"处区域;将"部门"项目拖到"图例(系列)"处,将工作表左边生成的数据透视图移动到生成数据透视表的下方。透视表生成结果,如图4.42所示。

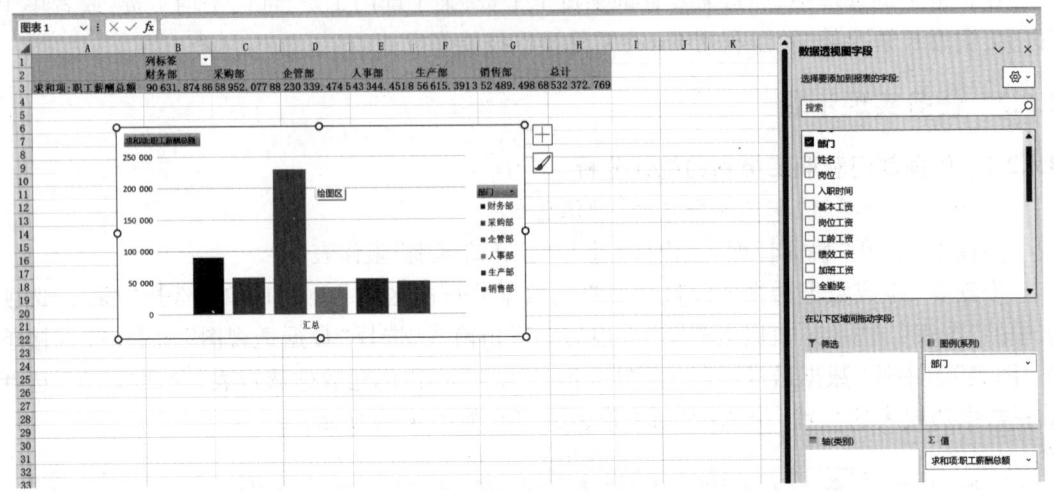

图 4.42  数据透视图的设置结果

**步骤 5**  单击上方的"数据透视图工具"选项中"设计"功能按钮,选择"更改图表类型"图标,弹出"更改图表类型"对话框,选择柱形图中的三维簇状柱形图,如图4.43所示。

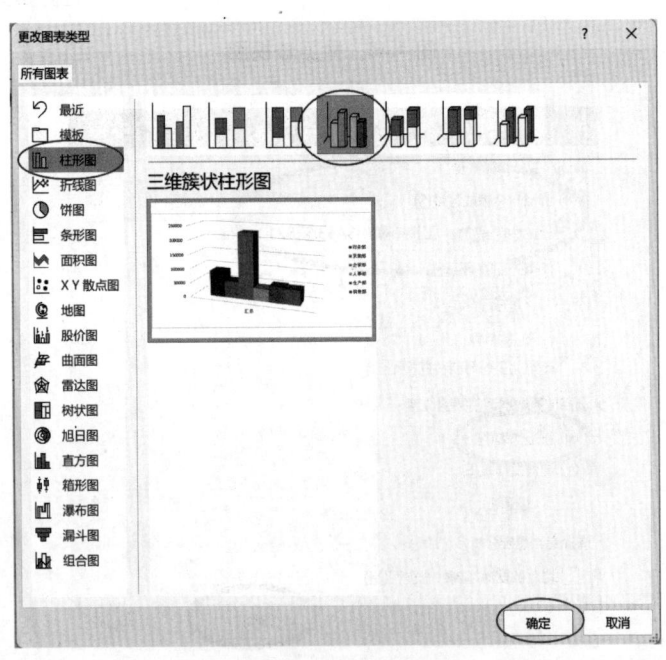

图 4.43  选择柱形图中的三维簇状柱形图

**步骤 6**  单击【确定】按钮,结果如图4.44所示。

**步骤 7**  数据透视图设置。要想在数据透视图上显示数字,单击数据图区域,单击十字,选择数据标签,如图4.45所示。或选择上方的"数据透视图工具"选项中的"设计"菜单,单击"图表布局"选项中的"添加图表元素"旁的下拉小三角,进行详细设置,如图 4.46 所示。

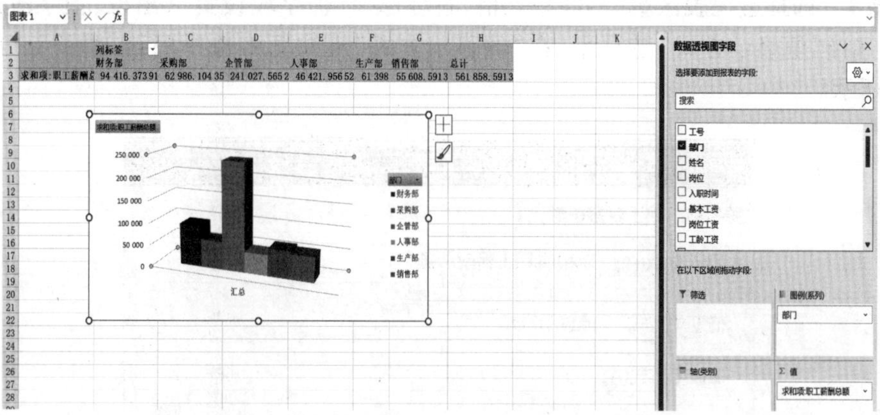

图 4.44　三维簇状柱数据透视图的生成

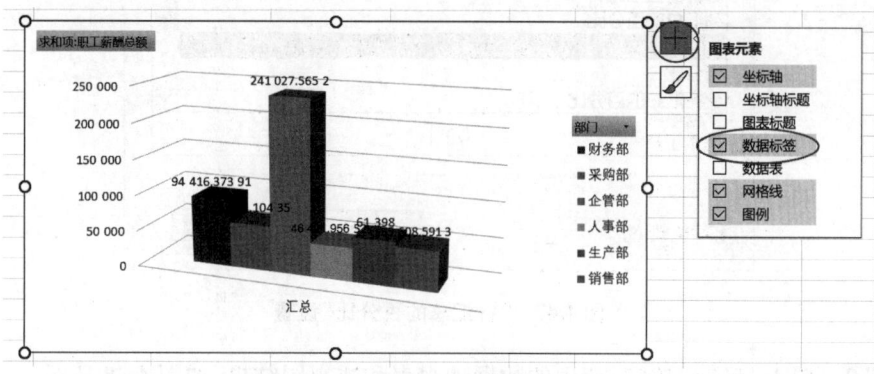

图 4.45　选择添加数据标签

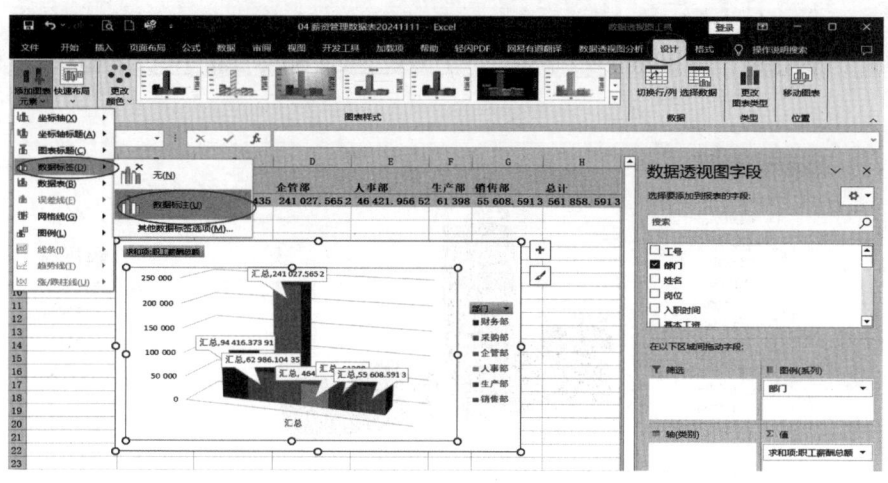

图 4.46　选择添加数据标签

**注:** 也可以通过"数据透视图工具"中的"设计""格式"和"分析"菜单中的各功能组进行图表标题、格式等相关设置。

2. 计算各部门"职工薪酬总额"所占的百分比

**步骤1** 选择透视表区域的 B3 单元格,右键选择"值字段设置",出现"值字段设置"对话框,并选择"值显示方式"选项卡,在"值显示方式"下拉框中选择"行汇总的百分比",如图 4.47 所示。

图 4.47 "行汇总的百分比"设置

**步骤2** 单击"确定"按钮,产生的数据透视表和透视图结果,如图 4.48 所示。

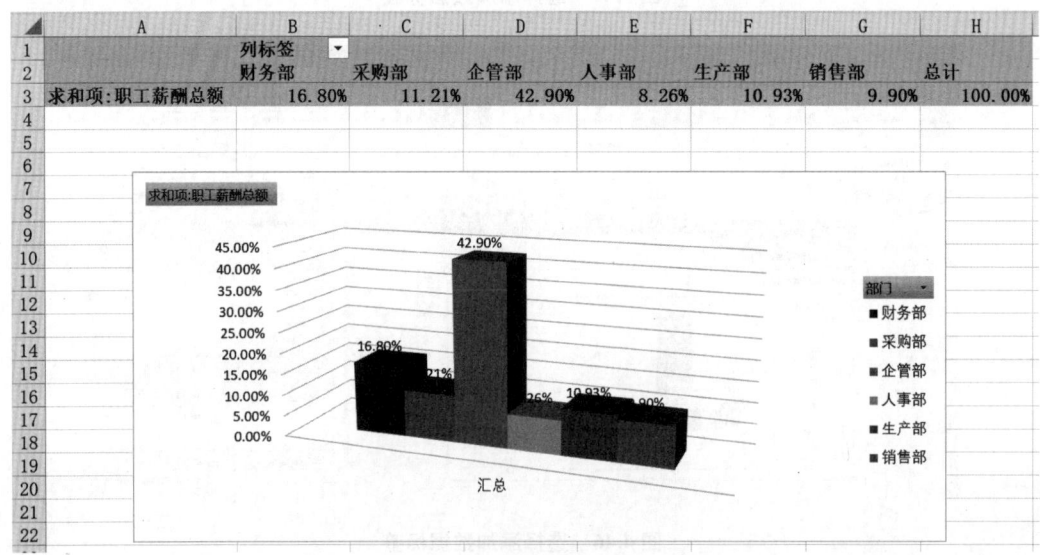

图 4.48 各部门的职工薪酬总额所占的比例

#### 4.6.2.2 利用自动筛选功能进行工资数据的查询

选择“工资结算表”工作表,如果要利用筛选功能进行工资数据查询,先要进入筛选状态。选中 A3:Z3 区域,选择“数据”选项卡,单击“排序和筛选”中的“筛选”图标 (快捷键 CTRL+SHIFT+L),进入自动筛选状态,如图 4.49 所示。

工资结算表

工资所属期:2024年11月01日至2024年11月30日　　工资结算日: 2024年11月30日

| 工号 | 部门 | 姓名 | 岗位 | 入职时间 | 基本工资 | 岗位工资 | 工龄工资 | 绩效工资 | 加班工资 | 全勤奖 | 事假扣款 | 病假扣款 | 应付工资 | 个人养老保险 | 个人失业保险 | 个人医疗保险 | 个人住房公积金 | 个人所得税 |
|---|---|---|---|---|---|---|---|---|---|---|---|---|---|---|---|---|---|---|
| 1001 | 企管部 | 赵艳涛 | 总经理 | 2016年2月14日 | 25 000.00 | 8 000.00 | 800.00 | 50 000.00 | - | 400.00 | - | - | 84 200.00 | 2 640.00 | 660.00 | 165.00 | 3 300.00 | 15 190.51 |
| 1002 | 企管部 | 席淑华 | 部门经理 | 2017年12月5日 | 18 000.00 | 2 000.00 | 700.00 | 50 000.00 | 3 073.91 | 400.00 | - | - | 74 173.91 | 1 600.00 | 400.00 | 100.00 | 2 000.00 | 12 829.49 |
| 1003 | 企管部 | 熊延平 | 秘书 | 2018年6月27日 | 5 000.00 | 1 000.00 | 600.00 | 50 000.00 | 4 921.74 | 400.00 | - | - | 61 921.74 | 480.00 | 120.00 | 30.00 | 600.00 | 5 569.17 |
| 1004 | 财务部 | 韩建俊 | 部门经理 | 2021年10月14日 | 10 000.00 | 2 000.00 | 300.00 | 20 000.00 | - | - | - | 702.17 | 31 597.83 | 960.00 | 240.00 | 60.00 | 1 200.00 | 2 164.74 |

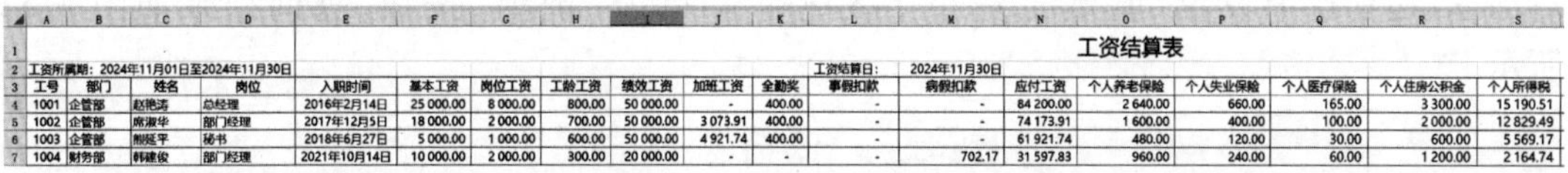

**图 4.49　进入自动筛选状态**

1. *以“姓名”为依据进行查询*

例如,查询姓名为“邢金琴”的职工的工资情况。

**步骤 1**　单击“姓名”列按钮,并在“文本筛选”项中输入“邢金琴”,如图 4.50 所示。

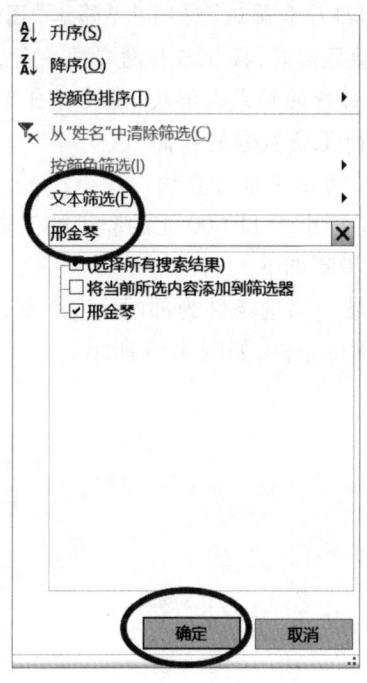

**图 4.50　选择“姓名”的自定义自动筛选方式,并输入筛选条件**

**步骤 2**　单击“确定”按钮,查询结果如图 4.51 所示。

工资结算表

工资所属期:2024年11月01日至2024年11月30日　　工资结算日: 2024年11月30日

| 工 | 部门 | 姓名 | 岗位 | 入职时间 | 基本工 | 岗位工 | 工龄工 | 绩效工 | 加班工 | 全勤 | 事假扣 | 病假扣款 | 应付工 | 个人养老保 | 个人医疗保 | 个人失业保 | 个人住房公积 | 个人所得 |
|---|---|---|---|---|---|---|---|---|---|---|---|---|---|---|---|---|---|---|
| 1016 | 生产部 | 邢金琴 | 生产人员 | 2021年10月2日 | 3 200.00 | 1 000.00 | 300.00 | 5 000.00 | - | 400.00 | - | - | 9 900.00 | 336.00 | 84.00 | 21.00 | 420.00 | - |

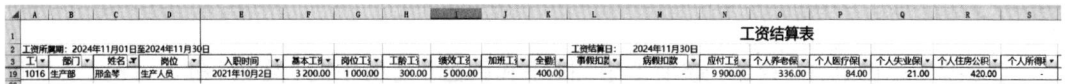

**图 4.51　显示查询结果**

2. 以“部门”和“基本工资”为依据进行查询

例如,查询销售部中基本工资小于 8 000 元的职工的工资情况。

**步骤 1** 单击 C3“姓名”旁漏斗图标,选择显示“全部”。

**步骤 2** 单击“部门”列按钮,在“文本筛选”项中输入“销售部”,单击确定。然后单击“基本工资”列按钮,选择“数字筛选”项中的“小于”命令,出现“自定义自动筛选方式”对话框,显示行中设置“基本工资小于 8 000”。单击“确定”按钮,查询结果如图 4.52 所示。

工资结算表

工资所属期:2024年11月01日至2024年11月30日　　工资结算日:2024年11月30日

| 工号 | 部门 | 姓名 | 岗位 | 入职时间 | 基本工资 | 岗位工资 | 工龄工资 | 绩效工资 | 加班工资 | 全勤奖 | 事假扣款 | 病假扣款 | 应付工资 | 个人养老保险 | 个人失业保险 | 个人医疗保险 | 个人住房公积金 | 个人所得税 |
|---|---|---|---|---|---|---|---|---|---|---|---|---|---|---|---|---|---|---|
| 1010 | 销售部 | 李兰义 | 职员 | 2022年2月15日 | 6 600.00 | 1 000.00 | 200.00 | 10 000.00 | - | - | 8 513.04 | - | 9 286.96 | 608.00 | 152.00 | 38.00 | 760.00 | 172.90 |
| 1011 | 销售部 | 张怀媛 | 职员 | 2020年6月27日 | 5 000.00 | 1 000.00 | 400.00 | 10 000.00 | - | - | - | 2 852.17 | 13 547.83 | 480.00 | 120.00 | 30.00 | 600.00 | - |

**图 4.52　定义“基本工资”的筛选条件**

**注**:选择“数据”选项卡中“排序和筛选”选项中“筛选”图标就可以退出筛选状态(快捷键 CTRL+SHIFT+L)。由于自动筛选时,按钮与标题在同一行,显示得不太美观,可以采用在标题与数据行中间加入一行空白行的形式来解决,请读者自己尝试。

### 4.6.2.3 利用高级筛选功能进行工资数据的查询

1. 以“部门”和“应付工资”为依据进行查询

例如,查询生产部中应付工资小于 11 000 元的职工的工资情况。

利用高级筛选功能的基本步骤如下:

**步骤 1** 设置筛选条件区域。筛选条件为部门=生产部,并且应付工资<11 000,在“工资结算表”的适当区域设置该筛选条件,如图 4.53 所示。

工资结算表

工资所属期:2024年11月01日至2024年11月30日　　工资结算日:2024年11月30日

| 工号 | 部门 | 姓名 | 岗位 | 入职时间 | 基本工资 | 岗位工资 | 工龄工资 | 绩效工资 | 加班工资 | 全勤奖 | 事假扣款 | 病假扣款 | 应付工资 | 个人养老保险 | 个人医疗保险 | 个人失业保险 | 个人住房公积金 | 个人所得税 | 扣款合计 | 实发工资 |
|---|---|---|---|---|---|---|---|---|---|---|---|---|---|---|---|---|---|---|---|---|
| 1001 | 企管部 | 赵艳涛 | 总经理 | 2018年2月14日 | 25 000.00 | 8 000.00 | 600.00 | 50 000.00 | - | 400.00 | - | - | 84 000.00 | 2 640.00 | 660.00 | 165.00 | 3 300.00 | 15 140.51 | 21 905.51 | 62 094.49 |
| 1002 | 企管部 | 席淑华 | 部门经理 | 2019年12月5日 | 18 000.00 | 2 000.00 | 500.00 | 50 000.00 | 3 065.22 | 400.00 | - | - | 73 965.22 | 1 600.00 | 400.00 | 100.00 | 2 000.00 | 12 787.75 | 16 887.75 | 57 077.47 |
| 1003 | 企管部 | 熊延平 | 秘书 | 2020年6月27日 | 5 000.00 | 1 000.00 | 400.00 | 50 000.00 | 4 904.35 | 400.00 | - | - | 61 704.35 | 480.00 | 120.00 | 30.00 | 600.00 | 5 547.43 | 6 777.43 | 54 926.91 |
| 1004 | 财务部 | 韩建俊 | 部门经理 | 2023年10月14日 | 10 000.00 | 2 000.00 | 100.00 | 20 000.00 | - | - | - | 697.83 | 31 402.17 | 960.00 | 240.00 | 60.00 | 1 200.00 | 2 145.17 | 4 605.17 | 26 797.00 |
| 1005 | 财务部 | 丁峰 | 职员 | 2022年8月12日 | 6 100.00 | 1 000.00 | 200.00 | 20 000.00 | - | 400.00 | - | - | 27 700.00 | 568.00 | 142.00 | 35.50 | 710.00 | 660.39 | 2 115.89 | 25 584.11 |
| 1006 | 财务部 | 邢兰 | 职员 | 2022年2月8日 | 6 800.00 | 1 000.00 | 200.00 | 20 000.00 | - | 400.00 | - | - | 28 400.00 | - | - | - | - | 1 478.21 | 1 478.21 | 26 921.79 |
| 1007 | 人事部 | 郑春丽 | 部门经理 | 2021年8月30日 | 8 000.00 | 2 000.00 | 300.00 | 10 000.00 | 2 647.83 | 400.00 | - | - | 23 347.83 | 800.00 | 200.00 | 50.00 | 1 000.00 | 1 163.22 | 3 213.22 | 20 134.61 |
| 1008 | 人事部 | 张淑果 | 职员 | 2024年1月7日 | 6 500.00 | 1 000.00 | - | 10 000.00 | - | - | - | 760.87 | 16 739.13 | 600.00 | 150.00 | 37.50 | 750.00 | 336.35 | 1 873.85 | 14 865.28 |
| 1009 | 销售部 | 侯永江 | 部门经理 | 2023年11月3日 | 12 000.00 | 2 000.00 | 100.00 | 10 000.00 | - | - | 1 047.83 | - | 23 052.17 | 1 120.00 | 280.00 | 70.00 | 1 400.00 | 1 518.21 | 4 388.21 | 18 663.96 |
| 1010 | 销售部 | 李兰义 | 职员 | 2024年2月15日 | 6 600.00 | 1 000.00 | - | 10 000.00 | - | - | 8 417.39 | - | 9 182.61 | 608.00 | 152.00 | 38.00 | 760.00 | 162.46 | 1 720.46 | 7 462.15 |
| 1011 | 销售部 | 张怀媛 | 职员 | 2022年6月27日 | 5 000.00 | 1 000.00 | 200.00 | 10 000.00 | - | - | - | 2 817.39 | 13 382.61 | 480.00 | 120.00 | 30.00 | 600.00 | - | 1 230.00 | 12 152.61 |
| 1012 | 采购部 | 范春辉 | 部门经理 | 2021年10月26日 | 11 000.00 | 2 000.00 | 300.00 | 8 000.00 | 1 852.17 | 400.00 | - | - | 23 552.17 | 1 040.00 | 260.00 | 65.00 | 1 300.00 | 476.61 | 3 141.61 | 20 410.56 |
| 1013 | 采购部 | 曹春华 | 职员 | 2021年6月14日 | 5 400.00 | 1 000.00 | 300.00 | 8 000.00 | 639.13 | 400.00 | - | - | 15 739.13 | 512.00 | 128.00 | 32.00 | 640.00 | 942.71 | 2 254.71 | 13 484.42 |
| 1014 | 采购部 | 赵聪生 | 职员 | 2023年2月25日 | 5 000.00 | 1 000.00 | 100.00 | 8 000.00 | - | 400.00 | - | - | 14 500.00 | 480.00 | 120.00 | 30.00 | 600.00 | 236.10 | 1 466.10 | 13 033.90 |
| 1015 | 生产部 | 曹林森 | 部门经理 | 2024年1月31日 | 12 000.00 | 2 000.00 | - | 5 000.00 | - | 400.00 | - | - | 19 400.00 | 1 120.00 | 280.00 | 70.00 | 1 400.00 | 1 153.00 | 4 023.00 | 15 377.00 |
| 1016 | 生产部 | 邢金琴 | 生产人员 | 2021年10月2日 | 3 200.00 | 1 000.00 | 300.00 | 5 000.00 | - | 400.00 | - | - | 9 900.00 | 336.00 | 84.00 | 21.00 | 420.00 | - | 861.00 | 9 039.00 |
| 1017 | 生产部 | 任友影 | 生产人员 | 2024年8月6日 | 5 000.00 | 1 000.00 | - | 5 000.00 | - | 400.00 | - | - | 11 400.00 | 480.00 | 120.00 | 30.00 | 600.00 | - | 1 230.00 | 10 170.00 |
| 1018 | 生产部 | 刘智恒 | 生产人员 | 2024年11月2日 | 3 800.00 | 1 000.00 | - | 5 000.00 | - | 400.00 | - | - | 10 200.00 | 384.00 | 96.00 | 24.00 | 480.00 | 84.48 | 1 068.48 | 9 131.52 |

条件区域

| 部门 | 应付工资 |
|---|---|
| 生产部 | <11 000 |

**图 4.53　条件区域设置**

**步骤 2** 单击选择“数据”选项卡中“排序和筛选”选项中的“高级”命令,设置条件区域,如图 4.54 所示。

**步骤 3** 单击“确定”按钮,结果如图 4.55 所示。

**图 4.54　设置条件区域**

工资结算表

工资所属期：2024年11月01日至2024年11月30日　　工资结算日：2024年11月30日

| 工号 | 部门 | 姓名 | 岗位 | 入职时间 | 基本工资 | 岗位工资 | 工龄工资 | 绩效工资 | 加班工资 | 全勤奖 | 事假扣款 | 病假扣款 | 应付工资 | 个人养老保险 | 个人医疗保险 | 个人失业保险 | 个人住房公积金 | 个人所得税 | 扣款合计 | 实发工资 |
|---|---|---|---|---|---|---|---|---|---|---|---|---|---|---|---|---|---|---|---|---|
| 1016 | 生产部 | 邢金琴 | 生产人员 | 2021年10月2日 | 3 200.00 | 1 000.00 | 300.00 | 5 000.00 | - | 400.00 | - | - | 9 900.00 | 336.00 | 84.00 | 21.00 | 420.00 | - | 861.00 | 9 039.00 |
| 1018 | 生产部 | 刘智恒 | 生产人员 | 2024年11月2日 | 3 800.00 | 1 000.00 | - | 5 000.00 | - | 400.00 | - | - | 10 200.00 | 384.00 | 96.00 | 24.00 | 480.00 | 84.48 | 1 068.48 | 9 131.52 |

条件区域

| 部门 | 应付工资 |
|---|---|
| 生产部 | <11 000 |

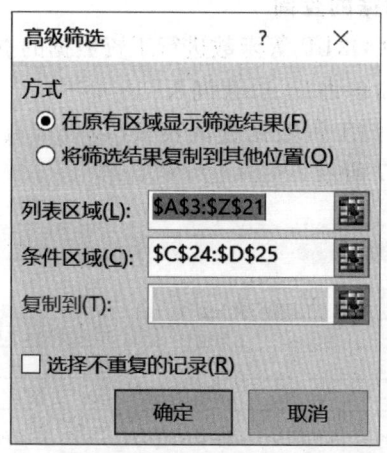

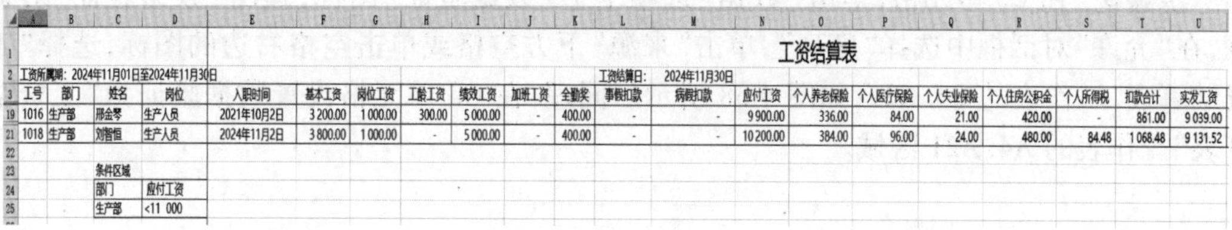

**图 4.55　筛选结果**

**备注：**条件区域设置时，字段名在上，条件在下，同行的条件为“并且”的意思，一个字段名下各行的条件为“或”的意思。

2. 以“部门”和“基本工资”为依据进行查询

例如，查询财务部基本工资小于 10 000 元或销售部基本工资大于 10 000 元的职工的工资情况。

**步骤 1**　条件区域的设置，如表 4.9 所示。

**表 4.9**　　**条 件 区 域**

| 部门 | 基本工资 |
|---|---|
| 财务部 | <10 000 |
| 销售部 | >10 000 |

**步骤 2**　进行高级筛选，运行结果如图 4.56 所示。

工资结算表

工资所属期：2024年11月01日至2024年11月30日　　工资结算日：2024年11月30日

| 工号 | 部门 | 姓名 | 岗位 | 入职时间 | 基本工资 | 岗位工资 | 工龄工资 | 绩效工资 | 加班工资 | 全勤奖 | 事假扣款 | 病假扣款 | 应付工资 | 个人养老保险 | 个人失业保险 | 个人医疗保险 | 个人住房公积金 | 个人所得税 | 扣款合计 | 实发工资 |
|---|---|---|---|---|---|---|---|---|---|---|---|---|---|---|---|---|---|---|---|---|
| 1005 | 财务部 | 丁峰 | 职员 | 2022年8月12日 | 6 100.00 | 1 000.00 | 200.00 | 20 000.00 | - | 400.00 | - | - | 27 700.00 | 568.00 | 142.00 | 35.50 | 710.00 | 660.39 | 2 115.89 | 25 584.11 |
| 1006 | 财务部 | 邢兰 | 职员 | 2022年2月8日 | 6 800.00 | 1 000.00 | 200.00 | 20 000.00 | - | 400.00 | - | - | 28 400.00 | - | - | - | - | 1 478.21 | 1 478.21 | 26 921.79 |
| 1009 | 销售部 | 侯永江 | 部门经理 | 2023年11月3日 | 12 000.00 | 2 000.00 | 100.00 | 10 000.00 | - | - | 1 047.83 | - | 23 052.17 | 1 120.00 | 280.00 | 70.00 | 1 400.00 | 1 518.21 | 4 388.21 | 18 663.96 |

条件区域

| 部门 | 基本工资 |
|---|---|
| 财务部 | <10 000 |
| 销售部 | >10 000 |

**图 4.56　复合条件区域设置查询结果**

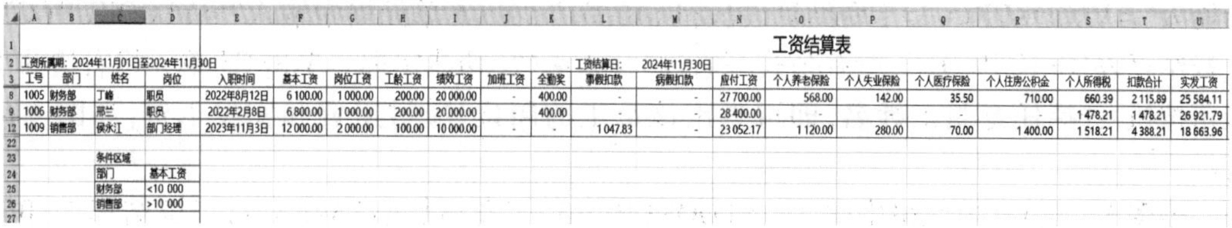

#### 4.6.2.4 利用函数进行工资数据的查询

还可以利用 LOOKUP,VLOOKUP 等函数进行工资数据的查询。

**步骤 1** 插入工作表,并命名为"工资查询表"。

**步骤 2** 设计包含查询项的工资数据查询表格(以查询员工所在的岗位、部门、应付工资和实发工资为例),如图 4.57 所示。

| | A | B | C | D | E | F | G |
|---|---|---|---|---|---|---|---|
| 1 | | | | | | | |
| 2 | | 方法一 | Vlookup | | | 方法二 | Lookup |
| 3 | | 请选职工姓名 | | | | 请选择职工编号 | |
| 4 | | 岗位 | | | | 部门 | |
| 5 | | 应付工资 | | | | 应付工资 | |
| 6 | | 实发工资 | | | | 实发工资 | |

图 4.57 工资数据查询表格

**步骤 3** 在 C3 单元格,单击"数据"选项卡下"数据验证"图标,弹出"数据验证"对话框,在"允许"对话框中选择"序列",单击"来源"下方空格或单击空格右边的图标,选择"工资结算表"工作表的 C4:C21,如图 4.58 所示。同理,在 G3 单元格设置数据验证为"工资结算表"工作表的 A4:A21 区域。

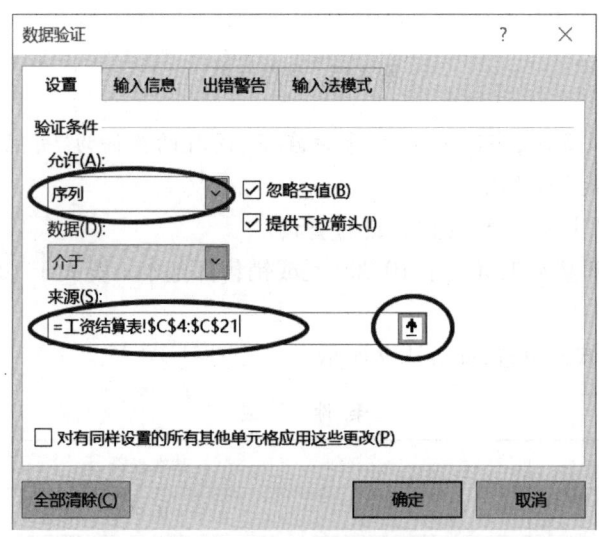

图 4.58 员工的数据验证设置

**步骤 4** 在 C4 单元格中输入"=VLOOKUP(C3,工资结算表!C:U,2,0)",在 C5 单元格中输入"=VLOOKUP(C3,工资结算表!C:U,12,0)",在 C6 单元格中输入"=VLOOKUP(C3,工资结算表!C:U,19,0)",所有公式可通过"插入函数"功能实现。单击 C3 单元格右边的小三角按钮,选择任意职工姓名,即可查出该员工的岗位、应付工资和实发工资,如图 4.60 所示。

**步骤 5** 在 G4 单元格中输入"=LOOKUP(G3,工资结算表!A4:A21,工资结算表!B4:B21)",在 G5 单元格中输入"=LOOKUP(G3,工资结算表!A4:A21,工资结算表!N4:N21)",

在 G6 单元格中输入"= LOOKUP（G3，工资结算表！A4：A21，工资结算表！U4：U21）"，如图 4.59 所示。

| A | B | C | D | E | F | G |
|---|---|---|---|---|---|---|
| 1 | | | | | | |
| 2 | 方法一 | Vlookup | | | 方法二 | Lookup |
| 3 | 请选职工姓名 | 郑春丽 | | | 请选择职工编号 | 1004 |
| 4 | 岗位 | =VLOOKUP(C3,工资结算表!C:U,2,0) | | | 部门 | =LOOKUP(G3,工资结算表!A4:A21,工资结算表!B4:B21) |
| 5 | 应付工资 | =VLOOKUP(C3,工资结算表!C:U,12,0) | | | 应付工资 | =LOOKUP(G3,工资结算表!A4:A21,工资结算表!N4:N21) |
| 6 | 实发工资 | =VLOOKUP(C3,工资结算表!C:U,19,0) | | | 实发工资 | =LOOKUP(G3,工资结算表!A4:A21,工资结算表!U4:U21) |

**图 4.59　利用 VLOOKUP 函数查询员工工资**

### 知识链接

LOOKUP 函数可从单行或单列区域或者从一个数组返回值。LOOKUP 函数具有两种语法形式：向量形式和数组形式。

（1）向量形式。向量是只含一行或一列的区域。LOOKUP 的向量形式在单行区域或单列区域（称为"向量"）中查找值，然后返回第二个单行区域或单列区域中相同位置的值。当要指定包含要匹配的值的区域时，请使用 LOOKUP 函数的这种形式。LOOKUP 函数的另一种形式自动在第一行或第一列中查找。该函数的语法规则如下：

$$\text{LOOKUP}(Lookup\_value, Lookup\_vector, [Result\_vector])$$

具有以下参数：

Lookup_value，此参数必需的。LOOKUP 在第一个向量中搜索的值。Lookup_value 可以是数字、文本、逻辑值、名称或对值的引用。

Lookup_vector，此参数必需的。只包含一行或一列的区域。Lookup_vector 中的值可以是文本、数字或逻辑值。

提示：Lookup_vector 中的值必须以升序排列：…，-2，-1，0，1，2，…，A-Z，FALSE，TRUE；否则，LOOKUP 可能无法返回正确的值。大写文本和小写文本是等同的。Result_vector 可选。只包含一行或一列的区域。Result_vector 参数必须与 Lookup_vector 大小相同。

说明：如果 LOOKUP 函数找不到 Lookup_value，则它与 Lookup_vector 中小于或等于 Lookup_value 的最大值匹配。如果 Lookup_value 小于 Lookup_vector 中的最小值，则 LOOKUP 会返回#N/A 错误值。

（2）数组形式。LOOKUP 的数组形式在数组（数组：用于建立可生成多个结果或可对在行和列中排列的一组参数进行运算的单个公式。数组区域共用一个公式；数组常量是用作参数的一组常量）的第一行或第一列中查找指定的值，并返回数组最后一行或最后一列内同一位置的值。当要匹配的值位于数组的第一行或第一列中时，可以使用 LOOKUP 的数组形式。当要指定列或行的位置时，最好使用 HLOOKUP 或 VLOOKUP 函数而不是 LOOKUP 的数组形式。LOOKUP 的数组形式是为了与其他电子表格程序兼容而提供的。

**步骤 6**　单击 G3 单元格右边的小三角按钮,选择任意员工编号,即可查出该员工的部门、应付工资和实发工资,如图 4.60 所示。

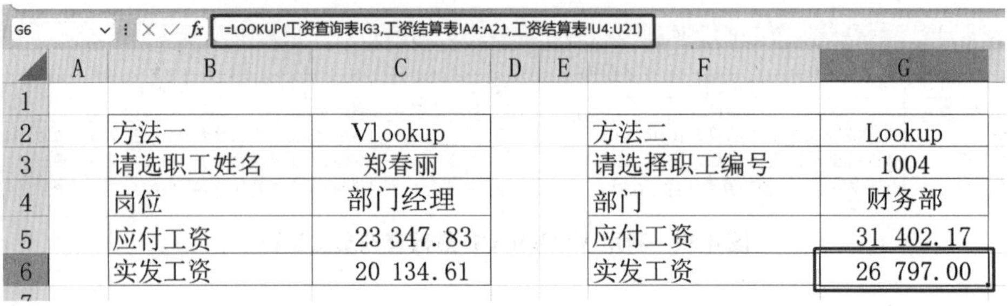

图 4.60　利用 LOOKUP 函数查询员工工资

## 任务 4.7　应付职工薪酬分配

### 4.7.1　任务分析

人员的工资是企业的一项日常费用,应当及时进行会计核算,生成工资分摊凭证。已知销售部人员工资,记入"销售费用"科目,生产部人员工资中生产工人工资,记入"生产成本"科目,剩余为生产管理人员工资,记入"制造费用"科目,其他部门人员工资,记入"管理费用"科目。

### 4.7.2　任务实现步骤

**步骤 1**　新建工作表,命名为"应付职工薪酬分配计算表",建立表格中相关内容,并添加表格线,如图 4.61 所示。

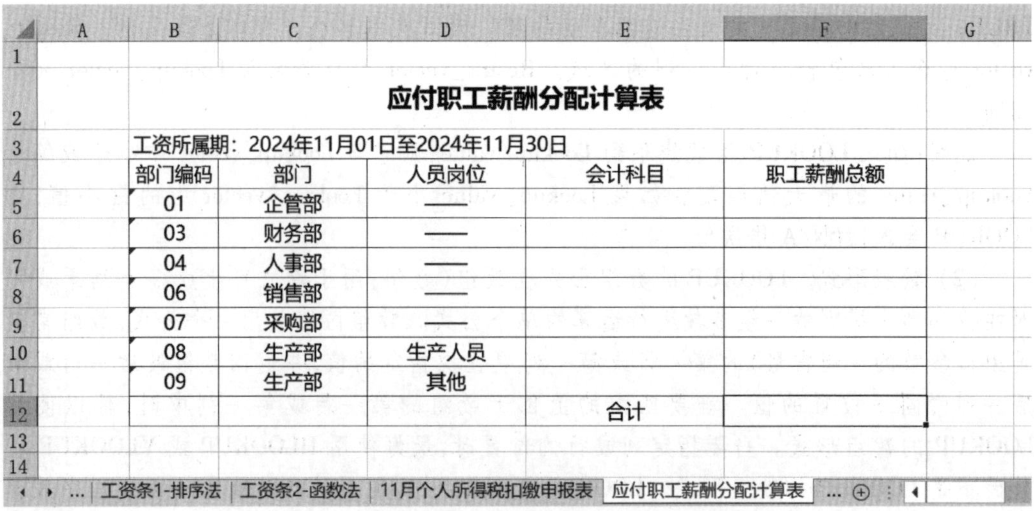

图 4.61　建立应付职工薪酬分配计算表中项目内容

**步骤 2**  设置会计科目的数据验证。选中单元格 E5:E11,执行"数据"—"数据验证",如图 4.62 所示。根据会计知识,参照任务分析选择出会计科目。

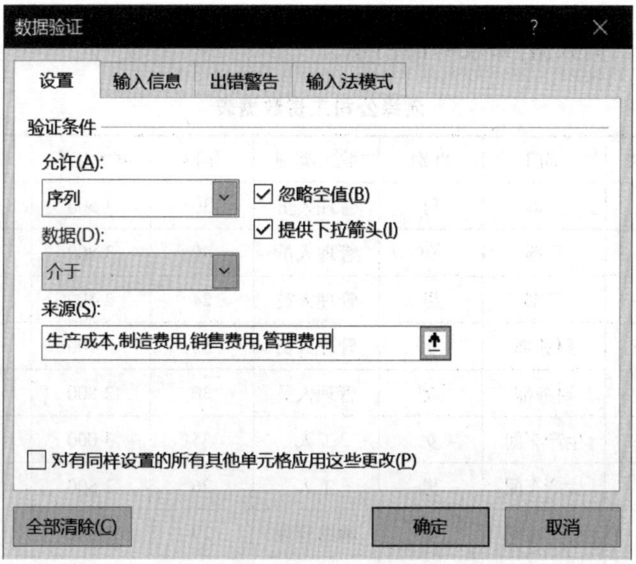

图 4.62  数据验证——会计科目

**步骤 3**  输入职工薪酬总额计算公式。设置 F 列为数字两位小数形式,在 F5 单元格中,输入"=SUMIF(工资结算表!$B$4:$B$21,C5,工资结算表!$Z$4:$Z$21)"。选中 F5 单元格,然后向下拖拉填充至 F9 单元格。

F10=SUMIFS(工资结算表!$Z$4:$Z$21,工资结算表!B4:$B$21,C10,工资结算表!$D$4:$D$21,D10)。

F11=SUMIF(工资结算表!$B$4:$B$21,C11,工资结算表!$Z$4:$Z$21)-F10。参考图 4.63 公式栏。

**步骤 4**  输入职工薪酬总额合计公式。F12=SUM(F5:F11),如图 4.63 所示。

| 部门编码 | 部门 | 人员岗位 | 会计科目 | 职工薪酬总额 |
|---|---|---|---|---|
| \multicolumn{5}{c}{**应付职工薪酬分配计算表**} |
| \multicolumn{5}{l}{工资所属期:2024年11月01日至2024年11月30日} |
| 01 | 企管部 | —— | 管理费用 | 241 027.57 |
| 03 | 财务部 | —— | 管理费用 | 94 416.37 |
| 04 | 人事部 | —— | 管理费用 | 46 421.96 |
| 06 | 销售部 | —— | 销售费用 | 55 608.59 |
| 07 | 采购部 | —— | 管理费用 | 62 986.10 |
| 08 | 生产部 | 生产人员 | 生产成本 | 36 930.00 |
| 09 | 生产部 | 其他 | 制造费用 | 24 468.00 |
| | | | 合计 | 561 858.59 |

F11 公式栏:=SUMIF(工资结算表!$B$4:$B$21,C11,工资结算表!$Z$4:$Z$21)-F10

图 4.63  应付职工薪酬分配计算表结果数据

## 实 战 训 练

演绎公司本月工资数据,如表 4.10 所示。

表 4.10　　　　　　　　　　演绎公司工资数据表

| 职工代码 | 职工姓名 | 部门 | 性别 | 职工类别 | 年龄 | 基本工资 | 事假天数 | 病假天数 |
|---|---|---|---|---|---|---|---|---|
| 001 | 张国立 | 厂部 | 男 | 管理人员 | 30 | 3 500 | 2 | |
| 002 | 宋小宝 | 厂部 | 女 | 管理人员 | 40 | 3 800 | | 2 |
| 003 | 刘小华 | 厂部 | 男 | 管理人员 | 24 | 2 500 | | |
| 004 | 杨 斌 | 财务部 | 女 | 管理人员 | 38 | 3 400 | | |
| 005 | 何 露 | 财务部 | 女 | 管理人员 | 30 | 2 800 | | |
| 006 | 王菲菲 | 生产车间 | 女 | 工人 | 35 | 3 000 | | |
| 007 | 李大冉 | 生产车间 | 男 | 工人 | 26 | 2 800 | 16 | |
| 008 | 范丽丽 | 生产车间 | 女 | 辅助管理 | 29 | 2 900 | | 6 |
| 009 | 赵 华 | 供应部 | 女 | 工人 | 40 | 2 500 | | |
| 010 | 何明远 | 供应部 | 男 | 工人 | 50 | 2 700 | | 17 |
| 011 | 陈 峰 | 供应部 | 男 | 工人 | 36 | 3 000 | | |
| 012 | 魏 伟 | 供应部 | 男 | 辅助管理 | 21 | 2 200 | 5 | |

其他工资项目的发放情况及有关规定如下:

(1)岗位工资:根据职工类别不同进行发放,工人为 1 000 元,辅助管理工人为 1 200 元,管理人员为 1 500 元。

(2)福利费:厂部职工和财务部的福利费为基本工资的 50%;生产车间和供应部的工人福利费为基本工资的 20%,生产车间和供应部的非工人福利费为基本工资的 30%。

(3)副食补贴:基本工资大于 3 000 元的职工没有副食补贴,基本工资小于 3 000 元的职工副食补贴为基本工资的 10%。

(4)奖金:奖金根据部门的效益决定,本月厂部的奖金为 500 元,财务部的奖金为 300 元,生产车间和供应部的奖金为 800 元。

(5)事假扣款规定:如果事假小于 15 天,将应发工资平均分到每天(每月按 22 天计算),按天扣钱;如果事假大于 15 天,工人应发工资全部扣除,非工人扣除应发工资的 80%。

(6)病假扣款规定:每天扣款 40 元。

(7)个人所得税:按最新个人所得税规定修改。

实训要求:为了满足企业的管理要求,请利用 Excel 对工资情况进行如下汇总分析:

(1)计算每一个部门每一职工类别应发工资汇总数。

(2)计算每一个部门每一职工类别应发工资平均数。

(3)计算每一个部门应发工资数占总工资数的百分比。

(4)计算每一个职工类别应发工资数占总工资数的百分比。

（5）计算每一个部门每一职工类别应发工资数占总工资数的百分比。
（6）按性别统计人数。
（7）按年龄段统计人数。
（8）按基本工资段统计人数。

☞提示：

> 使用嵌套的IF语句计算岗位工资、福利费等。
> 应发工资＝基本工资＋岗位工资＋福利费＋副食补贴＋奖金－事假扣款－病假扣款
> 实发工资＝应发工资－个人所得税

# 典型项目 5　固定资产管理与折旧计算

## ➢ 项目目标

**知识目标**
1. 熟悉固定资产的折旧方法
2. 掌握 Excel 的折旧函数
3. 掌握固定资产数据管理与分析

**技能目标**
1. 掌握固定资产清单的编制
2. 掌握固定资产卡片的编制
3. 掌握固定资产数据的管理与分析

**素养目标**
1. 能熟练完成固定资产系统操作
2. 能熟悉固定资产的相关法规和制度,提高国家和企业的资产保值增值的意识

## ➢ 项目知识背景

财务角度:固定资产是指企业为生产商品、提供劳务、出租或者经营管理而持有的、使用寿命超过一个会计年度的有形资产,包括房屋、建筑物、机器、机械、运输工具以及其他与生产经营活动有关的设备、器具、工具等。

通过建立固定资产信息库、固定资产卡片,完成固定资产的取得、日常管理、折旧的计提、折旧费用的分配等工作。

Excel 技巧:利用折旧计算函数、查找与引用函数、统计函数、日期函数等功能完成固定资产的管理工作。

## ➢ 项目任务

琼源食品有限公司固定资产数量虽然不多,但固定资产的管理对于整个企业来说相当重要,因为固定资产是企业实现劳动所依靠的工具,也是企业赖以生产经营的主要资产。所以公司决定采用 Excel 管理企业固定资产,建立固定资产管理系统。利用 Excel 进行固定资产的核算和管理,可以避免财会人员因繁琐的手工劳动而出现错误,也减轻了财会人员的工作负担。

公司对固定资产管理大致流程如下：

（1）公司取得固定资产后，先由公司设备管理部门和固定资产使用部门依据有关单据对新增固定资产共同进行验收。

（2）财务部门按照资产的类别、名称、编号、购入时间、使用/保管部门等信息创建固定资产清单。

（3）财务部门按照固定资产分类、使用年限按期计提折旧并分配折旧费用。

（4）对于转让、盘亏、毁损等原因减少的固定资产，由固定资产使用部门和设备管理部门共同进行实物残值估价，办理资产清理工作。

琼源食品有限公司对企业固定资产相关信息实行统一管理制度，其中资产类别、部门信息、资产增加方式、使用状况、折旧方法和固定资产清单等信息，如表5.1至表5.6所示。

表5.1　　　　　　　　　　　　　资产类别表

| 类别编号 | 类别名称 | 净残值率 | 使用年限/工作量 | 折旧方法 |
| --- | --- | --- | --- | --- |
| 011 | 房屋建筑物 | 5% | 50年 | 年限平均法 |
| 012 | 办公设备 | 3% | 5年 | 双倍余额递减法 |
| 013 | 运输设备 | 4% | 30万千米 | 工作量法 |
| 014 | 生产设备 | 4% | 15年 | 年数总和法 |

表5.2　　　　　　　　　　　　　部门信息表

| 部门编号 | 部门名称 | 部门分类 | 折旧科目 |
| --- | --- | --- | --- |
| 1 | 办公室 | 管理部门 | 管理费用 |
| 2 | 财务部 | | |
| 3 | 供应部 | | |
| 4 | 销售部 | 销售部门 | 销售费用 |
| 5 | 生产部 | 生产部门 | 制造费用 |

表5.3　　　　　　　　　　　　　资产增加方式表

| 编号 | 增加方式 | 编号 | 增加方式 |
| --- | --- | --- | --- |
| 01 | 直接购入 | 05 | 接受捐赠 |
| 02 | 在建工程转入 | 06 | 调拨 |
| 03 | 投资者投入 | 07 | 其他 |
| 04 | 盘盈 | | |

表5.4　　　　　　　　　　　　　资产使用状况表

| 编号 | 使用状况 | 编号 | 使用状况 |
| --- | --- | --- | --- |
| 01 | 未使用 | 03 | 已提足折旧 |
| 02 | 在用 | 04 | 报废 |

表5.5　　　　　　　　　　　　　折旧方法表

| 编号 | 使用状况 | 编号 | 使用状况 |
| --- | --- | --- | --- |
| 01 | 年限平均法 | 03 | 双倍余额递减法 |
| 02 | 工作量法 | 04 | 年数总和法 |

**表 5.6**

**固定资产清单**
2024 年 9 月 30 日

| 资产编号 | 资产名称 | 类别编号 | 类别名称 | 部门名称 | 增加方式 | 存放地点 | 使用状况 | 使用年限(工作总量) | 开始使用日期 | 原值 | 净残值率 | 净残值 | 折旧方法 | 已提折旧月数(工作量) | 本期实际工作量 | 月折旧额 | 对应折旧科目 |
|---|---|---|---|---|---|---|---|---|---|---|---|---|---|---|---|---|---|
| 011001 | 办公楼 | 011 | | 办公室 | 在建工程转入 | 办公室 | 在用 | 50 | 2019年1月1日 | 3 250 000.00 | | | | | | | |
| 011002 | 厂房 | 011 | | 生产部 | 在建工程转入 | 生产部 | 在用 | 50 | 2020年9月12日 | 6 000 000.00 | | | | | | | |
| 011003 | 仓库 | 011 | | 供应部 | 在建工程转入 | 供应部 | 在用 | 50 | 2020年12月10日 | 1 060 000.00 | | | | | | | |
| 021004 | 电脑 | 021 | | 办公室 | 直接购入 | 办公室 | 在用 | 5 | 2023年1月1日 | 4 800.00 | | | | | | | |
| 021005 | 电脑 | 021 | | 财务部 | 直接购入 | 财务部 | 在用 | 5 | 2023年1月1日 | 4 800.00 | | | | | | | |
| 021006 | 电脑 | 021 | | 供应部 | 直接购入 | 供应部 | 在用 | 5 | 2023年1月1日 | 4 800.00 | | | | | | | |
| 021007 | 电脑 | 021 | | 销售部 | 直接购入 | 销售部 | 在用 | 5 | 2023年3月1日 | 5 200.00 | | | | | | | |
| 021008 | 电脑 | 021 | | 生产部 | 直接购入 | 生产部 | 在用 | 5 | 2023年3月1日 | 5 200.00 | | | | | | | |
| 031009 | 轿车 | 031 | | 办公室 | 直接购入 | 办公室 | 在用 | 500 000 | 2023年5月1日 | 210 000.00 | | | | | | | |
| 031010 | 货车 | 031 | | 销售部 | 直接购入 | 销售部 | 在用 | 300 000 | 2022年10月1日 | 150 000.00 | | | | | | | |
| 041011 | 生产线 | 041 | | 生产部 | 直接购入 | 生产部 | 在用 | 15 | 2021年12月1日 | 800 000.00 | | | | | | | |
| 041012 | 生产设备 | 041 | | 生产部 | 投资者投入 | 生产部 | 在用 | 15 | 2024年8月6日 | 305 000.00 | | | | | | | |

公司按照统一管理要求,创建固定资产清单、制作固定资产卡片,定期进行折旧计算与分类汇总,以便对企业的固定资产进行详细、全面的管理。

## ➢ 任务分解

任务分解图,如图5.1所示。

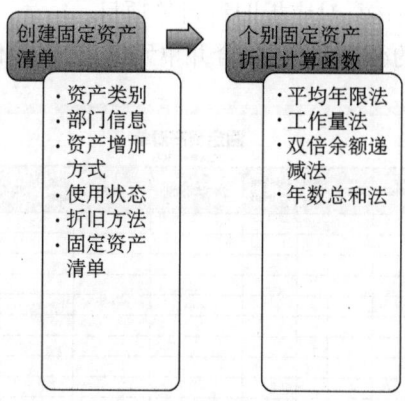

图 5.1　任务分解图

## 任务 5.1　创建固定资产清单

### 5.1.1　任务分析

固定资产清单可以用来存放与该固定资产相关的所有数据,琼源食品有限公司的固定资产清单详细记录了资产编号、资产名称、类别编号、类别名称、部门名称、增加方式、存放地点、使用状况、使用年限、开始使用日期、原值、净残值率、净残值、折旧方法、已提折旧月数、月折旧额、对应折旧科目等信息,结果如图5.2所示。

| 资产编号 | 资产名称 | 类别编号 | 类别名称 | 部门名称 | 增加方式 | 存放地点 | 使用状况 | 使用年限(工作量) | 开始使用日期 | 原值 | 净残值率 | 净残值 | 折旧方法 | 已提折旧月数(工作量) | 本期实际工作量 | 月折旧额 | 对应折旧科目 |
|---|---|---|---|---|---|---|---|---|---|---|---|---|---|---|---|---|---|
| 011001 | 办公楼 | 011 | 房屋建筑物 | 办公室 | 在建工程转入 | 办公室 | 在用 | 50 | 2019年1月1日 | 3 250 000.00 | 5% | | | | | | |
| 011002 | 厂房 | 011 | 房屋建筑物 | 生产部 | 在建工程转入 | 生产部 | 在用 | 50 | 2020年9月12日 | 6 000 000.00 | 5% | | | | | | |
| 011003 | 仓库 | 011 | 房屋建筑物 | 供应部 | 在建工程转入 | 供应部 | 在用 | 50 | 2020年12月10日 | 1 060 000.00 | 5% | | | | | | |
| 021004 | 电脑 | 021 | 办公设备 | 办公室 | 直接购入 | 办公室 | 在用 | 5 | 2023年1月1日 | 4 800.00 | 3% | | | | | | |
| 021005 | 电脑 | 021 | 办公设备 | 财务部 | 直接购入 | 财务部 | 在用 | 5 | 2023年1月1日 | 4 800.00 | 3% | | | | | | |
| 021006 | 电脑 | 021 | 办公设备 | 供应部 | 直接购入 | 供应部 | 在用 | 5 | 2023年1月1日 | 4 800.00 | 3% | | | | | | |
| 021007 | 电脑 | 021 | 办公设备 | 销售部 | 直接购入 | 销售部 | 在用 | 5 | 2023年2月1日 | 5 200.00 | 3% | | | | | | |
| 021008 | 电脑 | 021 | 办公设备 | 生产部 | 直接购入 | 生产部 | 在用 | 5 | 2023年3月1日 | 5 200.00 | 3% | | | | | | |
| 031009 | 轿车 | 031 | 运输设备 | 办公室 | 直接购入 | 办公室 | 在用 | 500 000 | 2023年5月1日 | 210 000.00 | 4% | | | 30 000 | 2 800 | | |
| 031010 | 货车 | 031 | 运输设备 | 销售部 | 直接购入 | 销售部 | 在用 | 300 000 | 2022年10月1日 | 150 000.00 | 4% | | | 80 000 | 3 500 | | |
| 041011 | 生产线 | 041 | 生产设备 | 生产部 | 直接购入 | 生产部 | 在用 | 15 | 2021年12月1日 | 800 000.00 | 4% | | | | | | |
| 041012 | 生产设备 | 041 | 生产设备 | 生产部 | 投资者投入 | 生产部 | 在用 | 15 | 2024年9月6日 | 305 000.00 | 4% | | | | | | |

图 5.2　固定资产清单

为了规范固定资产清单内容,在录入固定资产清单信息时,将参照表5.1至表5.6的相关数据。

## 5.1.2 任务实现步骤

**步骤1** 新建一个 Excel 工作簿,命名为"固定资产管理",打开工作簿,将 Sheet1 工作表重命名为"固定资产清单",在工作表 B2 单元格中输入"固定资产清单";在 B3 单元格中输入制表日期;在 B4:S4 单元格中,依次输入:资产编号、资产名称、类别编号、类别名称、部门名称、增加方式、存放地点、使用状况、使用年限、开始使用日期、原值、净残值率、净残值、折旧方法、已提折旧月数、月折旧额、对应折旧科目等项目。

**步骤2** 适当调整表格的行高和列宽,合并单元格,设置美化表格格式,如图 5.3 所示。

图 5.3 "固定资产清单"格式设置

**步骤3** 选定类别编号所在列的 D5 单元格,选择"数据"功能区中的"数据验证",打开"数据验证"对话框,在"设置"选项卡的"允许"下拉列表中选择"序列"选项,在"来源"文本框中参照表 5.1 资产类别表,录入资产类别编号"011,021,031,041"等内容,如图 5.4 所示。向下拖动填充柄,将其设置内容复制到该列的其他单元格中。

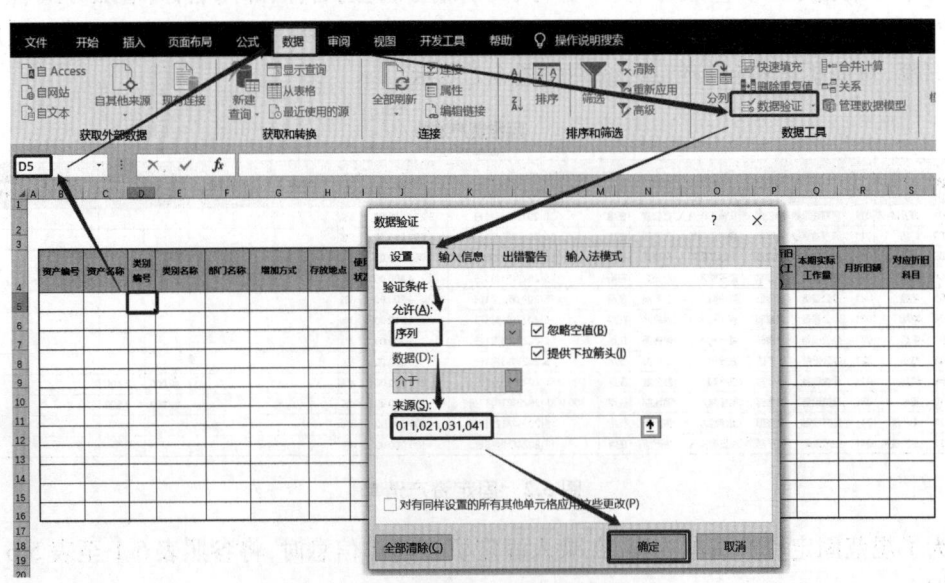

图 5.4 "类别编号"数据有效性设置

**步骤 4**　同样的方法,按公司信息的分类要求参照表 5.1 至表 5.5 的内容,设置部门名称、增加方式、存放地点、使用状况等项目的数据验证。图 5.5 所示为"部门名称"数据验证的下拉列表。

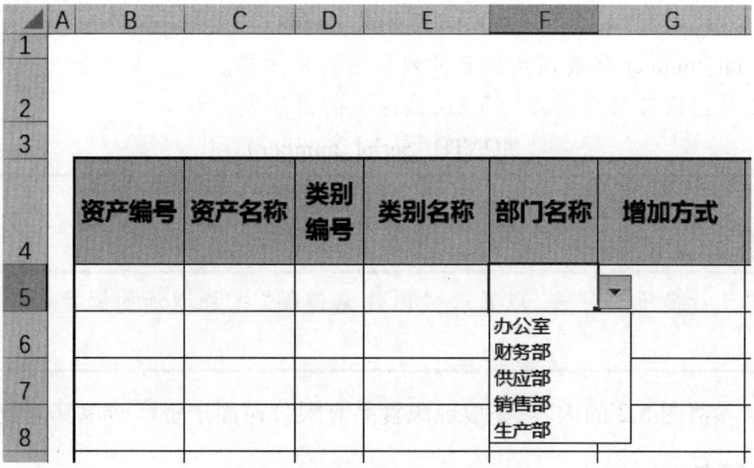

**图 5.5**　"部门名称"下拉列表

**步骤 5**　在"类别名称"栏 E5 单元格中输入公式"=IF(D5="011","房屋建筑物",IF(D5="021","办公设备",IF(D5="031","运输设备","生产设备")))",向下拖动填充柄,将公式复制到该列的其他单元格中。(注:也可以使用 Vlookup 函数)

**步骤 6**　在"净残值率"栏 M5 单元格中输入公式"=IF(E5="房屋建筑物",5%,IF(E5="办公设备",3%,IF(E5="运输设备",4%,4%)))",向下拖动填充柄,将公式复制到该列的其他单元格中。

**步骤 7**　在"净残值"栏 N5 单元格中输入公式"=L5*M5",表示净残值=原值*净残值率,向下拖动填充柄,将公式复制到该列的其他单元格中。

**步骤 8**　在"折旧方法"栏 O5 单元格中输入公式"=IF(E5="房屋建筑物","年限平均法",IF(E5="办公设备","双倍余额递减法",IF(E5="运输设备","工作量法","年数总和法")))",向下拖动填充柄,将公式复制到该列的其他单元格中。

**步骤 9**　在"已提折旧月数"栏的 P5 单元格中输入公式"=IF(AND(YEAR($B$3)=YEAR(K5),MONTH($B$3)=MONTH(K5)),0,(YEAR($B$3)-YEAR(K5))*12+MONTH($B$3)-MONTH(K5)-1)",然后拖动填充柄向下复制公式到该列的其他单元格。

☞ **知识链接**

Excel 中 AND 函数,可以用来对多个条件进行判断,当所有的条件都满足时返回"TURE",只要有条件不满足时就返回"FALSE"。该函数的语法规则如下:
　　　　　　　　　　AND(Logical1,Logical2,…)
最多可以有 30 个条件。

☞ **知识链接**

YEAR 函数,可以返回某日期的年份,其结果为 1 900 到 9 999 之间的一个整数。该函数的语法规则如下:

YEAR(Serial_number)

其中 Serial_number 代表指定的日期或引用的单元格。

MONTH 是返回某日期的月份函数,该函数的语法规则如下:

MONTH(Serial_number)。

☞ **知识链接**

在设计"已计提折旧月数"取数公式时注意遵循"当月增加的固定资产当月不提折旧"的原则。

**步骤 10** 参照图 5.2 的内容,完成琼源食品有限公司固定资产清单其他数据的录入。

### 5.1.3 拓展任务

根据图 5.6 的样式内容,为辉煌电脑公司创建 2024 年 12 月 31 日的固定资产清单。

| 资产编号 | 使用部门 | 资产类别 | 名称 | 增加方式 | 使用状态 | 使用年限 | 始用日期 | 原值 | 残值率 | 净残值 | 已使用期数 | 本期实际工作量 | 当月折旧额 | 折旧方法 | 对应折旧科目 |
|---|---|---|---|---|---|---|---|---|---|---|---|---|---|---|---|
| | | | | | | | 辉煌电脑公司固定资产清单 | | | | | | | | |
| | | | | | | | 2024年12月31日 | | | | | | | | |
| 0001 | 财务科 | 办公设备 | 电脑 | 自制产品领用 | 在用 | 5 | 2018年10月1日 | 5 000.00 | | | | | | 双倍余额递减法 | |
| 0002 | 财务科 | 办公设备 | 打印机 | 直接购入 | 在用 | 5 | 2019年10月2日 | 5 300.00 | | | | | | 双倍余额递减法 | |
| 0003 | 厂办 | 办公设备 | 电脑 | 自制产品领用 | 在用 | 5 | 2019年2月3日 | 8 400.00 | | | | | | 双倍余额递减法 | |
| 0004 | 厂办 | 办公设备 | 复印机 | 直接购入 | 在用 | 5 | 2016年8月15日 | 13 000.00 | | | | | | 双倍余额递减法 | |
| 0005 | 厂办 | 房屋建筑物 | 办公楼 | 在建工程转入 | 在用 | 50 | 2013年1月1日 | 8 570 000.00 | | | | | | 年限平均法 | |
| 0006 | 供应科 | 办公设备 | 电脑 | 直接购入 | 在用 | 5 | 2016年1月1日 | 6 800.00 | | | | | | 双倍余额递减法 | |
| 0007 | 供应科 | 运输设备 | 汽车 | 直接购入 | 在用 | 5 | 400 000 | 2018年12月1日 | 140 000.00 | | | | 4 500.00 | 工作量法 | |
| 0008 | 机修车间 | 生产设备 | 热压机 | 直接购入 | 在用 | 15 | 2016年1月1日 | 10 000.00 | | | | | | 年数总和法 | |
| 0009 | 机修车间 | 生产设备 | 焊接机 | 直接购入 | 在用 | 15 | 2016年1月1日 | 23 000.00 | | | | | | 年数总和法 | |
| 0010 | 加工车间 | 房屋建筑物 | 厂房 | 在建工程转入 | 在用 | 50 | 2016年1月1日 | 3 430 000.00 | | | | | | 年限平均法 | |
| 0011 | 加工车间 | 生产设备 | 主板生产线 | 直接购入 | 在用 | 15 | 2016年1月1日 | 350 000.00 | | | | | | 年数总和法 | |
| 0012 | 加工车间 | 生产设备 | 硬盘生产线 | 直接购入 | 在用 | 15 | 2016年1月1日 | 420 000.00 | | | | | | 年数总和法 | |
| 0013 | 销售科 | 办公设备 | 电脑 | 直接购入 | 在用 | 5 | 2015年2月1日 | 6 800.00 | | | | | | 双倍余额递减法 | |
| 0014 | 销售科 | 办公设备 | 打印机 | 直接购入 | 在用 | 5 | 2015年10月12日 | 4 580.00 | | | | | | 双倍余额递减法 | |
| 0015 | 销售科 | 运输设备 | 汽车 | 直接购入 | 在用 | 5 | 400 000 | 2015年5月6日 | 230 000.00 | | | | 3 600.00 | 双倍余额递减法 | |
| 合计 | | | | | | | | 13 222 880.00 | | | | | | | |

**图 5.6 辉煌电脑公司固定资产清单**

要求:参照琼源食品有限公司不同资产类别的残值率,利用公式计算辉煌电脑公司固定资产的"残值率""净残值"和"已使用期数"。

## 任务 5.2 个别固定资产折旧计算函数

### 5.2.1 任务分析

固定资产折旧是指固定资产由于使用而逐渐磨损所减少的那部分价值。折旧方法是指将应提折旧总额在固定资产各使用期间进行分配时所采用的具体计算方法。

#### 5.2.1.1 固定资产折旧方法

1. 平均年限法

平均年限法又称直线法,是最简单并且常用的一种方法。此法是以固定资产的原价减去预计净残值除以预计使用年限,求得每年的折旧费用。

计算公式为:

年折旧率 =（1 - 预计净残值率）÷ 预计使用寿命（年）× 100%

月折旧额 = 固定资产原价 × 年折旧率 ÷ 12

2. 工作量法

工作量法又称变动费用法,是根据实际工作量计提折旧额的一种方法。这种方法弥补了平均年限法只重使用时间,不考虑使用强度的特点。

计算公式为:

单位工作量折旧额 = 固定资产原价 ×（1 - 预计净残值率）÷ 预计总工作量

某项固定资产月折旧额 = 该项固定资产当月工作量 × 单位工作量折旧额

3. 双倍余额递减法

双倍余额递减法是指在不考虑固定资产预计净残值的情况下,根据每期期初固定资产原价减去累计折旧后的金额（即固定资产净值）和双倍的直线法折旧率计算固定资产折旧的一种方法。

计算公式为:

年折旧率 = 2 ÷ 预计使用寿命（年）× 100%

月折旧额 = 固定资产净值 × 年折旧率 ÷ 12

每年年初固定资产净值没有扣除预计净残值,因此,在双倍余额递减法下,必须注意不能使固定资产的净值低于其预计净残值以下。通常在其折旧年限到期前 2 年内,将固定资产净值扣除预计净残值后的余额平均摊销。

4. 年数总和法

年数总和法又称年限合计法,是将固定资产的原价减去预计净残值的余额乘以一个固定资产尚可使用寿命为分子、以预计使用寿命逐年数字之和为分母的逐年递减的分数计算每年的折旧额。

计算公式为:

年折旧率 = 尚可使用寿命 ÷ 预计使用寿命的年数总和 × 100%

月折旧额 =（固定资产原价 - 预计净残值）× 年折旧率 ÷ 12

#### 5.2.1.2 Excel 折旧函数

1. 直线折旧函数:SLN( )

函数用途:用来返回某项资产在一个期间中的线性折旧值。

函数语法：SLN(Cost, Salvage, Life)。

参数说明：Cost 为资产原值；Salvage 为资产在折旧期末的价值（也称为资产残值）；Life 为折旧期限（也称作资产的使用寿命）。

例如，SLN(80 000, 80 000 * 5%, 5)，表示平均法下原值 80 000 元、残值 4 000 元、使用期限为 5 年的固定资产各年的折旧额。

2. 双倍余额递减法函数：DDB( )

函数用途：是基于双倍余额递减法或其他的指定方法返回一笔资产在给定期间内的折旧值。

函数语法：DDB(Cost, Salvage, Life, Period, Factor)。

参数说明：Cost 为资产原值；Salvage 为资产在折旧期末的价值（也称为资产残值）。此值可以是 0；Life 为折旧期限（也称作资产的使用寿命）；Period 为需要计算折旧值的期间，Period 必须使用与 Life 相同的单位；Factor 为余额递减速率。如果 Factor 被省略，则假设为 2（双倍余额递减法）。

例如，DDB(80 000, 80 000 * 5%, 5, 1) 表示原值 80 000 元，净残值率 5%，折旧期限 5 年，双倍余额递减法下第一年的折旧额。根据现行会计制度的规定，采用双倍余额递减法时，最后两年应采用年限平均法计算折旧，所以前期折旧的计提使用 DDB 函数的使用，最后两年应改用 SLN 函数。

3. 年数总和法函数：SYD( )

函数用途：基于年限总和法返回某项资产在指定期间的折旧值。

函数语法：SYD(Cost, Salvage, Life, Period)。

参数说明：Cost 为资产原值；Salvage 为资产在折旧期末的价值（也称为资产残值）；Life 为折旧期限（也称作资产的使用寿命）；Period 为期间，其单位与 Life 相同。

例如，SYD(50 000, 2 000, 5, 3) 表示原值是 50 000 元，净残值 2 000 元，折旧期限 5 年，年数总和法下第三年的折旧额。

### 5.2.2 任务实现步骤

琼源食品有限公司的固定资产折旧计提方法有年限平均法、工作量法、双倍余额递减法和年数总和法等，在采用 Excel 计算固定资产折旧时，要根据固定资产清单中的固定资产原值、净残值、使用年限和已提折旧月数等信息，计算每期固定资产折旧金额。

**步骤 1** 直接在 R5 单元格中直接输入按"年限平均法"计算月折旧额的计算公式"=SLN(L5, N5, J5)/12"，或者通过函数向导功能插入函数，在"财务"类函数中找到 SLN( ) 函数，输入"固定资产原值"所在的单元格地址 L5，"估计净残值"所在的单元格地址 N5 和"使用年限"所在的单元格地址 J5，算出每年的折旧额，再除以 12 算出当年每个月的折旧额。R5 单元格的公式编辑完毕，便可将该公式复制到该列其他折旧方法为"年限平均法"的单元格中，如 R6，R7，计算结果如图 5.7 所示。

**步骤 2** 在 R8 单元格中直接输入按"双倍余额递减法"计算折旧额的计算公式"=DDB(L8, N8, J8, INT(P8/12+1))/12"，或者通过函数向导功能插入函数，并将 R8 单元格的公式复制到该列其他折旧方法为"双倍余额递减法"的单元格中，如 R9-R12，计算结果如图 5.8 所示。

典型项目5　固定资产管理与折旧计算

| R5 | | | fx | =SLN(L5,N5,J5)/12 | | | | | | | | | | | | | |
|---|---|---|---|---|---|---|---|---|---|---|---|---|---|---|---|---|---|
| A | B | C | D | E | F | G | H | I | J | K | L | M | N | O | P | Q | R | S |
| | | | | | | | 固定资产清单 | | | | | | | | | | | |
| | | | | | | | | | | 2024年9月30日 | | | | | | | | |
| | 资产编号 | 资产名称 | 类别编号 | 类别名称 | 部门名称 | 增加方式 | 存放地点 | 使用状况 | 使用年限（工作量） | 开始使用日期 | 原值 | 净残值率 | 净残值 | 折旧方法 | 已提折旧月数（工作量） | 本期实际工作量 | 月折旧额 | 对应折旧科目 |
| | 011001 | 办公楼 | 011 | 房屋建筑物 | 办公室 | 在建工程转入 | 办公室 | 在用 | 50 | 2019年1月1日 | 3 250 000.00 | 5% | 162 500.00 | 年限平均法 | 67 | | 5 145.83 | |
| | 011002 | 厂房 | 011 | 房屋建筑物 | 生产部 | 在建工程转入 | 生产部 | 在用 | 50 | 2020年9月12日 | 6 000 000.00 | 5% | 300 000.00 | 年限平均法 | 47 | | 9 500.00 | |
| | 011003 | 仓库 | 011 | 房屋建筑物 | 供应部 | 在建工程转入 | 供应部 | 在用 | 50 | 2020年12月10日 | 1 060 000.00 | 5% | 53 000.00 | 年限平均法 | 44 | | 1 678.33 | |
| | 021004 | 电脑 | 021 | 办公设备 | 办公室 | 直接购入 | 办公室 | 在用 | 5 | 2023年1月1日 | 4 800.00 | 3% | 144.00 | 双倍余额递减法 | 19 | | | |
| | 021005 | 电脑 | 021 | 办公设备 | 财务部 | 直接购入 | 财务部 | 在用 | 5 | 2023年1月1日 | 4 800.00 | 3% | 144.00 | 双倍余额递减法 | 19 | | | |
| | 021006 | 电脑 | 021 | 办公设备 | 供应部 | 直接购入 | 供应部 | 在用 | 5 | 2023年1月1日 | 4 800.00 | 3% | 144.00 | 双倍余额递减法 | 19 | | | |
| | 021007 | 电脑 | 021 | 办公设备 | 销售部 | 直接购入 | 销售部 | 在用 | 5 | 2023年3月1日 | 5 200.00 | 3% | 156.00 | 双倍余额递减法 | 17 | | | |
| | 021008 | 电脑 | 021 | 办公设备 | 生产部 | 直接购入 | 生产部 | 在用 | 5 | 2023年3月1日 | 5 200.00 | 3% | 156.00 | 双倍余额递减法 | 17 | | | |
| | 031009 | 轿车 | 031 | 运输设备 | 办公室 | 直接购入 | 办公室 | 在用 | 500 000 | 2023年5月1日 | 210 000.00 | 4% | 8 400.00 | 工作量法 | 30 000 | 2 800 | | |
| | 031010 | 货车 | 031 | 运输设备 | 销售部 | 直接购入 | 销售部 | 在用 | 300 000 | 2022年10月1日 | 150 000.00 | 4% | 6 000.00 | 工作量法 | 80 000 | 3 500 | | |
| | 041011 | 生产线 | 041 | 生产设备 | 生产部 | 直接购入 | 生产部 | 在用 | 15 | 2021年12月1日 | 800 000.00 | 4% | 32 000.00 | 年数总和法 | 32 | | | |
| | 041012 | 生产设备 | 041 | 生产设备 | 生产部 | 投资者投入 | 生产部 | 在用 | 15 | 2024年8月6日 | 305 000.00 | 4% | 12 200.00 | 年数总和法 | 0 | | | |

图 5.7　年限平均法的折旧计算公式

| R8 | | | fx | =DDB(L8,N8,J8,INT(P8/12+1))/12 | | | | | | | | | | | | | |
|---|---|---|---|---|---|---|---|---|---|---|---|---|---|---|---|---|---|
| A | B | C | D | E | F | G | H | I | J | K | L | M | N | O | P | Q | R | S |
| | | | | | | | 固定资产清单 | | | | | | | | | | | |
| | | | | | | | | | | 2024年9月30日 | | | | | | | | |
| | 资产编号 | 资产名称 | 类别编号 | 类别名称 | 部门名称 | 增加方式 | 存放地点 | 使用状况 | 使用年限（工作量） | 开始使用日期 | 原值 | 净残值率 | 净残值 | 折旧方法 | 已提折旧月数（工作量） | 本期实际工作量 | 月折旧额 | 对应折旧科目 |
| | 011001 | 办公楼 | 011 | 房屋建筑物 | 办公室 | 在建工程转入 | 办公室 | 在用 | 50 | 2019年1月1日 | 3 250 000.00 | 5% | 162 500.00 | 年限平均法 | 67 | | 5 145.83 | |
| | 011002 | 厂房 | 011 | 房屋建筑物 | 生产部 | 在建工程转入 | 生产部 | 在用 | 50 | 2020年9月12日 | 6 000 000.00 | 5% | 300 000.00 | 年限平均法 | 47 | | 9 500.00 | |
| | 011003 | 仓库 | 011 | 房屋建筑物 | 供应部 | 在建工程转入 | 供应部 | 在用 | 50 | 2020年12月10日 | 1 060 000.00 | 5% | 53 000.00 | 年限平均法 | 44 | | 1 678.33 | |
| | 021004 | 电脑 | 021 | 办公设备 | 办公室 | 直接购入 | 办公室 | 在用 | 5 | 2023年1月1日 | 4 800.00 | 3% | 144.00 | 双倍余额递减法 | 19 | | 96.00 | |
| | 021005 | 电脑 | 021 | 办公设备 | 财务部 | 直接购入 | 财务部 | 在用 | 5 | 2023年1月1日 | 4 800.00 | 3% | 144.00 | 双倍余额递减法 | 19 | | 96.00 | |
| | 021006 | 电脑 | 021 | 办公设备 | 供应部 | 直接购入 | 供应部 | 在用 | 5 | 2023年1月1日 | 4 800.00 | 3% | 144.00 | 双倍余额递减法 | 19 | | 96.00 | |
| | 021007 | 电脑 | 021 | 办公设备 | 销售部 | 直接购入 | 销售部 | 在用 | 5 | 2023年3月1日 | 5 200.00 | 3% | 156.00 | 双倍余额递减法 | 17 | | 104.00 | |
| | 021008 | 电脑 | 021 | 办公设备 | 生产部 | 直接购入 | 生产部 | 在用 | 5 | 2023年3月1日 | 5 200.00 | 3% | 156.00 | 双倍余额递减法 | 17 | | 104.00 | |
| | 031009 | 轿车 | 031 | 运输设备 | 办公室 | 直接购入 | 办公室 | 在用 | 500 000 | 2023年5月1日 | 210 000.00 | 4% | 8 400.00 | 工作量法 | 30 000 | 2 800 | | |
| | 031010 | 货车 | 031 | 运输设备 | 销售部 | 直接购入 | 销售部 | 在用 | 300 000 | 2022年10月1日 | 150 000.00 | 4% | 6 000.00 | 工作量法 | 80 000 | 3 500 | | |
| | 041011 | 生产线 | 041 | 生产设备 | 生产部 | 直接购入 | 生产部 | 在用 | 15 | 2021年12月1日 | 800 000.00 | 4% | 32 000.00 | 年数总和法 | 32 | | | |
| | 041012 | 生产设备 | 041 | 生产设备 | 生产部 | 投资者投入 | 生产部 | 在用 | 15 | 2024年8月6日 | 305 000.00 | 4% | 12 200.00 | 年数总和法 | 0 | | | |

图 5.8　双倍余额递减法的折旧计算公式

注意：采用双倍余额递减法计算折旧额时，最后两年应采用年限平均法计算折旧，所以前期折旧的计提使用 DDB 函数，最后两年折旧额=（倒数第三年年末折余价值-净残值）/2。

**步骤 3**　在 R13 单元格中输入按"工作量法"计算折旧额的计算公式"=（L13-N13）/J13＊Q13"，并将 R13 单元格的公式复制到该列其他折旧方法为"工作量法"的单元格中，如 R14 单元格。

**步骤 4**　在 R15 单元格中输入按"年数总和法"计算折旧额的计算公式"=SYD（L15，N15，J15，INT（P15/12+1））/12"，同时将 R15 单元格的公式复制到该列其他折旧方法为"年数总和法"的单元格中，如 R16 单元格，计算结果如图 5.9 所示。

Excel 在财务中的运用

图 5.9　年数总和法的折旧计算公式

**步骤 5**　在 S5 单元格中输入"对应折旧科目"的计算公式"= IF（F5 = "生产部","制造费用",IF（F5 = "销售部","销售费用","管理费用"））",同时向下拖动填充柄,向下复制各部门对应折旧科目的公式。

图 5.10　固定资产清单对应折旧科目

### 5.2.3　拓展任务

根据如图 5.6 的样式内容,在完成拓展任务 5.1.3 的基础上,在辉煌电脑公司固定资产清单表格中建立"当月折旧额""对应折旧科目"计算公式。

## 实　战　训　练

吉大卢卡公司的固定资产资料,如表 5.7 所示。请为该公司建立固定资产管理模型,包括固定资产卡片,并进行数据分析。

表 5.7

吉大卢卡公司固定资产清单

2024 年 12 月 31 日

金额单位：元

| 资产名称 | 资产类别 | 使用部门 | 增加方式 | 使用年限（年） | 开始使用日期 | 原值 | 净残值率 | 折旧方法 | 净残值 | 已提折旧月数（月） | 本期实际工作量 | 月折旧额 | 对应折旧科目 |
|---|---|---|---|---|---|---|---|---|---|---|---|---|---|
| 台式电脑 | 办公设备 | 综合管理部 | 直接购入 | 5 | 2018年6月20日 | 5 000.00 | 5.00% | 双倍余额递减法 | | | | | |
| 针式打印机 | 办公设备 | 综合管理部 | 直接购入 | 5 | 2018年8月10日 | 5 500.00 | 5.00% | 双倍余额递减法 | | | | | |
| 激光打印机 | 办公设备 | 综合管理部 | 直接购入 | 5 | 2018年12月31日 | 3 000.00 | 5.00% | 双倍余额递减法 | | | | | |
| 空调 | 办公设备 | 综合管理部 | 直接购入 | 5 | 2019年5月21日 | 3 600.00 | 3.00% | 双倍余额递减法 | | | | | |
| 宝马 | 运输设备 | 综合管理部 | 直接购入 | 10 | 2019年7月8日 | 950 000.00 | 3.00% | 双倍余额递减法 | | | | | |
| 本田 | 运输设备 | 综合管理部 | 直接购入 | 10 | 2019年7月8日 | 300 000.00 | 3.00% | 双倍余额递减法 | | | | | |
| 大众 | 运输设备 | 销售部 | 直接购入 | 10 | 2019年7月8日 | 80 000.00 | 3.00% | 双倍余额递减法 | | | | | |
| 复印机 | 办公设备 | 销售部 | 直接购入 | 5 | 2018年12月31日 | 12 000.00 | 5.00% | 双倍余额递减法 | | | | | |
| 笔记本电脑 | 办公设备 | 采购部 | 直接购入 | 5 | 2019年5月21日 | 6 000.00 | 5.00% | 双倍余额递减法 | | | | | |
| 车床 | 机器设备 | 生产部 | 直接购入 | 10 | 2018年3月10日 | 60 000.00 | 8.00% | 年数总和法 | | | | | |
| 液压机 | 机器设备 | 生产部 | 直接购入 | 10 | 2018年3月10日 | 380 000.00 | 8.00% | 年数总和法 | | | | | |
| 天车 | 机器设备 | 生产部 | 直接购入 | 10 | 2018年3月10日 | 250 000.00 | 8.00% | 年数总和法 | | | | | |
| 车间 | 建筑物 | 生产部 | 投资者投入 | 40 | 2018年6月12日 | 2 000 000.00 | 3.00% | 年限平均法 | | | | | |

# 典型项目 6　会计账务处理

## ➤ 项目目标

**知识目标**
1. 熟悉科目汇总表编制的原理
2. 熟练掌握资产负债表编制的原理
3. 熟练掌握利润表编制的原理
4. 熟练掌握现金流量表编制的原理

**技能目标**
1. 掌握记账凭证的编制
2. 掌握科目余额表的编制
3. 掌握资产负债表的编制
4. 掌握利润表的编制
5. 掌握现金流量表的编制
6. 能够准确把握各申报表之间的勾稽关系

**素养目标**
1. 能熟练完成会计账务处理系统操作
2. 学会将财务业务，实时进行科目汇总表处理，实时编制财务报表

## ➤ 项目知识背景

财务角度：在实际工作中，设置会计科目、填制会计凭证、登记账簿以及编制会计报表等会计核算方法，并不是单独运行，孤立存在，而是以一定形式相互结合在一起的。会计凭证的取得和填制是会计工作的起点，也是登记账簿的依据，而会计凭证种类的选择、格式的设置，是由办理的业务和登记账簿的要求所决定的，账簿对会计凭证记录的零散的经济业务，连续、系统地进行了记录，同时又为编制会计报表提供了资料，会计报表的种类、格式和项目是由政府宏观经济管理和会计报表使用者的要求所决定的。由此可见，会计凭证、账簿、报表的种类、格式和内容，取决于会计工作的安排和经济管理的要求。

Excel 技巧：利用数据有效性、筛选、工作表的移动或复制、SUMIF、SUMIFS、VLOOKUP、IFFERROR 和 SUBTOTAL 等功能和函数。

## ➤ 项目任务

根据表 6.1 至表 6.7 凭证和报表的案例样式，完成一个会计账务处理的简易系统。

表 6.1 会计科目表

| 科目编码 | 总账科目 | 明细 1 | 明细 2 | 明细 3 | 明细 4 | 明细 5 | 明细 6 | 明细 7 | 明细 8 |
|---|---|---|---|---|---|---|---|---|---|
| 1001 | 库存现金 | | | | | | | | |
| 1002 | 银行存款 | 工商银行 | 建设银行 | 中国银行 | | | | | |
| 1015 | 其他货币资金 | 银行汇票 | 银行本票 | | | | | | |
| 1101 | 交易性金融资产 | | | | | | | | |
| 1121 | 应收票据 | | | | | | | | |
| 1122 | 应收账款 | 上海万联 | 天津广达 | | | | | | |
| 1123 | 预付账款 | | | | | | | | |
| 1131 | 应收股利 | | | | | | | | |
| 1231 | 其他应收款 | | | | | | | | |
| 1241 | 坏账准备 | | | | | | | | |
| 1401 | 材料采购 | | | | | | | | |
| 1403 | 原材料 | 不锈钢板 | 玻璃板 | PPI 电子配件 | Z3 电子配件 | | | | |
| 1404 | 材料成本差异 | | | | | | | | |
| 1406 | 库存商品 | Z230-5 烤箱 | Z350-8 烤箱 | | | | | | |
| 1407 | 发出商品 | | | | | | | | |
| 1411 | 周转材料 | 工作服 | 手套 | 包装箱 | | | | | |
| 1481 | 持有待售资产 | | | | | | | | |
| 1505 | 债权投资 | | | | | | | | |
| 1506 | 债权投资减值准备 | | | | | | | | |
| 1507 | 其他债权投资 | | | | | | | | |
| 1511 | 长期股权投资 | | | | | | | | |
| 1528 | 其他权益工具投资 | | | | | | | | |

(续表)

| 科目编码 | 总账科目 | 明细1 | 明细2 | 明细3 | 明细4 | 明细5 | 明细6 | 明细7 | 明细8 |
|---|---|---|---|---|---|---|---|---|---|
| 1601 | 固定资产 | | | | | | | | |
| 1602 | 累计折旧 | | | | | | | | |
| 1606 | 固定资产清理 | | | | | | | | |
| 1701 | 无形资产 | | | | | | | | |
| 1702 | 累计摊销 | | | | | | | | |
| 1801 | 长期待摊费用 | | | | | | | | |
| 1811 | 递延所得税资产 | | | | | | | | |
| 1901 | 待处理财产损益 | | | | | | | | |
| 2001 | 短期借款 | | | | | | | | |
| 2201 | 应付票据 | | | | | | | | |
| 2202 | 应付账款 | 广州西联 | | | | | | | |
| 2205 | 预收账款 | | | | | | | | |
| 2211 | 应付职工薪酬 | 工资 | 应付福利费 | 社会保险 | 公积金 | 教育经费 | 工会经费 | | |
| 2221 | 应交税费 | 应交增值税——进项税额 | 应交增值税——销项税额 | 应交增值税——转出增值税 | 未交增值税 | 应交城建税 | 应交教育费附加 | 应交地方教育费附加 | 应交个人所得税 |
| 2232 | 应付利息 | | | | | | | | |
| 2241 | 其他应付款 | 江苏百汇 | 沈阳旺达 | | | | | | |
| 2245 | 持有待售负债 | | | | | | | | |
| 2601 | 长期借款 | | | | | | | | |
| 2602 | 应付债券 | | | | | | | | |
| 2901 | 递延所得税负债 | | | | | | | | |
| 4001 | 实收资本 | 上海嘉华 | 天津吉大 | | | | | | |

(续表)

| 科目编码 | 总账科目 | 明细1 | 明细2 | 明细3 | 明细4 | 明细5 | 明细6 | 明细7 | 明细8 |
|---|---|---|---|---|---|---|---|---|---|
| 4002 | 资本公积 | | | | | | | | |
| 4101 | 盈余公积 | | | | | | | | |
| 4103 | 本年利润 | | | | | | | | |
| 4104 | 利润分配 | 未分配利润 | | | | | | | |
| 4105 | 其他综合收益 | | | | | | | | |
| 4106 | 其他权益工具 | | | | | | | | |
| 4301 | 专项储备 | | | | | | | | |
| 5001 | 生产成本 | 直接材料 | 直接人工 | 制造费用 | | | | | |
| 5101 | 制造费用 | | | | | | | | |
| 6001 | 主营业务收入 | Z230-5烤箱 | Z350-8烤箱 | | | | | | |
| 6051 | 其他业务收入 | | | | | | | | |
| 6111 | 投资损益 | | | | | | | | |
| 6301 | 营业外收入 | | | | | | | | |
| 6401 | 主营业务成本 | Z230-5烤箱 | Z350-8烤箱 | | | | | | |
| 6402 | 其他业务支出 | | | | | | | | |
| 6403 | 税金及附加 | | | | | | | | |
| 6601 | 销售费用 | | | | | | | | |
| 6602 | 管理费用 | 职工薪资 | 办公费 | | | | | | |
| 6603 | 财务费用 | 手续费 | 利息收入 | | | | | | |
| 6711 | 营业外支出 | | | | | | | | |
| 6801 | 所得税费用 | | | | | | | | |

表 6.2 记账凭证簿

| 唯一码 | 凭证号 | 年度 | 月 | 日 | 凭证类型 | 凭证号码 | 摘要 | 总账科目 | 明细科目 | 借方金额 | 贷方金额 | 附件张数 |
|---|---|---|---|---|---|---|---|---|---|---|---|---|
| 20251 记 11 | 20251 记 1 | 2025 | 1 | 1 | 记 | 1 | 提现 | 库存现金 | | 2 000.00 | | 1 |
| 20251 记 12 | 20251 记 1 | 2025 | 1 | 1 | 记 | 1 | 提现 | 银行存款 | 中国银行 | | 2 000.00 | 1 |
| 20251 记 21 | 20251 记 2 | 2025 | 1 | 2 | 记 | 2 | 收款 | 银行存款 | 工商银行 | 10 000.00 | | 2 |
| 20251 记 22 | 20251 记 2 | 2025 | 1 | 2 | 记 | 2 | 收款 | 应收账款 | 天津广达 | | 10 000.00 | 2 |
| 20251 记 31 | 20251 记 3 | 2025 | 1 | 5 | 记 | 3 | 购料 | 原材料 | PP1 电子配件 | 20 000.00 | | 3 |
| 20251 记 32 | 20251 记 3 | 2025 | 1 | 5 | 记 | 3 | 购料 | 应交税费 | 应交增值税——进项税额 | 2 600.00 | | 3 |
| 20251 记 33 | 20251 记 3 | 2025 | 1 | 5 | 记 | 3 | 购料 | 银行存款 | 工商银行 | | 22 600.00 | 3 |
| 20251 记 41 | 20251 记 4 | 2025 | 1 | 8 | 记 | 4 | 购固定资产 | 固定资产 | | 10 000.00 | | 3 |
| 20251 记 42 | 20251 记 4 | 2025 | 1 | 8 | 记 | 4 | 购固定资产 | 银行存款 | 建设银行 | | 10 000.00 | 3 |
| 20251 记 51 | 20251 记 5 | 2025 | 1 | 10 | 记 | 5 | 支付工资 | 应付职工薪酬 | 工资 | 18 000.00 | | 2 |
| 20251 记 52 | 20251 记 5 | 2025 | 1 | 10 | 记 | 5 | 支付工资 | 银行存款 | 工商银行 | | 17 500.00 | 2 |
| 20251 记 53 | 20251 记 5 | 2025 | 1 | 10 | 记 | 5 | 支付工资 | 应交税费 | 应交个人所得税 | | 500.00 | 2 |
| 20251 记 61 | 20251 记 6 | 2025 | 1 | 15 | 记 | 6 | 销售 | 应收账款 | 上海万联 | 700 000.00 | | 2 |
| 20251 记 62 | 20251 记 6 | 2025 | 1 | 15 | 记 | 6 | 销售 | 主营业务收入 | Z230-5 烤箱 | | 619 469.03 | 2 |
| 20251 记 63 | 20251 记 6 | 2025 | 1 | 15 | 记 | 6 | 销售 | 应交税费 | 应交增值税——销项税额 | | 80 530.97 | 2 |
| 20251 记 71 | 20251 记 7 | 2025 | 1 | 15 | 记 | 7 | 结转销售成本 | 主营业务成本 | Z230-5 烤箱 | 500 000.00 | | 1 |
| 20251 记 72 | 20251 记 7 | 2025 | 1 | 15 | 记 | 7 | 结转销售成本 | 库存商品 | Z230-5 烤箱 | | 500 000.00 | 1 |
| 20251 记 81 | 20251 记 8 | 2025 | 1 | 20 | 记 | 8 | 购办公用品 | 管理费用 | 办公费 | 1 000.00 | | 1 |
| 20251 记 82 | 20251 记 8 | 2025 | 1 | 20 | 记 | 8 | 购办公用品 | 库存现金 | | | 1 000.00 | 1 |
| 20251 记 91 | 20251 记 9 | 2025 | 1 | 31 | 记 | 9 | 结转增值税 | 应交税费 | 应交增值税——转出增值税 | 77 930.97 | | 1 |
| 20251 记 92 | 20251 记 9 | 2025 | 1 | 31 | 记 | 9 | 结转增值税 | 应交税费 | 未交增值税 | | 77 930.97 | 1 |
| 20251 记 101 | 20251 记 10 | 2025 | 1 | 31 | 记 | 10 | 结转期间损益 | 主营业务收入 | Z230-5 烤箱 | 619 469.03 | | 0 |
| 20251 记 102 | 20251 记 10 | 2025 | 1 | 31 | 记 | 10 | 结转期间损益 | 主营业务成本 | Z230-5 烤箱 | | 500 000.00 | 0 |
| 20251 记 103 | 20251 记 10 | 2025 | 1 | 31 | 记 | 10 | 结转期间损益 | 管理费用 | 办公费 | | 1 000.00 | 0 |
| 20251 记 104 | 20251 记 10 | 2025 | 1 | 31 | 记 | 10 | 结转期间损益 | 本年利润 | | | 118 469.03 | 0 |

表 6.3　　　　　　　　　　　　　　记账凭证模板

## 记 账 凭 证

2025 年 1 月 1 日　　　　　　　　　　　　　　记 字第 1 号

| 摘要 | 会计科目 | | 借方金额 | 贷方金额 | 记账 √ |
|---|---|---|---|---|---|
| | 总账科目 | 明细科目 | | | |
| 提现 | 库存现金 | | 2 000.00 | | |
| 提现 | 银行存款 | 中国银行 | | 2 000.00 | |
| | | | | | |
| | | | | | |
| | | | | | |
| 合 计 | | | ¥2 000.00 | ¥2 000.00 | |

附单据 1 张

主管：　　　　　记账：　　　　　出纳：　　　　　审核：　　　　　制单：

表 6.4　　　　　　　　　　　　　　科目余额表

2025 年 1 月

| 顺序号 | 科目编码 | 总账科目 | 期初余额 | | 本期发生额 | | 期末余额 | |
|---|---|---|---|---|---|---|---|---|
| | | | 借方 | 贷方 | 借方 | 贷方 | 借方 | 贷方 |
| 1 | 1001 | 库存现金 | 9 500.00 | — | 2 000.00 | 1 000.00 | 10 500.00 | — |
| 2 | 1002 | 银行存款 | 502 054.00 | — | 10 000.00 | 52 100.00 | 459 954.00 | — |
| 3 | 1015 | 其他货币资金 | — | — | — | — | — | — |
| 4 | 1101 | 交易性金融资产 | — | — | — | — | — | — |
| 5 | 1121 | 应收票据 | — | — | — | — | — | — |
| 6 | 1122 | 应收账款 | 651 355.00 | — | 700 000.00 | 10 000.00 | 1 341 355.00 | — |
| 7 | 1123 | 预付账款 | — | — | — | — | — | — |
| 8 | 1131 | 应收股利 | — | — | — | — | — | — |
| 9 | 1231 | 其他应收款 | 94 700.00 | — | — | — | 94 700.00 | — |
| 10 | 1241 | 坏账准备 | — | 4 500.00 | — | — | — | 4 500.00 |
| 11 | 1401 | 材料采购 | — | — | — | — | — | — |
| 12 | 1403 | 原材料 | 640 281.00 | — | 20 000.00 | — | 660 281.00 | — |
| 13 | 1404 | 材料成本差异 | 2 870.00 | — | — | — | 2 870.00 | — |
| 14 | 1406 | 库存商品 | 1 036 000.00 | — | — | 500 000.00 | 536 000.00 | — |
| 15 | 1407 | 发出商品 | — | — | — | — | — | — |
| 16 | 1411 | 周转材料 | 182 200.00 | — | — | — | 182 200.00 | — |
| 17 | 1481 | 持有待售资产 | — | — | — | — | — | — |
| 18 | 1505 | 债权投资 | — | — | — | — | — | — |
| 19 | 1506 | 债权投资减值准备 | — | — | — | — | — | — |
| 20 | 1507 | 其他债权投资 | — | — | — | — | — | — |
| 21 | 1511 | 长期股权投资 | 300 000.00 | — | — | — | 300 000.00 | — |
| 22 | 1528 | 其他权益工具投资 | — | — | — | — | — | — |

(续表)

| 顺序号 | 科目编码 | 总账科目 | 期初余额 | | 本期发生额 | | 期末余额 | |
|---|---|---|---|---|---|---|---|---|
| | | | 借方 | 贷方 | 借方 | 贷方 | 借方 | 贷方 |
| 23 | 1601 | 固定资产 | 23 028 050.00 | — | 10 000.00 | — | 23 038 050.00 | — |
| 24 | 1602 | 累计折旧 | — | 5 099 949.00 | — | — | — | 5 099 949.00 |
| 25 | 1606 | 固定资产清理 | — | — | — | — | — | — |
| 26 | 1701 | 无形资产 | 1 200 000.00 | — | — | — | 1 200 000.00 | — |
| 27 | 1702 | 累计摊销 | — | 80 000.00 | — | — | — | 80 000.00 |
| 28 | 1801 | 长期待摊费用 | 90 045.00 | — | — | — | 90 045.00 | — |
| 29 | 1811 | 递延所得税资产 | — | — | — | — | — | — |
| 30 | 1901 | 待处理财产损益 | — | — | — | — | — | — |
| 31 | 2001 | 短期借款 | — | 100 000.00 | — | — | — | 100 000.00 |
| 32 | 2201 | 应付票据 | — | 50 000.00 | — | — | — | 50 000.00 |
| 33 | 2202 | 应付账款 | — | 1 461 292.00 | — | — | — | 1 461 292.00 |
| 34 | 2205 | 预收账款 | — | 54 000.00 | — | — | — | 54 000.00 |
| 35 | 2211 | 应付职工薪酬 | — | 18 000.00 | 18 000.00 | — | — | — |
| 36 | 2221 | 应交税费 | — | 153 356.00 | 80 530.97 | 158 961.95 | — | 231 786.97 |
| 37 | 2232 | 应付利息 | — | — | — | — | — | — |
| 38 | 2241 | 其他应付款 | — | 6 800.00 | — | — | — | 6 800.00 |
| 39 | 2245 | 持有待售负债 | — | — | — | — | — | — |
| 40 | 2601 | 长期借款 | — | — | — | — | — | — |
| 41 | 2602 | 应付债券 | — | 1 200 000.00 | — | — | — | 1 200 000.00 |
| 42 | 2901 | 递延所得税负债 | — | — | — | — | — | — |
| 43 | 4001 | 实收资本 | — | 18 210 000.00 | — | — | — | 18 210 000.00 |
| 44 | 4002 | 资本公积 | — | 120 000.00 | — | — | — | 120 000.00 |
| 45 | 4101 | 盈余公积 | — | 579 655.63 | — | — | — | 579 655.63 |
| 46 | 4103 | 本年利润 | — | — | — | 118 469.03 | — | 118 469.03 |
| 47 | 4104 | 利润分配 | — | 1 008 000.37 | — | — | — | 1 008 000.37 |
| 48 | 4105 | 其他综合收益 | — | — | — | — | — | — |
| 49 | 4106 | 其他权益工具 | — | — | — | — | — | — |
| 50 | 4301 | 专项储备 | — | — | — | — | — | — |
| 51 | 5001 | 生产成本 | 408 498.00 | — | — | — | 408 498.00 | — |
| 52 | 5101 | 制造费用 | — | — | — | — | — | — |
| 53 | 6001 | 主营业务收入 | — | — | 619 469.03 | 619 469.03 | — | — |
| 54 | 6051 | 其他业务收入 | — | — | — | — | — | — |
| 55 | 6111 | 投资损益 | — | — | — | — | — | — |
| 56 | 6301 | 营业外收入 | — | — | — | — | — | — |
| 57 | 6401 | 主营业务成本 | — | — | 500 000.00 | 500 000.00 | — | — |

（续表）

| 顺序号 | 科目编码 | 总账科目 | 期初余额 借方 | 期初余额 贷方 | 本期发生额 借方 | 本期发生额 贷方 | 期末余额 借方 | 期末余额 贷方 |
|---|---|---|---|---|---|---|---|---|
| 58 | 6402 | 其他业务成本 | — | — | — | — | — | — |
| 59 | 6403 | 税金及附加 | — | — | — | — | — | — |
| 60 | 6601 | 销售费用 | — | — | — | — | — | — |
| 61 | 6602 | 管理费用 | — | — | 1 000.00 | 1 000.00 | — | — |
| 62 | 6603 | 财务费用 | — | — | — | — | — | — |
| 63 | 6711 | 营业外支出 | — | — | — | — | — | — |
| 64 | 6801 | 所得税费用 | — | — | — | — | — | — |
|  |  | 合计 | 28 145 553.00 | 28 145 553.00 | 1 961 000.00 | 1 961 000.00 | 28 324 453.00 | 28 324 453.00 |

表 6.5　　　　　　　　　　　　　资产负债表　　　　　　　　　　会企 01 表

编制单位：　　　　　　　　　　2025 年 1 月 31 日　　　　　　　　单位：元

| 资　产 | 行次 | 期初余额 | 期末余额 | 负债和所有者权益（或股东权益） | 行次 | 期初余额 | 期末余额 |
|---|---|---|---|---|---|---|---|
| 流动资产： |  |  |  | 流动负债： |  |  |  |
| 货币资金 | 1 | 511 554.00 | 470 454.00 | 短期借款 | 35 | 100 000.00 | 100 000.00 |
| 交易性金融资产 | 2 | 0.00 | 0.00 | 交易性金融负债 | 36 | 0.00 | 0.00 |
| 衍生金融资产 | 3 | 0.00 | 0.00 | 衍生金融负债 | 37 | 0.00 | 0.00 |
| 应收票据 | 4 | 0.00 | 0.00 | 应付票据 | 38 | 50 000.00 | 50 000.00 |
| 应收账款 | 5 | 646 855.00 | 1 336 855.00 | 应付账款 | 39 | 1 461 292.00 | 1 461 292.00 |
| 应收款项融资 | 6 | 0.00 | 0.00 | 预收款项 | 40 | 54 000.00 | 54 000.00 |
| 预付款项 | 7 | 0.00 | 0.00 | 合同负债 | 41 | 0.00 | 0.00 |
| 其他应收款 | 8 | 94 700.00 | 94 700.00 | 应付职工薪酬 | 42 | 18 000.00 | 0.00 |
| 存货 | 9 | 2 269 849.00 | 1 789 849.00 | 应交税费 | 43 | 153 356.00 | 231 786.97 |
| 合同资产 | 10 | 0.00 | 0.00 | 其他应付款 | 44 | 6 800.00 | 6 800.00 |
| 持有待售资产 | 11 | 0.00 | 0.00 | 持有待售负债 | 45 | 0.00 | 0.00 |
| 一年内到期的非流动资产 | 12 |  |  | 一年内到期的非流动负债 | 46 |  |  |
| 其他流动资产 | 13 |  |  | 其他流动负债 | 47 |  |  |
| 流动资产合计 | 14 | 3 522 958.00 | 3 691 858.00 | 流动负债合计 | 48 | 1 843 448.00 | 1 903 878.97 |
| 非流动资产： |  |  |  | 非流动负债： |  |  |  |
| 债权投资 | 15 | 0.00 | 0.00 | 长期借款 | 49 | 0.00 | 0.00 |
| 其他债权投资 | 16 | 0.00 | 0.00 | 应付债券 | 50 | 1 200 000.00 | 1 200 000.00 |
| 长期应收款 | 17 | 0.00 | 0.00 | 其中：优先股 | 51 |  |  |
| 长期股权投资 | 18 | 300 000.00 | 300 000.00 | 永久债 | 52 | 1 200 000.00 | 1 200 000.00 |
| 其他权益工具投资 | 19 | 0.00 | 0.00 | 租赁负债 | 53 | 0.00 | 0.00 |

(续表)

| 资产 | 行次 | 期初余额 | 期末余额 | 负债和所有者权益（或股东权益） | 行次 | 期初余额 | 期末余额 |
|---|---|---|---|---|---|---|---|
| 其他非流动金融资产 | 20 | 0.00 | 0.00 | 长期应付款 | 54 | 0.00 | 0.00 |
| 投资性房地产 | 21 | 0.00 | 0.00 | 预计负债 | 55 | 0.00 | 0.00 |
| 固定资产 | 22 | 17 928 101.00 | 17 938 101.00 | 递延收益 | 56 | 0.00 | 0.00 |
| 在建工程 | 23 | 0.00 | 0.00 | 递延所得税负债 | 57 | 0.00 | 0.00 |
| 生产性生物资产 | 24 | 0.00 | 0.00 | 其他非流动负债 | 58 | | |
| 油气资产 | 25 | 0.00 | 0.00 | 非流动负债合计 | 59 | 1 200 000.00 | 1 200 000.00 |
| 使用权资产 | 26 | 0.00 | 0.00 | 负债合计 | 60 | 3 043 448.00 | 3 103 878.97 |
| 无形资产 | 27 | 1 120 000.00 | 1 120 000.00 | 所有者权益（或股东权益）： | | | |
| 开发支出 | 28 | 0.00 | 0.00 | 实收资本（或股本） | 61 | 18 210 000.00 | 18 210 000.00 |
| 商誉 | 29 | 0.00 | 0.00 | 其他权益工具 | 62 | 0.00 | 0.00 |
| 长期待摊费用 | 30 | 90 045.00 | 90 045.00 | 其中：优先股 | 63 | | |
| 递延所得税资产 | 31 | 0.00 | 0.00 | 永久债 | 64 | | |
| 其他非流动资产 | 32 | | | 资本公积 | 65 | 120 000.00 | 120 000.00 |
| 非流动资产合计 | 33 | 19 438 146.00 | 19 448 146.00 | 减：库存股 | 66 | 0.00 | 0.00 |
| | | | | 其他综合收益 | 67 | 0.00 | 0.00 |
| | | | | 专项储备 | 68 | 0.00 | 0.00 |
| | | | | 盈余公积 | 69 | 579 655.63 | 579 655.63 |
| | | | | 未分配利润 | 70 | 1 008 000.37 | 1 126 469.40 |
| | | | | 所有者权益（或股东权益）合计 | 71 | 19 917 656.00 | 20 036 125.03 |
| 资产总计 | 34 | 22 961 104.00 | 23 140 004.00 | 负债和所有者权益（或股东权益）总计 | 72 | 22 961 104.00 | 23 140 004.00 |

表 6.6　　　　　　　　　　利　润　表　　　　　　　　　会企 02 表

编制单位：　　　　　　　　　2025 年 1 月　　　　　　　　　单位：元

| 项 目 | 行次 | 本月金额 | 本年金额 |
|---|---|---|---|
| 一、营业收入 | 1 | 619 469.03 | 619 469.03 |
| 　　减：营业成本 | 2 | 500 000.00 | 500 000.00 |
| 　　　　税金及附加 | 3 | 0.00 | 0.00 |
| 　　　　销售费用 | 4 | 0.00 | 0.00 |
| 　　　　管理费用 | 5 | 1 000.00 | 1 000.00 |
| 　　　　研发费用 | 6 | 0.00 | 0.00 |
| 　　　　财务费用 | 7 | 0.00 | 0.00 |
| 　　　　　其中：利息费用 | 8 | | |
| 　　　　　　　　利息收入 | 9 | | |

(续表)

| 项　目 | 行次 | 本月金额 | 本年金额 |
|---|---|---|---|
| 加:其他收益 | 10 | | |
| 　　投资收益(损失以"-"号填列) | 11 | 0.00 | 0.00 |
| 　　　其中:对联营企业和合营企业的投资收益 | 12 | | |
| 　　　以摊余成本计量的金融资产最终确认收益(损失以"-"号填列) | 13 | | |
| 　　净敞口套期收益(损失以"-"号填列) | 14 | | |
| 　　公允价值变动收益(损失以"-"号填列) | 15 | 0.00 | 0.00 |
| 　　信用减值损失(损失以"-"号填列) | 16 | 0.00 | 0.00 |
| 　　资产减值损失(损失以"-"号填列) | 17 | 0.00 | 0.00 |
| 　　资产处置收益(损失以"-"号填列) | 18 | 0.00 | 0.00 |
| 二、营业利润(亏损以"-"号填列) | 19 | 118 469.03 | 118 469.03 |
| 　　加:营业外收入 | 20 | 0.00 | 0.00 |
| 　　减:营业外支出 | 21 | 0.00 | 0.00 |
| 三、利润总额(亏损总额以"-"号填列) | 22 | 118 469.03 | 118 469.03 |
| 　　减:所得税费用 | 23 | 0.00 | 0.00 |
| 四、净利润(净亏损以"-"号填列) | 24 | 118 469.03 | 118 469.03 |
| 　　(一)持续经营净利润(净亏损以"-"号填列) | 25 | | |
| 　　(二)终止经营净利润(净亏损以"-"号填列) | 26 | | |
| 五、其他综合收益的税后净额 | 27 | | |
| 　　(一)不能重分类进损益的其他综合收益 | 28 | | |
| 　　　1. 重新计量设定受益计划变动额 | 29 | | |
| 　　　2. 权益法下不能转损益的其他综合收益 | 30 | | |
| 　　　3. 其他权益工具投资公允价值变动 | 31 | | |
| 　　　4. 企业自身信用风险公允价值变动 | 32 | | |
| 　　　…… | | | |
| 　　(二)将重分类进损益的其他综合收益 | 33 | | |
| 　　　1. 权益法下可转损益的其他综合收益 | 34 | | |
| 　　　2. 其他债权投资公允价值变动 | 35 | | |
| 　　　3. 金融资产重分类计入其他综合收益的金额 | 36 | | |
| 　　　4. 其他债权投资信用减值准备 | 37 | | |
| 　　　5. 现金流量套期储备 | 38 | | |
| 　　　6. 外币财务报表折算差额 | 39 | | |
| 　　　…… | | | |
| 六、综合收益总额 | 40 | | |
| 七、每股收益: | 41 | | |
| 　　(一)基本每股收益 | 42 | | |
| 　　(二)稀释每股收益 | 43 | | |

表 6.7　　　　　　　　　　现金流量表　　　　　　　　　会企 03 表

编制单位：　　　　　　　　　　2025 年 1 月　　　　　　　　　　单位：元

| 项　目 | 行次 | 本月金额 | 累计金额 |
|---|---|---|---|
| 一、经营活动产生的现金流量： | | | |
| 　销售商品、提供劳务收到的现金 | 1 | 10 000.00 | 10 000.00 |
| 　收到的税费返还 | 2 | — | — |
| 　收到的其他与经营活动有关的现金 | 3 | — | — |
| 　　　　经营活动现金流入小计 | 4 | 10 000.00 | 10 000.00 |
| 　购买商品、接受劳务支付的现金 | 5 | 22 600.00 | 22 600.00 |
| 　支付给职工以及为职工支付的现金 | 6 | 17 500.00 | 17 500.00 |
| 　支付的各项税费 | 7 | — | — |
| 　支付的其他与经营活动有关的现金 | 8 | 1 000.00 | 1 000.00 |
| 　　　　经营活动现金流出小计 | 9 | 41 100.00 | 41 100.00 |
| 　经营活动产生的现金流量净额 | 10 | -31 100.00 | -31 100.00 |
| 二、投资活动产生的现金流量： | | | — |
| 　收回投资所收到的现金 | 11 | — | — |
| 　取得投资收益所收到的现金 | 12 | — | — |
| 　处置固定资产、无形资产和其他长期资产所收回的现金净额 | 13 | — | — |
| 　处置子公司及其他营业单位收到的现金净额 | 14 | — | — |
| 　收到的其他与投资活动有关的现金 | 15 | — | — |
| 　　　　投资活动现金流入小计 | 16 | — | — |
| 　购建固定资产、无形资产和其他长期资产所支付的现金 | 17 | 10 000.00 | 10 000.00 |
| 　投资所支付的现金 | 18 | — | — |
| 　支付的其他与投资活动有关的现金 | 19 | — | — |
| 　　　　投资活动现金流出小计 | 20 | 10 000.00 | 10 000.00 |
| 　投资活动产生的现金流量净额 | 21 | -10 000.00 | -10 000.00 |
| 三、筹资活动产生的现金流量： | | | — |
| 　吸收投资所收到的现金 | 22 | — | — |
| 　借款所收到的现金 | 23 | — | — |
| 　收到的其他与筹资活动有关的现金 | 24 | — | — |
| 　　　　筹资活动现金流入小计 | 25 | — | — |
| 　偿还债务所支付的现金 | 26 | — | — |
| 　分配股利、利润或偿付利息所支付的现金 | 27 | — | — |
| 　支付的其他与筹资活动有关的现金 | 28 | — | — |

（续表）

| 项　目 | 行次 | 本月金额 | 累计金额 |
|---|---|---|---|
| 筹资活动现金流出小计 | 29 | — | — |
| 筹资活动产生的现金流量净额 | 30 | — | — |
| 四、汇率变动对现金的影响额 | 31 | — | — |
| 五、现金及现金等价物净增加额 | 32 | −41 100.00 | −41 100.00 |
| 　加：期初现金及现金等价物 | 33 | 511 554.00 | 511 554.00 |
| 六、期末现金及现金等价物 | 34 | 470 454.00 | 470 454.00 |

### ➢ 任务分解

任务分解图，如图6.1所示。

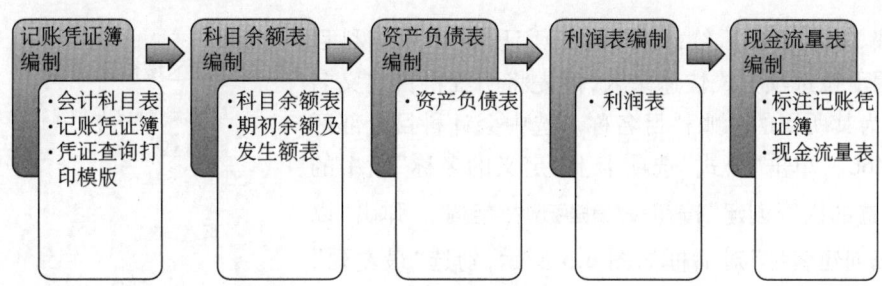

**图6.1　任务分解图**

## 任务6.1　记账凭证簿编制

### 6.1.1　任务分析

记账凭证是会计信息系统的数据来源，在财务软件中记账凭证必须经过审核、记账等程序才能登记账簿和编制报表，当然数据需要删改时则需逆向操作还原记账凭证至可编辑状态才可。本任务需在Excel工作簿中编制简易快捷的账务处理系统，只需完成会计科目表设置、记账凭证簿的填制和其余表格的公式设置，即可快速自动生成科目余额表、资产负债表和利润表。

### 6.1.2　任务实现步骤

为确保凭证录入的准确和快捷，首先要建立"会计科目表"，并且以列表的形式直接录入记账凭证簿。

#### 6.1.2.1　设置会计科目表

**步骤1**　建立"会计账务处理"工作簿，修改"sheet1"工作表名"会计科目表"，录入表

6.1内容,如图6.2所示。

| | A | B | C | D | E | F | G | H | I | J | K |
|---|---|---|---|---|---|---|---|---|---|---|---|
| 1 | | | | | | | | | | | |
| 2 | | 科目编码 | 总账科目 | 明细1 | 明细2 | 明细3 | 明细4 | 明细5 | 明细6 | 明细7 | 明细8 |
| 3 | | 1001 | 库存现金 | | | | | | | | |
| 4 | | 1002 | 银行存款 | 工商银行 | 建设银行 | 中国银行 | | | | | |
| 5 | | 1015 | 其他货币资金 | 银行汇票 | 银行本票 | | | | | | |
| 6 | | 1101 | 交易性金融资产 | | | | | | | | |
| 7 | | 1121 | 应收票据 | | | | | | | | |
| 8 | | 1122 | 应收账款 | 上海万联 | 天津广达 | | | | | | |
| 9 | | 1123 | 预付账款 | | | | | | | | |
| 10 | | 1131 | 应收股利 | | | | | | | | |
| 11 | | 1231 | 其他应收款 | | | | | | | | |
| 12 | | 1241 | 坏账准备 | | | | | | | | |
| 13 | | 1401 | 材料采购 | | | | | | | | |
| 14 | | 1403 | 原材料 | 不锈钢板 | 玻璃板 | PPI电子配件 | Z3电子配件 | | | | |
| 15 | | 1404 | 材料成本差异 | | | | | | | | |
| 16 | | 1406 | 库存商品 | Z230-5烤箱 | Z350-8烤箱 | | | | | | |
| 17 | | 1407 | 发出商品 | | | | | | | | |
| 18 | | 1411 | 周转材料 | 工作服 | 手套 | 包装箱 | | | | | |

图6.2　会计科目表

**步骤2**　为使在后续录入"记账凭证簿"中明细科目可以采用下拉选项方式快速录入,需先将明细科目定义名称,名称为其所属的总账科目名称。选中会计科目全部区域"C2:K66",单击"公式"选项卡上"定义的名称"组中"根据所选的内容创建"按钮 根据所选内容创建。弹出"以选定区域创建名称"对话框如图6.3所示,勾选"最左列"后单击"确定"即可。

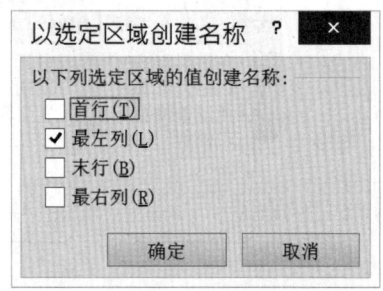

图6.3　明细科目的定义名称

### 6.1.2.2　建立记账凭证簿

**步骤1**　修改"sheet2"工作表名为"记账凭证簿"。参照表6.2,建立记账凭证簿。

**步骤2**　设置"唯一码"是为方便后续凭证查询和打印而建立的定位字段,选择B3单元格,输入公式"=C3&COUNTIF($C$3:C3,C3)"。设置"凭证号"是同一张凭证的标志,也是"唯一码"生成的过渡字段,选择C3单元格,输入公式"=D3&E3&G3&H3"。

☞ **知识链接**

COUNTIF函数是对指定区域中符合指定条件的单元格计数的一个函数。该函数的语法规则如下:

COUNTIF(Range, Criteria)

具有以下参数:
Range 要计算其中非空单元格数目的区域。
Criteria 以数字、表达式或文本形式定义的条件。
求各种类型单元格的个数用法:
求空单元格个数:=COUNTIF(数据区,"");非空单元格个数:=COUNTIF(数据区,"<>");求特定值单元格个数:=COUNTIF(数据区,"该特定值或特定值所在单元格")。

**步骤 3** 依次录入年度、月和日等标题对应的内容,可采用"="获取与上行重复的数据后向下拖拽。

**步骤 4** 凭证类型对应的单元使用数据有效性。选中 G3:G27 单元格,单击"数据"选项卡上"数据验证",在其窗口"设置"选项卡"允许"下选择为"序列"选项,在"来源"栏录入"收,付,转,记",如图 6.4 所示。

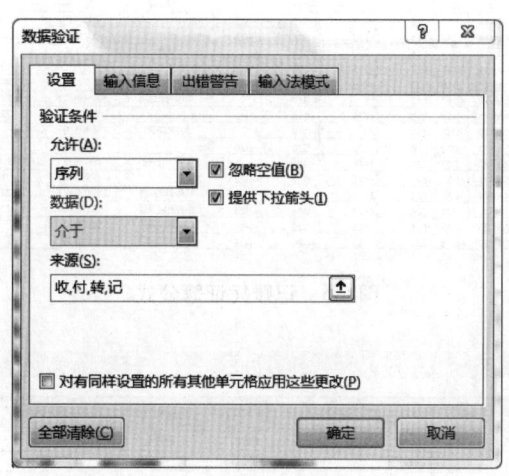

图 6.4 凭证类型的数据有效性设定

**步骤 5** 总账科目对应的单元使用数据有效性,选中 J3:J27 单元格后步骤同上,在"来源"栏选择"会计科目表"中 C3:C66 单元格。

**步骤 6** 明细科目对应的单元使用数据有效性,选中 K3:K27 单元格后步骤同上,在"来源"栏录入"=INDIRECT(J3)",如图 6.5 所示。

图 6.5 明细科目的数据有效性设定

注:J3 列为会计科目的一级科目,即总账科目。

**步骤 7** 继续录入表 6.2,参考图 6.6 内容录入,注意使用复制和下拉菜单功能。效果如图 6.7 所示。

# Excel 在财务中的运用

| | A | B | C | D | E | F | G | H | I | J | K | L | M | N |
|---|---|---|---|---|---|---|---|---|---|---|---|---|---|---|
| 1 | | 唯一码 | | 凭证号 | 年度 | 月 | 日 | 凭证类型 | 凭证号码 | 摘要 | 总账科目 | 明细科目 | 借方金额 | 贷方金额 | 附件张数 |
| 2 | | | | | | | | | | | | | | |
| 3 | | =C3&COUNTIF($C$3:C3,C3) | =D3&E3&G3&H3 | 2020 | 1 | 1 | 记 | 1 | 提现 | 库存现金 | | 2 000 | | 1 |
| 4 | | =C4&COUNTIF($C$3:C4,C4) | =D4&E4&G4&H4 | =D3 | =E3 | =F3 | =G3 | =H3 | =I3 | 收款 | 银行存款 | 中国银行 | | 2 000 | 1 |
| 5 | | =C5&COUNTIF($C$3:C5,C5) | =D5&E5&G5&H5 | =D4 | =E4 | 2 | =G4 | 2 | =I5 | | 银行存款 | 工商银行 | 10 000 | | 2 |
| 6 | | =C6&COUNTIF($C$3:C6,C6) | =D6&E6&G6&H6 | =D5 | =E5 | =F5 | =G5 | =H5 | =I5 | | 应收账款 | 天津广达 | | 10 000 | 2 |
| 7 | | =C7&COUNTIF($C$3:C7,C7) | =D7&E7&G7&H7 | =D6 | =E6 | 5 | =G6 | 3 | | 购料 | 原材料 | PPI电子配件 | 20 000 | | 3 |
| 8 | | =C8&COUNTIF($C$3:C8,C8) | =D8&E8&G8&H8 | =D7 | =E7 | =F7 | =G7 | =H7 | =I7 | | 应交税费 | 应交增值税-进项税额 | =L7*0.13 | | 3 |
| 9 | | =C9&COUNTIF($C$3:C9,C9) | =D9&E9&G9&H9 | =D8 | =E8 | =F8 | =G8 | =H8 | =I8 | | 银行存款 | 工商银行 | | =L7+L8 | 3 |
| 10 | | =C10&COUNTIF($C$3:C10,C10) | =D10&E10&G10&H10 | =D9 | =E9 | 8 | =G9 | 4 | | 购固定资产 | 固定资产 | | 10 000 | | 3 |
| 11 | | =C11&COUNTIF($C$3:C11,C11) | =D11&E11&G11&H11 | =D10 | =E10 | =F10 | =G10 | =H10 | =I10 | | 建设银行 | | 10 000 | 3 |
| 12 | | =C12&COUNTIF($C$3:C12,C12) | =D12&E12&G12&H12 | =D11 | =E11 | 10 | =G11 | 5 | | 支付工资 | 应付职工薪酬 | 工资 | 18 000 | | 2 |
| 13 | | =C13&COUNTIF($C$3:C13,C13) | =D13&E13&G13&H13 | =D12 | =E12 | =F12 | =G12 | =H12 | =I12 | | 银行存款 | 工商银行 | | 17 500 | 2 |
| 14 | | =C14&COUNTIF($C$3:C14,C14) | =D14&E14&G14&H14 | =D13 | =E13 | =F13 | =G13 | =H13 | =I13 | | 应交税费 | 应交个人所得税 | | 500 | 2 |
| 15 | | =C15&COUNTIF($C$3:C15,C15) | =D15&E15&G15&H15 | =D14 | =E14 | 15 | =G14 | 6 | | 销售 | 应收账款 | 上海万联 | 700 000 | | 2 |
| 16 | | =C16&COUNTIF($C$3:C16,C16) | =D16&E16&G16&H16 | =D15 | =E15 | =F15 | =G15 | =H15 | =I15 | | 主营业务收入 | Z230-5烤箱 | | =L15/1.13 | 2 |
| 17 | | =C17&COUNTIF($C$3:C17,C17) | =D17&E17&G17&H17 | =D16 | =E16 | =F16 | =G16 | =H16 | =I16 | | 应交税费 | 应交增值税-销项税额 | | =L15-M16 | 2 |
| 18 | | =C18&COUNTIF($C$3:C18,C18) | =D18&E18&G18&H18 | =D17 | =E17 | 15 | =G17 | 7 | | 结转销售成本 | 主营业务成本 | Z230-5烤箱 | 500 000 | | 1 |
| 19 | | =C19&COUNTIF($C$3:C19,C19) | =D19&E19&G19&H19 | =D18 | =E18 | =F18 | =G18 | =H18 | =I18 | | 库存商品 | Z230-5烤箱 | | 500 000 | 1 |
| 20 | | =C20&COUNTIF($C$3:C20,C20) | =D20&E20&G20&H20 | =D19 | =E19 | 20 | =G19 | 8 | | 购办公用品 | 管理费用 | 办公费 | 1 000 | | 1 |
| 21 | | =C21&COUNTIF($C$3:C21,C21) | =D21&E21&G21&H21 | =D20 | =E20 | =F20 | =G20 | =H20 | =I20 | | 库存现金 | | | 1 000 | 1 |
| 22 | | =C22&COUNTIF($C$3:C22,C22) | =D22&E22&G22&H22 | =D21 | =E21 | 31 | =G21 | 9 | | 结转增税 | 应交税费 | 应交增值税-转出增值税 | =M17-L8 | | 1 |
| 23 | | =C23&COUNTIF($C$3:C23,C23) | =D23&E23&G23&H23 | =D22 | =E22 | =F22 | =G22 | =H22 | =I22 | | 应交税费 | 未交增值税 | | =L22 | 1 |
| 24 | | =C24&COUNTIF($C$3:C24,C24) | =D24&E24&G24&H24 | =D23 | =E23 | 31 | =G23 | 10 | | 结转期间损益 | 主营业务收入 | Z230-5烤箱 | =M16 | | 0 |
| 25 | | =C25&COUNTIF($C$3:C25,C25) | =D25&E25&G25&H25 | =D24 | =E24 | =F24 | =G24 | =H24 | | 结转期间损益 | 主营业务成本 | Z230-5烤箱 | | 500 000 | 0 |
| 26 | | =C26&COUNTIF($C$3:C26,C26) | =D26&E26&G26&H26 | =D25 | =E25 | =F25 | =G25 | =H25 | | 结转期间损益 | 管理费用 | 办公费 | | 1 000 | 0 |
| 27 | | =C27&COUNTIF($C$3:C27,C27) | =D27&E27&G27&H27 | =D26 | =E26 | =F26 | =G26 | =H26 | | 结转期间损益 | 本年利润 | | =L24-M25-M26 | | 0 |

图 6.6　记账凭证簿公式

| | A | B | C | D | E | F | G | H | I | J | K | L | M | N |
|---|---|---|---|---|---|---|---|---|---|---|---|---|---|---|
| 1 | | | | | | | | | | | | | | |
| 2 | | 唯一码 | 凭证号 | 年度 | 月 | 日 | 凭证类型 | 凭证号码 | 摘要 | 总账科目 | 明细科目 | 借方金额 | 贷方金额 | 附件张数 |
| 3 | | 20251记11 | 20251记1 | 2025 | 1 | 1 | 记 | 1 | 提现 | 库存现金 | | 2 000.00 | | 1 |
| 4 | | 20251记12 | 20251记1 | 2025 | 1 | 1 | 记 | 1 | 提现 | 银行存款 | 中国银行 | | 2 000.00 | 1 |
| 5 | | 20251记21 | 20251记2 | 2025 | 1 | 2 | 记 | 2 | 收款 | 银行存款 | 工商银行 | 10 000.00 | | 2 |
| 6 | | 20251记22 | 20251记2 | 2025 | 1 | 2 | 记 | 2 | 收款 | 应收账款 | 天津广达 | | 10 000.00 | 2 |
| 7 | | 20251记31 | 20251记3 | 2025 | 1 | 5 | 记 | 3 | 购料 | 原材料 | PPI电子配件 | 20 000.00 | | 3 |
| 8 | | 20251记32 | 20251记3 | 2025 | 1 | 5 | 记 | 3 | 购料 | 应交税费 | 应交增值税 | 2 600.00 | | 3 |
| 9 | | 20251记33 | 20251记3 | 2025 | 1 | 5 | 记 | 3 | 购料 | 银行存款 | 工商银行 | | 22 600.00 | 3 |
| 10 | | 20251记41 | 20251记4 | 2025 | 1 | 8 | 记 | 4 | 购固定资产 | 固定资产 | | 10 000.00 | | 3 |
| 11 | | 20251记42 | 20251记4 | 2025 | 1 | 8 | 记 | 4 | 购固定资产 | 建设银行 | | | 10 000.00 | 3 |
| 12 | | 20251记51 | 20251记5 | 2025 | 1 | 10 | 记 | 5 | 支付工资 | 应付职工薪酬 | 工资 | 18 000.00 | | 2 |
| 13 | | 20251记52 | 20251记5 | 2025 | 1 | 10 | 记 | 5 | 支付工资 | 银行存款 | 工商银行 | | 17 500.00 | 2 |
| 14 | | 20251记53 | 20251记5 | 2025 | 1 | 10 | 记 | 5 | 支付工资 | 应交税费 | 应交个人所得税 | | 500.00 | 2 |
| 15 | | 20251记61 | 20251记6 | 2025 | 1 | 15 | 记 | 6 | 销售 | 应收账款 | 上海万联 | 700 000.00 | | 2 |
| 16 | | 20251记62 | 20251记6 | 2025 | 1 | 15 | 记 | 6 | 销售 | 主营业务收入 | Z230-5烤箱 | | 619 469.03 | 2 |
| 17 | | 20251记63 | 20251记6 | 2025 | 1 | 15 | 记 | 6 | 销售 | 应交税费 | 应交增值税-销项税额 | | 80 530.97 | 2 |
| 18 | | 20251记71 | 20251记7 | 2025 | 1 | 15 | 记 | 7 | 结转销售成本 | 主营业务成本 | Z230-5烤箱 | 500 000.00 | | 1 |
| 19 | | 20251记72 | 20251记7 | 2025 | 1 | 15 | 记 | 7 | 结转销售成本 | 库存商品 | Z230-5烤箱 | | 500 000.00 | 1 |
| 20 | | 20251记81 | 20251记8 | 2025 | 1 | 20 | 记 | 8 | 购办公用品 | 管理费用 | 办公费 | 1 000.00 | | 1 |
| 21 | | 20251记82 | 20251记8 | 2025 | 1 | 20 | 记 | 8 | 购办公用品 | 库存现金 | | | 1 000.00 | 1 |
| 22 | | 20251记91 | 20251记9 | 2025 | 1 | 31 | 记 | 9 | 结转增值税 | 应交税费 | 应交增值税-转出增值税 | 77 930.97 | | 1 |
| 23 | | 20251记92 | 20251记9 | 2025 | 1 | 31 | 记 | 9 | 结转增值税 | 应交税费 | 未交增值税 | | 77 930.97 | 1 |
| 24 | | 20251记101 | 20251记10 | 2025 | 1 | 31 | 记 | 10 | 结转期间损益 | 主营业务收入 | Z230-5烤箱 | 619 469.03 | | 0 |
| 25 | | 20251记102 | 20251记10 | 2025 | 1 | 31 | 记 | 10 | 结转期间损益 | 主营业务成本 | Z230-5烤箱 | | 500 000.00 | 0 |
| 26 | | 20251记103 | 20251记10 | 2025 | 1 | 31 | 记 | 10 | 结转期间损益 | 管理费用 | 办公费 | | 1 000.00 | 0 |
| 27 | | 20251记104 | 20251记10 | 2025 | 1 | 31 | 记 | 10 | 结转期间损益 | 本年利润 | | | 118 469.03 | 0 |

图 6.7　记账凭证簿

## ☞ 知识链接

　　INDIRECT 函数为间接引用,对引用立即进行计算,并显示其内容。当需要更改公式中单元格的引用,而不更改公式本身,使用此函数。该函数的语法规则如下:

$$\text{INDIRECT}(\text{Ref\_text},[\text{A1}])$$

　　具有以下参数:

　　Ref_text 为对单元格的引用,此单元格可以包含 A1-样式的引用、R1C1-样式的引用、定义为引用的名称或对文本字符串单元格的引用。如果 Ref_text 不是合法的单元格的引用,函数 INDIRECT 返回错误值#REF!或#NAME?。

> 如果Ref_text是对另一个工作簿的引用(外部引用),则工作簿必须被打开。如果源工作簿没有打开,函数INDIRECT返回错误值#REF!。
> 
> A1为一逻辑值,指明包含在单元格Ref_text中的引用的类型。
> 
> 如果A1为TRUE或省略,Ref_text被解释为A1-样式的引用。
> 
> 如果A1为FALSE,Ref_text被解释为R1C1-样式的引用。

#### 6.1.2.3 查询记账凭证

**步骤1** 建立"记账凭证查询打印模板"工作表,如图6.8所示。

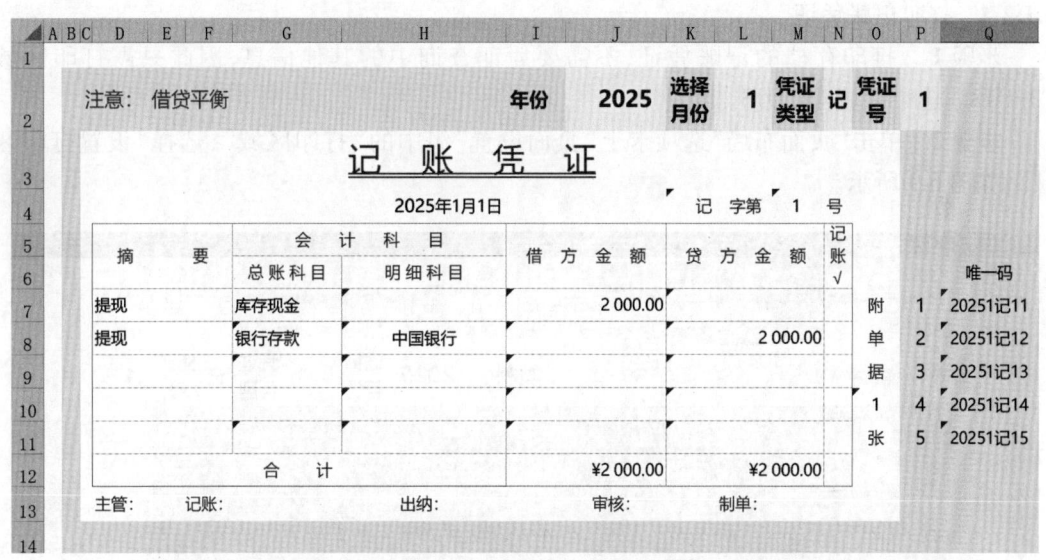

**图6.8 记账凭证查询打印模板**

**步骤2** 为了校验凭证的借贷平衡,在单元E2录入公式"=IF(AND(I12=0,K12=0),"未有数据",IF(I12<>K12,"借贷未平","借贷平衡"))"。

**步骤3** 录入第一行的年份、月份、凭证类型和凭证号。

**步骤4** 为了与"记账凭证簿"工作表的"唯一码"相对应,首先在P列标注分录行号,在Q7单元格录入公式"=$J$2&$L$2&$N$2&$P$2&P7",将单元格J2,L2,N2和P2的年份、月份、凭证类型、凭证号和凭证分录的行号合成凭证分录的"唯一码"。同理设置其他列。

**步骤5** 凭证日期可以通过第一行的录入信息和唯一码自动生成。参考公式如下:

G4=J2&"年"&L2&"月"&IFERROR(VLOOKUP(Q7,记账凭证簿!B:L,5,0),"")&"日"。

**步骤6** 使用VLOOKUP函数和唯一码查询出"记账凭证簿"中区域D7:M12相应内容。参考公式如下:

D7=IFERROR(VLOOKUP(Q7,记账凭证簿!B:L,8,0),"")

G7=IFERROR(VLOOKUP(Q7,记账凭证簿!B:L,9,0),"")

H7 = IF ( IFERROR ( VLOOKUP ( Q7, 记账凭证簿! B: L, 10, 0 ) , " " ) = 0, " ", IFERROR ( VLOOKUP( Q7, 记账凭证簿!B: L, 10, 0), " " ) )

I7 = IF ( IFERROR ( VLOOKUP ( Q7, 记账凭证簿! B: M, 11, 0 ) , " " ) = 0, " ", IFERROR ( VLOOKUP( Q7, 记账凭证簿!B: M, 11, 0), " " ) )

K7 = IF ( IFERROR ( VLOOKUP ( Q7, 记账凭证簿! B: M, 12, 0 ) , " " ) = 0, " ", IFERROR ( VLOOKUP( Q7, 记账凭证簿!B: M, 12, 0), " " ) )

将第一条分录的公式复制到其他行。

**步骤 7** 附件张数可以使用 VLOOKUP 函数和唯一码查询参考公式如下：O10 = IFERROR( VLOOKUP( Q7, 记账凭证簿!B: N, 13, 0), " " )。

#### 6.1.2.4 打印记账凭证

**步骤 1** 打印存档的记账凭证，不需要凭证查询中的其他信息，因此只需打印区域 C3: O13。选中区域 C3: O13。

**步骤 2** 单击"页面布局"选项卡上"页面设置"组中的"打印区域"，选择"设置打印区域"，如图 6.9 所示。

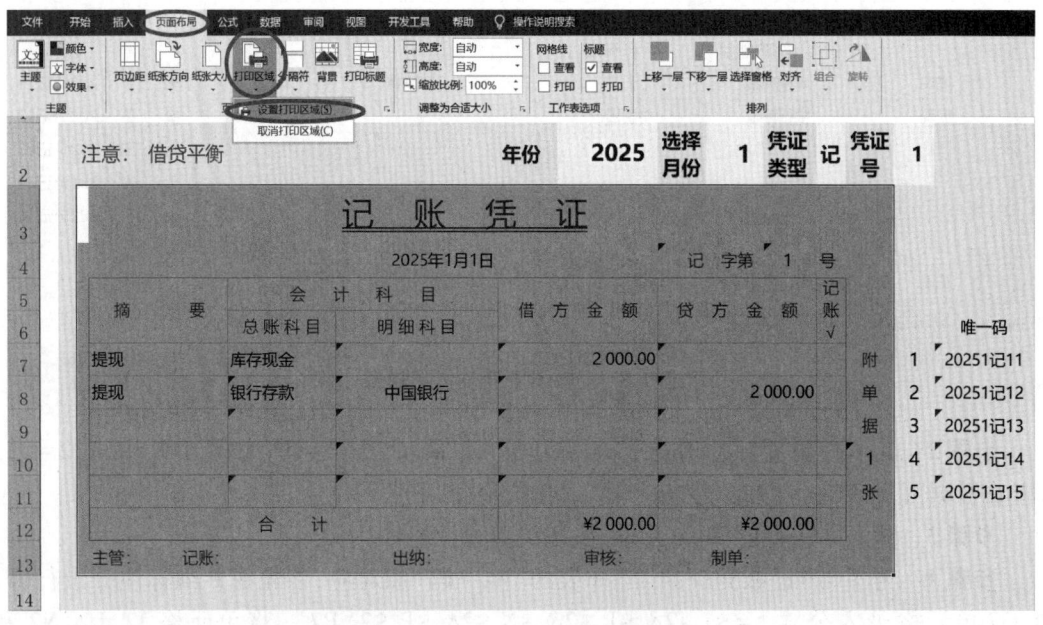

图 6.9 设置记账凭证打印区域

## 任务 6.2 科目余额表编制

### 6.2.1 任务分析

科目余额表也就是"试算平衡表"，它是按照总账科目余额编制的，是编制财务报表的关键任务。其遵循下列公式：资产类科目：期末借方余额＝期初借方余额＋本期借方发生额－本期贷方发生额；负债及所有者权益类科目：期末贷方余额＝期初贷方余额＋本期贷方发生额－

本期借方发生额。"本期借方发生额"和"本期贷方发生额"是根据本期的"记账凭证"汇总编制。"记账凭证"的汇总是编制科目余额表的关键任务。

### 6.2.2 任务实现步骤

#### 6.2.2.1 编制科目余额表

**步骤1** 参照表6.4,新建工作表"科目余额表",总账科目直接从会计科目表引用。

**步骤2** 参照表6.4录入期初余额,如图6.10所示。

#### 6.2.2.2 设置发生额公式

**步骤1** 录入本期发生额借方公式,参考公式如下:

G6 =SUMIFS(记账凭证簿!$L:$L,记账凭证簿!$J:$J,D6,记账凭证簿!$E:$E,$G$3)

条件1:"记账凭证簿!$J:$J,D6"是为了取得总账科目等于单元格D6("库存现金")的借方金额合计。

条件2:"记账凭证簿!$E:$E,$G$3"是为了取得月份等于单元格G3("1")的借方金额合计。

**步骤2** 同理,录入本期发生额贷方公式,参考公式如下:

H6 =SUMIFS(记账凭证簿!$M:$M,记账凭证簿!$J:$J,D6,记账凭证簿!$E:$E,$G$3)

**步骤3** 向下复制。

注:SUMIFS函数的知识链接见前述项目内容。

| | A | B | C | D | E | F | G | H | I | J |
|---|---|---|---|---|---|---|---|---|---|---|
| 1 | | | | | 科目余额表 | | | | | |
| 2 | | | | | | | | | | |
| 3 | | | | | 2025 | 年 | 1 | 月 | 期间损益已结转 | - |
| 4 | | 顺序号 | 科目编码 | 总账科目 | 期初余额 | | 本期发生额 | | 期末余额 | |
| 5 | | | | | 借方 | 贷方 | 借方 | 贷方 | 借方 | 贷方 |
| 6 | | 1 | 1001 | 库存现金 | 9 500.00 | - | 2 000.00 | 1 000.00 | 10 500.00 | - |
| 7 | | 2 | 1002 | 银行存款 | 502 054.00 | - | 10 000.00 | 52 100.00 | 459 954.00 | - |
| 8 | | 3 | 1015 | 其他货币资金 | | | | | | |
| 9 | | 4 | 1101 | 交易性金融资产 | | | | | | |
| 10 | | 5 | 1121 | 应收票据 | | | | | | |
| 11 | | 6 | 1122 | 应收账款 | 651 355.00 | - | 700 000.00 | 10 000.00 | 1 341 355.00 | - |
| 12 | | 7 | 1123 | 预付账款 | | | | | | |
| 13 | | 8 | 1131 | 应收股利 | | | | | | |
| 14 | | 9 | 1231 | 其他应收款 | 94 700.00 | - | | | 94 700.00 | - |
| 15 | | 10 | 1241 | 坏账准备 | - | 4 500.00 | | | - | 4 500.00 |
| 16 | | 11 | 1401 | 材料采购 | | | | | | |
| 17 | | 12 | 1403 | 原材料 | 640 281.00 | - | 20 000.00 | | 660 281.00 | - |
| 18 | | 13 | 1404 | 材料成本差异 | 2 870.00 | - | | | 2 870.00 | - |
| 19 | | 14 | 1406 | 库存商品 | 1 036 000.00 | - | | 500 000.00 | 536 000.00 | - |
| 20 | | 15 | 1407 | 发出商品 | | | | | | |
| 21 | | 16 | 1411 | 周转材料 | 182 200.00 | - | | | 182 200.00 | - |
| 22 | | 17 | 1481 | 持有待售资产 | | | | | | |
| 23 | | 18 | 1505 | 债权投资 | | | | | | |
| 24 | | 19 | 1506 | 债权投资减值准备 | | | | | | |
| 25 | | 20 | 1507 | 其他债权投资 | | | | | | |
| 26 | | 21 | 1511 | 长期股权投资 | 300 000.00 | - | | | 300 000.00 | - |
| 27 | | 22 | 1528 | 其他权益工具投资 | | | | | | |
| 28 | | 23 | 1601 | 固定资产 | 23 028 050.00 | - | 10,000.00 | | 23 038 050.00 | - |
| 29 | | 24 | 1602 | 累计折旧 | - | 5 099 949.00 | | | - | 5 099 949.00 |
| 30 | | 25 | 1606 | 固定资产清理 | | | | | | |
| 31 | | 26 | 1701 | 无形资产 | 1 200 000.00 | - | | | 1 200 000.00 | - |
| 32 | | 27 | 1702 | 累计摊销 | - | 80 000.00 | | | - | 80 000.00 |
| 33 | | 28 | 1801 | 长期待摊费用 | 90 045.00 | - | | | 90 045.00 | - |
| 34 | | 29 | 1811 | 递延所得税资产 | | | | | | |
| 35 | | 30 | 1901 | 待处理财产损益 | | | | | | |
| 36 | | 31 | 2001 | 短期借款 | - | 100 000.00 | | | - | 100 000.00 |
| 37 | | 32 | 2201 | 应付票据 | - | 50 000.00 | | | - | 50 000.00 |
| 38 | | 33 | 2202 | 应付账款 | - | 1 461 292.00 | | | - | 1 461 292.00 |

图6.10(1) 科目余额表

| 顺序号 | 科目编码 | 总账科目 | 期初余额 借方 | 期初余额 贷方 | 本期发生额 借方 | 本期发生额 贷方 | 期末余额 借方 | 期末余额 贷方 |
|---|---|---|---|---|---|---|---|---|
| 34 | 2205 | 预收账款 | - | 54 000.00 | - | - | - | 54 000.00 |
| 35 | 2211 | 应付职工薪酬 | - | 18 000.00 | 18 000.00 | - | - | - |
| 36 | 2221 | 应交税费 | - | 153 356.00 | 80 530.97 | 158 961.95 | - | 231 786.97 |
| 37 | 2232 | 应付利息 | - | - | - | - | - | - |
| 38 | 2241 | 其他应付款 | - | 6 800.00 | - | - | - | 6 800.00 |
| 39 | 2245 | 持有待售负债 | - | - | - | - | - | - |
| 40 | 2601 | 长期借款 | - | - | - | - | - | - |
| 41 | 2602 | 应付债券 | - | 1 200 000.00 | - | - | - | 1 200 000.00 |
| 42 | 2901 | 递延所得税负债 | - | - | - | - | - | - |
| 43 | 4001 | 实收资本 | - | 18 210 000.00 | - | - | - | 18 210 000.00 |
| 44 | 4002 | 资本公积 | - | 120 000.00 | - | - | - | 120 000.00 |
| 45 | 4101 | 盈余公积 | - | 579 655.63 | - | - | - | 579 655.63 |
| 46 | 4103 | 本年利润 | - | - | - | 118 469.03 | - | 118 469.03 |
| 47 | 4104 | 利润分配 | - | 1 008 000.37 | - | - | - | 1 008 000.37 |
| 48 | 4105 | 其他综合收益 | - | - | - | - | - | - |
| 49 | 4106 | 其他权益工具 | - | - | - | - | - | - |
| 50 | 4301 | 专项储备 | - | - | - | - | - | - |
| 51 | 5001 | 生产成本 | 408 498.00 | - | - | - | 408 498.00 | - |
| 52 | 5101 | 制造费用 | - | - | - | - | - | - |
| 53 | 6001 | 主营业务收入 | - | - | 619 469.03 | 619 469.03 | - | - |
| 54 | 6051 | 其他业务收入 | - | - | - | - | - | - |
| 55 | 6111 | 投资损益 | - | - | - | - | - | - |
| 56 | 6301 | 营业外收入 | - | - | - | - | - | - |
| 57 | 6401 | 主营业务成本 | - | - | 500 000.00 | 500 000.00 | - | - |
| 58 | 6402 | 其他业务支出 | - | - | - | - | - | - |
| 59 | 6403 | 税金及附加 | - | - | - | - | - | - |
| 60 | 6601 | 销售费用 | - | - | - | - | - | - |
| 61 | 6602 | 管理费用 | - | - | 1 000.00 | 1 000.00 | - | - |
| 62 | 6603 | 财务费用 | - | - | - | - | - | - |
| 63 | 6711 | 营业外支出 | - | - | - | - | - | - |
| 64 | 6801 | 所得税费用 | - | - | - | - | - | - |
| | | 合计 | 28 145 553.00 | 28 145 553.00 | 1 961 000.00 | 1 961 000.00 | 28 324 453.00 | 28 324 453.00 |

图 6.10(2)　科目余额表(续)

#### 6.2.2.3　设置期末余额公式

**步骤 1**　录入期末余额借方公式,参考公式如下:

I6 =IF(E6-F6+G6-H6>0, E6-F6+G6-H6, 0)

使用了 IF 函数是为了过滤掉贷方余额。

**步骤 2**　录入期末余额贷方公式,参考公式如下:

J6 =IF(F6-E6+H6-G6>0, F6-E6+H6-G6, 0)

使用了 IF 函数是为了过滤掉借方余额。

**步骤 3**　向下复制。

#### 6.2.2.4　损益类科目结转检测

**步骤 1**　在 J3 单元格计算出损益类科目借贷方差额,提示期间损益是否结转为零。参考公式如下:

J3 =SUM(G58:G69)-SUM(H58:H69)

> **知识链接**
>
> 会计期末结转本年利润的方法有表结法和账结法两种。
>
> 1. 表结法
>
> 结法下,各损益类科目每月月末只需结计出本月发生额和月末累计余额,不结转到

"本年利润"科目,只有在年末时才将全年累计余额结转入"本年利润"科目。但每月月末要将损益类科目的本月发生额合计数填入利润表的本月数栏,同时将本月月末累计余额填入利润表的本年累计数栏,通过利润表计算反映各期的利润(或亏损)。表结法下,年中损益类科目无需结转入"本年利润"科目,从而减少了转账环节和工作量,同时并不影响利润表的编制及有关损益指标的利用。

2. 账结法

账结法下,每月月末均需编制转账凭证,将在账上结计出的各损益类科目的余额结转入"本年利润"科目。结转后"本年利润"科目的本月合计数反映当月实现的利润或发生的亏损,"本年利润"科目的本年累计数反映本年累计实现的利润或发生的亏损账结法在各月均可通过"本年利润"科目提供当月及本年累计的利润(或亏损)额,但增加了转账环节和工作量。

**步骤2** 设置损益类科目的借贷差额提示,参考公式如下:

I3 =IF(SUM(G58:G69)=SUM(H58:H69),"期间损益已结转","期间损益未结转,差额:")

## 任务6.3 资产负债表编制

### 6.3.1 任务分析

资产负债表是反映企业某一特定日期(如月末、季末、半年末、年末等)财务状况的会计报表。它是根据"资产=负债+所有者权益"这一会计等式,依照一定的分类标准和顺序,将企业在一定日期的全部资产、负债和所有者权益项目进行适当分类、汇总、排列后编制而成的。

资产负债表项目主要是通过对本会计期间的会计核算记录的数据加以归集、整理而成,其项目资料来源于以下几个方面。

(一)根据总账科目余额填列

(1)资产负债表中有些项目可直接根据有关总账科目的余额填列,如"应收票据"和"短期借款"。

(2)资产负债表中有些项目需要根据几个总账科目的余额计算填列。

"货币资金"项目,需根据"库存现金""银行存款"和"其他货币资金"三个总账科目的余额的合计数填列。

"未分配利润"项目,应根据"本年利润"和"利润分配"科目的期末余额的合计数填列。

"存货"项目,应根据"在途物资""原材料""周转材料""生产成本"和"库存商品"等余额的合计数填列。

(二)根据总账所属明细账科目余额计算填列

(1)资产负债表中的"应收账款""应付账款""预收账款"和"预付账款"项目应根据相关总账所属明细科目余额计算填列。

"应收账款"项目,应根据"应收账款"所属明细账的借方余额+"预收账款"所属明细账的借方余额-"坏账准备"计算填列。

"预收账款"项目,应根据"应收账款"所属明细账的贷方余额+"预收账款"所属明细账的贷方余额计算填列。

"应付账款"项目,应根据"应付账款"所属明细账的贷方余额+"预付账款"所属明细账的贷方余额计算填列。

"预付账款"项目,应根据"应付账款"所属明细账的借方余额+"预付账款"所属明细账的借方余额计算填列。

本案例采取简化填列,数字取自总账科目。

(2)除以上几个项目外,其他负债类科目期末如出现借方余额,一般以"-"号填列,如"应交税费"项目。

(三)根据总账科目和明细账科目余额分析计算填列

资产负债表中的有些项目,不能根据总账科目的余额直接计算填列,而需要根据总账科目和相关明细账科目的余额分析计算填列。

如"长期借款"项目,需要根据"长期借款"总账科目余额扣除"长期借款"所属的明细科目中将在一年内到期的非流动负债金额分析计算填列。本案例采取简化填列,数字取自总账科目。

### 6.3.2 任务实现步骤

**步骤 1** 在"会计账务处理"工作簿中新建"资产负债表"工作表,如图 6.11 所示,编制资产负债表样式。

| 资产 | 行次 | 期初余额 | 期末余额 | 负债和所有者权益(或股东权益) | 行次 | 期初余额 | 期末余额 |
|---|---|---|---|---|---|---|---|
| 流动资产: | | | | 流动负债: | | | |
| 货币资金 | 1 | 511 554.00 | 470 454.00 | 短期借款 | 35 | 100 000.00 | 100 000.00 |
| 交易性金融资产 | 2 | 0.00 | 0.00 | 交易性金融负债 | 36 | 0.00 | 0.00 |
| 衍生金融资产 | 3 | 0.00 | 0.00 | 衍生金融负债 | 37 | 0.00 | 0.00 |
| 应收票据 | 4 | 0.00 | 0.00 | 应付票据 | 38 | 50 000.00 | 50 000.00 |
| 应收账款 | 5 | 646 855.00 | 1 336 855.00 | 应付账款 | 39 | 1 461 292.00 | 1 461 292.00 |
| 应收款项融资 | 6 | 0.00 | 0.00 | 预收款项 | 40 | 54 000.00 | 54 000.00 |
| 预付款项 | 7 | 0.00 | 0.00 | 合同负债 | 41 | 0.00 | 0.00 |
| 其他应收款 | 8 | 94 700.00 | 94 700.00 | 应付职工薪酬 | 42 | 18 000.00 | 0.00 |
| 存货 | 9 | 2 269 849.00 | 1 789 849.00 | 应交税费 | 43 | 153 356.00 | 231 786.97 |
| 合同资产 | 10 | 0.00 | 0.00 | 其他应付款 | 44 | 6 800.00 | 6 800.00 |
| 持有待售资产 | 11 | 0.00 | 0.00 | 持有待售负债 | 45 | 0.00 | 0.00 |
| 一年内到期的非流动资产 | 12 | | | 一年内到期的非流动负债 | 46 | | |
| 其他流动资产 | 13 | | | 其他流动负债 | 47 | | |
| 流动资产合计 | 14 | 3 522 958.00 | 3 691 858.00 | 流动负债合计 | 48 | 1 843 448.00 | 1 903 878.97 |
| 非流动资产: | | | | 非流动负债: | | | |
| 债权投资 | 15 | 0.00 | 0.00 | 长期借款 | 49 | 0.00 | 0.00 |
| 其他债权投资 | 16 | 0.00 | 0.00 | 应付债券 | 50 | 1 200 000.00 | 1 200 000.00 |
| 长期应收款 | 17 | 0.00 | 0.00 | 其中:优先股 | 51 | | |
| 长期股权投资 | 18 | 300 000.00 | 300 000.00 | 永续债 | 52 | 1 200 000.00 | 1 200 000.00 |
| 其他权益工具投资 | 19 | 0.00 | 0.00 | 租赁负债 | 53 | 0.00 | 0.00 |
| 其他非流动金融资产 | 20 | 0.00 | 0.00 | 长期应付款 | 54 | 0.00 | 0.00 |
| 投资性房地产 | 21 | 0.00 | 0.00 | 预计负债 | 55 | 0.00 | 0.00 |
| 固定资产 | 22 | 17 928 101.00 | 17 938 101.00 | 递延收益 | 56 | 0.00 | 0.00 |
| 在建工程 | 23 | 0.00 | 0.00 | 递延所得税负债 | 57 | 0.00 | 0.00 |
| 生产性生物资产 | 24 | 0.00 | 0.00 | 其他非流动负债 | 58 | | |
| 油气资产 | 25 | 0.00 | 0.00 | 非流动负债合计 | 59 | 1 200 000.00 | 1 200 000.00 |
| 使用权资产 | 26 | 0.00 | 0.00 | 负债合计 | 60 | 3 043 448.00 | 3 103 878.97 |
| 无形资产 | 27 | 1 120 000.00 | 1 120 000.00 | 所有者权益(或股东权益): | | | |
| 开发支出 | 28 | 0.00 | 0.00 | 实收资本(或股本) | 61 | 18 210 000.00 | 18 210 000.00 |
| 商誉 | 29 | 0.00 | 0.00 | 其他权益工具 | 62 | 0.00 | 0.00 |
| 长期待摊费用 | 30 | 90 045.00 | 90 045.00 | 其中:优先股 | 63 | | |
| 递延所得税资产 | 31 | 0.00 | 0.00 | 永续债 | 64 | | |
| 其他非流动资产 | 32 | | | 资本公积 | 65 | 120 000.00 | 120 000.00 |
| 非流动资产合计 | 33 | 19 438 146.00 | 19 448 146.00 | 减:库存股 | 66 | 0.00 | 0.00 |
| | | | | 其他综合收益 | 67 | 0.00 | 0.00 |
| | | | | 专项储备 | 68 | 0.00 | 0.00 |
| | | | | 盈余公积 | 69 | 579 655.63 | 579 655.63 |
| | | | | 未分配利润 | 70 | 1 008 000.37 | 1 126 469.40 |
| | | | | 所有者权益(或股东权益)合计 | 71 | 19 917 656.00 | 20 036 125.03 |
| 资产总计 | 34 | 22 961 104.00 | 23 140 004.00 | 负债和所有者权益(或股东权益)总计 | 72 | 22 961 104.00 | 23 140 004.00 |

图 6.11 资产负债表

**步骤 2** 资产负债表日期自动取自科目余额表,科目余额表的日期至少有"年"和"月",资产负债表的日期通常为月末,因此,建立一个过渡区域 L6: M17,录入 1~12 和 1~12 月的月末日期,如图 6.12 所示。

**步骤 3** 根据"科目余额表查询"的月份查找出本月月末日期。选择单元格 M4,录入公式"=VLOOKUP(科目余额表查询!G3, L6: M17, 2, 0)"。

**步骤 4** 利用公式自动获取"科目余额表查询"的年月,并加上月末的日期,形成"资产负债表"的日期。录入 D3 公式"=科目余额表查询!E3&"年"& 科目余额表查询!G3&"月"&M4&"日""。

**步骤 5** 参照表 6.8 和表 6.9,录入资产负债表报表公式。

| | K | L | M |
|---|---|---|---|
| 1 | | | |
| 2 | | | |
| 3 | | | |
| 4 | | 每月月末日期 | 31 |
| 5 | | 月 | 日 |
| 6 | | 1 | 31 |
| 7 | | 2 | 28 |
| 8 | | 3 | 31 |
| 9 | | 4 | 30 |
| 10 | | 5 | 31 |
| 11 | | 6 | 30 |
| 12 | | 7 | 31 |
| 13 | | 8 | 31 |
| 14 | | 9 | 30 |
| 15 | | 10 | 31 |
| 16 | | 11 | 30 |
| 17 | | 12 | 31 |
| 18 | | | |

**图 6.12 月末日期**

**表 6.8** 资产负债表公式

| 资产 | 行次 | 期初余额 | 期末余额 |
|---|---|---|---|
| 流动资产: | | | |
| 货币资金 | 1 | =VLOOKUP("库存现金",科目余额表查询!$D:$J,2,0)+VLOOKUP("银行存款",科目余额表查询!$D:$J,2,0)+VLOOKUP("其他货币资金",科目余额表查询!$D:$J,2,0) | =VLOOKUP("库存现金",科目余额表查询!$D:$J,6,0)+VLOOKUP("银行存款",科目余额表查询!$D:$J,6,0)+VLOOKUP("其他货币资金",科目余额表查询!$D:$J,6,0) |
| 交易性金融资产 | 2 | =VLOOKUP("交易性金融资产",科目余额表查询!$D:$J,2,0) | =VLOOKUP("交易性金融资产",科目余额表查询!$D:$J,6,0) |
| 衍生金融资产 | 3 | =IFERROR(VLOOKUP("衍生金融资产",科目余额表查询!$D:$J,2,0),0) | =IFERROR(VLOOKUP("衍生金融资产",科目余额表查询!$D:$J,6,0),0) |
| 应收票据 | 4 | =VLOOKUP("应收票据",科目余额表查询!$D:$J,2,0) | =VLOOKUP("应收票据",科目余额表查询!$D:$J,6,0) |
| 应收账款 | 5 | =VLOOKUP("应收账款",科目余额表查询!$D:$J,2,0)-IFERROR(VLOOKUP("坏账准备",科目余额表查询!$D:$J,3,0),0) | =VLOOKUP("应收账款",科目余额表查询!$D:$J,6,0)-IFERROR(VLOOKUP("坏账准备",科目余额表查询!$D:$J,7,0),0) |
| 应收款项融资 | 6 | =IFERROR(VLOOKUP("应收款项融资",科目余额表查询!$D:$J,2,0),0) | =IFERROR(VLOOKUP("应收款项融资",科目余额表查询!$D:$J,6,0),0) |
| 预付款项 | 7 | =VLOOKUP("预付账款",科目余额表查询!$D:$J,2,0) | =VLOOKUP("预付账款",科目余额表查询!$D:$J,6,0) |
| 其他应收款 | 8 | =VLOOKUP("其他应收款",科目余额表查询!$D:$J,2,0) | =VLOOKUP("其他应收款",科目余额表查询!$D:$J,6,0) |

（续表）

| 资产 | 行次 | 期初余额 | 期末余额 |
|---|---|---|---|
| 存货 | 9 | =VLOOKUP("原材料",科目余额表查询!$D:$J,2,0)+VLOOKUP("库存商品",科目余额表查询!$D:$J,2,0)+VLOOKUP("材料成本差异",科目余额表查询!$D:$J,2,0)+VLOOKUP("发出商品",科目余额表查询!$D:$J,2,0)+VLOOKUP("周转材料",科目余额表查询!$D:$J,2,0)+VLOOKUP("材料采购",科目余额表查询!$D:$J,2,0)+VLOOKUP("生产成本",科目余额表查询!$D:$J,2,0)+IFERROR(VLOOKUP("消耗性生物资产",科目余额表查询!$D:$J,2,0),0) | =VLOOKUP("原材料",科目余额表查询!$D:$J,6,0)+VLOOKUP("库存商品",科目余额表查询!$D:$J,6,0)+VLOOKUP("材料成本差异",科目余额表查询!$D:$J,6,0)+VLOOKUP("发出商品",科目余额表查询!$D:$J,6,0)+VLOOKUP("周转材料",科目余额表查询!$D:$J,6,0)+VLOOKUP("材料采购",科目余额表查询!$D:$J,6,0)+VLOOKUP("生产成本",科目余额表查询!$D:$J,6,0)+IFERROR(VLOOKUP("消耗性生物资产",科目余额表查询!$D:$J,6,0),0) |
| 合同资产 | 10 | =IFERROR(VLOOKUP("合同资产",科目余额表查询!$D:$J,2,0),0) | =IFERROR(VLOOKUP("合同资产",科目余额表查询!$D:$J,6,0),0) |
| 持有待售资产 | 11 | =VLOOKUP("持有待售资产",科目余额表查询!$D:$J,2,0) | =VLOOKUP("持有待售资产",科目余额表查询!$D:$J,6,0) |
| 一年内到期的非流动资产 | 12 | — | — |
| 其他流动资产 | 13 | — | — |
| 流动资产合计 | 14 | =SUM(D7:D19) | =SUM(E7:E19) |
| 非流动资产： | | | |
| 债权投资 | 15 | =VLOOKUP("债权投资",科目余额表查询!$D:$J,2,0)-IFERROR(VLOOKUP("债权投资减值准备",科目余额表查询!$D:$J,3,0),0) | =VLOOKUP("债权投资",科目余额表查询!$D:$J,6,0)-IFERROR(VLOOKUP("债权投资减值准备",科目余额表查询!$D:$J,7,0),0) |
| 其他债权投资 | 16 | =IFERROR(VLOOKUP("其他债权投资",科目余额表查询!$D:$J,2,0),0) | =IFERROR(VLOOKUP("其他债权投资",科目余额表查询!$D:$J,6,0),0) |
| 长期应收款 | 17 | =IFERROR(VLOOKUP("长期应收款",科目余额表查询!$D:$J,2,0),0) | =IFERROR(VLOOKUP("长期应收款",科目余额表查询!$D:$J,6,0),0) |
| 长期股权投资 | 18 | =IFERROR(VLOOKUP("长期股权投资",科目余额表查询!$D:$J,2,0),0) | =IFERROR(VLOOKUP("长期股权投资",科目余额表查询!$D:$J,6,0),0) |
| 其他权益工具投资 | 19 | =IFERROR(VLOOKUP("其他权益工具投资",科目余额表查询!$D:$J,2,0),0) | =IFERROR(VLOOKUP("其他权益工具投资",科目余额表查询!$D:$J,6,0),0) |
| 其他非流动金融资产 | 20 | =IFERROR(VLOOKUP("其他非流动金融资产",科目余额表查询!$D:$J,2,0),0) | =IFERROR(VLOOKUP("其他非流动金融资产",科目余额表查询!$D:$J,6,0),0) |
| 投资性房地产 | 21 | =IFERROR(VLOOKUP("投资性房地产",科目余额表查询!$D:$J,2,0),0) | =IFERROR(VLOOKUP("投资性房地产",科目余额表查询!$D:$J,6,0),0) |
| 固定资产 | 22 | =IFERROR(VLOOKUP("固定资产",科目余额表查询!$D:$J,2,0),"")-IFERROR(VLOOKUP("累计折旧",科目余额表查询!$D:$J,3,0),"") | =IFERROR(VLOOKUP("固定资产",科目余额表查询!$D:$J,6,0),"")-IFERROR(VLOOKUP("累计折旧",科目余额表查询!$D:$J,7,0),"") |

（续表）

| 资产 | 行次 | 期初余额 | 期末余额 |
|---|---|---|---|
| 在建工程 | 23 | =IFERROR（VLOOKUP（"在建工程"，科目余额表查询!$D:$J,2,0),0) | =IFERROR（VLOOKUP（"在建工程"，科目余额表查询!$D:$J,6,0),0) |
| 生产性生物资产 | 24 | =IFERROR（VLOOKUP（"生产性生物资产"，科目余额表查询!$D:$J,2,0),0) | =IFERROR（VLOOKUP（"生产性生物资产"，科目余额表查询!$D:$J,6,0),0) |
| 油气资产 | 25 | =IFERROR（VLOOKUP（"油气资产"，科目余额表查询!$D:$J,2,0),0) | =IFERROR（VLOOKUP（"油气资产"，科目余额表查询!$D:$J,6,0),0) |
| 使用权资产 | 26 | =IFERROR（VLOOKUP（"使用权资产"，科目余额表查询!$D:$J,2,0),0) | =IFERROR（VLOOKUP（"使用权资产"，科目余额表查询!$D:$J,6,0),0) |
| 无形资产 | 27 | =IFERROR（VLOOKUP（"无形资产"，科目余额表查询!$D:$J,2,0),0)-IFERROR（VLOOKUP（"累计摊销"，科目余额表查询!$D:$J,3,0),0)-IFERROR（VLOOKUP（"无形资产减值准备"，科目余额表查询!$D:$J,3,0),0) | =IFERROR（VLOOKUP（"无形资产"，科目余额表查询!$D:$J,6,0),0)-IFERROR（VLOOKUP（"累计摊销"，科目余额表查询!$D:$J,7,0),0)-IFERROR（VLOOKUP（"无形资产减值准备"，科目余额表查询!$D:$J,7,0),0) |
| 开发支出 | 28 | =IFERROR（VLOOKUP（"开发支出"，科目余额表查询!$D:$J,2,0),0) | =IFERROR（VLOOKUP（"开发支出"，科目余额表查询!$D:$J,6,0),0) |
| 商誉 | 29 | =IFERROR（VLOOKUP（"商誉"，科目余额表查询!$D:$J,2,0),0) | =IFERROR（VLOOKUP（"商誉"，科目余额表查询!$D:$J,6,0),0) |
| 长期待摊费用 | 30 | =IFERROR（VLOOKUP（"长期待摊费用"，科目余额表查询!$D:$J,2,0),"") | =IFERROR（VLOOKUP（"长期待摊费用"，科目余额表查询!$D:$J,6,0),"") |
| 递延所得税资产 | 31 | =IFERROR（VLOOKUP（"递延所得税资产"，科目余额表查询!$D:$J,2,0),0) | =IFERROR（VLOOKUP（"递延所得税资产"，科目余额表查询!$D:$J,6,0),0) |
| 其他非流动资产 | 32 | — | — |
| 非流动资产合计 | 33 | =SUM(D22:D39) | =SUM(E22:E39) |
| 资产总计 | 34 | =SUM(D20,D40) | =SUM(E20,E40) |

表6.9　　　　　　　　　　资产负债表公式（续）

| 负债和所有者权益（或股东权益） | 行次 | 期初余额 | 期末余额 |
|---|---|---|---|
| 流动负债： | | | |
| 短期借款 | 35 | =IFERROR（VLOOKUP（"短期借款"，科目余额表查询!$D:$J,3,0),0) | =IFERROR（VLOOKUP（"短期借款"，科目余额表查询!$D:$J,7,0),0) |
| 交易性金融负债 | 36 | =IFERROR（VLOOKUP（"交易性金融负债"，科目余额表查询!$D:$J,3,0),0) | =IFERROR（VLOOKUP（"交易性金融负债"，科目余额表查询!$D:$J,7,0),0) |
| 衍生金融负债 | 37 | =IFERROR（VLOOKUP（"衍生金融负债"，科目余额表查询!$D:$J,3,0),0) | =IFERROR（VLOOKUP（"衍生金融负债"，科目余额表查询!$D:$J,7,0),0) |
| 应付票据 | 38 | =IFERROR（VLOOKUP（"应付票据"，科目余额表查询!$D:$J,3,0),0) | =IFERROR（VLOOKUP（"应付票据"，科目余额表查询!$D:$J,7,0),0) |
| 应付账款 | 39 | =IFERROR（VLOOKUP（"应付账款"，科目余额表查询!$D:$J,3,0),0) | =IFERROR（VLOOKUP（"应付账款"，科目余额表查询!$D:$J,7,0),0) |

(续表)

| 负债和所有者权益（或股东权益） | 行次 | 期初余额 | 期末余额 |
|---|---|---|---|
| 预收款项 | 40 | =IFERROR(VLOOKUP("预收账款",科目余额表查询!$D:$J,3,0),0) | =IFERROR(VLOOKUP("预收账款",科目余额表查询!$D:$J,7,0),0) |
| 合同负债 | 41 | =IFERROR(VLOOKUP("合同负债",科目余额表查询!$D:$J,3,0),0) | =IFERROR(VLOOKUP("合同负债",科目余额表查询!$D:$J,7,0),0) |
| 应付职工薪酬 | 42 | =IFERROR(VLOOKUP("应付职工薪酬",科目余额表查询!$D:$J,3,0),0) | =IFERROR(VLOOKUP("应付职工薪酬",科目余额表查询!$D:$J,7,0),0) |
| 应交税费 | 43 | =IFERROR(VLOOKUP("应交税费",科目余额表查询!$D:$J,3,0),0) | =IFERROR(VLOOKUP("应交税费",科目余额表查询!$D:$J,7,0),0) |
| 其他应付款 | 44 | =IFERROR(VLOOKUP("其他应付款",科目余额表查询!$D:$J,3,0),0) | =IFERROR(VLOOKUP("其他应付款",科目余额表查询!$D:$J,7,0),0) |
| 持有待售负债 | 45 | =IFERROR(VLOOKUP("持有待售负债",科目余额表查询!$D:$J,3,0),0) | =IFERROR(VLOOKUP("持有待售负债",科目余额表查询!$D:$J,7,0),0) |
| 一年内到期的非流动负债 | 46 | — | — |
| 其他流动负债 | 47 | — | — |
| 流动负债合计 | 48 | =SUM(H7:H19) | =SUM(I7:I19) |
| 非流动负债： | | | |
| 长期借款 | 49 | =IFERROR(VLOOKUP("长期借款",科目余额表查询!$D:$J,3,0),0) | =IFERROR(VLOOKUP("长期借款",科目余额表查询!$D:$J,7,0),0) |
| 应付债券 | 50 | =SUM(H24:H25) | =SUM(I24:I25) |
| 其中：优先股 | 51 | — | — |
| 永久债 | 52 | =IFERROR(VLOOKUP("应付债券",科目余额表查询!$D:$J,3,0),0) | =IFERROR(VLOOKUP("应付债券",科目余额表查询!$D:$J,7,0),0) |
| 租赁负债 | 53 | =IFERROR(VLOOKUP("租赁负债",科目余额表查询!$D:$J,3,0),0) | =IFERROR(VLOOKUP("租赁负债",科目余额表查询!$D:$J,7,0),0) |
| 长期应付款 | 54 | =IFERROR(VLOOKUP("长期应付款",科目余额表查询!$D:$J,3,0),0) | =IFERROR(VLOOKUP("长期应付款",科目余额表查询!$D:$J,7,0),0) |
| 预计负债 | 55 | =IFERROR(VLOOKUP("预计负债",科目余额表查询!$D:$J,3,0),0) | =IFERROR(VLOOKUP("预计负债",科目余额表查询!$D:$J,7,0),0) |
| 递延收益 | 56 | =IFERROR(VLOOKUP("递延收益",科目余额表查询!$D:$J,3,0),0) | =IFERROR(VLOOKUP("递延收益",科目余额表查询!$D:$J,7,0),0) |
| 递延所得税负债 | 57 | =IFERROR(VLOOKUP("递延所得税负债",科目余额表查询!$D:$J,3,0),0) | =IFERROR(VLOOKUP("递延所得税负债",科目余额表查询!$D:$J,7,0),0) |
| 其他非流动负债 | 58 | — | — |
| 非流动负债合计 | 59 | =SUM(H22:H23,H26:H31) | =SUM(I22:I23,I26:I31) |
| 负债合计 | 60 | =SUM(H20,H32) | =SUM(I20,I32) |

(续表)

| 负债和所有者权益（或股东权益） | 行次 | 期初余额 | 期末余额 |
|---|---|---|---|
| 所有者权益（或股东权益）： | | — | — |
| 实收资本（或股本） | 61 | =IFERROR(VLOOKUP("实收资本",科目余额表查询!$D:$J,3,0),0) | =IFERROR(VLOOKUP("实收资本",科目余额表查询!$D:$J,7,0),0) |
| 其他权益工具 | 62 | =H37+H38 | =I37+I38 |
| 其中:优先股 | 63 | — | — |
| 永久债 | 64 | — | — |
| 资本公积 | 65 | =IFERROR(VLOOKUP("资本公积",科目余额表查询!$D:$J,3,0),0) | =IFERROR(VLOOKUP("资本公积",科目余额表查询!$D:$J,7,0),0) |
| 减:库存股 | 66 | =IFERROR(VLOOKUP("库存股",科目余额表查询!$D:$J,3,0),0) | =IFERROR(VLOOKUP("库存股",科目余额表查询!$D:$J,7,0),0) |
| 其他综合收益 | 67 | =IFERROR(VLOOKUP("其他综合收益",科目余额表查询!$D:$J,3,0),0) | =IFERROR(VLOOKUP("其他综合收益",科目余额表查询!$D:$J,7,0),0) |
| 专项储备 | 68 | =IFERROR(VLOOKUP("专项储备",科目余额表查询!$D:$J,3,0),0) | =IFERROR(VLOOKUP("专项储备",科目余额表查询!$D:$J,7,0),0) |
| 盈余公积 | 69 | =IFERROR(VLOOKUP("盈余公积",科目余额表查询!$D:$J,3,0),0) | =IFERROR(VLOOKUP("盈余公积",科目余额表查询!$D:$J,7,0),0) |
| 未分配利润 | 70 | =D46-H33-H35-H36-H39-H41-H42-H43 | =E46-I33-I35-I36-I39-I41-I42-I43 |
| 所有者权益（或股东权益）合计 | 71 | =H35+H36+H39+H41+H42+H43+H44 | =I35+I36+I39+I41+I42+I43+I44 |
| 负债和所有者权益（或股东权益）总计 | 72 | =SUM(H33,H45) | =SUM(I33,I45) |

注意:表结法下,未分配利润的期初数为资产-负债-除未分配利润外的所有者权益金额,未分配利润的期末数在年内时等于未分配利润期初余额+本月净利润金额。

## 任务6.4　利润表编制

### 6.4.1　任务分析

利润表又称损益表,是反映企业一定期间经营成果的会计报表,即总括反映企业在一定时期内利润(亏损)实现情况的会计报表。利润表的编制是依据"收入-费用=利润"这一公式。按照我国会计准则的规定,我国企业的利润表采用多步式。

#### 6.4.1.1　本期发生额

"营业收入"项目,反映企业主要经营业务和其他经营业务所取得的收入总额。本项目应根据"主营业务收入"和"其他业务收入"科目的发生额分析填列。

"营业成本"项目,反映企业主要经营业务和其他经营业务发生的实际成本总额。本项目应根据"主营业务成本"和"其他业务成本"科目的发生额分析填列。

"营业利润"项目,以营业收入为基础,减去营业成本、税金及附加、期间费用,加上投资收益后,计算出营业利润。

"利润总额"项目,以营业利润为基础,加上营业外收入,减去营业外支出,计算出利润总额。

"净利润"项目,以利润总额为基础,减去所得税费用后,计算出净利润(或亏损)。

其他项目直接取自科目余额表。

多步式利润表反映出了营业利润、利润总额、净利润的构成情况,有助于使用者从不同利润类别中了解企业经营成果的不同来源。

#### 6.4.1.2 累计发生额

利润表"本年累计金额"栏反映各项目自年初起至本月月末止的累计实际发生数。根据上月利润表的"本年累计金额"栏的数字,加上本月利润表的"本月金额"栏的数字,可以得出各项目的本月利润表的"本年累计金额",然后填入相应的项目内。

### 6.4.2 任务实现步骤

**步骤1** 在"会计账务处理"工作簿中新建"利润表"工作表,参照图6.13所示,编制利润表样式。

| 项 目 | 行次 | 本月金额 | 本年金额 |
|---|---|---|---|
| | | | 会企02表 |
| | | | 单位:元 |
| 编制单位: | | | |
| 一、营业收入 | 1 | 619 469.03 | 619 469.03 |
| 减:营业成本 | 2 | 500 000.00 | 500 000.00 |
| 税金及附加 | 3 | 0.00 | 0.00 |
| 销售费用 | 4 | 0.00 | 0.00 |
| 管理费用 | 5 | 1 000.00 | 1 000.00 |
| 研发费用 | 6 | 0.00 | 0.00 |
| 财务费用 | 7 | 0.00 | 0.00 |
| 其中:利息费用 | 8 | | |
| 利息收入 | 9 | | |
| 加:其他收益 | 10 | | |
| 投资收益(损失以"-"号填列) | 11 | 0.00 | 0.00 |
| 其中:对联营企业和合营企业的投资收益 | 12 | | |
| 以摊余成本计量的金融资产最终确认收益(损失以"-"号填列) | 13 | | |
| 净敞口套期收益(损失以"-"号填列) | 14 | 0.00 | 0.00 |
| 公允价值变动收益(损失以"-"号填列) | 15 | 0.00 | 0.00 |
| 信用减值损失(损失以"-"号填列) | 16 | 0.00 | 0.00 |
| 资产减值损失(损失以"-"号填列) | 17 | 0.00 | 0.00 |
| 资产处置收益(损失以"-"号填列) | 18 | 0.00 | 0.00 |
| 二、营业利润(亏损以"-"号填列) | 19 | 118 469.03 | 118 469.03 |
| 加:营业外收入 | 20 | 0.00 | 0.00 |
| 减:营业外支出 | 21 | 0.00 | 0.00 |
| 三、利润总额(亏损总额以"-"号填列) | 22 | 118 469.03 | 118 469.03 |
| 减:所得税费用 | 23 | 0.00 | 0.00 |
| 四、净利润(净亏损以"-"号填列) | 24 | 118 469.03 | 118 469.03 |

图6.13 利润表

**步骤 2** 利润表日期自动取自科目余额表,根据"科目余额表查询"的月份查找出本月月末日期。选择单元格 B3,录入公式"=科目余额表查询!E3&"年"&科目余额表查询!G3&"月""。

**步骤 3** 参照表 6.10,录入报表公式。

表 6.10 利润表公式

| 项 目 | 行次 | 本月金额 |
|---|---|---|
| 一、营业收入 | 1 | =IFERROR(VLOOKUP("主营业务收入",科目余额表查询!$D:$J,5,0),0)+IFERROR(VLOOKUP("其他业务收入",科目余额表查询!$D:$J,5,0),0) |
| 减:营业成本 | 2 | =IFERROR(VLOOKUP("主营业务成本",科目余额表查询!$D:$J,4,0),0)+IFERROR(VLOOKUP("其他业务成本",科目余额表查询!$D:$J,4,0),0) |
| 税金及附加 | 3 | =IFERROR(VLOOKUP("税金及附加",科目余额表查询!$D:$J,4,0),0) |
| 销售费用 | 4 | =IFERROR(VLOOKUP("销售费用",科目余额表查询!$D:$J,4,0),0) |
| 管理费用 | 5 | =IFERROR(VLOOKUP("管理费用",科目余额表查询!$D:$J,4,0),0) |
| 研发费用 | 6 | =IFERROR(VLOOKUP("研发支出",科目余额表查询!$D:$J,4,0),0) |
| 财务费用 | 7 | =D14-D15 |
| 其中:利息费用 | 8 | — |
| 利息收入 | 9 | — |
| 加:其他收益 | 10 | — |
| 投资收益(损失以"-"号填列) | 11 | =SUM(D18:D19) |
| 其中:对联营企业和合营企业的投资收益 | 12 | — |
| 以摊余成本计量的金融资产最终确认收益(损失以"-"号填列) | 13 | — |
| 净敞口套期收益(损失以"-"号填列) | 14 | =IFERROR(VLOOKUP("净敞口套期收益",科目余额表查询!$D:$J,5,0),0) |
| 公允价值变动收益(损失以"-"号填列) | 15 | =IFERROR(VLOOKUP("公允价值变动收益",科目余额表查询!$D:$J,5,0),0) |
| 信用减值损失(损失以"-"号填列) | 16 | =IFERROR(VLOOKUP("信用减值损失",科目余额表查询!$D:$J,5,0),0) |
| 资产减值损失(损失以"-"号填列) | 17 | =IFERROR(VLOOKUP("资产减值损失",科目余额表查询!$D:$J,4,0),0) |
| 资产处置收益(损失以"-"号填列) | 18 | =IFERROR(VLOOKUP("资产处置收益",科目余额表查询!$D:$J,5,0),0) |
| 二、营业利润(亏损以"-"号填列) | 19 | =D7-D8-D9-D10-D11-D12-D13-D14-D15-D16+D17+D20+D21+D22+D23+D24 |

(续表)

| 项 目 | 行次 | 本月金额 |
|---|---|---|
| 加:营业外收入 | 20 | =IFERROR(VLOOKUP("营业外收入",科目余额表查询!$D:$J,5,0),0) |
| 减:营业外支出 | 21 | =IFERROR(VLOOKUP("营业外支出",科目余额表查询!$D:$J,4,0),0) |
| 三、利润总额(亏损总额以"-"号填列) | 22 | =D25+D26-D27 |
| 减:所得税费用 | 23 | =IFERROR(VLOOKUP("所得税费用",科目余额表查询!$D:$J,4,0),0) |
| 四、净利润(净亏损以"-"号填列) | 24 | =D28-D29 |

**步骤 4** 每年 1 月份的"本年累计金额",可以等于"本月金额"。

**步骤 5** 新建一个"利润表"工作簿,将"会计账务处理"工作簿中的工作表"利润表"移动复制到"利润表"工作簿,将工作表"利润表"更名为"1 月利润表"。

**步骤 6** 将"本月金额"复制,并以数值形式 123 粘贴回原位。

**步骤 7** 2~12 月的"本年累计金额"则等于"本月金额"+上月的"本年累计金额"。因此,我们将"会计账务处理"工作簿中生成的 2 月(或 3~12 月)"利润表"移动复制到"利润表"工作簿,将工作表"利润表"更名为"2 月利润表"(或 3~12 月利润表)。同理,将"本月金额"复制,并以数值形式 123 粘贴回原位。

**步骤 8** "2 月利润表"中的"本年累计金额"则等于"本月金额"+"1 月利润表"的"本年累计金额"。

**步骤 9** 同理可设置其他月份。

## 任务 6.5 现金流量表编制

### 6.5.1 任务分析

现金流量表是反映企业一定时期内(月、季、年)现金流入与流出及其平衡状况的动态报表。

现金流量表是以现金及现金等价物为基础编制的,综合反映企业在一定期间内的现金收入和现金支出情况的会计报表。它反映报告期内有多少现金来源,并用在何处,反映现金在流动中的增减变动情况,并以此说明资产、负债和所有者权益变动对现金的影响,从现金流量的角度来说明企业的财务状况。

现金流量表正表部分是以"现金流入-现金流出=现金流量净额"为基础,采取多步式,分别反映经营活动、投资活动、筹资活动和汇率变动对现金的影响,分项报告企业的现金流入量和流出量。

### 6.5.2 任务实现步骤

**步骤 1** 在"会计账务处理"工作簿中,新增"现金流量表主表"工作表,如图 6.14 所示,编制现金流量表主表。

| | 项 目 | 行次 | 本月金额 | 累计金额 |
|---|---|---|---|---|
| | 现金流量表 | | | |
| | 2025年1月 | | | 会企03表 |
| 编制单位： | | | | 单位：元 |
| 一、经营活动产生的现金流量： | | | | |
| | 销售商品、提供劳务收到的现金 | 1 | 10 000.00 | 10 000.00 |
| | 收到的税费返还 | 2 | — | — |
| | 收到的其他与经营活动有关的现金 | 3 | — | — |
| | 经营活动现金流入小计 | 4 | 10 000.00 | 10 000.00 |
| | 购买商品、接受劳务支付的现金 | 5 | 22 600.00 | 22 600.00 |
| | 支付给职工以及为职工支付的现金 | 6 | 17 500.00 | 17 500.00 |
| | 支付的各项税费 | 7 | — | — |
| | 支付的其他与经营活动有关的现金 | 8 | 1 000.00 | 1 000.00 |
| | 经营活动现金流出小计 | 9 | 41 100.00 | 41 100.00 |
| | 经营活动产生的现金流量净额 | 10 | -31 100.00 | -31 100.00 |
| 二、投资活动产生的现金流量： | | | | |
| | 收回投资所收到的现金 | 11 | — | — |
| | 取得投资收益所收到的现金 | 12 | — | — |
| | 处置固定资产、无形资产和其他长期资产所收回的现金净额 | 13 | | |
| | 处置子公司及其他营业单位收到的现金净额 | 14 | — | — |
| | 收到的其他与投资活动有关的现金 | 15 | — | — |
| | 投资活动现金流入小计 | 16 | — | — |
| | 购建固定资产、无形资产和其他长期资产所支付的现金 | 17 | 10 000.00 | 10 000.00 |
| | 投资所支付的现金 | 18 | — | — |
| | 支付的其他与投资活动有关的现金 | 19 | — | — |
| | 投资活动现金流出小计 | 20 | 10 000.00 | 10 000.00 |
| | 投资活动产生的现金流量净额 | 21 | -10 000.00 | -10 000.00 |
| 三、筹资活动产生的现金流量： | | | — | — |
| | 吸收投资所收到的现金 | 22 | — | — |
| | 借款所收到的现金 | 23 | — | — |
| | 收到的其他与筹资活动有关的现金 | 24 | — | — |
| | 筹资活动现金流入小计 | 25 | — | — |
| | 偿还债务所支付的现金 | 26 | — | — |
| | 分配股利、利润或偿付利息所支付的现金 | 27 | — | — |
| | 支付的其他与筹资活动有关的现金 | 28 | — | — |
| | 筹资活动现金流出小计 | 29 | — | — |
| | 筹资活动产生的现金流量净额 | 30 | — | — |
| 四、汇率变动对现金的影响额 | | 31 | — | — |
| 五、现金及现金等价物净增加额 | | 32 | -41 100.00 | -41 100.00 |
| 加：期初现金及现金等价物 | | 33 | 511 554.00 | 511 554.00 |
| 六、期末现金及现金等价物 | | 34 | 470 454.00 | 470 454.00 |

图 6.14　现金流量表

**步骤 2** 在"记账凭证簿"中，选中第 2 列表头，通过"数据"选项卡上"筛选"功能进行自动筛选，经总账科目为现金、银行存款和其他货币资金的行筛选出。

**步骤 3** 在贷方金额后插入一列 O 列，设置数据有效性，数据来源为现金流量表项目（即现金流量表 B 列），如图 6.15 所示。

| A | B | C | D | E | F | G | H | I | J | K | L | M | N | O |
|---|---|---|---|---|---|---|---|---|---|---|---|---|---|---|
| | 唯一码 | 凭证号 | 年序 | 月 | 日 | 凭证类型 | 凭证号码 | 摘 要 | 总账科目 | 明细科目 | 借方金额 | 贷方金额 | 附件张数 | 借贷平衡 |
| | 20251记11 | 20251记1 | 2025 | 1 | 1 | 记 | 1 | 提现 | 库存现金 | | 2 000.00 | | | |
| | 20251记12 | 20251记1 | 2025 | 1 | 1 | 记 | 1 | 提现 | 银行存款 | 中国银行 | | 2 000.00 | 1 | |
| | 20251记21 | 20251记2 | 2025 | 1 | 2 | 记 | 2 | 收款 | 银行存款 | 工商银行 | 10 000.00 | | | 销售商品、提供劳务收到的现金 |
| | 20251记33 | 20251记3 | 2025 | 1 | 5 | 记 | 3 | 购料 | 银行存款 | 工商银行 | | 22 600.00 | 3 | 购买商品、接受劳务支付的现金 |
| | 20251记42 | 20251记4 | 2025 | 1 | 8 | 记 | 4 | 购固定资产 | 银行存款 | 建设银行 | | 10 000.00 | 3 | 购建固定资产、无形资产和其他长期资产所支付的现金 |
| | 20251记52 | 20251记5 | 2025 | 1 | 10 | 记 | 5 | 支付工资 | 银行存款 | 工商银行 | | 17 500.00 | 2 | 支付给职工以及为职工支付的现金 |
| | 20251记82 | 20251记8 | 2025 | 1 | 20 | 记 | 8 | 购办公用品 | 库存现金 | | | 1 000.00 | 1 | 支付的其它与经营活动有关的现金 |

图 6.15　现金流量表编制底稿

**步骤 4** 分析业务的性质,选择填入现金流量项目。

**步骤 5** 在"现金流量表主表"工作表,参照表 6.11,录入现金流量表公式。

表 6.11 现金流量表公式

| 项 目 | 行次 | 本月金额 |
| --- | --- | --- |
| 一、经营活动产生的现金流量: | | |
| 销售商品、提供劳务收到的现金 | 1 | =SUMIFS(记账凭证簿!$L:$L,记账凭证簿!$O:$O,B7,记账凭证簿!$E:$E,科目余额表查询!$G$3) |
| 收到的税费返还 | 2 | =SUMIFS(记账凭证簿!$L:$L,记账凭证簿!$O:$O,B8,记账凭证簿!$E:$E,科目余额表查询!$G$3) |
| 收到的其他与经营活动有关的现金 | 3 | =SUMIFS(记账凭证簿!$L:$L,记账凭证簿!$O:$O,B9,记账凭证簿!$E:$E,科目余额表查询!$G$3) |
| 经营活动现金流入小计 | 4 | =SUM(D7:D9) |
| 购买商品、接受劳务支付的现金 | 5 | =SUMIFS(记账凭证簿!$M:$M,记账凭证簿!$O:$O,B11,记账凭证簿!$E:$E,科目余额表查询!$G$3) |
| 支付给职工以及为职工支付的现金 | 6 | =SUMIFS(记账凭证簿!$M:$M,记账凭证簿!$O:$O,B12,记账凭证簿!$E:$E,科目余额表查询!$G$3) |
| 支付的各项税费 | 7 | =SUMIFS(记账凭证簿!$M:$M,记账凭证簿!$O:$O,B13,记账凭证簿!$E:$E,科目余额表查询!$G$3) |
| 支付的其他与经营活动有关的现金 | 8 | =SUMIFS(记账凭证簿!$M:$M,记账凭证簿!$O:$O,B14,记账凭证簿!$E:$E,科目余额表查询!$G$3) |
| 经营活动现金流出小计 | 9 | =SUM(D11:D14) |
| 经营活动产生的现金流量净额 | 10 | =D10-D15 |
| 二、投资活动产生的现金流量: | | |
| 收回投资所收到的现金 | 11 | =SUMIFS(记账凭证簿!$L:$L,记账凭证簿!$O:$O,B18,记账凭证簿!$E:$E,科目余额表查询!$G$3) |
| 取得投资收益所收到的现金 | 12 | =SUMIFS(记账凭证簿!$L:$L,记账凭证簿!$O:$O,B19,记账凭证簿!$E:$E,科目余额表查询!$G$3) |
| 处置固定资产、无形资产和其他长期资产所收回的现金净额 | 13 | =SUMIFS(记账凭证簿!$L:$L,记账凭证簿!$O:$O,B20,记账凭证簿!$E:$E,科目余额表查询!$G$3) |
| 处置子公司及其他营业单位收到的现金净额 | 14 | =SUMIFS(记账凭证簿!$L:$L,记账凭证簿!$O:$O,B21,记账凭证簿!$E:$E,科目余额表查询!$G$3) |
| 收到的其他与投资活动有关的现金 | 15 | =SUMIFS(记账凭证簿!$L:$L,记账凭证簿!$O:$O,B22,记账凭证簿!$E:$E,科目余额表查询!$G$3) |
| 投资活动现金流入小计 | 16 | =SUM(D18:D22) |
| 购建固定资产、无形资产和其他长期资产所支付的现金 | 17 | =SUMIFS(记账凭证簿!$M:$M,记账凭证簿!$O:$O,B24,记账凭证簿!$E:$E,科目余额表查询!$G$3) |
| 投资所支付的现金 | 18 | =SUMIFS(记账凭证簿!$M:$M,记账凭证簿!$O:$O,B25,记账凭证簿!$E:$E,科目余额表查询!$G$3) |
| 支付的其他与投资活动有关的现金 | 19 | =SUMIFS(记账凭证簿!$M:$M,记账凭证簿!$O:$O,B26,记账凭证簿!$E:$E,科目余额表查询!$G$3) |

(续表)

| 项 目 | 行次 | 本月金额 |
|---|---|---|
| 投资活动现金流出小计 | 20 | =SUM(D24:D26) |
| 投资活动产生的现金流量净额 | 21 | =D23-D27 |
| 三、筹资活动产生的现金流量： | | |
| 吸收投资所收到的现金 | 22 | =SUMIFS(记账凭证簿!$L:$L,记账凭证簿!$O:$O,B30,记账凭证簿!$E:$E,科目余额表查询!$G$3) |
| 借款所收到的现金 | 23 | =SUMIFS(记账凭证簿!$L:$L,记账凭证簿!$O:$O,B31,记账凭证簿!$E:$E,科目余额表查询!$G$3) |
| 收到的其他与筹资活动有关的现金 | 24 | =SUMIFS(记账凭证簿!$L:$L,记账凭证簿!$O:$O,B32,记账凭证簿!$E:$E,科目余额表查询!$G$3) |
| 筹资活动现金流入小计 | 25 | =SUM(D30:D32) |
| 偿还债务所支付的现金 | 26 | =SUMIFS(记账凭证簿!$M:$M,记账凭证簿!$O:$O,B34,记账凭证簿!$E:$E,科目余额表查询!$G$3) |
| 分配股利、利润或偿付利息所支付的现金 | 27 | =SUMIFS(记账凭证簿!$M:$M,记账凭证簿!$O:$O,B35,记账凭证簿!$E:$E,科目余额表查询!$G$3) |
| 支付的其他与筹资活动有关的现金 | 28 | =SUMIFS(记账凭证簿!$M:$M,记账凭证簿!$O:$O,B36,记账凭证簿!$E:$E,科目余额表查询!$G$3) |
| 筹资活动现金流出小计 | 29 | =SUM(D34:D36) |
| 筹资活动产生的现金流量净额 | 30 | =D33-D37 |
| 四、汇率变动对现金的影响额 | 31 | =SUMIFS(记账凭证簿!$L:$L,记账凭证簿!$O:$O,B39,记账凭证簿!$E:$E,科目余额表查询!$G$3) |
| 五、现金及现金等价物净增加额 | 32 | =D16+D28+D38+D39 |
| 加：期初现金及现金等价物 | 33 | =资产负债表!D7 |
| 六、期末现金及现金等价物 | 34 | =D40+D41 |

**步骤6** 建立"现金流量表"工作簿,参照"利润表"的步骤4到步骤8,移动复制"会计账务处理"工作簿中"现金流量表"工作表到"现金流量表"工作簿中,并设置累计金额公式。

# 实 战 训 练

将表6.12中的业务录入"记账凭证簿",检验你编制的"会计账务处理"的工作簿,是否自动生成"科目余额表"和相关财务报表。

表6.12　　　　　　　　　　　实战训练资料

| 年度 | 月 | 日 | 凭证类型 | 凭证号码 | 摘 要 | 总账科目 | 明细科目 | 借方金额 | 贷方金额 | 附件张数 |
|---|---|---|---|---|---|---|---|---|---|---|
| 2025 | 1 | 1 | 记 | 1 | 提现 | 库存现金 | | 2 000.00 | | 1 |
| 2025 | 1 | 1 | 记 | 1 | 提现 | 银行存款 | 中国银行 | | 2 000.00 | 1 |

（续表）

| 年度 | 月 | 日 | 凭证类型 | 凭证号码 | 摘要 | 总账科目 | 明细科目 | 借方金额 | 贷方金额 | 附件张数 |
|---|---|---|---|---|---|---|---|---|---|---|
| 2025 | 1 | 2 | 记 | 2 | 收款 | 银行存款 | 工商银行 | 10 000.00 | | 2 |
| 2025 | 1 | 2 | 记 | 2 | 收款 | 应收账款 | 天津广达 | | 10 000.00 | 2 |
| 2025 | 1 | 3 | 记 | 3 | 购料 | 原材料 | PP1 电子配件 | 20 000.00 | | 3 |
| 2025 | 1 | 3 | 记 | 3 | 购料 | 应交税费 | 应交增值税——进项税额 | 2 600.00 | | 3 |
| 2025 | 1 | 3 | 记 | 3 | 购料 | 银行存款 | 工商银行 | | 22 600.00 | 3 |
| 2025 | 1 | 3 | 记 | 4 | 购固定资产 | 固定资产 | | 10 000.00 | | 3 |
| 2025 | 1 | 3 | 记 | 4 | 购固定资产 | 银行存款 | 建设银行 | | 10 000.00 | 3 |
| 2025 | 1 | 10 | 记 | 5 | 支付工资 | 应付职工薪酬 | 工资 | 18 000.00 | | 2 |
| 2025 | 1 | 10 | 记 | 5 | 支付工资 | 银行存款 | 工商银行 | | 17 500.00 | 2 |
| 2025 | 1 | 10 | 记 | 5 | 支付工资 | 应交税费 | 应交个人所得税 | | 500.00 | 2 |
| 2025 | 1 | 15 | 记 | 6 | 收到存款利息 | 银行存款 | 工商银行 | 100.00 | | 1 |
| 2025 | 1 | 15 | 记 | 6 | 收到存款利息 | 财务费用 | | | 100.00 | 1 |
| 2025 | 1 | 20 | 记 | 7 | 产品促销费 | 销售费用 | | 2 000.00 | | 1 |
| 2025 | 1 | 20 | 记 | 7 | 产品促销费 | 库存现金 | | | 2 000.00 | 1 |
| 2025 | 1 | 23 | 记 | 8 | 销售 | 应收账款 | 上海万联 | 700 000.00 | | 2 |
| 2025 | 1 | 23 | 记 | 8 | 销售 | 主营业务收入 | Z230-5 烤箱 | | 619 469.03 | 2 |
| 2025 | 1 | 23 | 记 | 8 | 销售 | 应交税费 | 应交增值税——销项税额 | | 80 530.97 | 2 |
| 2025 | 1 | 31 | 记 | 9 | 结转销售成本 | 主营业务成本 | Z230-5 烤箱 | 500 000.00 | | 1 |
| 2025 | 1 | 31 | 记 | 9 | 结转销售成本 | 库存商品 | Z230-5 烤箱 | | 500 000.00 | 1 |
| 2025 | 1 | 31 | 记 | 10 | 结转增值税 | 应交税费 | 应交增值税——转出增值税 | 77 930.97 | | 1 |
| 2025 | 1 | 31 | 记 | 10 | 结转增值税 | 应交税费 | 未交增值税 | | 77 930.97 | 1 |
| 2025 | 1 | 31 | 记 | 11 | 结转期间损益 | 主营业务收入 | Z230-5 烤箱 | 619 469.03 | | 0 |
| 2025 | 1 | 31 | 记 | 11 | 结转期间损益 | 财务费用 | | 100.00 | | 0 |
| 2025 | 1 | 31 | 记 | 11 | 结转期间损益 | 主营业务成本 | Z230-5 烤箱 | | 500 000.00 | 0 |
| 2025 | 1 | 31 | 记 | 11 | 结转期间损益 | 销售费用 | | | 2 000.00 | 0 |
| 2025 | 1 | 31 | 记 | 11 | 结转期间损益 | 本年利润 | | | 117 569.03 | 0 |
| 2025 | 1 | 31 | 记 | 12 | 结转本年利润 | 本年利润 | | 117 569.03 | | 0 |
| 2025 | 1 | 31 | 记 | 12 | 结转本年利润 | 利润分配 | 未分配利润 | | 117 569.03 | 0 |

（续表）

| 年度 | 月 | 日 | 凭证类型 | 凭证号码 | 摘 要 | 总账科目 | 明细科目 | 借方金额 | 贷方金额 | 附件张数 |
|---|---|---|---|---|---|---|---|---|---|---|
| 2025 | 2 | 1 | 记 | 1 | 购办公用品 | 管理费用 | 办公费 | 1 000.00 | | 1 |
| 2025 | 2 | 1 | 记 | 1 | 购办公用品 | 库存现金 | | | 1 000.00 | 1 |
| 2025 | 2 | 5 | 记 | 2 | 销售 | 应收账款 | 天津广达 | 500 000.00 | | 2 |
| 2025 | 2 | 5 | 记 | 2 | 销售 | 主营业务收入 | Z350-8 烤箱 | | 442 477.88 | 2 |
| 2025 | 2 | 5 | 记 | 2 | 销售 | 应交税费 | 应交增值税——销项税额 | | 57 522.12 | 2 |
| 2025 | 2 | 10 | 记 | 3 | 收款 | 银行存款 | 工商银行 | 700 000.00 | | 3 |
| 2025 | 2 | 10 | 记 | 3 | 收款 | 应收账款 | 上海万联 | | 700 000.00 | 3 |
| 2025 | 2 | 13 | 记 | 4 | 报销差旅费 | 管理费用 | 差旅费 | 5 000.00 | | 2 |
| 2025 | 2 | 13 | 记 | 4 | 报销差旅费 | 库存现金 | | | 5 000.00 | 2 |

# 典型项目 7　财务报表分析

## ➢ 项目目标

**知识目标**
1. 熟悉企业的财务状况、经营成果和现金流量情况分析方法
2. 掌握 Excel 图表的制作方法
3. 掌握综合评分和杜邦分析的公式

**技能目标**
1. 掌握趋势分析表的编制
2. 掌握比较分析方法
3. 掌握比率分析方法
4. 掌握综合评分表和财务情况评分的编制
5. 掌握杜邦分析图的编制

**素养目标**
1. 培养财务信息的收集、整理能力
2. 培养为财务会计报告使用者提供管理决策和控制依据的管理能力

## ➢ 项目知识背景

　　财务角度:财务报表分析又称财务分析,是通过收集、整理企业财务会计报告中的有关数据,并结合其他有关补充信息,对企业的财务状况、经营成果和现金流量情况进行综合比较和评价,为财务会计报告使用者提供管理决策和控制依据的一项管理工作。
　　Excel 技巧:套用表格格式。

## ➢ 项目任务

　　滨海机械制造有限公司拟对本公司的财务状况进行总结和评价,资料如表 7.1 至表 7.3 所示。杜邦分析图,如图 7.1 所示。

**表 7.1** 趋势分析表

编制单位:滨海机械制造有限公司　　　　　　　　　　　　　　　　　　　　　　单位:元

| 项目 | 2019 年 | 2020 年 | 2021 年 | 2022 年 | 2023 年 | 2024 年 |
|---|---|---|---|---|---|---|
| 销售收入 | 1 800 000 | 2 000 000 | 2 100 000 | 2 200 000 | 2 400 000 | 2 568 000 |
| 销售成本 | 1 250 000 | 1 300 000 | 1 480 000 | 1 500 000 | 1 500 000 | 1 600 000 |
| 销售毛利 | 550 000 | 700 000 | 620 000 | 700 000 | 900 000 | 968 000 |
| 销售及管理费用 | 150 000 | 180 000 | 185 000 | 187 000 | 197 000 | 200 000 |
| 息税前盈余 | 400 000 | 520 000 | 435 000 | 513 000 | 703 000 | 768 000 |
| 利息支出 | 10 000 | 200 000 | 100 000 | 12 700 | 13 000 | 13 000 |
| 税前利润 | 390 000 | 320 000 | 335 000 | 500 300 | 690 000 | 755 000 |

**表 7.2** 资产负债表　　　　　　　　　　会企 01 表

编制单位:滨海机械制造有限公司　　2024 年 12 月 31 日　　　　　　　　　　　　单位:元

| 资产 | 行次 | 期末余额 | 上年年末余额 | 负债和所有者权益（或股东权益） | 行次 | 期末余额 | 上年年末余额 |
|---|---|---|---|---|---|---|---|
| 流动资产: | | | | 流动负债: | | | |
| 货币资金 | 1 | 2 600 000.00 | 1 350 000.00 | 短期借款 | 35 | 3 100 000.00 | 2 350 000.00 |
| 交易性金融资产 | 2 | 400 000.00 | 700 000.00 | 交易性金融负债 | 36 | 0.00 | 0.00 |
| 衍生金融资产 | 3 | 0.00 | 0.00 | 衍生金融负债 | 37 | 0.00 | 0.00 |
| 应收票据 | 4 | 500 000.00 | 650 000.00 | 应付票据 | 38 | 350 000.00 | 300 000.00 |
| 应收账款 | 5 | 20 000 000.00 | 10 050 000.00 | 应付账款 | 39 | 5 100 000.00 | 5 550 000.00 |
| 应收款项融资 | 6 | 0.00 | 0.00 | 预收款项 | 40 | | |
| 预付款项 | 7 | 700 000.00 | 300 000.00 | 合同负债 | 41 | 600 000.00 | 300 000.00 |
| 其他应收款 | 8 | 1 200 000.00 | 1 200 000.00 | 应付职工薪酬 | 42 | 900 000.00 | 1 050 000.00 |
| 存货 | 9 | 6 050 000.00 | 16 400 000.00 | 应交税费 | 43 | 550 000.00 | 700 000.00 |
| 合同资产 | 10 | 0.00 | 0.00 | 其他应付款 | 44 | 2 950 000.00 | 1 800 000.00 |
| 持有待售资产 | 11 | 0.00 | 0.00 | 持有待售负债 | 45 | 0.00 | 0.00 |
| 一年内到期的非流动资产 | 12 | 2 350 000.00 | 0.00 | 一年内到期的非流动负债 | 46 | 2 600 000.00 | 0.00 |
| 其他流动资产 | 13 | 2 100 000.00 | 650 000.00 | 其他流动负债 | 47 | 250 000.00 | 350 000.00 |
| 流动资产合计 | 14 | 35 900 000.00 | 31 300 000.00 | 流动负债合计 | 48 | 16 400 000.00 | 12 400 000.00 |
| 非流动资产: | | | | 非流动负债: | | | |
| 债权投资 | 15 | 0.00 | 0.00 | 长期借款 | 49 | 22 600 000.00 | 12 350 000.00 |
| 其他债权投资 | 16 | 0.00 | 0.00 | 应付债券 | 50 | 12 100 000.00 | 13 100 000.00 |
| 长期应收款 | 17 | 0.00 | 0.00 | 其中:优先股 | 51 | | |
| 长期股权投资 | 18 | 1 600 000.00 | 2 350 000.00 | 永久债 | 52 | | |
| 其他权益工具投资 | 19 | 0.00 | 0.00 | 租赁负债 | 53 | 0.00 | 0.00 |
| 其他非流动金融资产 | 20 | 0.00 | 0.00 | 长期应付款 | 54 | 0.00 | 0.00 |

(续表)

| 资产 | 行次 | 期末余额 | 上年年末余额 | 负债和所有者权益（或股东权益） | 行次 | 期末余额 | 上年年末余额 |
|---|---|---|---|---|---|---|---|
| 投资性房地产 | 21 | 0.00 | 0.00 | 预计负债 | 55 | 0.00 | 0.00 |
| 固定资产 | 22 | 61 900 000.00 | 48 450 000.00 | 递延收益 | 56 | 0.00 | 0.00 |
| 在建工程 | 23 | 1 000 000.00 | 1 850 000.00 | 递延所得税负债 | 57 | | |
| 生产性生物资产 | 24 | 0.00 | 0.00 | 其他非流动负债 | 58 | 3 600 000.00 | 3 850 000.00 |
| 油气资产 | 25 | 0.00 | 0.00 | 非流动负债合计 | 59 | 38 300 000.00 | 29 300 000.00 |
| 使用权资产 | 26 | 0.00 | 0.00 | 负债合计 | 60 | 54 700 000.00 | 41 700 000.00 |
| 无形资产 | 27 | 1 000 000.00 | 1 200 000.00 | 所有者权益（或股东权益）： | | | |
| 开发支出 | 28 | 0.00 | 0.00 | 实收资本（或股本） | 61 | 30 000 000.00 | 30 000 000.00 |
| 商誉 | 29 | 0.00 | 0.00 | 其他权益工具 | 62 | 0.00 | 0.00 |
| 长期待摊费用 | 30 | 0.00 | 0.00 | 其中：优先股 | 63 | | |
| 递延所得税资产 | 31 | 350 000.00 | 850 000.00 | 永久债 | 64 | | |
| 其他非流动资产 | 32 | 250 000.00 | 0.00 | 资本公积 | 65 | 900 000.00 | 600 000.00 |
| 非流动资产合计 | 33 | 66 100 000.00 | 54 700 000.00 | 减：库存股 | 66 | 0.00 | 0.00 |
| | | | | 其他综合收益 | 67 | 0.00 | 0.00 |
| | | | | 专项储备 | 68 | 0.00 | 0.00 |
| | | | | 盈余公积 | 69 | 3 800 000.00 | 2 100 000.00 |
| | | | | 未分配利润 | 70 | 12 600 000.00 | 11 600 000.00 |
| | | | | 所有者权益（或股东权益）合计 | 71 | 47 300 000.00 | 44 300 000.00 |
| 资产总计 | 34 | 102 000 000.00 | 86 000 000.00 | 负债和所有者权益（或股东权益）总计 | 72 | 102 000 000.00 | 86 000 000.00 |

**表 7.3**　　　　　　　　　　　　　　**利润表**　　　　　　　　　　　会企 02 表

编制单位：滨海机械制造有限公司　　　　　2024 年度　　　　　　　　　单位：元

| 项　目 | 行次 | 本年金额 | 上年金额 |
|---|---|---|---|
| 一、营业收入 | 1 | 150 100 000.00 | 142 600 000.00 |
| 减：营业成本 | 2 | 132 300 000.00 | 125 250 000.00 |
| 　　税金及附加 | 3 | 1 500 000.00 | 1 500 000.00 |
| 　　销售费用 | 4 | 1 200 000.00 | 1 100 000.00 |
| 　　管理费用 | 5 | 2 400 000.00 | 2 100 000.00 |
| 　　研发费用 | 6 | 0.00 | 1.00 |
| 　　财务费用 | 7 | 5 600 000.00 | 4 900 000.00 |
| 　　其中：利息费用 | 8 | | |
| 　　　　　利息收入 | 9 | | |
| 加：其他收益 | 10 | | |

(续表)

| 项　目 | 行次 | 本年金额 | 上年金额 |
| --- | --- | --- | --- |
| 投资收益（损失以"-"号填列） | 11 | 2 100 000.00 | 1 300 000.00 |
| 　　其中：对联营企业和合营企业的投资收益 | 12 | | |
| 　　　　以摊余成本计量的金融资产最终确认收益（损失以"-"号填列） | 13 | | |
| 净敞口套期收益（损失以"-"号填列） | 14 | 0.00 | 1.00 |
| 公允价值变动收益（损失以"-"号填列） | 15 | 1 100 000.00 | 1 900 000.00 |
| 信用减值损失（损失以"-"号填列） | 16 | 0.00 | 0.00 |
| 资产减值损失（损失以"-"号填列） | 17 | 0.00 | 0.00 |
| 资产处置收益（损失以"-"号填列） | 18 | 0.00 | 0.00 |
| 二、营业利润（亏损以"-"号填列） | 19 | 10 300 000.00 | 10 950 000.00 |
| 　加：营业外收入 | 20 | 600 000.00 | 950 000.00 |
| 　减：营业外支出 | 21 | 1 100 000.00 | 350 000.00 |
| 三、利润总额（亏损总额以"-"号填列） | 22 | 9 800 000.00 | 11 550 000.00 |
| 　减：所得税费用 | 23 | 3 300 000.00 | 3 850 000.00 |
| 四、净利润（净亏损以"-"号填列） | 24 | 6 500 000.00 | 7 700 000.00 |
| 　（一）持续经营净利润（净亏损以"-"号填列） | 25 | | |
| 　（二）终止经营净利润（净亏损以"-"号填列） | 26 | | |
| 五、其他综合收益的税后净额 | 27 | | |
| 　（一）不能重分类进损益的其他综合收益 | 28 | | |
| 　　1. 重新计量设定受益计划变动额 | 29 | | |
| 　　2. 权益法下不能转损益的其他综合收益 | 30 | | |
| 　　3. 其他权益工具投资公允价值变动 | 31 | | |
| 　　4. 企业自身信用风险公允价值变动 | 32 | | |
| 　　…… | | | |
| 　（二）将重分类进损益的其他综合收益 | 33 | | |
| 　　1. 权益法下可转损益的其他综合收益 | 34 | | |
| 　　2. 其他债权投资公允价值变动 | 35 | | |
| 　　3. 金融资产重分类计入其他综合收益的金额 | 36 | | |
| 　　4. 其他债权投资信用减值准备 | 37 | | |
| 　　5. 现金流量套期储备 | 38 | | |
| 　　6. 外币财务报表折算差额 | 39 | | |
| 　　…… | | | |
| 六、综合收益总额 | 40 | | |
| 七、每股收益 | 41 | | |
| 　（一）基本每股收益 | 42 | | |
| 　（二）稀释每股收益 | 43 | | |

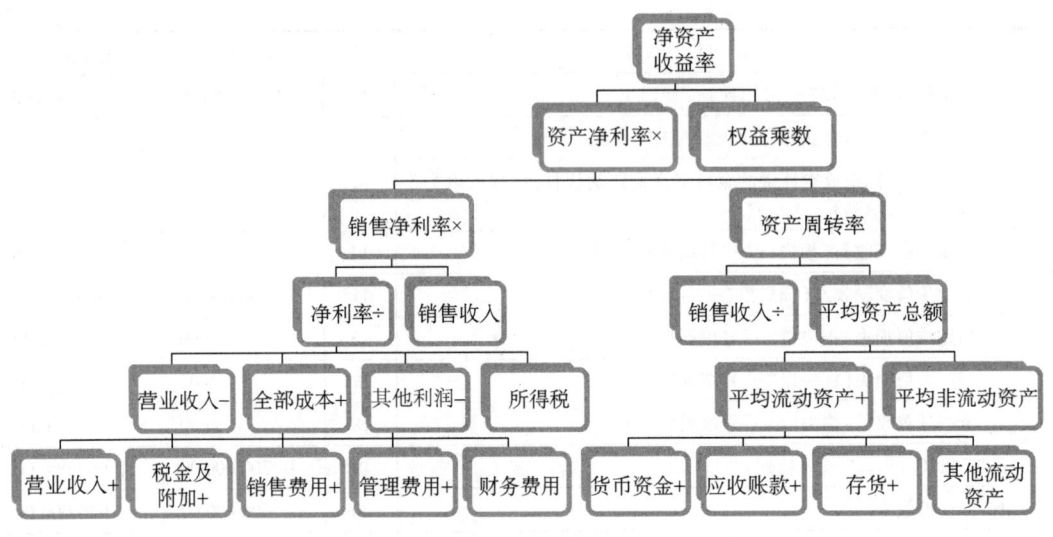

图 7.1 杜邦分析图

> 任务分解

任务分解图,如图 7.2 所示。

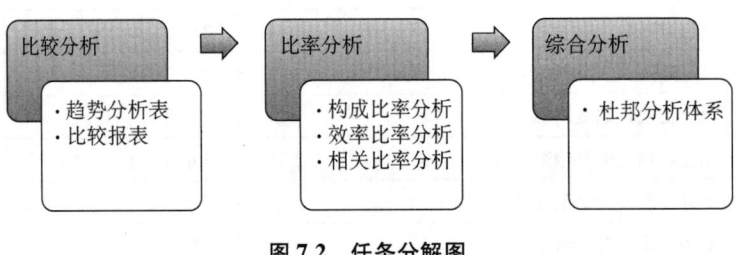

图 7.2 任务分解图

## 任务 7.1 比较分析

### 7.1.1 任务分析

比较分析法是财务报表分析的最基础的分析方法。运用比较法可以揭示出不易直接观察到的资金的运动和变化,比较分析法可以用来追溯企业经纪业务发展的历史渊源并确定其发展的历史顺序,可以对财务指标进行定性的鉴别和定量的分析。

### 7.1.2 任务实现步骤

#### 7.1.2.1 趋势分析图表

**步骤 1** 建立"财务报表分析"Excel 工作簿,修改工作表"Sheet1"为"趋势分析表"。参照表 7.1,录入 2019—2024 年的销售收入、销售成本等相关资料,如图 7.3 所示。

典型项目7 财务报表分析

| | A | B | C | D | E | F | G | H | I |
|---|---|---|---|---|---|---|---|---|---|
| 1 | | | | | | | | | |
| 2 | | | **滨海机械制造有限公司收益表趋势分析** | | | | | | |
| 3 | 编制单位：滨海机械制造有限公司 （华北分公司） | | | | | | | 单位：元 | |
| 4 | | 项目 | 2019年 | 2020年 | 2021年 | 2022年 | 2023年 | 2024年 | |
| 5 | | 销售收入 | 1 800 000 | 2 000 000 | 2,100 000 | 2 200 000 | 2 400 000 | 2 568 000 | |
| 6 | | 销售成本 | 1 250 000 | 1 300 000 | 1,480 000 | 1 500 000 | 1 500 000 | 1 600 000 | |
| 7 | | 销售毛利 | 550 000 | 700 000 | 620 000 | 700 000 | 900 000 | 968 000 | |
| 8 | | 销售及管理费用 | 150 000 | 180 000 | 185 000 | 187 000 | 197 000 | 200 000 | |
| 9 | | 息税前盈余 | 400 000 | 520 000 | 435 000 | 513 000 | 703 000 | 768 000 | |
| 10 | | 利息支出 | 10 000 | 200 000 | 100 000 | 12 700 | 13 000 | 13 000 | |
| 11 | | 税前利润 | 390 000 | 320 000 | 335 000 | 500 300 | 690 000 | 755 000 | |

图7.3　收益表趋势分析资料

**步骤2**　不连续区域选择。按住CTRL键不放，选中第4至第6和第11行。

**步骤3**　点击"插入"选项卡"图表"组右下的 图标，选择"所有图表"|"折线图"，选择"带数据标记的折线图"，如图7.4所示。

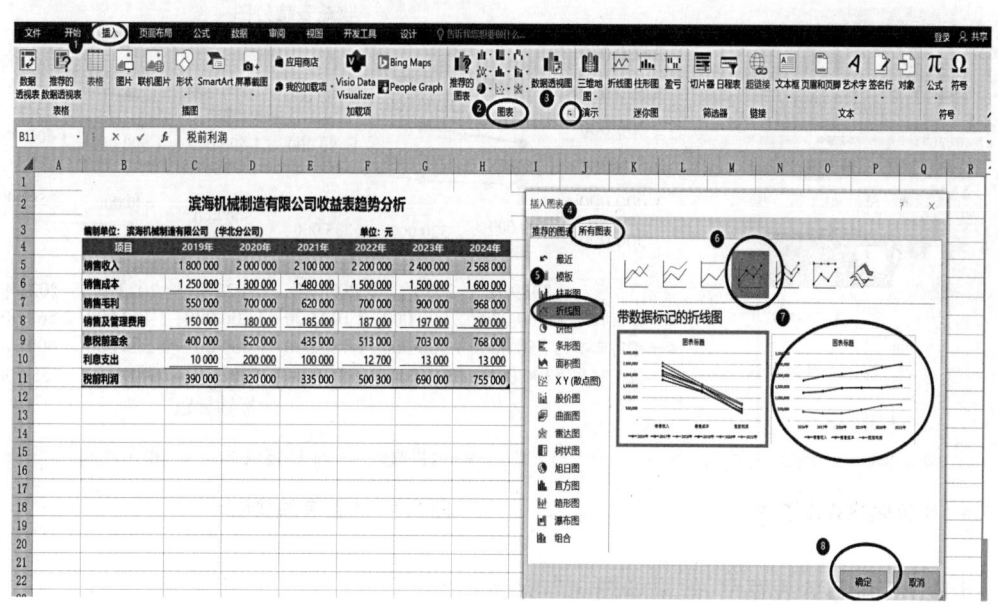

图7.4　带数据标记的折线图制作

**步骤4**　选中图表，单击右侧的图表元素 ，选择"坐标轴标题""数据标签"和"数据表"，如图7.5所示。

**步骤5**　修改"图表标题"和"坐标轴标题"。"图表标题"改为"收益表趋势图"，将"坐标轴标题"改为"金额"。

**步骤6**　设置坐标轴格式，双击坐标轴"金额"，选择"文本选项"—"文字方向"—"竖排"，如图7.6所示。

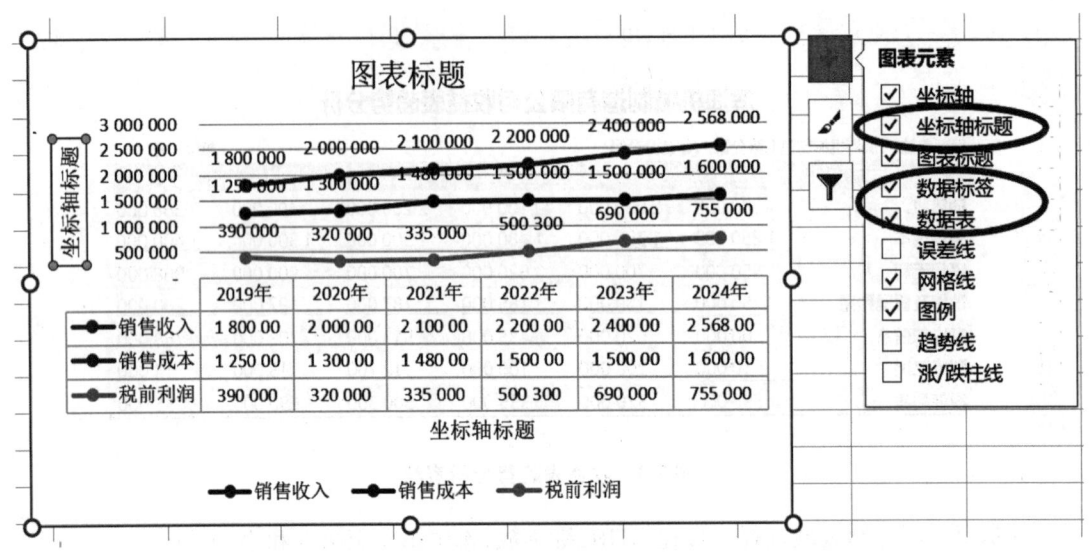

图 7.5　添加图表元素

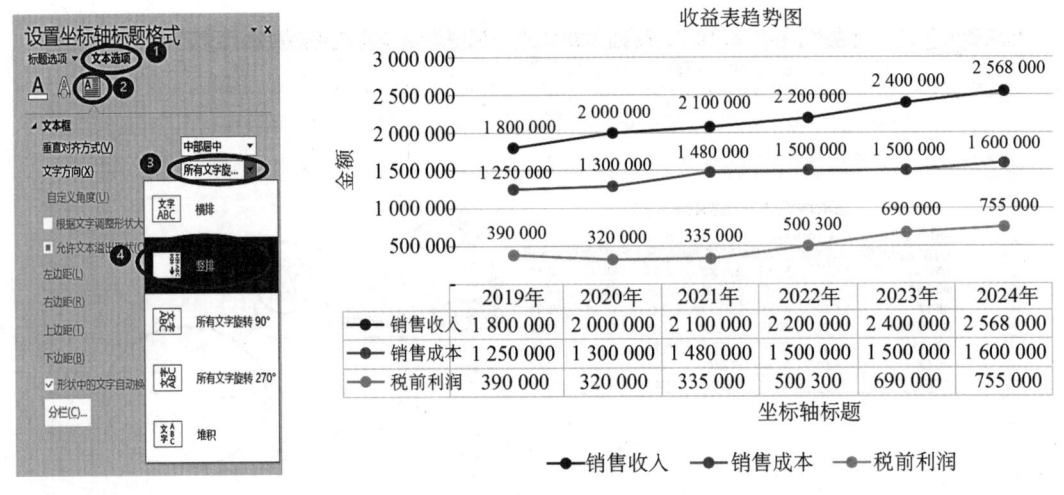

图 7.6　坐标轴格式设置图　　　图 7.7　收益表趋势图

**步骤 7**　调整图表宽窄,效果如图 7.7 所示。

#### 7.1.2.2　比较报表

**步骤 1**　建立"资产负债表"工作表,参照表 7.2,编制滨海机械制造有限公司的资产负债表,并建立"比较报表"工作表,将资产负债表复制粘贴到"比较报表"工作表中。

**步骤 2**　插入变动值。在两个"年初余额"后分别插入"变动值"列,录入公式:变动值=年末余额-年初余额,如 F7=D7-E7,K7=I7-J7。

**步骤 3**　向下复制公式,如图 7.8 所示。

## 资产负债表

编制单位：滨海机械制造有限公司　　2024年12月31日　　会企01表　单位/元

| 资产 | 行次 | 期末余额 | 年初余额 | 变动值 | 负债和所有者权益（或股东权益） | 行次 | 期末余额 | 年初余额 | 变动值 |
|---|---|---|---|---|---|---|---|---|---|
| 流动资产： | | | | | 流动负债： | | | | |
| 货币资金 | 1 | 2 600 000.00 | 1 350 000.00 | 1 250 000.00 | 短期借款 | 35 | 3 100 000.00 | 2 350 000.00 | 750 000.00 |
| 交易性金融资产 | 2 | 400 000.00 | 700 000.00 | (300 000.00) | 交易性金融负债 | 36 | 0.00 | 0.00 | 0.00 |
| 衍生金融资产 | 3 | 0.00 | 0.00 | 0.00 | 衍生金融负债 | 37 | 0.00 | 0.00 | 0.00 |
| 应收票据 | 4 | 500 000.00 | 650 000.00 | (150 000.00) | 应付票据 | 38 | 350 000.00 | 300 000.00 | 50 000.00 |
| 应收账款 | 5 | 20 000 000.00 | 10 050 000.00 | 9 950 000.00 | 应付账款 | 39 | 5 100 000.00 | 5 550 000.00 | (450 000.00) |
| 应收款项融资 | 6 | 0.00 | 0.00 | 0.00 | 预收款项 | 40 | 0.00 | 0.00 | 0.00 |
| 预付款项 | 7 | 700 000.00 | 300 000.00 | 400 000.00 | 合同负债 | 41 | 600 000.00 | 300 000.00 | 300 000.00 |
| 其他应收款 | 8 | 1 200 000.00 | 1 200 000.00 | 0.00 | 应付职工薪酬 | 42 | 900 000.00 | 1 050 000.00 | (150 000.00) |
| 存货 | 9 | 6 050 000.00 | 16 400 000.00 | (10 350 000.00) | 应交税费 | 43 | 550 000.00 | 700 000.00 | (150 000.00) |
| 合同资产 | 10 | 0.00 | 0.00 | 0.00 | 其他应付款 | 44 | 2 950 000.00 | 1 800 000.00 | 1 150 000.00 |
| 持有待售资产 | 11 | 0.00 | 0.00 | 0.00 | 持有待售负债 | 45 | 0.00 | 0.00 | 0.00 |
| 一年内到期的非流动资产 | 12 | 2 350 000.00 | 0.00 | 2 350 000.00 | 一年内到期的非流动负债 | 46 | 2 600 000.00 | 0.00 | 2 600 000.00 |
| 其他流动资产 | 13 | 2 100 000.00 | 650 000.00 | 1 450 000.00 | 其他流动负债 | 47 | 250 000.00 | 350 000.00 | (100 000.00) |
| 流动资产合计 | 14 | 35 900 000.00 | 31 300 000.00 | 4 600 000.00 | 流动负债合计 | 48 | 16 400 000.00 | 12 400 000.00 | 4 000 000.00 |
| 非流动资产： | | | | 0.00 | 非流动负债： | | | | 0.00 |
| 债权投资 | 15 | 0.00 | 0.00 | 0.00 | 长期借款 | 49 | 22 600 000.00 | 12 350 000.00 | 10 250 000.00 |
| 其他债权投资 | 16 | 0.00 | 0.00 | 0.00 | 应付债券 | 50 | 12 100 000.00 | 13 100 000.00 | (1 000 000.00) |
| 长期应收款 | 17 | 0.00 | 0.00 | 0.00 | 其中：优先股 | 51 | 0.00 | 0.00 | 0.00 |
| 长期股权投资 | 18 | 1 600 000.00 | 2 350 000.00 | (750 000.00) | 永久债 | 52 | 0.00 | 0.00 | 0.00 |
| 其他权益工具投资 | 19 | 0.00 | 0.00 | 0.00 | 租赁负债 | 53 | 0.00 | 0.00 | 0.00 |
| 其他非流动金融资产 | 20 | 0.00 | 0.00 | 0.00 | 长期应付款 | 54 | 0.00 | 0.00 | 0.00 |
| 投资性房地产 | 21 | 0.00 | 0.00 | 0.00 | 预计负债 | 55 | 0.00 | 0.00 | 0.00 |
| 固定资产 | 22 | 61 900 000.00 | 48 450 000.00 | 13 450 000.00 | 递延收益 | 56 | 0.00 | 0.00 | 0.00 |
| 在建工程 | 23 | 1 000 000.00 | 1 850 000.00 | (850 000.00) | 递延所得税负债 | 57 | 0.00 | 0.00 | 0.00 |
| 生产性生物资产 | 24 | 0.00 | 0.00 | 0.00 | 其他非流动负债 | 58 | 3 600 000.00 | 3 850 000.00 | (250 000.00) |
| 油气资产 | 25 | 0.00 | 0.00 | 0.00 | 非流动负债合计 | 59 | 38 300 000.00 | 29 300 000.00 | 9 000 000.00 |
| 使用权资产 | 26 | 0.00 | 0.00 | 0.00 | 负债合计 | 60 | 54 700 000.00 | 41 700 000.00 | 13 000 000.00 |
| 无形资产 | 27 | 1 000 000.00 | 1 200 000.00 | (200 000.00) | 所有者权益（或股东权益）： | | | | |
| 开发支出 | 28 | 0.00 | 0.00 | 0.00 | 实收资本（或股本） | 61 | 30 000 000.00 | 30 000 000.00 | 0.00 |
| 商誉 | 29 | 0.00 | 0.00 | 0.00 | 其他权益工具 | 62 | 0.00 | 0.00 | 0.00 |
| 长期待摊费用 | 30 | 0.00 | 0.00 | 0.00 | 其中：优先股 | 63 | 0.00 | 0.00 | 0.00 |
| 递延所得税资产 | 31 | 350 000.00 | 850 000.00 | (500 000.00) | 永久债 | 64 | 0.00 | 0.00 | 0.00 |
| 其他非流动资产 | 32 | 250 000.00 | 0.00 | 250 000.00 | 资本公积 | 65 | 900 000.00 | 600 000.00 | 300 000.00 |
| 非流动资产合计 | 33 | 66 100 000.00 | 54 700 000.00 | 11 400 000.00 | 减：库存股 | 66 | 0.00 | 0.00 | 0.00 |
| | | | | 0.00 | 其他综合收益 | 67 | 0.00 | 0.00 | 0.00 |
| | | | | 0.00 | 专项储备 | 68 | 0.00 | 0.00 | 0.00 |
| | | | | 0.00 | 盈余公积 | 69 | 3 800 000.00 | 2 100 000.00 | 1 700 000.00 |
| | | | | 0.00 | 未分配利润 | 70 | 12 600 000.00 | 11 600 000.00 | 1 000 000.00 |
| | | | | 0.00 | 所有者权益（或股东权益）合计 | 71 | 47 300 000.00 | 44 300 000.00 | 3 000 000.00 |
| 资产总计 | 34 | 102 000 000.00 | 86 000 000.00 | 16 000 000.00 | 负债和所有者权益（或股东权益）总计 | 72 | 102 000 000.00 | 86 000 000.00 | 16 000 000.00 |

图 7.8　比较报表

### 7.1.3　拓展任务

根据表 7.3 资料编制利润表的比较报表。

根据上市公司五粮液（000858）近两年的年报资料编制其资产负债表和利润表的比较报表。

## 任务7.2　比率分析

### 7.2.1　任务分析

比率分析法是以同一期财务报表上若干项目的相关数据相互比较，求出比率，用以分析和评价公司的经营活动以及公司历史和现状的一种方法，是财务分析最基本的工具。比率分析包括资产负债表内部项目、利润表内部项目和两表项目之间的比率，通常用来为公司的风险水平、股东创造利润的能力等方面提供独特的视角。

指标包括结构比率、效率比率和相关比率等。

#### 7.2.1.1 结构比率

财务报表的结构分析法是计算各组成项目所占比重,进而分析某一报表项目的内部结构特征、总体的性质、总体内部结构依时间推移而表现出的变化规律性的统计方法。结构分析法的基本表现形式,就是计算结构指标。

$$结构指标 = (总体中某一部分 \div 总体总量) \times 100\%$$

结构指标就是总体各个部分占总体的比重,因此,总体中各个部分的结构相对数之和为1,即等于100%。

#### 7.2.1.2 效率比率

效率比率是某项财务活动中所费与所得的比率,反映投入与产出的关系,利用效率比率指标,可以进行的是比较,考察经营成果,评价经济利益,如成本利润率、销售利润率和资本金利润率等指标。

$$成本利润率 = 利润总额 \div 销售成本 \times 100\%$$
$$销售利润率 = 利润总额 \div 营业收入 \times 100\%$$
$$资本金利润率 = 利润总额 \div 资本金总额 \times 100\%$$

#### 7.2.1.3 相关比率

由于进行财务分析的目的不同,因而,各种分析者包括债权人、管理当局和政府机构等。所采取的侧重点也不同,主要包括偿债能力分析、营运能力分析、盈利能力分析和发展能力分析这四大类财务比率。

1. 短期偿债能力比率

$$流动比率 = 期末流动资产 \div 期末流动负债$$
$$速动比率 = (期末流动资产 - 期末存货 - 期末待摊费用) \div 期末流动负债$$
$$现金比率 = 期末现金资产 \div 期末流动负债$$

2. 长期偿债能力比率

$$资产负债率 = (期末流动负债 + 期末长期负债) \div 期末资产总额$$
$$产权比率 = (期末流动负债 + 期末长期负债) \div 期末所有者权益$$
$$有形净资产债务率 = (期末流动负债 + 期末长期负债) \div (期末所有者权益 - 期末无形资产净值)$$
$$权益乘数 = 期末资产总额 \div 期末股东权益总额 = 1 \div (1 - 资产负债率) = 1 + 产权比率$$

3. 资产管理比率

$$应收账款周转率 = 营业收入 \div [(期末应收票据 + 期末应收账款 + 期初应收票据 + 期初应收账款) \div 2]$$
$$存货周转周转率 = 营业成本 \div [(期末存货 + 期初存货) \div 2]$$
$$流动资产周转率 = 营业收入 \div [(期末流动资产 + 期初流动资产) \div 2]$$
$$总资产周转率 = 营业收入 \div [(期末资产总额 + 期初资产总额) \div 2]$$

4. 盈利能力比率

$$销售净利率 = 净利润 \div 营业收入 \times 100\%$$
$$销售毛利率 = (营业收入 - 营业成本) \div 营业收入 \times 100\%$$
$$资产净利率 = 净利润 \div [(期末资产总额 + 期初资产总额) \div 2] \times 100\%$$
$$净资产收益率 = 净利润 \div [(期末所有者权益 + 期初所有者权益) \div 2] \times 100\%$$

5. 发展能力比率

销售收入增长率 = 本年营业收入增长额 ÷ 上年营业收入 × 100%

总资产增长率 = 本年资产增长 ÷ 年初资产总额 × 100%

营业利润增长率 = 本年营业利润增长额 ÷ 上年营业利润 × 100%

资本保值增值率 = 期末所有者权益 ÷ 期初所有者权益 × 100%

净利增长率 = 本年净利润增长额 ÷ 上年净利润 × 100%

## 7.2.2 任务实现步骤

### 7.2.2.1 结构比率分析

**步骤1** 建立"结构比率分析"工作表,将"比较分析"工作表内容复制到本表。

**步骤2** 将"变动值"改为"构成比率",本图只分析期末构成比率,录入公式"F7 = D7/$D$46",向下拖动至F46。

**步骤3** 录入公式"K7 = I7/$I$33",向下拖动至K33。

**步骤4** 录入公式"K35 = I35/$I$45",向下拖动至K45。公式如图7.9所示。

| | A | B | C | D | E | F | G | H | I | J | K |
|---|---|---|---|---|---|---|---|---|---|---|---|
| 1 | | | | | | | 资 产 负 债 表 | | | | |
| 2 | | | | 45657 | | | | | | | 会企01表 |
| 3 | 编制单位:滨海机械制造有限公司 | | | | | | | | | | 单位/元 |
| 4 | | 资 产 | 行次 | 期末余额 | 期初余额 | 构成比率 | 负债和所有者权益(或股东权益) | 行次 | 期末余额 | 期初余额 | 构成比率 |
| 5 | 流动资产: | | | | | | 流动负债: | | | | |
| 6 | | 货币资金 | 1 | 2 600 000 | 1 350 000 | =D7/$D$46 | 短期借款 | 35 | 3 100 000 | 2 350 000 | =I7/$I$33 |
| 7 | | 交易性金融资产 | 2 | 400 000 | 700 000 | =D8/$D$46 | 交易性金融负债 | 36 | 0 | 0 | =I8/$I$33 |
| 8 | | 衍生金融资产 | 3 | 0 | 0 | =D9/$D$46 | 衍生金融负债 | 37 | 0 | 0 | =I9/$I$33 |
| 9 | | 应收票据 | 4 | 500 000 | 650 000 | =D10/$D$46 | 应付票据 | 38 | 350 000 | 300 000 | =I10/$I$33 |
| 10 | | 应收账款 | 5 | 20 000 000 | 10 050 000 | =D11/$D$46 | 应付账款 | 39 | 5 100 000 | 5 550 000 | =I11/$I$33 |
| 11 | | 应收款项融资 | 6 | 0 | 0 | =D12/$D$46 | 预收款项 | 40 | | | =I12/$I$33 |
| 12 | | 预付款项 | 7 | 700 000 | 300 000 | =D13/$D$46 | 合同负债 | 41 | 600 000 | 300 000 | =I13/$I$33 |
| 13 | | 其他应收款 | 8 | 1 200 000 | 1 200 000 | =D14/$D$46 | 应付职工薪酬 | 42 | 900 000 | 1 050 000 | =I14/$I$33 |
| 14 | | 存货 | 9 | 6 050 000 | 16 400 000 | =D15/$D$46 | 应交税费 | 43 | 550 000 | 700 000 | =I15/$I$33 |
| 15 | | 合同资产 | 10 | 0 | 0 | =D16/$D$46 | 其他应付款 | 44 | 2 950 000 | 1 800 000 | =I16/$I$33 |
| 16 | | 持有待售资产 | 11 | 0 | 0 | =D17/$D$46 | 持有待售负债 | 45 | 0 | 0 | =I17/$I$33 |
| 17 | | 一年内到期的非流动资产 | 12 | 2 350 000 | 0 | =D18/$D$46 | 一年内到期的非流动负债 | 46 | 2 600 000 | 0 | =I18/$I$33 |
| 18 | | 其他流动资产 | 13 | 2 100 000 | 650 000 | =D19/$D$46 | 其他流动负债 | 47 | 0 | 350 000 | =I19/$I$33 |
| 19 | | 流动资产合计 | 14 | =SUM(D7:D19) | =SUM(E7:E19) | =D20/$D$46 | 流动负债合计 | 48 | =SUM(I7:I19) | =SUM(J7:J19) | =I20/$I$33 |
| 20 | 非流动资产: | | | | | =D21/$D$46 | 非流动负债: | | | | =I21/$I$33 |
| 21 | | 债权投资 | 15 | 0 | 0 | =D22/$D$46 | 长期借款 | 49 | 22 600 000 | 12 350 000 | =I22/$I$33 |
| 22 | | 其他债权投资 | 16 | 0 | 0 | =D23/$D$46 | 应付债券 | 50 | 12 100 000 | 13 100 000 | =I23/$I$33 |
| 23 | | 长期应收款 | 17 | 0 | 0 | =D24/$D$46 | 中:优先股 | 51 | | | =I24/$I$33 |
| 24 | | 长期股权投资 | 18 | 1 600 000 | 2 350 000 | =D25/$D$46 | 永续债 | 52 | | | =I25/$I$33 |
| 25 | | 其他权益工具投资 | 19 | 0 | 0 | =D26/$D$46 | 租赁负债 | 53 | 0 | 0 | =I26/$I$33 |
| 26 | | 其他非流动金融资产 | 20 | 0 | 0 | =D27/$D$46 | 长期应付款 | 54 | 0 | 0 | =I27/$I$33 |
| 27 | | 投资性房地产 | 21 | 0 | 0 | =D28/$D$46 | 预计负债 | 55 | 0 | 0 | =I28/$I$33 |
| 28 | | 固定资产 | 22 | 61 900 000 | 48 450 000 | =D29/$D$46 | 递延收益 | 56 | 0 | 0 | =I29/$I$33 |
| 29 | | 在建工程 | 23 | 1 000 000 | 1 850 000 | =D30/$D$46 | 递延所得税负债 | 57 | 0 | 0 | =I30/$I$33 |
| 30 | | 生产性生物资产 | 24 | 0 | 0 | =D31/$D$46 | 其他非流动负债 | 58 | 3 600 000 | 3 850 000 | =I31/$I$33 |
| 31 | | 油气资产 | 25 | 0 | 0 | =D32/$D$46 | 非流动负债合计 | 59 | =SUM(I22:I23,I26:I31) | =SUM(J22:J23,J26:J31) | =I32/$I$33 |
| 32 | | 使用权资产 | 26 | 0 | 0 | =D33/$D$46 | 负 债 合 计 | 60 | =SUM(I20,I32) | =SUM(J20,J32) | =I33/$I$33 |
| 33 | | 无形资产 | 27 | 1 000 000 | 1 200 000 | =D34/$D$46 | 所有者权益(或股东权益): | | | | |
| 34 | | 开发支出 | 28 | 0 | 0 | =D35/$D$46 | 实收资本(或股本) | 61 | 30 000 000 | 30 000 000 | =I35/$I$45 |
| 35 | | 商誉 | 29 | 0 | 0 | =D36/$D$46 | 其他权益工具 | 62 | 0 | 0 | =I36/$I$45 |
| 36 | | 长期待摊费用 | 30 | 0 | 0 | =D37/$D$46 | 中:优先股 | 63 | | | =I37/$I$45 |
| 37 | | 递延所得税资产 | 31 | 350 000 | 850 000 | =D38/$D$46 | 永续债 | 64 | | | =I38/$I$45 |
| 38 | | 其他非流动资产 | 32 | 0 | 0 | =D39/$D$46 | 资本公积 | 65 | 900 000 | 600 000 | =I39/$I$45 |
| 39 | | 非流动资产合计 | 33 | =SUM(D22:D39) | =SUM(E22:E39) | =D40/$D$46 | 减:库存股 | 66 | 0 | 0 | =I40/$I$45 |
| 40 | | | | | | =D41/$D$46 | 其他综合收益 | 67 | 0 | 0 | =I41/$I$45 |
| 41 | | | | | | =D42/$D$46 | 专项储备 | 68 | 0 | 0 | =I42/$I$45 |
| 42 | | | | | | =D43/$D$46 | 盈余公积 | 69 | 3 800 000 | 2 100 000 | =I43/$I$45 |
| 43 | | | | | | =D44/$D$46 | 未分配利润 | 70 | 11 600 000 | | =I44/$I$45 |
| 44 | | | | | | =D45/$D$46 | 所有者权益(或股东权益)合计 | 71 | =SUM(I35:I36,I39,I41:I44) | =SUM(J35:J36,J39,J41:J44) | =I45/$I$45 |
| 45 | | 资 产 总 计 | 34 | =SUM(D20,D40) | =SUM(E20,E40) | =D46/$D$46 | 负债和所有者权益(或股东权益)总计 | 72 | =SUM(I33,I45) | =SUM(J33,J45) | |

**图7.9 构成比率分析公式图**

**步骤 5** 将单元区域 F7：F46 和 K7：K46 的单元格格式改为"百分比"，效果如图 7.10 所示。

| | A | B | C | D | E | F | G | H | I | J | K |
|---|---|---|---|---|---|---|---|---|---|---|---|
| 1 | | | | | | | | | | | |
| 2 | | | | | | 资 产 负 债 表 | | | | | |
| 3 | | | | | | 2024年12月31日 | | | | | 会企01表 |
| 4 | | 编制单位：滨海机械制造有限公司 | | | | | | | | | 单位／元 |
| 5 | | 资 产 | 行次 | 期末余额 | 期初余额 | 构成比率 | 负债和所有者权益（或股东权益） | 行次 | 期末余额 | 期初余额 | 构成比率 |
| 6 | | 流动资产： | | | | | 流动负债： | | | | |
| 7 | | 货币资金 | 1 | 2 600 000.00 | 1 350 000.00 | 2.55% | 短期借款 | 35 | 3 100 000.00 | 2 350 000.00 | 5.67% |
| 8 | | 交易性金融资产 | 2 | 400 000.00 | 700 000.00 | 0.39% | 交易性金融负债 | 36 | 0.00 | 0.00 | 0.00% |
| 9 | | 衍生金融资产 | 3 | 0.00 | 0.00 | 0.00% | 衍生金融负债 | 37 | 0.00 | 0.00 | 0.00% |
| 10 | | 应收票据 | 4 | 500 000.00 | 650 000.00 | 0.49% | 应付票据 | 38 | 350 000.00 | 300 000.00 | 0.64% |
| 11 | | 应收账款 | 5 | 20 000 000.00 | 10 050 000.00 | 19.61% | 应付账款 | 39 | 5 100 000.00 | 5 550 000.00 | 9.32% |
| 12 | | 应收款项融资 | 6 | 0.00 | 0.00 | 0.00% | 预收款项 | 40 | | | 0.00% |
| 13 | | 预付款项 | 7 | 700 000.00 | 300 000.00 | 0.69% | 合同负债 | 41 | 600 000.00 | 300 000.00 | 1.10% |
| 14 | | 其他应收款 | 8 | 1 200 000.00 | 1 200 000.00 | 1.18% | 应付职工薪酬 | 42 | 900 000.00 | 1 050 000.00 | 1.65% |
| 15 | | 存货 | 9 | 6 050 000.00 | 16 400 000.00 | 5.93% | 应交税费 | 43 | 550 000.00 | 700 000.00 | 1.01% |
| 16 | | 合同资产 | 10 | 0.00 | 0.00 | 0.00% | 其他应付款 | 44 | 2 950 000.00 | 1 800 000.00 | 5.39% |
| 17 | | 持有待售资产 | 11 | 0.00 | 0.00 | 0.00% | 持有待售负债 | 45 | 0.00 | 0.00 | 0.00% |
| 18 | | 一年内到期的非流动资产 | 12 | 2 350 000.00 | 0.00 | 2.30% | 一年内到期的非流动负债 | 46 | 2 600 000.00 | 0.00 | 4.75% |
| 19 | | 其他流动资产 | 13 | 2 100 000.00 | 650 000.00 | 2.06% | 其他流动负债 | 47 | 250 000.00 | 350 000.00 | 0.46% |
| 20 | | 流动资产合计 | 14 | 35 900 000.00 | 31 300 000.00 | 35.20% | 流动负债合计 | 48 | 16 400 000.00 | 12 400 000.00 | 29.98% |
| 21 | | 非流动资产： | | | | 0.00% | 非流动负债： | | | | 0.00% |
| 22 | | 债权投资 | 15 | 0.00 | 0.00 | 0.00% | 长期借款 | 49 | 22 600 000.00 | 12 350 000.00 | 41.32% |
| 23 | | 其他债权投资 | 16 | 0.00 | 0.00 | 0.00% | 应付债券 | 50 | 12 100 000.00 | 13 100 000.00 | 22.12% |
| 24 | | 长期应收款 | 17 | 0.00 | 0.00 | 0.00% | 其中：优先股 | 51 | | | 0.00% |
| 25 | | 长期股权投资 | 18 | 1 600 000.00 | 2 350 000.00 | 1.57% | 永久债 | 52 | | | 0.00% |
| 26 | | 其他权益工具投资 | 19 | 0.00 | 0.00 | 0.00% | 租赁负债 | 53 | 0.00 | 0.00 | 0.00% |
| 27 | | 其他非流动金融资产 | 20 | 0.00 | 0.00 | 0.00% | 长期应付款 | 54 | 0.00 | 0.00 | 0.00% |
| 28 | | 投资性房地产 | 21 | 0.00 | 0.00 | 0.00% | 预计负债 | 55 | 0.00 | 0.00 | 0.00% |
| 29 | | 固定资产 | 22 | 61 900 000.00 | 48 450 000.00 | 60.69% | 递延收益 | 56 | 0.00 | 0.00 | 0.00% |
| 30 | | 在建工程 | 23 | 1 000 000.00 | 1 850 000.00 | 0.98% | 递延所得税负债 | 57 | 0.00 | 0.00 | 0.00% |
| 31 | | 生产性生物资产 | 24 | 0.00 | 0.00 | 0.00% | 其他非流动负债 | 58 | 3 600 000.00 | 3 850 000.00 | 6.58% |
| 32 | | 油气资产 | 25 | 0.00 | 0.00 | 0.00% | 非流动负债合计 | 59 | 38 300 000.00 | 29 300 000.00 | 70.02% |
| 33 | | 使用权资产 | 26 | 0.00 | 0.00 | 0.00% | 负 债 合 计 | 60 | 54 700 000.00 | 41 700 000.00 | 100.00% |
| 34 | | 无形资产 | 27 | 1 000 000.00 | 1 200 000.00 | 0.98% | 所有者权益（或股东权益）： | | | | |
| 35 | | 开发支出 | 28 | 0.00 | 0.00 | 0.00% | 实收资本（或股本） | 61 | 30 000 000.00 | 30 000 000.00 | 63.42% |
| 36 | | 商誉 | 29 | 0.00 | 0.00 | 0.00% | 其他权益工具 | 62 | 0.00 | 0.00 | 0.00% |
| 37 | | 长期待摊费用 | 30 | 0.00 | 0.00 | 0.00% | 其中：优先股 | 63 | | | 0.00% |
| 38 | | 递延所得税资产 | 31 | 350 000.00 | 850 000.00 | 0.34% | 永久债 | 64 | | | 0.00% |
| 39 | | 其他非流动资产 | 32 | 250 000.00 | 0.00 | 0.25% | 资本公积 | 65 | 900 000.00 | 600 000.00 | 1.90% |
| 40 | | 非流动资产合计 | 33 | 66 100 000.00 | 54 700 000.00 | 64.80% | 减：库存股 | 66 | 0.00 | 0.00 | 0.00% |
| 41 | | | | | | 0.00% | 其他综合收益 | 67 | 0.00 | 0.00 | 0.00% |
| 42 | | | | | | 0.00% | 专项储备 | 68 | 0.00 | 0.00 | 0.00% |
| 43 | | | | | | 0.00% | 盈余公积 | 69 | 3 800 000.00 | 2 100 000.00 | 8.03% |
| 44 | | | | | | 0.00% | 未分配利润 | 70 | 12 600 000.00 | 11 600 000.00 | 26.64% |
| 45 | | | | | | 0.00% | 所有者权益（或股东权益）合计 | 71 | 47 300 000.00 | 44 300 000.00 | 100.00% |
| 46 | | 资 产 总 计 | 34 | 102 000 000.00 | 86 000 000.00 | 100.00% | 负债和所有者权益（或股东权益）总计 | 72 | 102 000 000.00 | 86 000 000.00 | |

图 7.10 构成比率分析效果图

### 7.2.2.2 效率比率分析

**步骤1** 建立"利润表"工作表,参照表 7.3,编制滨海机械制造有限公司的利润表,并建立"效率比率分析"工作表,将利润表复制粘贴到"效率比率分析"工作表中,如图 7.11 所示。

| | A | B | C | D | E |
|---|---|---|---|---|---|
| 1 | | | | | |
| 2 | | 利 润 表 | | | |
| 3 | | 2024年度 | | | |
| 4 | | | | | 会企02表 |
| 5 | | 编制单位:滨海机械制造有限公司 | | | 单位:元 |
| 6 | | 项 目 | 行次 | 本年金额 | 上年金额 |
| 7 | | 一、营业收入 | 1 | 150 100 000.00 | 142 600 000.00 |
| 8 | | 减:营业成本 | 2 | 132 300 000.00 | 125 250 000.00 |
| 9 | | 税金及附加 | 3 | 1 500 000.00 | 1 500 000.00 |
| 10 | | 销售费用 | 4 | 1 200 000.00 | 1 100 000.00 |
| 11 | | 管理费用 | 5 | 2 400 000.00 | 2 100 000.00 |
| 12 | | 研发费用 | 6 | 0.00 | 1.00 |
| 13 | | 财务费用 | 7 | 5 600 000.00 | 4 900 000.00 |
| 14 | | 其中:利息费用 | 8 | | |
| 15 | | 利息收入 | 9 | | |
| 16 | | 加:其他收益 | 10 | | |
| 17 | | 投资收益(损失以"-"号填列) | 11 | 2 100 000.00 | 1 300 000.00 |
| 18 | | 其中:对联营企业和合营企业的投资收益 | 12 | | |
| 19 | | 以摊余成本计量的金融资产最终确认收益(损失以"-"号填列) | 13 | | |
| 20 | | 净敞口套期收益(损失以"-"号填列) | 14 | 0.00 | 0.00 |
| 21 | | 公允价值变动收益(损失以"-"号填列) | 15 | 1 100 000.00 | 1 900 000.00 |
| 22 | | 信用减值损失(损失以"-"号填列) | 16 | 0.00 | 0.00 |
| 23 | | 资产减值损失(损失以"-"号填列) | 17 | 0.00 | 0.00 |
| 24 | | 资产处置收益(损失以"-"号填列) | 18 | 0.00 | 0.00 |
| 25 | | 二、营业利润(亏损以"-"号填列) | 19 | 10 300 000.00 | 10 949 999.00 |
| 26 | | 加:营业外收入 | 20 | 600 000.00 | 950 000.00 |
| 27 | | 减:营业外支出 | 21 | 1 100 000.00 | 350 000.00 |
| 28 | | 三、利润总额(亏损总额以"-"号填列) | 22 | 9 800 000.00 | 11 549 999.00 |
| 29 | | 减:所得税费用 | 23 | 3 300 000.00 | 3 850 000.00 |
| 30 | | 四、净利润(净亏损以"-"号填列) | 24 | 6 500 000.00 | 7 699 999.00 |
| 31 | | (一)持续经营净利润(净亏损以"-"号填列) | 25 | | |
| 32 | | (二)终止经营净利润(净亏损以"-"号填列) | 26 | | |
| 33 | | 五、其他综合收益的税后净额 | 27 | | |
| 34 | | (一)不能重分类进损益的其他综合收益 | 28 | | |
| 35 | | 1. 重新计量设定受益计划变动额 | 29 | | |
| 36 | | 2. 权益法下不能转损益的其他综合收益 | 30 | | |
| 37 | | 3. 其他权益工具投资公允价值变动 | 31 | | |
| 38 | | 4. 企业自身信用风险公允价值变动 | 32 | | |
| 39 | | …… | | | |
| 40 | | (二)将重分类进损益的其他综合收益 | 33 | | |
| 41 | | 1. 权益法下可转损益的其他综合收益 | 34 | | |
| 42 | | 2. 其他债权投资公允价值变动 | 35 | | |
| 43 | | 3. 金融资产重分类计入其他综合收益的金额 | 36 | | |
| 44 | | 4. 其他债权投资信用减值准备 | 37 | | |
| 45 | | 5. 现金流量套期储备 | 38 | | |
| 46 | | 6. 外币财务报表折算差额 | 39 | | |
| 47 | | …… | | | |
| 48 | | 六、综合收益总额 | 40 | | |
| 49 | | 七、每股收益: | 41 | | |
| 50 | | (一)基本每股收益 | 42 | | |
| 51 | | (二)稀释每股收益 | 43 | | |

图 7.11 利润表资料图

**步骤 2** 建立"效率比率分析"区域,如图 7.12 所示。

|   | F | G | H | I | J | K |
|---|---|---|---|---|---|---|
| 1 |   |   |   |   |   |   |
| 2 |   |   |   |   |   |   |
| 3 |   |   | 效率比率比较分析 |   |   |   |
| 4 |   | 效率比率 | 2024年 | 2023年 | 增减变化 |   |
| 5 |   | 成本利润率 |   |   |   |   |
| 6 |   | 销售利润率 |   |   |   |   |
| 7 |   | 资本利润率 |   |   |   |   |
| 8 |   |   |   |   |   |   |

图 7.12　效率比率分析初始图

**步骤 3** 录入两个年度的成本利润率、销售利润率和资本利润率公式,如图 7.13 所示。

|   | F | G | H | I | J | K |
|---|---|---|---|---|---|---|
| 2 |   |   |   |   |   |   |
| 3 |   |   | 效率比率比较分析 |   |   |   |
| 4 |   | 效率比率 | 2024年 | 2023年 | 增减变化 |   |
| 5 |   | 成本利润率 | =D28/D8 | =E28/E8 | =H5-I5 |   |
| 6 |   | 销售利润率 | =D28/D7 | =E28/E7 | =H6-I6 |   |
| 7 |   | 资本利润率 | =D28/资产负债表!I45 | =E28/资产负债表!J45 | =H7-I7 |   |
| 8 |   |   |   |   |   |   |

图 7.13　效率比率分析公式图

**步骤 4** 将单元区域 H5:J7 的单元格格式改为"百分比",效果如图 7.14 所示。

|   | F | G | H | I | J | K |
|---|---|---|---|---|---|---|
| 2 |   |   |   |   |   |   |
| 3 |   |   | 效率比率比较分析 |   |   |   |
| 4 |   | 效率比率 | 2024年 | 2023年 | 增减变化 |   |
| 5 |   | 成本利润率 | 7.41% | 9.22% | -1.81% |   |
| 6 |   | 销售利润率 | 6.53% | 8.10% | -1.57% |   |
| 7 |   | 资本利润率 | 20.72% | 26.07% | -5.35% |   |
| 8 |   |   |   |   |   |   |

图 7.14　效率比率分析效果图

### 7.2.2.3 相关比率分析

**步骤1** 建立"相关比率分析"工作表,如图 7.15 所示。

| | A | B | C | D | E | F | G |
|---|---|---|---|---|---|---|---|
| 1 | | | | | | | |
| 2 | | | 相关比率分析 | | | | |
| 3 | | | 短期偿债能力比率 | | 长期偿债能力比率 | | |
| 4 | | | | | | | |
| 5 | | 流动比率: | | | 资产负债率: | | |
| 6 | | 速动比率: | | | 产权比率: | | |
| 7 | | 现金比率: | | | 权益乘数: | | |
| 8 | | | | | | | |
| 9 | | | 资产管理比率 | | 盈利能力比率 | | |
| 10 | | | | | | | |
| 11 | | 应收账款周转率(次数): | | | 销售净利率: | | |
| 12 | | 存货周转率(次数): | | | 销售毛利率: | | |
| 13 | | 流动资产周转率: | | | 总资产净利率: | | |
| 14 | | 总资产周转率: | | | 净资产收益率: | | |
| 15 | | | | | | | |
| 16 | | | 发展能力比率 | | | | |
| 17 | | | | | | | |
| 18 | | 销售收入增长率 | | | | | |
| 19 | | 总资产增长率 | | | | | |
| 20 | | 营业利润增长率 | | | | | |
| 21 | | 资本保值增值率 | | | | | |
| 22 | | 净利润增长率 | | | | | |

图 7.15 相关比率分析初始图

**步骤2** 公式录入参照图 7.16,修改相关格式,效果如图 7.17 所示。

| | A | B | C | D | E | F |
|---|---|---|---|---|---|---|
| 1 | | | | | | |
| 2 | | | 相关比率分析 | | | |
| 3 | | | 短期偿债能力比率 | | 长期偿债能力比率 | |
| 4 | | | | | | |
| 5 | | 流动比率: | =资产负债表!D20/资产负债表!H20 | | 资产负债率: | =资产负债表!H33/资产负债表!H46 |
| 6 | | 速动比率: | =(资产负债表!D7+资产负债表!D8+资产负债表!D9+资产负债表!D10+资产负债表!D11+资产负债表!D14)/资产负债表!H20 | | 产权比率: | =资产负债表!H33/资产负债表!H45 |
| 7 | | 现金比率: | =(资产负债表!D7+资产负债表!D8)/资产负债表!H20 | | 权益乘数: | =资产负债表!D46/资产负债表!H45 |
| 8 | | | | | | |
| 9 | | | 资产管理比率 | | 盈利能力比率 | |
| 10 | | | | | | |
| 11 | | 应收账款周转率(次数): | =利润表!D7/((资产负债表!D10+资产负债表!E10+资产负债表!D11+资产负债表!E11)/2) | | 销售净利率: | =利润表!D30/利润表!D7 |
| 12 | | 存货周转率(次数): | =利润表!D8/((资产负债表!D15+资产负债表!E15)/2) | | 销售毛利率: | =(利润表!D7-利润表!D8)/利润表!D7 |
| 13 | | 流动资产周转率: | =利润表!D7/((资产负债表!D20+资产负债表!E20)/2) | | 总资产净利率: | =利润表!D30/((资产负债表!D46+资产负债表!E46)/2) |
| 14 | | 总资产周转率: | =利润表!D7/((资产负债表!D46+资产负债表!E46)/2) | | 净资产收益率: | =利润表!D30/((资产负债表!H45+资产负债表!I45)/2) |
| 15 | | | | | | |
| 16 | | | 发展能力比率 | | | |
| 17 | | | | | | |
| 18 | | 销售收入增长率 | =(利润表!D7-利润表!E7)/利润表!E7 | | | |
| 19 | | 总资产增长率 | =(资产负债表!D46-资产负债表!E46)/资产负债表!E46 | | | |
| 20 | | 营业利润增长率 | =(利润表!D25-利润表!E25)/利润表!E25 | | | |
| 21 | | 资本保值增值率 | =资产负债表!H45/资产负债表!I45 | | | |
| 22 | | 净利润增长率 | =(利润表!D30-利润表!E30)/利润表!E30 | | | |

图 7.16 相关比率分析公式图

| | A | B | C | D | E | F |
|---|---|---|---|---|---|---|
| 1 | | | | | | |
| 2 | | | 相关比率分析 | | | |
| 3 | | 短期偿债能力比率 | | | 长期偿债能力比率 | |
| 4 | | | | | | |
| 5 | | 流动比率： | 2.189 0 | | 资产负债率： | 53.63% |
| 6 | | 速动比率： | 1.506 1 | | 产权比率： | 115.64% |
| 7 | | 现金比率： | 0.182 9 | | 权益乘数： | 2.16 |
| 8 | | | | | | |
| 9 | | 资产管理比率 | | | 盈利能力比率 | |
| 10 | | | | | | |
| 11 | | 应收账款周转率（次数）： | 9.62 | | 销售净利率： | 4.33% |
| 12 | | 存货周转率（次数）： | 11.79 | | 销售毛利率： | 11.86% |
| 13 | | 流动资产周转率： | 4.47 | | 总资产利润率： | 6.91% |
| 14 | | 总资产周转率： | 1.60 | | 净资产收益率： | 14.19% |
| 15 | | | | | | |
| 16 | | 发展能力比率 | | | | |
| 17 | | | | | | |
| 18 | | 销售收入增长率： | 5.26% | | | |
| 19 | | 总资产增长率： | 18.60% | | | |
| 20 | | 营业利润增长率： | -5.94% | | | |
| 21 | | 资本保值增值率： | 106.77% | | | |
| 22 | | 净利润增长率： | -15.58% | | | |

图 7.17 相关比率分析效果图

### 7.2.3 拓展任务

现金流量分析包括现金流量结构分析、流动性分析、获取现金能力分析、财务弹性分析和收益质量分析。

搜集本年度上市公司五粮液（000858）的财务报表，利用本任务建立的 Excel 模型，进行比率分析，并拓展建立现金流量分析模型。

销售现金比率 = 经营活动现金流量净额 ÷ 营业收入
每股营业现金净流量 = 经营活动现金流量净额 ÷ 普通股股数
全部资产现金回收率 = 经营活动现金流量净额 ÷ 平均资产 × 100%
净收益营运指数 = 经营净收益 ÷ 净利润
经营净收益 = 净利润 - 非经营净收益
现金营运指数 = 经营活动现金流量净额 ÷ 经营所得现金

## 任务7.3　综合分析

### 7.3.1 任务分析

综合绩效评价是通过建立综合评价指标体系，对照相应行业评价标准，对企业特定经营期间的偿债能力、资产管理能力、盈利能力以及发展能力等进行综合评判。

杜邦分析最早由美国杜邦公司使用,故名杜邦分析法。这种分析方法是一种用来评价公司盈利能力和股东权益回报水平,从财务角度评价企业绩效的经典方法。其基本思想是将企业净资产收益率逐级分解为多项财务比率乘积,具有很鲜明的层次结构。这样有助于深入分析比较企业经营业绩。

### 7.3.2 任务实现步骤

**步骤 1** 参照图 7.1 编制杜邦分析体系,如图 7.18 所示。

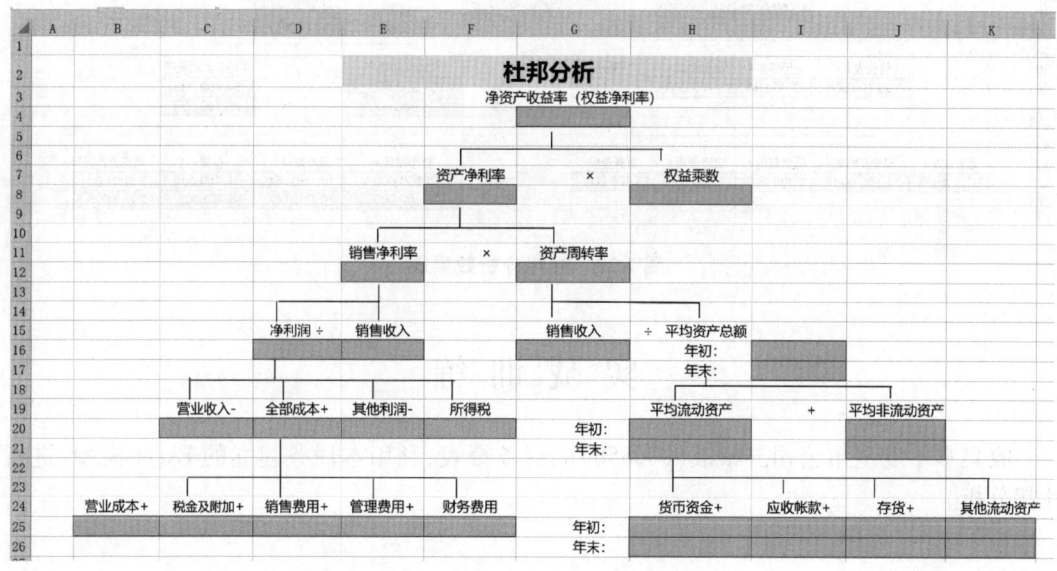

图 7.18 杜邦分析初始图

**步骤 2** 参照图 7.19 所示,录入公式,效果如图 7.20 所示。

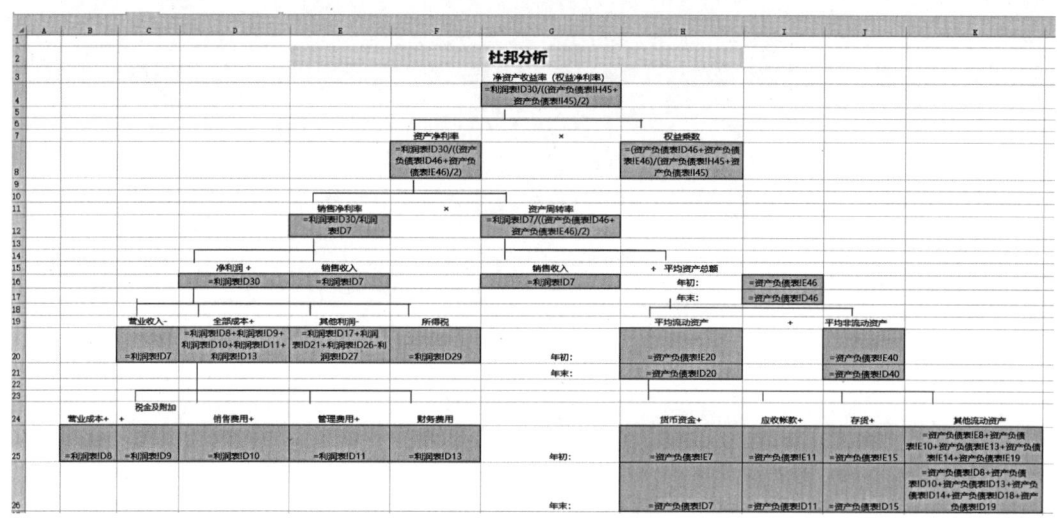

图 7.19 杜邦分析公式示意图

Excel 在财务中的运用

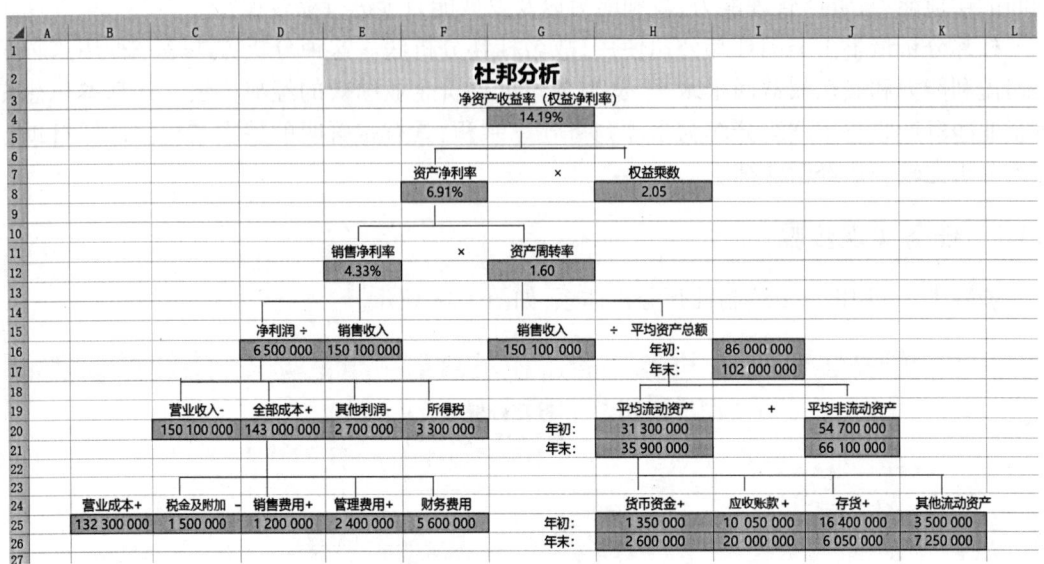

图 7.20 杜邦分析效果图

## 实 战 训 练

收集本年度上市公司五粮液(000858)的财务报表,利用本任务建立的 Excel 模型,进行杜邦分析。

# 典型项目 8 预 算 管 理

## ▶ 项目目标

**知识目标**
1. 熟悉业务预算的编制原理
2. 掌握财务预算的编制原理
3. 熟悉滚动预算的编制原理

**技能目标**
1. 掌握业务预算的编制
2. 掌握财务预算的编制
3. 掌握滚动预算的编制

**素养目标**
1. 深刻懂得"凡事预则立,不预则废"的道理
2. 培养制定经营、投资、财务等活动的具体计划的能力
3. 为完成企业目标,合理运用企业各种资源,并学会进行企业活动的详细安排

## ▶ 项目知识背景

财务角度:预算是企业在预测、决策的基础上,以数量和金额的形式反映企业未来一定时期的经营、投资、财务等活动的具体计划,是为实现企业目标而对各种资源和企业活动的详细安排。预算从内容上分业务预算、专门决策预算和财务预算。

预算可以根据不同的预算项目,分别采用相应方法进行编制。主要方法有以下几种。

1. 固定预算与弹性预算

固定预算又称静态预算,是根据预算期内正常的、可实现的某一业务量水平为基础来编制的预算。其特点是用这个方法做出来的预算,算多少是多少,一般情况金额都不变。所以,固定预算适用于固定费用或者数额比较稳定的预算项目。

弹性预算在按照成本(费用)习惯性分类的基础上,根据量、本、利之间的依存关系,考虑到计划期间内业务量可能发生变动,编制出一套适应多种业务量的费用预算。其特点是,反映的是不同的业务情况下所应支付的费用水平,它是为了弥补固定预算的缺陷而产生的。

对于固定性成本(费用)采用固定预算编制方法;对于变动性成本(费用)采用弹性预算编制方法。

## 2. 增量预算与零基预算

增量预算是在上期成本费用的基础上根据预计的业务情况,再结合管理需求,调整有关费用项目。

零基预算,简单地讲,就是一切从零开始,不考虑以前发生的费用项目及其金额。从实际需要逐项审议预算期内各项费用的内容及开支标准是否合理,在综合平衡的基础上编制费用预算。

## 3. 定期预算与滚动预算

定期预算是以不变的会计期间作为预算期。多数情况下该期间为1年,并与会计期间相对应。

滚动预算是指在编制预算时,将预算期与会计期间脱离,随着预算的执行不断地补充预算,逐期向后滚动,使预算期间始终保持在一个固定的长度(一般为12个月)。根据给定的资料编制销售预算、生产预算、直接材料预算、直接人工预算、制造费用预算及销售管理费用预算,需要掌握这些预算之间的勾稽关系,并且需要掌握一些会计上的计算公式。

Excel 技巧:熟悉相对引用、绝对引用和混合运用,常用函数公式(如 SUM 公式),表间取数等。

## ➢ 项目任务

新澳公司为了合理有效地使用资金,统一协调各种经营活动,以便实现利润最大化,需要对公司所有方面进行预算和控制,因此,公司需要通过 Excel 表格编制业务预算、财务预算和滚动预算。部分先期预测数据,如表 8.1 至表 8.7 所示。

表 8.1　　　　　　　　　　　　销售预算　　　　　　　　　　　　单位:元

| 季　度 | 1 | 2 | 3 | 4 | 全年 |
| --- | --- | --- | --- | --- | --- |
| 预计销售量(件) | 500 | 560 | 660 | 620 | |
| 预计单位售价 | 4 000 | 4 000 | 4 000 | 4 000 | |
| 销售收入 | | | | | |

表 8.2　　　　　　　　　　　　生产预算　　　　　　　　　　　　单位:件

| 季　度 | 1 | 2 | 3 | 4 | 全年 |
| --- | --- | --- | --- | --- | --- |
| 预计销售量 | | | | | |
| 加:预计期末存货 | | | | 58 | |
| 合计 | | | | | |
| 减:预计期初存货 | 50 | | | | |
| 预计生产量 | | | | | |

表 8.3　　　　　　　　　　　　直接材料预算

| 季　度 | 1 | 2 | 3 | 4 | 全年 |
| --- | --- | --- | --- | --- | --- |
| 预计生产量(件) | | | | | |
| 单位产品材料耗用量(千克) | 15 | 15 | 15 | 15 | 15 |

(续表)

| 季 度 | 1 | 2 | 3 | 4 | 全年 |
|---|---|---|---|---|---|
| 生产需要量(千克) | | | | | |
| 加:预计期末存量(千克) | | | | 780 | |
| 合计(千克) | | | | | |
| 减:预计期初存量(千克) | 740 | | | | |
| 预计材料采购量(千克) | | | | | |
| 单价(元/千克) | 120.00 | 120.00 | 120.00 | 120.00 | 120.00 |
| 预计采购金额(元) | | | | | |

表 8.4　　　　　　　　　　　　直接人工成本预算　　　　　　　　　　　　单位:元

| 季 度 | 1 | 2 | 3 | 4 | 全年 |
|---|---|---|---|---|---|
| 预计生产量(件) | | | | | |
| 单位产品工时(小时) | 10 | 10 | 10 | 10 | 10 |
| 人工总工时(小时) | | | | | |
| 每小时人工成本(元/小时) | 90.00 | 90.00 | 90.00 | 90.00 | 90.00 |
| 人工总成本(元) | | | | | |

表 8.5　　　　　　　　　　　　制造费用资料　　　　　　　　　　　　单位:元

| 季 度 | 1 | 2 | 3 | 4 | 全年 |
|---|---|---|---|---|---|
| 变动制造费用 | | | | | |
| 间接材料 | 15 000.00 | 16 800.00 | 19 800.00 | 18 600.00 | |
| 间接人工 | 21 000.00 | 23 520.00 | 27 720.00 | 26 040.00 | |
| 修理费 | 5 000.00 | 5 600.00 | 6 600.00 | 6 200.00 | |
| 水电费 | 2 500.00 | 2 800.00 | 3 300.00 | 3 100.00 | |
| 其他 | 2 000.00 | 2 240.00 | 2 640.00 | 2 480.00 | |
| 小计 | | | | | |
| 固定费用 | | | | | |
| 修理费 | 6 200.00 | 6 570.00 | 6 420.00 | 6 570.00 | |
| 折旧费 | 40 000.00 | 40 000.00 | 40 000.00 | 40 000.00 | |
| | 7 500.00 | 7 500.00 | 7 500.00 | 7 500.00 | |
| 管理人员工资 | 26 800.00 | 26 800.00 | 26 800.00 | 26 800.00 | |
| 保险费 | 3 500.00 | 3 500.00 | 3 500.00 | 3 500.00 | |
| 其他 | 4 000.00 | 4 000.00 | 4 000.00 | 4 000.00 | |
| 小计 | | | | | |
| 合计 | | | | | |

表 8.6　　　　　　　　　　　　产品成本预算　　　　　　　　　　　　单位:元

| 成本项目 | 每千克或每小时/元 | 单位耗用量 | 单位成本/元 | 总成本/元 | 期末存货/元 | 销货成本/元 |
|---|---|---|---|---|---|---|
| 直接材料 | | | | | | |
| 直接人工 | | | | | | |

（续表）

| 成本项目 | 每千克或每小时/元 | 单位耗用量 | 单位成本/元 | 总成本/元 | 期末存货/元 | 销货成本/元 |
|---|---|---|---|---|---|---|
| 变动制造费用 | | | | | | |
| 固定制造费用 | | | | | | |
| 合计 | | | | | | |

表 8.7　　　　　　　　　　　销售及管理费用预算　　　　　　　　　　单位:元

| 销售费用: | | 管理费用: | |
|---|---|---|---|
| 销售人员工资 | 122 300.00 | 管理人员工资 | 229 830.00 |
| 广告费 | 9 800.00 | 保险费 | 27 320.00 |
| 包装费 | 25 000.00 | 办公费 | 58 000.00 |
| 运输费 | 4 800.00 | 其他 | 6 410.00 |
| 保管费 | 5 450.00 | | |
| 小计 | | 小计 | |
| 合计 | | | |
| 每季度支付的现金 | | | |

## ➢ 任务分解

任务分解图,如图 8.1 所示。

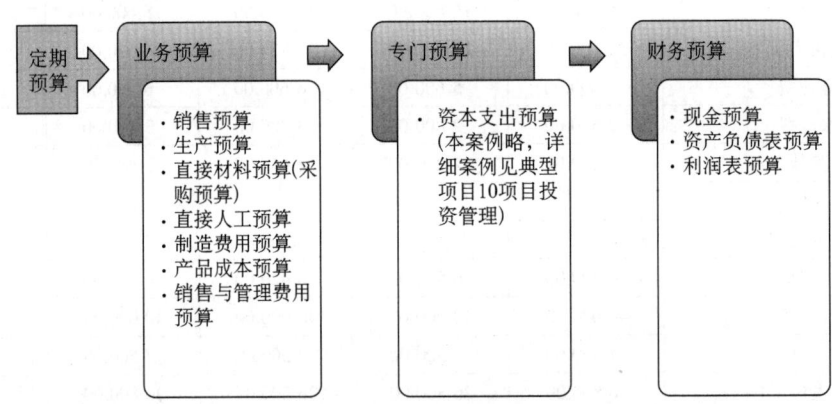

图 8.1　任务分解图

## 任务 8.1　业务预算

### 8.1.1　任务分析

业务预算是指与企业日常业务活动直接相关的、具有实质性的基本活动的预算,通常与企业利润表的计算有关。企业为了更加合理有效地使用资源,统一协调各种经营活动,以期产生更多的利润,首先会进行业务预算,编制销售预算、生产预算、直接材料预算(采购预算)、直接人工预算、制造费用预算、产品成本预算、销售与管理费用预算等相关预算表。

#### 8.1.1.1 销售预算

销售预算的主要内容是销售量、单价和销售收入。销售量是根据销货合同、市场需求的反映及企业生产能力确定的。单价是通过产品自身价值和社会供求关系等因素决定的。

销售预算是其他预算的编制基础,在编制销售预算时通常会包括预计现金收入的计算,便于以后现金预算的编制。

新澳公司生产并销售甲产品,下一年度预计销售量、单价、销售收入,如表8.1所示。据估计,甲产品每季度的销售收入中有70%能于当季收到现金,剩余30%要到下季度收讫。本年年末应收账款余额为400 000元,编制销售预算表。

#### 8.1.1.2 生产预算

生产预算是以销售预算为基础编制的,为进一步预算成本和费用提供依据。

由于企业的生产和销售不能做到"同步同量",必须储备一定的存货,以保证能在出现意外需求时按时供货。因此,预算期间必须备有充足的产品以供销售,以及需要考虑预算期初存货和期末存货等因素。

新澳公司每个季度末的存货按下一季度销售量的10%计算,年初存货50件,年末存货58件。依据销售预算的有关资料,编制生产预算,如表8.2所示。

#### 8.1.1.3 直接材料预算(采购预算)

直接材料预算的目的是确定预算期材料采购的数量和采购的成本。直接材料预算是在生产预算的基础上编制的,在编制直接材料预算时,还需要考虑期初和期末材料存货水平。在直接材料预算中通常还包括预算现金支出的计算。

新澳公司生产甲产品只需要耗用A材料,年初材料存量为740千克,年末材料存量为780千克。单位产品耗用材料为15千克,单价为120元。每个季度"期末材料存量"需要根据下一个季度生产量的10%计算。每个季度材料采购款的60%在本季度内付清,另外40%要在下季度付清。编制直接材料的预算,如表8.3所示。

#### 8.1.1.4 直接人工预算

直接人工预算是根据生产预算中的预计生产量、标准单位或金额所确定直接人工工时、小时工资率进行编制的。它可以反映预算期内人工工时的消耗水平和人工成本水平。编制直接人工的预算,如表8.4所示。

#### 8.1.1.5 制造费用预算

制造费用预算是指除直接材料预算和直接人工预算以外的其他一切生产费用的预算。制造费用预算通常包括变动制造费用和固定制造费用两部分。

变动制造费用与直接材料预算、直接人工预算的编制基础是一致的。固定制造费用需要逐项进行预计,然后预计每季实际需要支付的金额,最后求出全年数。

为了以后现金预算编制的简便性,制造费用预算也需要计算其现金支出。其中,固定资产折旧不需要现金的支出,应在计算时予以扣除。

新澳公司采用变动成本法编制制造费用预算,变动性制造费用采用直接人工工时比例分配,各项制造费用均于当季付现(不包括折旧费用)。根据制造费用资料编制制造费用预算,如表8.5所示。

#### 8.1.1.6 产品成本预算

产品成本预算是通过生产预算、直接材料预算、直接人工预算、制造费用预算的汇总形成的。其主要内容包括产品的单位成本、总成本、期末存货成本和销货成本。单位成本的有关数据来源于直接材料预算、直接人工预算和制造费用预算;产量、期末存货量来源于生产预算;销量来源于销售预算。产品的总成本、期末存货成本和销货成本的金额,根据单位成本、产量、期末存货量和销量计算得出。

编制新澳公司的产品成本预算,如表 8.6 所示。

#### 8.1.1.7 销售费用和管理费用预算

销售费用预算是指为了实现产品销售所发生费用的预算。在编制销售费用预算时,要以过去的销售费用为基础,考察、分析过去销售费用支出的必要性。

管理费用是维持一般管理业务所发生的必要费用。企业规模的不断扩大,一般管理职能也显得越来越重要,导致其费用也相应地增加。在编制管理费用预算时,要考虑企业的业绩和一般经济状况,必须做到费用合理化。管理费用预算要以过去发生的支出为前提,对预算期内可预见的支出进行调整。编制新澳公司销售及管理费用预算,如表 8.7 所示。

### 8.1.2 任务实现步骤

#### 8.1.2.1 销售预算

**步骤 1** 下一年度销售量、销售价格、销售收入需要调研企业的销售业务预计得到,表 8.1 已经给出了下一年度的销售量、销售价格和销售收入。新增资料可以在给定的工作表中追加,以完成销售预算的编制。

**步骤 2** 建立"业务预算"Excel 工作簿,双击"sheet1"工作表标签,输入工作表名"销售预算"。

**步骤 3** 参照表 8.1,录入新澳公司给定的资料,如图 8.2 所示。

| | A | B | C | D | E | F | G |
|---|---|---|---|---|---|---|---|
| 1 | | | | | | | |
| 2 | | | | 销售预算 | | | 单位: 元 |
| 3 | | 季度 | 1 | 2 | 3 | 4 | 全年 |
| 4 | | 预计销售量(件) | 500 | 560 | 660 | 620 | |
| 5 | | 预计单位售价 | 4 000.00 | 4 000.00 | 4 000.00 | 4 000.00 | |
| 6 | | 销售收入 | | | | | |
| 7 | | | | 预计现金收入 | | | |
| 8 | | 上年应收账款 | 400 000.00 | | | | |
| 9 | | 第1季度 | | | | | |
| 10 | | 第2季度 | | | | | |
| 11 | | 第3季度 | | | | | |
| 12 | | 第4季度 | | | | | |
| 13 | | 现金收入合计 | | | | | |

图 8.2 销售预算初始图

**步骤 4** 选择 C6 单元格,输入公式"=C4*C5",然后选中该单元格,光标移到该单元格右下角,直到光标变为"+"字,按住鼠标左键,向右拖动至 F6 单元格,释放鼠标,将 C6 单元格公式相对地址复制到 D6,E6 和 F6 单元格(后面将此操作简称为拖动复制)。

**步骤 5** 选择 G4 单元格,输入公式"=SUM(C4:F4)",或使用"开始"选项卡"编辑"组中的"自动求和"按钮 ∑自动求和 。

**步骤 6** 选择 G5 单元格,输入公式"=C5"(由于四个季度的预计单位售价相等),或"=AVERAGE(C5:F5)"。

**步骤 7** 选择 G6 单元格,输入公式"=SUM(C6:F6)"或"=G4*G5"。

**步骤 8** 参照图 8.2 建立销售预算的"预计现金收入"表,有色区域为公式区域。选择 B7:G7 区域,单击"开始"选项卡"对齐方式"组中的"合并居中"按钮 合并后居中 ,然后在合并单元格中输入"预计现金收入"。

**步骤 9** 选择 B8 单元格,输入"上年应收账款";选择 B9 单元格,输入"第 1 季度",然后向下拖动复制到 B12 单元格;在 B13 单元格输入"现金收入合计"。

**步骤 10** 选择 C8 单元格,输入上年应收账款的金额"400 000";选择 C9 单元格,输入公式"=C$6*70%",然后复制 C9 单元格的公式,粘贴到 D10,E11 和 F12 单元格。

☞ **知识链接**

> 在 Excel 中加上了绝对地址符"$"的列标和行号为绝对地址,在公式向旁边复制时不会发生变化,没有加上绝对地址符号的列标和行号为相对地址,在公式向旁边复制时会跟着发生变化。

**步骤 11** 选择 D9 单元格,输入公式"=C$6-C9",然后复制 D9 单元格的公式,粘贴到 E10 和 F11 单元格。

**步骤 12** 选择 G8 单元格,单击自动求和按钮,修改求和区域为 C8:F8,按回车键(求和公式为=SUM(C8:F8))。将该公式向下拖动复制到 G12 单元格。

**步骤 13** 选择 C13 单元格,单击自动求和按钮,修改求和区域为 C8:C12,按回车键。将该公式向右拖动复制到 G13 单元格。公式如图 8.3 所示,效果如图 8.4 所示。

| | A | B | C | D | E | F | G |
|---|---|---|---|---|---|---|---|
| 1 | | | | | | | |
| 2 | | | | 销售预算 | | | 单位:元 |
| 3 | | 季度 | 1 | 2 | 3 | 4 | 全年 |
| 4 | | 预计销售量(件) | 500 | 560 | 660 | 620 | =SUM(C4:F4) |
| 5 | | 预计单位售价 | 4000 | =C5 | =D5 | =E5 | =C5 |
| 6 | | 销售收入 | =C4*C5 | =D4*D5 | =E4*E5 | =F4*F5 | =SUM(C6:F6) |
| 7 | | | | 预计现金收入 | | | |
| 8 | | 上年应收账款 | 400000 | | | | =SUM(C8:F8) |
| 9 | | 第1季度 | =C$6*70% | =C$6-C9 | | | =SUM(C9:F9) |
| 10 | | 第2季度 | | =D$6*70% | =D$6-D10 | | =SUM(C10:F10) |
| 11 | | 第3季度 | | | =E$6*70% | =E$6-E11 | =SUM(C11:F11) |
| 12 | | 第4季度 | | | | =F$6*70% | =SUM(C12:F12) |
| 13 | | 现金收入合计 | =SUM(C8:C12) | =SUM(D8:D12) | =SUM(E8:E12) | =SUM(F8:F12) | =SUM(G8:G12) |

图 8.3 销售预算公式

|   | A | B | C | D | E | F | G |
|---|---|---|---|---|---|---|---|
| 1 |   |   |   |   |   |   |   |
| 2 |   |   |   | 销售预算 |   |   | 单位：元 |
| 3 |   | 季度 | 1 | 2 | 3 | 4 | 全年 |
| 4 |   | 预计销售量(件) | 500 | 560 | 660 | 620 | 2340 |
| 5 |   | 预计单位售价 | 4 000.00 | 4 000.00 | 4 000.00 | 4 000.00 | 4 000.00 |
| 6 |   | 销售收入 | 2 000 000.00 | 2 240 000.00 | 2 640 000.00 | 2 480 000.00 | 9 360 000.00 |
| 7 |   |   |   | 预计现金收入 |   |   |   |
| 8 |   | 上年应收账款 | 400 000.00 |   |   |   | 400 000.00 |
| 9 |   | 第1季度 | 1 400 000.00 | 600 000.00 |   |   | 2 000 000.00 |
| 10 |   | 第2季度 |   | 1 568 000.00 | 672 000.00 |   | 2 240 000.00 |
| 11 |   | 第3季度 |   |   | 1 848 000.00 | 792 000.00 | 2 640 000.00 |
| 12 |   | 第4季度 |   |   |   | 1 736 000.00 | 1 736 000.00 |
| 13 |   | 现金收入合计 | 1 800 000.00 | 2 168 000.00 | 2 520 000.00 | 2 528 000.00 | 9 016 000.00 |

图 8.4　销售预算效果图

## 8.1.2.2　生产预算

**步骤1**　在"业务预算"Excel 工作簿中，修改"sheet2"工作表标签，为"生产预算"。参照表 8.2，录入新澳公司给定的资料，如图 8.5 所示，有色区域为公式区域。

|   | A | B | C | D | E | F | G |
|---|---|---|---|---|---|---|---|
| 1 |   |   |   |   |   |   |   |
| 2 |   |   |   | 生产预算 |   |   | 单位：件 |
| 3 |   | 季度 | 1 | 2 | 3 | 4 | 全年 |
| 4 |   | 预计销售量 |   |   |   |   |   |
| 5 |   | 加：预计期末存货 |   |   |   | 58 |   |
| 6 |   | 合计 |   |   |   |   |   |
| 7 |   | 减：预计期初存货 | 50 |   |   |   |   |
| 8 |   | 预计生产量 |   |   |   |   |   |

图 8.5　生产预算初始图

**步骤2**　获取销售预算的预计销售量。选择 C4 单元格，输入公式"＝销售预算!C4"，按回车键。将该公式向左拖动复制到 F5 单元格。

☞ **知识链接**

Excel 引用其他工作表数据的几种方法。

方法一：直接使用公式。

假如要让 Sheet2 表中的 A1 单元格与 Sheet1 表中的 A3 单元格中的数据保持一致，只要在 Sheet2 中的 A1 单元格中输入公式：

=Sheet1!A3

另外，还可以在 Sheet2 表的 A1 单元格中先输入"＝"，再切换到 Sheet1 表中，选择 A3 单元格，然后按回车键。

方法二：使用粘贴选项。

复制要链接的单元格，然后选择其他单元格进行"粘贴"，在单元格的右下角单击"粘贴选项"按钮，选择"链接单元格"。

方法三：使用选择性粘贴。

复制要链接的单元格，然后右击其他单元格，在弹出的快捷菜单中选择"选择性粘贴"，单击"粘贴链接"按钮即可。

**步骤 3** 计算预计期末存货。选择 C5 单元格，输入公式"=D $4*10%"，按回车键，将公式向右拖动复制到 E4 单元格。最后季度 F5 是已知数据：58，全年的预计期末存货，应为第四季度预计期末存货，因此在 G5 输入公式"=F5"。

**步骤 4** 录入合计行公式。在 C6 输入公式"=SUM(C4:C5)"，将公式向左拖动复制到 G6 单元格。

**步骤 5** C7 为已知数据：50。

**步骤 6** 二季度的期初预计库存应为一季度的期末预计库存，因此选择 D7 单元格，输入公式"=C $5"，将公式向左拖动复制到 F7 单元格。三四季度期初库存录入完成。

**步骤 7** 全年预计期初库存应为一季度的期初预计库存，在 G7 单元格输入公式"=C7"。

**步骤 8** 预计生产量=预计销售量+预计期末库存−预计期初库存。在 C8 输入公式"=C $6−C $7"，向右拖动复制公式到 G8 单元格。这样就完成了生产预算的编制。公式如图 8.6 所示，效果如图 8.7 所示。

| | A | B | C | D | E | F | G |
|---|---|---|---|---|---|---|---|
| 1 | | | | | | | |
| 2 | | | | | 生产预算 | | 单位：件 |
| 3 | | 季度 | 1 | 2 | 3 | 4 | 全年 |
| 4 | | 预计销售量 | =销售预算!C4 | =销售预算!D4 | =销售预算!E4 | =销售预算!F4 | =销售预算!G4 |
| 5 | | 加：预计期末存货 | =D$4*10% | =E$4*10% | =F$4*10% | 58 | =F5 |
| 6 | | 合计 | =SUM(C4:C5) | =SUM(D4:D5) | =SUM(E4:E5) | =SUM(F4:F5) | =SUM(G4:G5) |
| 7 | | 减：预计期初存货 | 50 | =C$5 | =D$5 | =E$5 | =C7 |
| 8 | | 预计生产量 | =C$6−C$7 | =D$6−D$7 | =E$6−E$7 | =F$6−F$7 | =G$6−G$7 |

图 8.6　生产预算公式

| | A | B | C | D | E | F | G |
|---|---|---|---|---|---|---|---|
| 1 | | | | | | | |
| 2 | | | | | 生产预算 | | 单位：件 |
| 3 | | 季度 | 1 | 2 | 3 | 4 | 全年 |
| 4 | | 预计销售量 | 500 | 560 | 660 | 620 | 2 340 |
| 5 | | 加：预计期末存货 | 56 | 66 | 62 | 58 | 58 |
| 6 | | 合计 | 556 | 626 | 722 | 678 | 2 398 |
| 7 | | 减：预计期初存货 | 50 | 56 | 66 | 62 | 50 |
| 8 | | 预计生产量 | 506 | 570 | 656 | 616 | 2 348 |

图 8.7　生产预算效果图

#### 8.1.2.3 直接材料预算

**步骤 1** 在"业务预算"Excel 工作簿中,修改"sheet3"工作表标签为"直接材料预算"。参照表 8.3,录入新澳公司给定的资料,如图 8.8 所示,有色区域为公式区域。

| | A | B | C | D | E | F | G |
|---|---|---|---|---|---|---|---|
| 1 | | | | | | | |
| 2 | | | | 直接材料预算 | | | 单位:元 |
| 3 | | 季度 | 1 | 2 | 3 | 4 | 全年 |
| 4 | | 预计生产量(件) | | | | | |
| 5 | | 单位产品材料耗用量(kg) | 15.00 | 15.00 | 15.00 | 15.00 | 15.00 |
| 6 | | 生产需要量(kg) | | | | | |
| 7 | | 加:预计期末存量(kg) | | | | 780.00 | |
| 8 | | 合计 | | | | | |
| 9 | | 减:预计期初存量(kg) | 740.00 | | | | |
| 10 | | 预计材料采购量(kg) | | | | | |
| 11 | | 单价(元/kg) | 120.00 | 120.00 | 120.00 | 120.00 | 120.00 |
| 12 | | 预计采购金额(元) | | | | | |
| 13 | | | | 预计现金支出 | | | |
| 14 | | 上年应付账款 | 280 000.00 | | | | |
| 15 | | 第1季度 | | | | | |
| 16 | | 第2季度 | | | | | |
| 17 | | 第3季度 | | | | | |
| 18 | | 第4季度 | | | | | |
| 19 | | 合计 | | | | | |

**图 8.8 直接材料预算初始图**

**步骤 2** 参照销售预算公式编制思路录入直接材料预算公式,参见图 8.9 所示。效果如图 8.10 所示。

| | A | B | C | D | E | F | G |
|---|---|---|---|---|---|---|---|
| 1 | | | | | | | |
| 2 | | | | 直接材料预算 | | | 单位:元 |
| 3 | | 季度 | 1 | 2 | 3 | 4 | 全年 |
| 4 | | 预计生产量(件) | =生产预算!C8 | =生产预算!D8 | =生产预算!E8 | =生产预算!F8 | =生产预算!G8 |
| 5 | | 单位产品材料耗用量(kg) | 15 | 15 | 15 | 15 | 15 |
| 6 | | 生产需要量(kg) | =C4*C5 | =D4*D5 | =E4*E5 | =F4*F5 | =G4*G5 |
| 7 | | 加:预计期末存量(kg) | =D6*10% | =E6*10% | =F6*10% | 780 | =F7 |
| 8 | | 合计 | =C6+C7 | =D6+D7 | =E6+E7 | =F6+F7 | =G6+G7 |
| 9 | | 减:预计期初存量(kg) | 740 | =C$7 | =D$7 | =E$7 | =C9 |
| 10 | | 预计材料采购量(kg) | =C8-C9 | =D8-D9 | =E8-E9 | =F8-F9 | =G8-G9 |
| 11 | | 单价(元/kg) | 120 | =C11 | =D11 | =E11 | =F11 |
| 12 | | 预计采购金额(元) | =C10*C11 | =D10*D11 | =E10*E11 | =F10*F11 | =G10*G11 |
| 13 | | | | 预计现金支出 | | | |
| 14 | | 上年应付账款 | 280 000 | | | | =SUM(C14:F14) |
| 15 | | 第1季度 | =C$12*60% | =C$12-C15 | | | =SUM(C15:F15) |
| 16 | | 第2季度 | | =D$12*60% | =D$12-D16 | | =SUM(C16:F16) |
| 17 | | 第3季度 | | | =E$12*60% | =E$12-E17 | =SUM(C17:F17) |
| 18 | | 第4季度 | | | | =F$12*60% | =SUM(C18:F18) |
| 19 | | 合计 | =SUM(C14:C18) | =SUM(D14:D18) | =SUM(E14:E18) | =SUM(F14:F18) | =SUM(G14:G18) |

**图 8.9 直接材料预算公式**

| | A | B | C | D | E | F | G |
|---|---|---|---|---|---|---|---|
| 1 | | | | 直接材料预算 | | | |
| 2 | | | | | | | 单位：元 |
| 3 | | 季度 | 1 | 2 | 3 | 4 | 全年 |
| 4 | | 预计生产量（件） | 506.00 | 570.00 | 656.00 | 616.00 | 2 348.00 |
| 5 | | 单位产品材料耗用量（kg） | 15.00 | 15.00 | 15.00 | 15.00 | 15.00 |
| 6 | | 生产需要量(kg) | 7 590.00 | 8 550.00 | 9 840.00 | 9 240.00 | 35 220.00 |
| 7 | | 加：预计期末存量(kg) | 855.00 | 984.00 | 924.00 | 780.00 | 780.00 |
| 8 | | 合计 | 8 445.00 | 9 534.00 | 10 764.00 | 10 020.00 | 36 000.00 |
| 9 | | 减：预计期初存量(kg) | 740.00 | 855.00 | 984.00 | 924.00 | 740.00 |
| 10 | | 预计材料采购量(kg) | 7 705.00 | 8 679.00 | 9 780.00 | 9 096.00 | 35 260.00 |
| 11 | | 单价(元/kg) | 120.00 | 120.00 | 120.00 | 120.00 | 120.00 |
| 12 | | 预计采购金额（元） | 924 600.00 | 1 041 480.00 | 1 173 600.00 | 1 091 520.00 | 4 231 200.00 |
| 13 | | | | 预计现金支出 | | | |
| 14 | | 上年应付账款 | 280 000.00 | | | | 280 000.00 |
| 15 | | 第1季度 | 554 760.00 | 369 840.00 | | | 924 600.00 |
| 16 | | 第2季度 | | 624 888.00 | 416 592.00 | | 1 041 480.00 |
| 17 | | 第3季度 | | | 704 160.00 | 469 440.00 | 1 173 600.00 |
| 18 | | 第4季度 | | | | 654 912.00 | 654 912.00 |
| 19 | | 合计 | 834 760.00 | 994 728.00 | 1 120 752.00 | 1 124 352.00 | 4 074 592.00 |

图 8.10　直接材料预算效果图

#### 8.1.2.4　直接人工成本预算

**步骤 1**　新增工作表"直接人工成本预算"。参照表 8.4，录入新澳公司给定的资料，如图 8.11 所示，有色区域为公式区域。

| | A | B | C | D | E | F | G |
|---|---|---|---|---|---|---|---|
| 1 | | | | | | | |
| 2 | | | | 直接人工成本预算 | | | |
| 3 | | 季度 | 1 | 2 | 3 | 4 | 全年 |
| 4 | | 预计生产量（件） | | | | | |
| 5 | | 单位产品工时（小时） | 10 | 10 | 10 | 10 | 10 |
| 6 | | 人工总工时（小时） | | | | | |
| 7 | | 每小时人工成本（元/小时） | 90.00 | 90.00 | 90.00 | 90.00 | 90.00 |
| 8 | | 人工总成本（元） | | | | | |

图 8.11　直接人工成本预算

**步骤 2**　录入公式，参见图 8.12。效果如图 8.13 所示。

| | A | B | C | D | E | F | G |
|---|---|---|---|---|---|---|---|
| 1 | | | | | | | |
| 2 | | | | 直接人工成本预算 | | | |
| 3 | | 季度 | 1 | 2 | 3 | 4 | 全年 |
| 4 | | 预计生产量（件） | =生产预算!C8 | =生产预算!D8 | =生产预算!E8 | =生产预算!F8 | =生产预算!G8 |
| 5 | | 单位产品工时（小时） | 10 | 10 | 10 | 10 | 10 |
| 6 | | 人工总工时（小时） | =C4*C5 | =D4*D5 | =E4*E5 | =F4*F5 | =G4*G5 |
| 7 | | 每小时人工成本（元/小时） | 90 | =C7 | =D7 | =E7 | =F7 |
| 8 | | 人工总成本（元） | =C6*C7 | =D6*D7 | =E6*E7 | =F6*F7 | =G6*G7 |

图 8.12　直接人工成本预算公式

|   | A | B | C | D | E | F | G |
|---|---|---|---|---|---|---|---|
| 1 |   |   |   |   |   |   |   |
| 2 |   |   |   | 直接人工成本预算 |   |   |   |
| 3 |   | 季度 | 1 | 2 | 3 | 4 | 全年 |
| 4 |   | 预计生产量（件） | 506 | 570 | 656 | 616 | 2 348 |
| 5 |   | 单位产品工时（小时） | 10 | 10 | 10 | 10 | 10 |
| 6 |   | 人工总工时（小时） | 5 060 | 5 700 | 6 560 | 6 160 | 23 480 |
| 7 |   | 每小时人工成本（元/小时） | 90.00 | 90.00 | 90.00 | 90.00 | 90.00 |
| 8 |   | 人工总成本（元） | 455 400.00 | 513 000.00 | 590 400.00 | 554 400.00 | 2 113 200.00 |

图 8.13　直接人工成本预算公式

#### 8.1.2.5　制造费用预算

**步骤 1**　新增工作表"制造费用预算"。参照表 8.5，录入新澳公司给定的资料，如图 8.14 所示，有色区域为公式区域。

|   | A | B | C | D | E | F | G |
|---|---|---|---|---|---|---|---|
| 1 |   |   |   |   |   |   |   |
| 2 |   |   |   | 制造费用预算 |   |   | 单位：元 |
| 3 |   | 季度 | 1 | 2 | 3 | 4 | 全年 |
| 4 |   | 变动制造费用 |   |   |   |   |   |
| 5 |   | 间接材料 | 15 000.00 | 16 800.00 | 19 800.00 | 18 600.00 |   |
| 6 |   | 间接人工 | 21 000.00 | 23 520.00 | 27 720.00 | 26 040.00 |   |
| 7 |   | 修理费 | 5 000.00 | 5 600.00 | 6 600.00 | 6 200.00 |   |
| 8 |   | 水电费 | 2 500.00 | 2 800.00 | 3 300.00 | 3 100.00 |   |
| 9 |   | 其他 | 2 000.00 | 2 240.00 | 2 640.00 | 2 480.00 |   |
| 10 |   | 小计 |   |   |   |   |   |
| 11 |   | 固定费用 |   |   |   |   |   |
| 12 |   | 修理费 | 6 200.00 | 6 570.00 | 6 420.00 | 6 570.00 |   |
| 13 |   | 折旧费 | 40 000.00 | 40 000.00 | 40 000.00 | 40 000.00 |   |
| 14 |   | 无形资产摊销 | 7 500.00 | 7 500.00 | 7 500.00 | 7 500.00 |   |
| 15 |   | 管理人员工资 | 26 800.00 | 26 800.00 | 26 800.00 | 26 800.00 |   |
| 16 |   | 保险费 | 3 500.00 | 3 500.00 | 3 500.00 | 3 500.00 |   |
| 17 |   | 其他 | 4 000.00 | 4 000.00 | 4 000.00 | 4 000.00 |   |
| 18 |   | 小计 |   |   |   |   |   |
| 19 |   | 合计 |   |   |   |   |   |
| 20 |   | 减：折旧 |   |   |   |   |   |
| 21 |   | 减：摊销 |   |   |   |   |   |
| 22 |   | 现金支出的费用 |   |   |   |   |   |

图 8.14　制造费用预算初始图

**步骤 2**　录入公式，参见图 8.15。效果如图 8.16 所示。

| | A | B | C | D | E | F | G |
|---|---|---|---|---|---|---|---|
| 1 | | | | | | | |
| 2 | | | | 制造费用预算 | | | 单位：元 |
| 3 | | 季度 | 1 | 2 | 3 | 4 | 全年 |
| 4 | | 变动制造费用 | | | | | |
| 5 | | 间接材料 | 15 000 | 16 800 | 19 800 | 18 600 | =SUM(C5:F5) |
| 6 | | 间接人工 | 21 000 | 23 520 | 27 720 | 26 040 | =SUM(C6:F6) |
| 7 | | 修理费 | 5 000 | 5 600 | 6 600 | 6 200 | =SUM(C7:F7) |
| 8 | | 水电费 | 2 500 | 2 800 | 3 300 | 3 100 | =SUM(C8:F8) |
| 9 | | 其他 | 2 000 | 2 240 | 2 640 | 2 480 | =SUM(C9:F9) |
| 10 | | 小计 | =SUM(C5:C9) | =SUM(D5:D9) | =SUM(E5:E9) | =SUM(F5:F9) | =SUM(G5:G9) |
| 11 | | 固定费用 | | | | | |
| 12 | | 修理费 | 6 200 | 6 570 | 6 420 | 6 570 | =SUM(C12:F12) |
| 13 | | 折旧费 | 40 000 | =C13 | =D13 | =E13 | =SUM(C13:F13) |
| 14 | | 无形资产摊销 | =30 000/4 | =30 000/4 | =30 000/4 | =30 000/4 | =SUM(C14:F14) |
| 15 | | 管理人员工资 | 26 800 | 26 800 | 26 800 | 26 800 | =SUM(C15:F15) |
| 16 | | 保险费 | 3 500 | 3 500 | 3 500 | 3 500 | =SUM(C16:F16) |
| 17 | | 其他 | 4 000 | 4 000 | 4 000 | 4 000 | =SUM(C17:F17) |
| 18 | | 小计 | =SUM(C12:C17) | =SUM(D12:D17) | =SUM(E12:E17) | =SUM(F12:F17) | =SUM(G12:G17) |
| 19 | | 合计 | =C10+C18 | =D10+D18 | =E10+E18 | =F10+F18 | =G10+G18 |
| 20 | | 减：折旧 | =C13 | =D13 | =E13 | =F13 | =SUM(C20:F20) |
| 21 | | 减：摊销 | =C14 | =D14 | =E14 | =F14 | =SUM(C21:F21) |
| 22 | | 现金支出的费用 | =C19-C20-C21 | =D19-D20-D21 | =E19-E20-E21 | =F19-F20-F21 | =G19-G20-G21 |

图 8.15  制造费用预算公式

| | A | B | C | D | E | F | G |
|---|---|---|---|---|---|---|---|
| 1 | | | | | | | |
| 2 | | | | 制造费用预算 | | | 单位：元 |
| 3 | | 季度 | 1 | 2 | 3 | 4 | 全年 |
| 4 | | 变动制造费用 | | | | | |
| 5 | | 间接材料 | 15 000.00 | 16 800.00 | 19 800.00 | 18 600.00 | 70 200.00 |
| 6 | | 间接人工 | 21 000.00 | 23 520.00 | 27 720.00 | 26 040.00 | 98 280.00 |
| 7 | | 修理费 | 5 000.00 | 5 600.00 | 6 600.00 | 6 200.00 | 23 400.00 |
| 8 | | 水电费 | 2 500.00 | 2 800.00 | 3 300.00 | 3 100.00 | 11 700.00 |
| 9 | | 其他 | 2 000.00 | 2 240.00 | 2 640.00 | 2 480.00 | 9 360.00 |
| 10 | | 小计 | 45 500.00 | 50 960.00 | 60 060.00 | 56 420.00 | 212 940.00 |
| 11 | | 固定费用 | | | | | |
| 12 | | 修理费 | 6 200.00 | 6 570.00 | 6 420.00 | 6 570.00 | 25 760.00 |
| 13 | | 折旧费 | 40 000.00 | 40 000.00 | 40 000.00 | 40 000.00 | 160 000.00 |
| 14 | | 无形资产摊销 | 7 500.00 | 7 500.00 | 7 500.00 | 7 500.00 | 30 000.00 |
| 15 | | 管理人员工资 | 26 800.00 | 26 800.00 | 26 800.00 | 26 800.00 | 107 200.00 |
| 16 | | 保险费 | 3 500.00 | 3 500.00 | 3 500.00 | 3 500.00 | 14 000.00 |
| 17 | | 其他 | 4 000.00 | 4 000.00 | 4 000.00 | 4 000.00 | 16 000.00 |
| 18 | | 小计 | 88 000.00 | 88 370.00 | 88 220.00 | 88 370.00 | 352 960.00 |
| 19 | | 合计 | 133 500.00 | 139 330.00 | 148 280.00 | 144 790.00 | 565 900.00 |
| 20 | | 减：折旧 | 40 000.00 | 40 000.00 | 40 000.00 | 40 000.00 | 160 000.00 |
| 21 | | 减：摊销 | 7 500.00 | 7 500.00 | 7 500.00 | 7 500.00 | 30 000.00 |
| 22 | | 现金支出的费用 | 86 000.00 | 91 830.00 | 100 780.00 | 97 290.00 | 375 900.00 |

图 8.16  制造费用预算效果图

☞ **知识链接**

变动性制造费用预算分配率＝变动性制造费用预算总额／相关分配标准预算总额

#### 8.1.2.6 产品成本预算

**步骤 1** 新增工作表"产品成本预算"。参照表 8.6，录入新澳公司给定的资料，如图 8.17 所示，有色区域为公式区域。

| | A | B | C | D | E | F | G | H |
|---|---|---|---|---|---|---|---|---|
| 1 | | | | | | | | |
| 2 | | | | | 产品成本预算 | | | |
| 3 | | 成本项目 | 每千克或每小时/元 | 单位耗用量 | 单位成本/元 | 总成本/元 | 期末存货/元 | 销货成本/元 |
| 4 | | 直接材料 | | | | | | |
| 5 | | 直接人工 | | | | | | |
| 6 | | 变动制造费用 | | | | | | |
| 7 | | 固定制造费用 | | | | | | |
| 8 | | 合计 | | | | | | |

图 8.17 产品成本预算初始图

**步骤 2** 录入公式，参见图 8.18。效果如图 8.19 所示。

| | A | B | C | D | E | F | G | H |
|---|---|---|---|---|---|---|---|---|
| 1 | | | | | | | | |
| 2 | | | | | 产品成本预算 | | | |
| 3 | | 成本项目 | 每千克或每小时/元 | 单位耗用量 | 单位成本/元 | 总成本/元 | 期末存货/元 | 销货成本/元 |
| 4 | | 直接材料 | =直接材料预算!C11 | =直接材料预算!C5 | =C4*D4 | =E4*生产预算!$G$8 | =E4*生产预算!$G$5 | =E4*销售预算!$G$4 |
| 5 | | 直接人工 | =直接人工预算!C7 | =直接人工预算!$C$5 | =C5*D5 | =E5*生产预算!$G$8 | =E5*生产预算!$G$5 | =E5*销售预算!$G$4 |
| 6 | | 变动制造费用 | =制造费用预算!G10/直接人工预算!G6 | =直接人工预算!$C$5 | =C6*D6 | =E6*生产预算!$G$8 | =E6*生产预算!$G$5 | =E6*销售预算!$G$4 |
| 7 | | 固定制造费用 | =制造费用预算!G18/直接人工预算!G6 | =直接人工预算!$C$5 | =C7*D7 | =E7*生产预算!$G$8 | =E7*生产预算!$G$5 | =E7*销售预算!$G$4 |
| 8 | | 合计 | | | =SUM(E4:E7) | =SUM(F4:F7) | =SUM(G4:G7) | =SUM(H4:H7) |

图 8.18 产品成本预算公式

| | A | B | C | D | E | F | G | H |
|---|---|---|---|---|---|---|---|---|
| 1 | | | | | | | | |
| 2 | | | | | 产品成本预算 | | | |
| 3 | | 成本项目 | 每千克或每小时/元 | 单位耗用量 | 单位成本/元 | 总成本/元 | 期末存货/元 | 销货成本/元 |
| 4 | | 直接材料 | 120.00 | 15.00 | 1 800.00 | 4 226 400.00 | 104 400.00 | 4 212 000.00 |
| 5 | | 直接人工 | 90.00 | 10.00 | 900.00 | 2 113 200.00 | 52 200.00 | 2 106 000.00 |
| 6 | | 变动制造费用 | 9.07 | 10.00 | 90.69 | 212 940.00 | 5 260.02 | 212 214.48 |
| 7 | | 固定制造费用 | 15.03 | 10.00 | 150.32 | 352 960.00 | 8 718.77 | 351 757.41 |
| 8 | | 合计 | | | 2 941.01 | 6 905 500.00 | 170 578.79 | 6 881 971.89 |

图 8.19 产品成本预算效果图

#### 8.1.2.7 销售及管理费用预算

**步骤1** 新增工作表"销售及管理费用预算"。参照表8.7,录入新澳公司给定的资料,如图8.20,有色区域为公式区域。

| | A | B | C | D | E |
|---|---|---|---|---|---|
| 1 | | | | | |
| 2 | | | 销售及管理费用预算 | | 单位:元 |
| 3 | | 销售费用: | | 管理费用: | |
| 4 | | 销售人员工资 | 122 300.00 | 管理人员工资 | 229 830.00 |
| 5 | | 广告费 | 9 800.00 | 保险费 | 27 320.00 |
| 6 | | 包装费 | 25 000.00 | 办公费 | 58 000.00 |
| 7 | | 运输费 | 4 800.00 | 其他 | 6 410.00 |
| 8 | | 保管费 | 5 450.00 | | |
| 9 | | 小计 | | 小计 | |
| 10 | | | 合计 | | |
| 11 | | | 每季度支付的现金 | | |

**图8.20 销售及管理费用预算**

**步骤2** 录入公式,参见图8.21。效果如图8.22所示。

| | A | B | C | D | E |
|---|---|---|---|---|---|
| 1 | | | | | |
| 2 | | | 销售及管理费用预算 | | 单位:元 |
| 3 | | 销售费用: | | 管理费用: | |
| 4 | | 销售人员工资 | 122 300 | 管理人员工资 | 229 830 |
| 5 | | 广告费 | 9 800 | 保险费 | 27 320 |
| 6 | | 包装费 | 25 000 | 办公费 | 58 000 |
| 7 | | 运输费 | 4 800 | 其他 | 6 410 |
| 8 | | 保管费 | 5 450 | | |
| 9 | | 小计 | =SUM(C4:C8) | 小计 | =SUM(E4:E7) |
| 10 | | | 合计 | | =C9+E9 |
| 11 | | | 每季度支付的现金 | | =E10/4 |

**图8.21 销售及管理费用预算公式**

| | A | B | C | D | E |
|---|---|---|---|---|---|
| 1 | | | | | |
| 2 | | | 销售及管理费用预算 | | 单位:元 |
| 3 | | 销售费用: | | 管理费用: | |
| 4 | | 销售人员工资 | 122 300.00 | 管理人员工资 | 229 830.00 |
| 5 | | 广告费 | 9 800.00 | 保险费 | 27 320.00 |
| 6 | | 包装费 | 25 000.00 | 办公费 | 58 000.00 |
| 7 | | 运输费 | 4 800.00 | 其他 | 6 410.00 |
| 8 | | 保管费 | 5 450.00 | | |
| 9 | | 小计 | 167 350.00 | 小计 | 321 560.00 |
| 10 | | | 合计 | | 488 910.00 |
| 11 | | | 每季度支付的现金 | | 122 227.50 |

**图8.22 销售及管理费用预算效果图**

### 8.1.3 拓展任务

假设本公司预算年度预计不会发生消费税和资源税，公司适用的城市维护建设税税率为7%，教育费附加的征收率为3%，地方教育费附加的征收率为2%。根据本公司已编制的销售预算、直接材料成本预算编制应交增值税预算和应交附加税（税金及附加）预算。

税金及附加核算的是企业经营活动发生的消费税、城市维护建设税、资源税、教育费附加和地方教育费附加等相关税费。例如，正常销售情况下的消费税、对外销售情况下的资源税等。

$$税金及附加 = 应交消费税 + 应交城市维护建设税 + 应交资源税 +$$
$$应交教育费附加 + 应交地方教育费附加$$
$$应交城市维护建设税 =（应交消费税 + 应交增值税）× 适用税率$$
$$应交教育费附加 =（应交消费税 + 应交增值税）× 适用税率$$
$$应交地方教育费附加 =（应交消费税 + 应交增值税）× 适用税率$$

参考公式如图 8.23 和图 8.24 所示。

| A | B | C | D | E | F | G |
|---|---|---|---|---|---|---|
| 1 | | | | 应交增值税预算 | | 单位：元 |
| 2 | 季度 | 1 | 2 | 3 | 4 | 全年 |
| 3 | 预计不含税销售收入 | =销售预算!C6 | =销售预算!D6 | =销售预算!E6 | =销售预算!F6 | =销售预算!G6 |
| 4 | 预计增值税销项税额 | =C4*13% | =D4*13% | =E4*13% | =F4*13% | =G4*13% |
| 5 | 预计增值税进项税额 | =直接材料预算!C12*13% | =直接材料预算!D12*13% | =直接材料预算!E12*13% | =直接材料预算!F12*13% | =直接材料预算!G12*13% |
| 6 | 预计应交增值税 | =C5-C6 | =D5-D6 | =E5-E6 | =F5-F6 | =G5-G6 |

图 8.23 应交增值税预算公式

| A | B | C | D | E | F | G |
|---|---|---|---|---|---|---|
| 1 | | | | 税金及附加 | | 单位：元 |
| 2 | 季度 | 1 | 2 | 3 | 4 | 全年 |
| 3 | 预计应交城市维护建设税 | =应交增值税预算!C7*7% | =应交增值税预算!D7*7% | =应交增值税预算!E7*7% | =应交增值税预算!F7*7% | =应交增值税预算!G7*7% |
| 4 | 预计应交教育费附加 | =应交增值税预算!C7*3% | =应交增值税预算!D7*3% | =应交增值税预算!E7*3% | =应交增值税预算!F7*3% | =应交增值税预算!G7*3% |
| 5 | 预计应交地方教育费附加 | =应交增值税预算!C7*2% | =应交增值税预算!D7*2% | =应交增值税预算!E7*2% | =应交增值税预算!F7*2% | =应交增值税预算!G7*2% |
| 6 | 预计税金及附加 | =SUM(C4:C6) | =SUM(D4:D6) | =SUM(E4:E6) | =SUM(F4:F6) | =SUM(G4:G6) |

图 8.24 税金及附加公式

## 任务 8.2 财务预算

### 8.2.1 任务分析

财务预算是指与企业现金流量、经营成果和财务状况有关的各项预算，具体包括反映一定会计期间现金流入流出的现金预算、反映一定会计期间经营成果的利润表预算和反映某一特定日期财务状况的资产负债表预算等。

财务预算是全面预算体系中的最后环节，它能从价值方面总括地反映经营期决策预算与业务预算的结果。因此,企业需要编制现金预算、利润表预算和资产负债表预算。

#### 8.2.1.1 现金预算

现金预算的编制,要以销售预算、直接材料预算、直接人工预算、制造费用预算、销售及管理费用预算等日常业务预算和专门决策预算为基础。因此,在编制现金预算时,要引用日常业务预算的数据。

现金预算由四部分组成:现金收入,包括期初的现金余额和预算期内发生的销货现金收入;现金支出,是指预算期内预计发生的现金流出量;现金收支差额,列示的金额为现金收入合计与现金支出合计的差额;现金的筹集与运用,指预算期内现金如果不足,向银行取得的借款,如果现金多余,则为归还的现金。借款遵循的原则是"期初借入,期末归还,利随本清"。

新澳公司的部分预期资料,如表 8.8 所示,该公司期末保留的最低现金余额为 200 000 元,银行借款金额的是 10 000 元的倍数。根据表 8.8 编制该公司的现金预算。

表 8.8　　　　　　　　　　　　　　现　金　预　算　　　　　　　　　　　　　　单位:元

| 季　度 | 1 | 2 | 3 | 4 | 全年 |
|---|---|---|---|---|---|
| 期初现金金额 | 210 000.00 | | | | |
| 加:销售现金收入(图 8.4) | | | | | |
| 可供使用现金 | | | | | |
| 减现金支出: | | | | | |
| 　直接材料(图 8.10) | | | | | |
| 　直接人工(图 8.13) | | | | | |
| 　制造费用(图 8.16) | | | | | |
| 　销售及管理费用(图 8.22) | | | | | |
| 　所得税费用(估算) | 48 000.00 | 48 000.00 | 48 000.00 | 48 000.00 | |
| 　购买设备 | | 1 000 000.00 | | | |
| 　股利 | | 300 000.00 | | | |
| 　支出合计 | | | | | |
| 现金收支差额 | | | | | |
| 向银行借款 | | | | | |
| 还银行借款 | | | | | |
| 借款利息(年利率 10%) | | | | | |
| 长期借款利息(年利率 12%) | | | | | |
| 期末现金金额 | | | | | |

#### 8.2.1.2 利润表预算

利润表预算是在销售预算、产品成本预算、销售及管理费用预算等预算的基础上加以编制的。通过利润表预算的编制,可以了解企业预期的获利情况。

新澳公司的部分预期资料,如表 8.9 所示,编制新澳公司的利润表预算。

表 8.9　　　　　　　　　　　　　　利润表预算　　　　　　　　　　　　　单位:元

| 销售收入 | |
|---|---|
| 销售成本 | |
| 毛利 | |
| 销售及管理费用 | |
| 利息 | |
| 利润总额 | |
| 所得税费用 | |
| 净利润 | |

注:利润表预算的编制也需要以业务预算为基础,因此,在编制新澳公司利润表预算时需要引用业务预算中的销售预算、产品成本预算、销售及管理费用预算等数据。

#### 8.2.1.3 资产负债表预算

资产负债表预算是反映预算期末财务状况的预算。编制该表时,需要在本期期初资产负债表的基础上,根据销售、生产、资本等预算的有关数据加以调整编制的。编制资产负债表,可以了解企业预期资产的流动性,并通过对预算报表进行报表分析,发现预算报表的财务比率或评分不佳,可以修改有关预算内容,从而指导企业生成经营计划编制。

新澳公司预算年度年初资产、负债和所有者权益的部分资料,如表 8.10 所示编制本公司资产负债表预算。

表 8.10　　　　　　　　　　　　资产负债表部分期初资料　　　　　　　　　　　　单位:元

| 资产 | | 负债 | |
|---|---|---|---|
| 项目 | 金额 | 项目 | 金额 |
| 现金 | | 应付账款 | |
| 应收账款 | | 短期借款 | 0 |
| 直接材料 | 88 800.00 | 长期借款 | 120 000.00 |
| 产成品 | 147 050.68 | 负债总额 | |
| 固定资产 | 800 000.00 | 股本 | 1 500 000.00 |
| 累计折旧 | 15 500.00 | 未分配利润 | 30 350.68 |
| 无形资产 | 300 000.00 | 所有者权益总额 | 1 530 350.68 |
| 资产总额 | | 负债及所有者权益总额 | |

### 8.2.2 任务实现步骤

#### 8.2.2.1 现金预算

**步骤 1**　建立"财务预算"Excel 工作簿,双击"Sheet1"工作表标签,输入工作表名"现金预算"。

**步骤 2**　参照表 8.8,录入新澳公司给定的资料,如图 8.25 所示,有色区域为公式区域。

## 典型项目8 预算管理

| | A | B | C | D | E | F | G |
|---|---|---|---|---|---|---|---|
| 1 | | | | | | | |
| 2 | | | | 现金预算 | | | 单位：元 |
| 3 | | 季度 | 1 | 2 | 3 | 4 | 全年 |
| 4 | | 期初现金金额 | 210 000.00 | | | | |
| 5 | | 加：销售现金收入（图8.4） | | | | | |
| 6 | | 可供使用现金 | | | | | |
| 7 | | 减现金支出： | | | | | |
| 8 | | 直接材料（图8.10） | | | | | |
| 9 | | 直接人工（图8.13） | | | | | |
| 10 | | 制造费用（图8.16） | | | | | |
| 11 | | 销售及管理费用（图8.22） | | | | | |
| 12 | | 所得税费用（估算） | 48 000.00 | 48 000.00 | 48 000.00 | 48 000.00 | |
| 13 | | 购买设备 | | 1 000 000.00 | | | |
| 14 | | 股利 | | 300 000.00 | | | |
| 15 | | 支出合计 | | | | | |
| 16 | | 现金收支差额 | | | | | |
| 17 | | 向银行借款 | | | | | |
| 18 | | 还银行借款 | | | | | |
| 19 | | 借款利息（年利率10%） | | | | | |
| 20 | | 长期借款利息（年利率12%） | | | | | |
| 21 | | 期末现金金额 | | | | | |

图 8.25 现金预算图

**步骤3** 录入公式，参见图 8.26。

| | A | B | C | D | E | F | G |
|---|---|---|---|---|---|---|---|
| 1 | | | | | | | |
| 2 | | | | 现金预算 | | | 单位：元 |
| 3 | | 季度 | 1 | 2 | 3 | 4 | 全年 |
| 4 | | 期初现金金额 | 210 000 | =C21 | =D21 | =E21 | =C4 |
| 5 | | 加：销售现金收入（图8.4） | =销售预算!C$13 | =销售预算!D$13 | =销售预算!E$13 | =销售预算!F$13 | =销售预算!G$13 |
| 6 | | 可供使用现金 | =C4+C5 | =D4+D5 | =E4+E5 | =F4+F5 | =G4+G5 |
| 7 | | 减现金支出： | | | | | |
| 8 | | 直接材料（图8.10） | =直接材料预算!C$19 | =直接材料预算!D$19 | =直接材料预算!E$19 | =直接材料预算!F$19 | =SUM(C8:F8) |
| 9 | | 直接人工（图8.13） | =直接人工预算!C$8 | =直接人工预算!D$8 | =直接人工预算!E$8 | =直接人工预算!F$8 | =SUM(C9:F9) |
| 10 | | 制造费用（图8.16） | =制造费用预算!C$22 | =制造费用预算!D$22 | =制造费用预算!E$22 | =制造费用预算!F$22 | =SUM(C10:F10) |
| 11 | | 销售及管理费用（图8.22） | =销售及管理费用预算!C$11 | =销售及管理费用预算!D$11 | =销售及管理费用预算!E$11 | =销售及管理费用预算!F$11 | =SUM(C11:F11) |
| 12 | | 所得税费用（估算） | 48 000 | 48 000 | 48 000 | 48 000 | =SUM(C12:F12) |
| 13 | | 购买设备 | | 1 000 000 | | | =SUM(C13:F13) |
| 14 | | 股利 | | 300 000 | | | =SUM(C14:F14) |
| 15 | | 支出合计 | =SUM(C8:C14) | =SUM(D8:D14) | =SUM(E8:E14) | =SUM(F8:F14) | =SUM(C15:F15) |
| 16 | | 现金收支差额 | =C6-C15 | =D6-D15 | =E6-E15 | =F6-F15 | =G6-G15 |
| 17 | | 向银行借款 | | 640 000 | | | =SUM(C17:F17) |
| 18 | | 还银行借款 | | | 510 000 | 130 000 | =SUM(C18:F18) |
| 19 | | 借款利息（年利率10%） | | | =E18*0.1*0.5 | =F18*0.1*0.75 | =SUM(C19:F19) |
| 20 | | 长期借款利息（年利率12%） | | | | =资产负债表!F7*0.12 | =SUM(C20:F20) |
| 21 | | 期末现金金额 | =C16+C17-C18-C19-C20 | =D16+D17-D18-D19-D20 | =E16+E17-E18-E19-E20 | =F16+F17-F18-F19-F20 | =G16+G17-G18-G19-G20 |

图 8.26 现金预算公式

**注**：销售现金收入需要引用图 8.4 销售预算中的现金收入数据；直接材料需要引用直接材料预算（见图 8.10）中的现金支出数据；直接人工需要引用直接人工预算（见图 8.13）中的人工总成本数据；制造费用需要引用制造费用预算（见图 8.16）中现金支出数据；销售及管理费用需要引用销售及管理费用预算（见图 8.22）中每季度支付现金数据。

**步骤 4**　录入向银行借款金额、还银行借款金额和借款利息,如图 8.27 所示。

第二季度现金收支差额为 -438 173.00 元,因此向银行借款为 640 000.00 元(10 000 的倍数),才使期末现金金额为 201 827.00 元(640 000.00-438 173.00),恰好符合期末最低现金金额 200 000.00 元。

第三季度现金收支差额为 739 667.50 元,因此还银行借款为 510 000.00 元(10 000 的倍数),期末现金金额为 204 167.50 元(739 667.50-510 000.00-510 000.00×10%×0.5),恰好符合期末最低现金金额 200 000.00 元。

由于"期初借入,期末归还,利随本清",第三季度借款利息为半年 25 500.00 元(二季度初借款,三季度末还本计息,期间为半年,即 0.5 年,510 000.00×10%×0.5)。

第四季度现金收支差额为 785 898.00 元,还银行借款 130 000.00 元(640 000.00-510 000.00),短期借款还清,余额为 0。

二季度初借款,四季度末还本计息,期间为 9 个月,即 0.75 年,9 750.00 元(130 000.00×10%×0.75)。

长期借款利息 = 120 000.00×12% = 14 400.00(元)。(长期借款 120 000.00,如表 8.10 所示)

| | A | B | C | D | E | F | G |
|---|---|---|---|---|---|---|---|
| 1 | | | | | | | |
| 2 | | | | 现金预算 | | | 单位:元 |
| 3 | | 季度 | 1 | 2 | 3 | 4 | 全年 |
| 4 | | 期初现金金额 | 210 000.00 | 463 612.50 | 201 827.00 | 204 167.50 | 210 000.00 |
| 5 | | 加:销售现金收入(图8.4) | 1 800 000.00 | 2 168 000.00 | 2 520 000.00 | 2 528 000.00 | 9 016 000.00 |
| 6 | | 可供使用现金 | 2 010 000.00 | 2 631 612.50 | 2 721 827.00 | 2 732 167.50 | 9 226 000.00 |
| 7 | | 减现金支出: | | | | | |
| 8 | | 直接材料(图8.10) | 834 760.00 | 994 728.00 | 1 120 752.00 | 1 124 352.00 | 4,074 592.00 |
| 9 | | 直接人工(图8.13) | 455 400.00 | 513 000.00 | 590 400.00 | 554 400.00 | 2,113 200.00 |
| 10 | | 制造费用(图8.16) | 86 000.00 | 91 830.00 | 100 780.00 | 97 290.00 | 375 900.00 |
| 11 | | 销售及管理费用(图8.22) | 122 227.50 | 122 227.50 | 122 227.50 | 122 227.50 | 488 910.00 |
| 12 | | 所得税费用(估算) | 48 000.00 | 48 000.00 | 48 000.00 | 48 000.00 | 192 000.00 |
| 13 | | 购买设备 | | 1 000 000.00 | | | 1 000 000.00 |
| 14 | | 股利 | | 300 000.00 | | | 300 000.00 |
| 15 | | 支出合计 | 1 546 387.50 | 3 069 785.50 | 1 982 159.50 | 1 946 269.50 | 8 544 602.00 |
| 16 | | 现金收支差额 | 463 612.50 | -438 173.00 | 739 667.50 | 785 898.00 | 681 398.00 |
| 17 | | 向银行借款 | | 640 000.00 | - | - | 640 000.00 |
| 18 | | 还银行借款 | | - | 510 000.00 | 130 000.00 | 640 000.00 |
| 19 | | 借款利息(年利率10%) | | - | 25 500.00 | 9 750.00 | 35 250.00 |
| 20 | | 长期借款利息(年利率12%) | | | | 14 400.00 | 14 400.00 |
| 21 | | 期末现金金额 | 463 612.50 | 201 827.00 | 204 167.50 | 631 748.00 | 631 748.00 |

图 8.27　现金预算效果图

## 8.2.2.2 利润表预算

**步骤1** 在"财务预算"Excel工作簿,双击"Sheet2"工作表标签,输入工作表名"利润表预算"。

**步骤2** 参照表8.9,录入新澳公司给定的资料,如图8.28所示,有色区域为公式区域。

| | A | B | C |
|---|---|---|---|
| 1 | | | |
| 2 | | 利润表预算 | 单位:元 |
| 3 | | 销售收入(图8.4) | |
| 4 | | 销售成本(图8.19) | |
| 5 | | 毛利 | |
| 6 | | 销售及管理费用(图8.22) | |
| 7 | | 利息(图8.27) | |
| 8 | | 利润总额 | |
| 9 | | 所得税费用(图8.27) | |
| 10 | | 净利润 | |

图8.28 利润表预算初始图

**步骤3** 录入公式,参见图8.29。效果如图8.30所示。

| | A | B | C |
|---|---|---|---|
| 1 | | | |
| 2 | | 利润表预算 | 单位:元 |
| 3 | | 销售收入(图8.4) | =销售预算!G6 |
| 4 | | 销售成本(图8.19) | =产品成本预算!H8 |
| 5 | | 毛利 | =C3-C4 |
| 6 | | 销售及管理费用(图8.22) | =销售及管理费用预算!E10 |
| 7 | | 利息(图8.27) | =现金预算!G19+现金预算!G20 |
| 8 | | 利润总额 | =C5-C6-C7 |
| 9 | | 所得税费用(图8.27) | =现金预算!G12 |
| 10 | | 净利润 | =C8-C9 |

图8.29 利润表预算公式

**注**:销售收入需要引用图8.4销售预算中的全年销售收入数据;销售成本需要引用图8.19产品成本预算中的销售总成本数据;销售及管理费用需要引用图8.22销售及管理费用预算中每季度支付现金数据;利息和所得税费用需要引用图8.27的现金预算。

| | A | B | C |
|---|---|---|---|
| 1 | | | |
| 2 | | 利润表预算 | 单位:元 |
| 3 | | 销售收入(图8.4) | 9 360 000.00 |
| 4 | | 销售成本(图8.19) | 6 881 971.89 |
| 5 | | 毛利 | 2 478 028.11 |
| 6 | | 销售及管理费用(图8.22) | 488 910.00 |
| 7 | | 利息(图8.27) | 49 650.00 |
| 8 | | 利润总额 | 1 939 468.11 |
| 9 | | 所得税费用(图8.27) | 192 000.00 |
| 10 | | 净利润 | 1 747 468.11 |

图8.30 利润表预算效果图

### 8.2.2.3 资产负债表预算

**步骤 1** 在"财务预算"Excel工作簿,双击"Sheet3"工作表标签,输入工作表名"资产负债表预算"。

**步骤 2** 参照表8.10,录入新澳公司给定的资料,如图8.31所示,有色区域为公式区域。

| | A | B | C | D | E | F | G |
|---|---|---|---|---|---|---|---|
| 1 | | | | | | | |
| 2 | | | | 资产负债表预算 | | | 单位:元 |
| 3 | | | 资产 | | | 负债 | |
| 4 | | 项目 | 年初 | 年末 | 项目 | 年初 | 年末 |
| 5 | | 货币资金(图8.27) | | | 应付账款(图8.10) | | |
| 6 | | 应收账款(图8.4) | | | 短期借款 | - | |
| 7 | | 直接材料(图8.10) | 88 800.00 | | 长期借款(图8.27) | 120 000.00 | |
| 8 | | 产成品(图8.19) | 147 050.68 | | 负债总额 | | |
| 9 | | 固定资产(图8.27) | 800 000.00 | | 股本 | 1 500 000.00 | |
| 10 | | 累计折旧(图8.16) | 15 500.00 | | 未分配利润 | 30 350.68 | |
| 11 | | 无形资产(图8.16) | 300 000.00 | | 所有者权益总额 | | |
| 12 | | 资产总额 | | | 负债及所有者权益总额 | | |

图8.31 资产负债表预算图

**步骤 3** 录入公式,参见图8.32。效果如图8.33所示。

| | A | B | C | D | E | F | G |
|---|---|---|---|---|---|---|---|
| 1 | | | | | | | |
| 2 | | | | 资产负债表预算 | | | 单位:元 |
| 3 | | | 资产 | | | 负债 | |
| 4 | | 项目 | 年初 | 年末 | 项目 | 年初 | 年末 |
| 5 | | 货币资金(图8.27) | =现金预算!C4 | =现金预算!G21 | 应付账款(图8.10) | =直接材料预算!F14 | =直接材料预算!F12-直接材料预算!F18 |
| 6 | | 应收账款(图8.4) | =销售预算!C8 | =销售预算!F6-销售预算!F12 | 短期借款 | 0 | =F6+现金预算!G17-现金预算!G18 |
| 7 | | 直接材料(图8.10) | 88 800 | =直接材料预算!G7*直接材料预算!G11 | 长期借款(图8.27) | 120 000 | =F7 |
| 8 | | 产成品(图8.19) | 147 050.681 431 005 | =产品成本预算!G8 | 负债总额 | =SUM(F5:F7) | =SUM(G5:G7) |
| 9 | | 固定资产(图8.27) | 800 000 | =C9+现金预算!D13 | 股本 | 1 500 000 | =F9 |
| 10 | | 累计折旧(图8.16) | 15 500 | =C10+制造费用预算!G13 | 未分配利润 | 30 350.68 | =F10+利润表!C10-现金预算!G14 |
| 11 | | 无形资产(图8.16) | 300 000 | =C11+制造费用预算!G14 | 所有者权益总额 | =SUM(F9:F10) | =SUM(G9:G10) |
| 12 | | 资产总额 | =SUM(C5:C9)-C10+C11 | =SUM(D5:D9)-D10+D11 | 负债及所有者权益总额 | =F8+F11 | =G8+G11 |

图8.32 资产负债表预算公式

注:资产负债表预算中年初、年末项目的引用数据与现金预算、利润表预算中引用业务预算数据的方法是相同的。

| | A | B | C | D | E | F | G |
|---|---|---|---|---|---|---|---|
| 1 | | | | | | | |
| 2 | | | | 资产负债表预算 | | | 单位:元 |
| 3 | | | 资产 | | | 负债 | |
| 4 | | 项目 | 年初 | 年末 | 项目 | 年初 | 年末 |
| 5 | | 货币资金(图8.27) | 210 000.00 | 631 748.00 | 应付账款(图8.10) | 280 000.00 | 436 608.00 |
| 6 | | 应收账款(图8.4) | 400 000.00 | 744 000.00 | 短期借款 | - | - |
| 7 | | 直接材料(图8.10) | 88 800.00 | 93 600.00 | 长期借款(图8.27) | 120 000.00 | 120 000.00 |
| 8 | | 产成品(图8.19) | 147 050.68 | 170 578.79 | 负债总额 | 400 000.00 | 556 608.00 |
| 9 | | 固定资产(图8.27) | 800 000.00 | 1 800 000.00 | 股本 | 1 500 000.00 | 1 500 000.00 |
| 10 | | 累计折旧(图8.16) | 15 500.00 | 175 500.00 | 未分配利润 | 30 350.68 | 1 477 818.79 |
| 11 | | 无形资产(图8.16) | 300 000.00 | 270 000.00 | 所有者权益总额 | 1 530 350.68 | 2 977 818.79 |
| 12 | | 资产总额 | 1 930 350.68 | 3 534 426.79 | 负债及所有者权益总额 | 1 930 350.68 | 3 534 426.79 |

图8.33 资产负债表预算效果图

### 8.2.3 拓展任务

编制新澳公司的现金流量表预算,参考样式如图 8.34 所示。

| | A | B | C | D | E |
|---|---|---|---|---|---|
| 1 | | | | | |
| 2 | | | 现金流量表预算 | | 单位:元 |
| 3 | | 项目 | 金额 | 补充资料 | 金额 |
| 4 | | 一、经营活动现金流入 | | 1.净利润 | |
| 5 | | 减:经营活动现金流出 | | 加:固定资产折旧 | |
| 6 | | 经营活动现金净流量 | | 无形资产摊销 | |
| 7 | | 二、投资活动现金流入 | | 财务费用 | |
| 8 | | 减:投资活动现金流出 | | 存货减少 | |
| 9 | | 投资活动现金净流量 | | 应收项目减少 | |
| 10 | | 三、筹资活动现金流入 | | 应付项目增加 | |
| 11 | | 减:筹资活动现金流出 | | 经营活动现金净流量 | |
| 12 | | 筹资活动现金净流量 | | 2.现金期末余额 | |
| 13 | | 四、汇率变动影响额 | | 减:现金期初余额 | |
| 14 | | 五、现金净增加额 | | 现金净增加额 | |

图 8.34 现金流量表预算初始图

**注**:需要熟悉经营活动现金流出的公式及补充资料中存货增加、应收项目减少和应付项目增加的公式。参考公式如图 8.35 所示。效果如图 8.36 所示。

图 8.35 现金流量表预算公式

| | A | B | C | D | E |
|---|---|---|---|---|---|
| 1 | | | | | |
| 2 | | | 现金流量表预算 | | 单位:元 |
| 3 | | 项目 | 金额 | 补充资料 | 金额 |
| 4 | | 一、经营活动现金流入 | 9 016 000.00 | 1.净利润 | 1 747 468.11 |
| 5 | | 减:经营活动现金流出 | 7 244 602.00 | 加:固定资产折旧 | 160 000.00 |
| 6 | | 经营活动现金净流量 | 1 771 398.00 | 无形资产摊销 | 30 000.00 |
| 7 | | 二、投资活动现金流入 | - | 财务费用 | 49 650.00 |
| 8 | | 减:投资活动现金流出 | 1 000 000.00 | 存货减少 | -28 328.11 |
| 9 | | 投资活动现金净流量 | -1 000 000.00 | 应收项目减少 | -344 000.00 |
| 10 | | 三、筹资活动现金流入 | 640 000.00 | 应付项目增加 | 156 608.00 |
| 11 | | 减:筹资活动现金流出 | 989 650.00 | 经营活动现金净流量 | 1 771 398.00 |
| 12 | | 筹资活动现金净流量 | -349 650.00 | 2.现金期末余额 | 631 748.00 |
| 13 | | 四、汇率变动影响额 | - | 减:现金期初余额 | 210 000.00 |
| 14 | | 五、现金净增加额 | 421 748.00 | 现金净增加额 | 421 748.00 |

图 8.36 现金流量表预算效果图

## 实 战 训 练

新维公司预计销售单价(不含税)为500元,公司适用的增值税税率为13%;各季度销售货款的60%于当季度收到,其余40%在下季度收到。20×1年年末的应收账款余额为40 000元,预计在预算期第一季度收到现金。根据表8.11及给定部分资料编制销售预算表。

表8.11　　　　　　　　　　销售预算　　　　　　　　　　单位:元

| 季　度 | 一 | 二 | 三 | 四 | 全年 |
| --- | --- | --- | --- | --- | --- |
| 预计销售量(件) | 560 | 690 | 780 | 920 | |
| 预计单位售价 | 700 | 700 | 700 | 700 | |
| 销售收入 | | | | | |

20×1年年末甲产品存货量为50件,20×2年预算年度的甲产品销售量计划见销售预算表,经公司生产销售管理部门分析,预计20×2年各季度末产成品存货占本季度销售量的10%。根据销售预算编制生产预算。

若新维公司20×2年生产甲产品只需要用A材料,甲产品A材料消耗定额为15千克/件,单价10元/千克;20×2年年初,A材料库存量为2 500千克,20×2年内各季度末A材料库存按本季度生产需要量的10%储备;20×2年第一季度需支付上年应付购料款余额为11 000元,预计20×2年各季度材料采购款于当季度以现金支付80%,其余20%下季度再以现金付讫。编制直接材料预算。

单位甲产品工时定额为15小时/件,小时工资率为8元/小时、其他直接人工费用(福利费)计提比例为14%。编制直接人工成本预算。

# 典型项目 9  筹 资 管 理

> ## 项目目标

**知识目标**
1. 认识资金时间价值计算及其函数
2. 掌握综合资本成本(平均资本成本)的计算
3. 掌握筹资方案分析方法

**技能目标**
1. 掌握资金时间价值 Excel 函数
2. 掌握综合资本成本计算表的编制
3. 掌握分期偿还借款方案模拟运算表的编制
4. 掌握融资租赁金融方案表制作

**素养目标**
1. 能为企业寻找经济的资金,减少企业用资成本
2. 提高市场的观察能力,掌控筹资风险

> ## 项目知识背景

财务角度:筹资管理是企业为了满足经营活动、投资活动、资本结构管理和其他需要,运用一定的筹资方式,通过一定的筹资渠道,筹措和获取所需资金的一种财务行为。

Excel 技巧:利用财务函数 FV、PV、PMT、IPMT、PPMT、RATE,单变量求解、控件使用等功能和函数。

> ## 项目任务

滨海旭日有限公司需要资金扩大企业生产规模,筹资渠道,如表9.1 至表9.5 所示。财务人员首先需学习资金的时间价值函数,其次计算各种筹资方式的个别资金成本和综合资金成本,建立分期偿还借款基本模型和融资租赁方案模型。

表 9.1 筹资渠道资料

| 筹资方式 | 金额(万元) | 利率指标 | 利率(股利) | 筹资费率 |
|---|---|---|---|---|
| 银行借款 | 300 | 利率 | 5% | 2% |
| 债券 | 200 | 利率 | 5% | 3% |

（续表）

| 筹资方式 | 金额(万元) | 利率指标 | 利率(股利) | 筹资费率 |
|---|---|---|---|---|
| 优先股 | 300 | 股利率 | 6% | 5% |
| 普通股 | 700 | 第一年股利 | 2 | 6% |
| 留存收益 | 500 | 股利年增长率 | 5% | |
| | | 普通股发行价格 | 10 | |
| 现有资本合计 | 2 000 | 所得税税率 | 25% | |

表9.2　　　　　　　　　　　综合资本成本的计算表

| 资本类型 | 权重 | 个别资本成本 | 加权资本成本 |
|---|---|---|---|
| 长期借款 | 15% | | |
| 长期债券 | 10% | | |
| 优先股 | 15% | | |
| 普通股 | 35% | | |
| 留存收益 | 25% | | |
| 合计 | 100% | | |

表9.3　　　　　　　　　　　分期偿还基本模型

| 借款类型 | 分期偿还借款 |
|---|---|
| 借款金额(元) | 2 000 000 |
| 借款年利率 | 10% |
| 借款年限(年) | 5 |
| 每年还款期数(期) | 2 |
| 总还款期数(期) | 10 |
| 每期偿还金额(元) | |

表9.4　　　　　　　　　　　分期偿还借款方案模拟运算表

| | 2 | 4 | 5 | 6 | 8 | 10 |
|---|---|---|---|---|---|---|
| 5% | | | | | | |
| 6% | | | | | | |
| 7% | | | | | | |
| 8% | | | | | | |
| 9% | | | | | | |
| 10% | | | | | | |
| 11% | | | | | | |
| 12% | | | | | | |

表9.5　　　　　　　　　　　租赁金融方案

| 租赁项目名称 | 装配设备 |
|---|---|
| 租金(万元) | 2 000 000 |
| 租金支付方式 | 预付或后付 |
| 每年支付数(次) | 2 |
| 租期(年) | 5 |

（续表）

| 租赁项目名称 | 装配设备 |
|---|---|
| 总付款次数(次) | 10 |
| 租赁年利率 | 6% |
| 每期应付租金(万元) | |

## ➢ 任务分解

任务分解图,如图9.1所示。

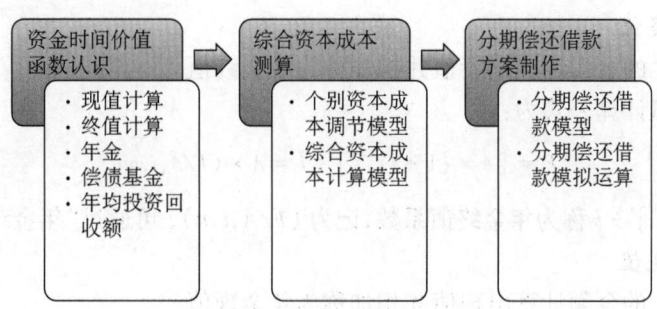

图9.1 任务分解图

## 任务9.1 资金时间价值函数认识

### 9.1.1 任务分析

货币的时间价值从量的规定性来看,是没有风险和没有通货膨胀下的社会平均资金利润率。在计量货币时间价值时,风险报酬和通货膨胀因素不应该包括在内。

#### 9.1.1.1 现值的计算

现值是指货币资金的现在价值,即将来某一时点的一定资金折合成现在的价值。

单利现值的计算公式为:

$$P = F/(1 + i \times n)$$

式中 $P$ 表示现值;$F$ 表示未来某一时点发生金额;$i$ 表示年利率;$n$ 表示计息年数;$1/(1 + i \times n)$ 为单利现值系数。

复利现值的计算公式为:

$$P = F/(1 + i)^n$$

式中 $1/(1 + i)^n$ 表示复利现值系数,记作 $(P/F, i, n)$。

#### 9.1.1.2 终值的计算

终值是指货币资金未来的价值,即一定量的资金在将来某一时点的价值,表现为本利和。

单利终值的计算公式为:

$$F = P \times (1 + i \times n)$$

式中　$F$ 表示终值；$P$ 表示本金；$i$ 表示年利率；$n$ 表示计息年数；$(1+i\times n)$ 表示单利终值系数。

复利终值的计算公式为：

$$F = P \times (1+i)^n$$

式中　$(1+i)^n$ 表示复利终值系数，记作 $(F/P,i,n)$。

### 9.1.1.3　年金

年金是在一定时期内每隔相等时间、发生相等数额的收付款项。在经济生活中，年金的现象十分普遍，如等额分期付款、直线法折旧、每月相等的薪金、等额的现金流量等。年金按发生的时间不同，分为普通年金和预付年金。普通年金又称后付年金，是每期期末发生的年金；预付年金是每期期初发生的年金。

1. 普通年金终值

将每一期发生的金额计算出终值并相加称为年金终值。

普通年金终值计算公式为：

$$F = [A \times (1+i)^{n-1}] \div i = A \times (F/A,i,n)$$

式中　$[(1+i)^{n-1}] \div i$ 称为年金终值系数，记为 $(F/A,i,n)$，可通过"年金终值系数表"查得。

2. 普通年金现值

将每一期发生的金额计算出现值并相加称为年金现值。

普通年金现值计算公式为：

$$F = A \times [(1+i)^{n-1}] \div i$$

其中　$[(1+i)^{n-1}] \div i$ 称为年金现值系数，即普通年金为 1 元、利率为 $i$、经过 $n$ 期的年金终值，记为 $(F/A,i,n)$，可通过"年金现值系数表"查得。

3. 预付年金终值

它和普通年金终值系数相比，期数加 1，而系数减 1，可记作 $[(F/A,i,n+1)-1]$。

4. 预付年金现值

它和普通年金终值系数相比，期数减 1，而系数加 1，可记作 $[(P/A,i,n-1)+1]$。

5. 递延年金

递延年金又称"延期年金"，是指在最初若干期没有收付款项的情况下，后面若干期等额的系列收付款项。它是普通年金的特殊形式。普通年金又称"后付年金"，是指每期期末有等额的收付款项的年金。这种年金形式在现实经济生活中最为常见。普通年金终值犹如零存整取的本利和，是一定时期内每期期末等额收付款项的复利终值之和。

递延年金不是从第一年第一期就开始发生年金，而是在几期以后每期期末发生相等数额的款项。递延年金终值的计算与普通年金相同，其现值的计算有两种方法：

**方法一**　$P = A \times [(P/A,i,m+n) - (P/A,i,m)]$

**方法二**　$P = A \times (P/A,i,n-m) \times (P/F,i,m)$

式中　$m$ 表示递延期；$n$ 表示等额收付的次数。

第一种方法，是把递延年金视为 $n$ 期普通年金，求出递延期末的现值，然后再将此现值调整到第一期期初。

第二种方法，是假设递延期中也进行支付，先求出 $(m+n)$ 期的年金现值，然后，扣除实际并未支付的递延期($m$)的年金现值,即可得出最终结果。

6. 永续年金

永续年金是指无限期的年金,永续年金没有终值,其现值的计算公式为:

$$P = A \times (1/i) = A/i$$

#### 9.1.1.4 偿债基金

偿债基金是为了偿还若干年后到期的债券,每年必须积累固定数额的资金。实质上就是已知年金终值求年金的问题。

偿债基金系数和年金终值系数互为倒数,记作$(A/F,i,n)$,偿债基金系数可以制成表格备查,亦可根据年金终值系数求倒数确定。

偿债基金的计算公式:

$$A = F/(A/F,i,n)$$

#### 9.1.1.5 年均投资回收额

年均投资回收额是为了收回现在的投资,在今后一段时间内每年收回相等数额的资金。实质上是已知年金现值求年金的问题。

年均投资回收额的计算公式:

$$A = P/(P/A,i,n)$$

### 9.1.2 任务实现步骤

#### 9.1.2.1 终值函数 FV

某人于 20×0 年 1 月 1 日存入银行 1 000 元,年利率为 10%。20×2 年 12 月 31 日取出时的复利终值是多少?

**步骤 1** 输入本金、利率和期数建立复利终值函数表,如图 9.2 所示。

| | A | B | C | D |
|---|---|---|---|---|
| 1 | (1) 某人在20×0年1月1日存入银行1 000元,年利率为10%。20×2年12月31日取出。要求计算: | | | |
| 2 | 本金(现值) | 1 000 | | |
| 3 | 利率 | 10% | | |
| 4 | 期数 | 3 | | |
| 5 | 复利终值 | | | |

图 9.2 复利终值函数案例

**步骤 2** 选择单元格 D5,单击公式编辑栏上"插入函数"工具,接着会出现如图 9.3 所示的对话框,在"或选择类别"下选择"财务"类,而在"选择函数"下选择"FV"函数。

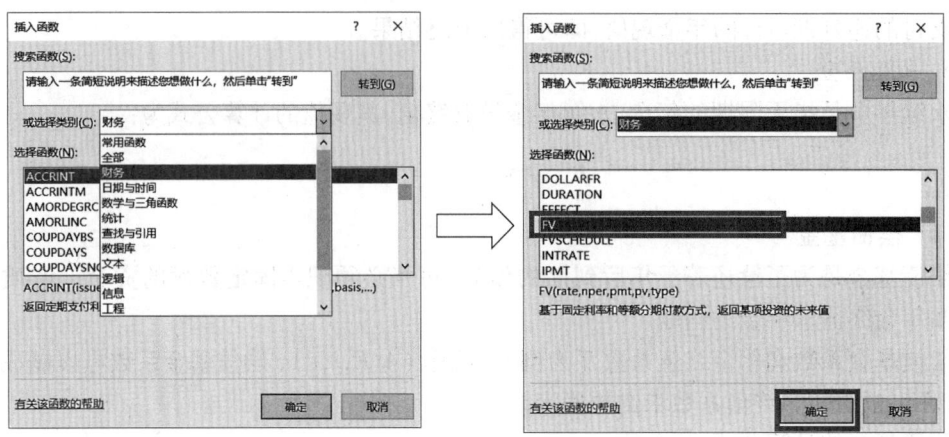

图 9.3　选择财务函数 FV 对话框

**步骤 3**　在图 9.3 所示的对话框中,点击"确定"按钮,会出现如图 9.4 所示的"FV 函数的参数对话框"。

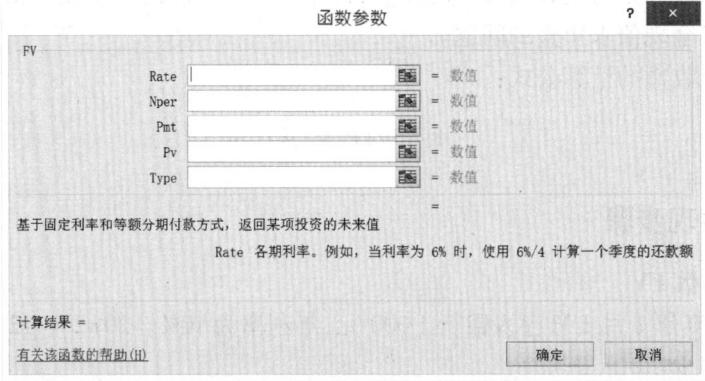

图 9.4　FV 函数的参数对话框

**步骤 4**　分别在"RATE""NPER""PV"项目中,输入参数值"10%""3""1 000",如图 9.5 所示(也可以选择对应单元格)。如需要结果为正数,"PV"参数输入"－1 000"。

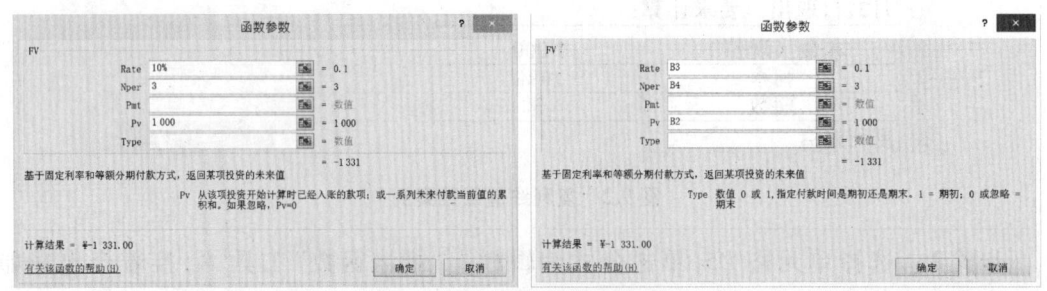

图 9.5　输入 FV 函数的参数

**步骤 5**　完成上一步骤的参数设置后,单击"确定"按钮。

☞ **知识链接**

FV 函数是基于固定利率及等额分期付款方式,返回某项投资的未来值。
该函数的语法规则如下:

$$FV(Rate, Nper, Pmt, Pv, Type)$$

具有以下参数:
Rate 为各期的利率。
Nper 为年金的总付款期数。
Pmt 分期付款金额,在年金期限内不得变动,通常 Pmt 包含本金和利息,但没有包含税金或其他费用。
Pv 现值或未来一系列付款的目前总额,若省略 Pv,则默认为 0。
Type 为 0 或 1 的数值,用来设置每一期金额的给付时段默认值为 0,代表期末,为 1,代表期初。

### 9.1.2.2 现值函数 PV

某人将于 20×7 年 1 月 1 日从银行取出 10 000 元,年利率为 10%。20×0 年 12 月 31 日应存入多少?

**步骤 1** 输入终值、利率和期数建立复利现值表,如图 9.6 所示。

| | A | B | C | D |
|---|---|---|---|---|
| 7 | (2)某人在20×7年1月1日从银行取出10 000元,年利率为10%。20×0年12月31日存入多少? 要求计算: | | | |
| 8 | 本利和(终值) | 10 000 | | |
| 9 | 利率 | 10% | | |
| 10 | 期数 | 6 | | |
| 11 | 复利现值 | | | |

**图 9.6 复利现值案例**

**步骤 2** 选择单元格 D11,单击公式编辑栏上"插入函数"工具 *fx*,在"或选择类别"下选择"财务"类,在"选择函数"下选择"PV"函数,点击"确定"按钮。

**步骤 3** 分别在"RATE""NPER""FV"项目中,输入参数值"10%""6""-10 000",如图 9.7 所示。(也可选择对应单元格)。

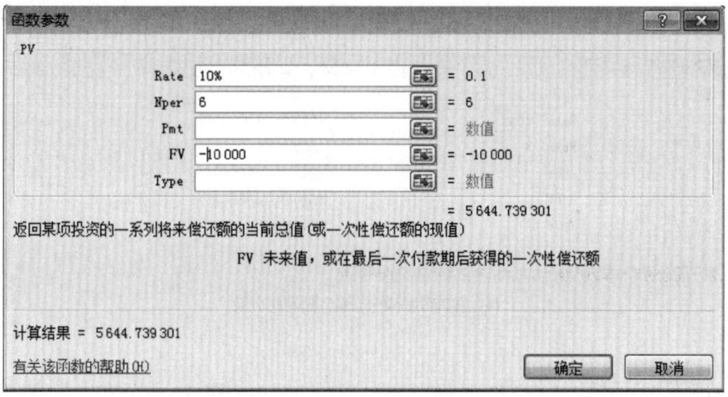

**函数参数**

PV
- Rate: 10% = 0.1
- Nper: 6 = 6
- Pmt: = 数值
- FV: -10 000 = -10 000
- Type: = 数值

= 5 644.739 301

返回某项投资的一系列将来偿还额的当前总值(或一次性偿还额的现值)
FV 未来值,或在最后一次付款期后获得的一次性偿还额

计算结果 = 5 644.739 301
有关该函数的帮助(H)  [确定] [取消]

**图 9.7 输入 PV 函数的参数**

**步骤 4** 完成上一步骤的参数设置后,单击"确定"按钮。

> **知识链接**
>
> PV 函数,根据利率、总付款期数、每期付款金额、年金终值的信息来计算出目前投资的总价值。
>
> 该函数的语法规则如下:
>
> $$PV(\text{Rate, Nper, Pmt, Fv, Type})$$
>
> 具有以下参数:
>
> Rate 为各期的利率,若年利率为 6%,每月的利率是 6%/12。
>
> Nper 年金的总期数,若贷款为 4 年期,每月付款一次,则贷款期数为 48(4×12)。
>
> Pmt 为各期所给的固定金额,包含其本金和利息即年金现值总和。
>
> Fv 年金终值,若省略 Fv 默认为 0,如贷款的年金终值是 0。
>
> Type 为 0 或省略是期末;为 1 是期初,即各期金额的给付时点。

#### 9.1.2.3 年金终值的计算

1. 普通年金终值计算

若 1 000 元,分别在 20×0 年、20×1 年、20×2 年和 20×3 年 12 月 31 日存入 250 元,仍按 10% 利率,每年复利一次,求 20×3 年 12 月 31 日余额是多少?

**步骤 1** 输入现值、利率和期数建立年金复利终值表,如图 9.8 所示。

| | A | B | C | D |
|---|---|---|---|---|
| 12 | (3)若 1 000 元,分别在 20×0 年、20×1 年、20×2 年和 20×3 年 12 月 31 日存入 250 元,仍按 10% 利率,每年复利一次,求 20×3 年 12 月 31 日余额? | | | |
| 13 | 本金(现值) | 250 | | |
| 14 | 利率 | 10% | | |
| 15 | 期数 | 4 | | |
| 16 | 普通年金终值 | | | |

图 9.8 普通年金复利终值案例

**步骤 2** 选择单元格 D16,录入"FV"函数。

**步骤 3** 分别在"RATE""NPER""PMT"项目中,输入参数值"10%""4""-250",如图 9.9 所示。

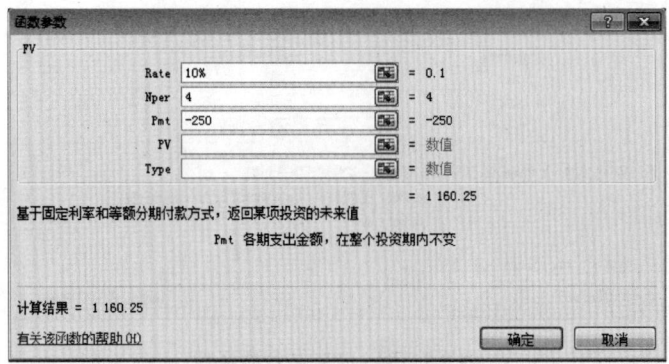

图 9.9 输入 FV 函数的参数

**步骤 4**　完成上一步骤的参数设置后，单击“确定”按钮。

2. 预付年金终值计算

若 1 000 元，分别在 20×0 年、20×1 年、20×2 年和 20×3 年 1 月 1 日存入 250 元，仍按 10%利率，每年复利一次，求 20×3 年 12 月 31 日余额是多少？

**步骤 1**　输入现值、利率和期数建立年金复利终值表，如图 9.10 所示。

| | A | B | C | D |
|---|---|---|---|---|
| 18 | （4）若1 000元，分别在20×0年、20×1年、20×2年和20×3年1月1日存入250元，仍按10%利率，每年复利一次，求20×3年12月31日余额？ | | | |
| 19 | 本金（现值） | 250 | | |
| 20 | 利率 | 10% | | |
| 21 | 期数 | 4 | | |
| 22 | 预付年金终值 | | | |

**图 9.10　预付年金复利终值案例**

**步骤 2**　选择单元格 D22，录入“FV”函数。

**步骤 3**　分别在“RATE”“NPER”“PMT”“TYPE”项目中，输入参数值“10%”“4”“-250”“1”，如图 9.11 所示。

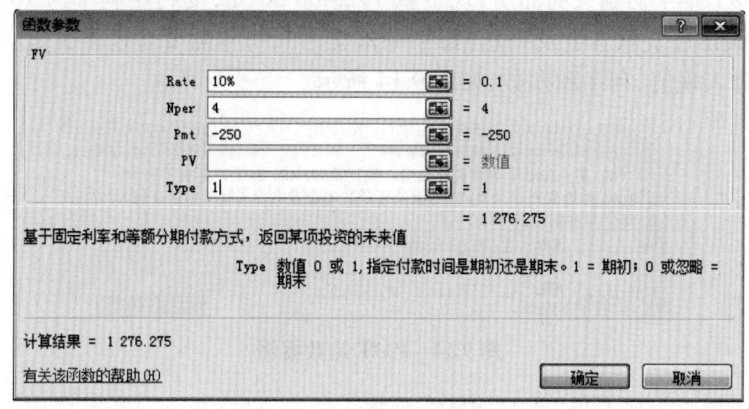

**图 9.11　输入 FV 函数的参数**

**步骤 4**　完成上一步骤的参数设置后，单击“确定”按钮。

#### 9.1.2.4　年金现值计算

若 20×0 年年初存入一笔款项，使我们分别在 20×0 年、20×1 年、20×2 年和 20×3 年 12 月 31 日取出 250 元，仍按 10%利率，每年复利一次，求这笔款项？

**步骤 1**　输入现值、利率和期数建立年金复利现值表，如图 9.12 所示。

| | A | B | C | D |
|---|---|---|---|---|
| 23 | （5）若20×0年初存入一笔款项，使我们分别在20×0年、20×1年、20×2年和20×3年12月31日取出250元，仍按10%利率，每年复利一次，求这笔款项? | | | |
| 24 | 本金（现值） | 250 | | |
| 25 | 利率 | 10% | | |
| 26 | 期数 | 4 | | |
| 27 | 普通年金现值 | | | |

**图 9.12　年金现值案例**

**步骤 2**　选择单元格 D27,录入"PV"函数。
**步骤 3**　分别在"RATE""NPER""PMT"项目中,输入参数值"10%""4""-250",如图 9.13 所示。

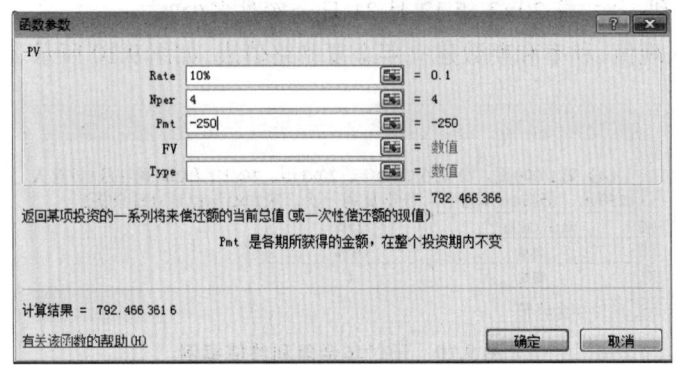

图 9.13　输入 PV 函数的参数

**步骤 4**　完成上一步骤的参数设置后,单击"确定"按钮。

#### 9.1.2.5　PMT 函数

某人于 20×1 年年初购买商品房,现贷款 792.466 36 元,复利年利率为 10%。如果要在未来 4 年内等额偿还贷款本金及利息(每年年末支付),每年需要偿还多少钱?

**步骤 1**　输入现值、利率和期数,如图 9.14 所示。

|   | A | B | C | D |
|---|---|---|---|---|
| 32 | (6) 某人20×1年初购买商品房,现贷款792.466 36元,复利年利率10%。如果要在未来4年内等额偿还贷款本金及利息(每年年末支付),每年需要偿还多少钱? | | | |
| 33 | 现值 | 792.466 36 | | |
| 34 | 利率 | 10% | | |
| 35 | 期数 | 4 | | |
| 36 | 年均投资回收额 | | | |

图 9.14　PMT 函数案例

**步骤 2**　选择单元格 D36,录入"PMT"函数。
**步骤 3**　分别在"RATE""NPER""PMT"项目中,输入参数值"10%""4""-792.466 36",如图 9.15 所示。

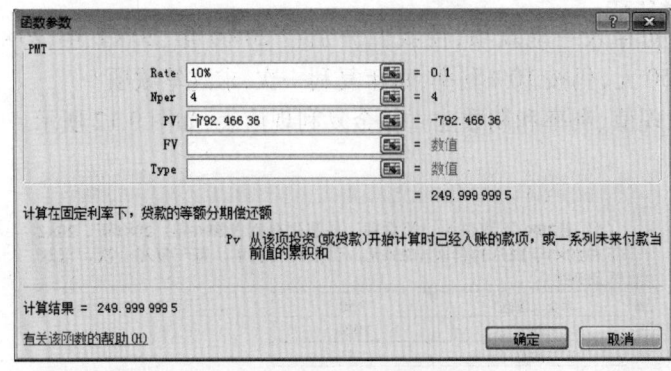

图 9.15　输入 PMT 函数的参数

**步骤 4** 完成上一步骤的参数设置后,单击"确定"按钮。

☞ **知识链接**

> PMT 函数是基于固定利率及等额分期付款方式,返回贷款的每期付款额。
> 该函数的语法规则如下:
>
> $$PMT(Rate, Nper, Pv, Fv, Type)$$
>
> 具有以下参数:
> Rate 贷款利率(期利率)。
> Nper 该项贷款的付款总期数(总年数或还租期数)。
> Pv 现值(租赁本金),或一系列未来付款的当前值的累积和,也称为本金。
> Fv 为未来值(余值),或在最后一次付款后希望得到的现金余额,如果省略 Fv,则假设其值为 0,也就是一笔贷款的未来值为 0。
> Type 数字 0 或 1,用于指定各期的付款时间是在期初还是期末。1 代表期初(先付:每期的第一天付),不输入或输入 0 代表期末(后付:每期的最后一天付)。

### 9.1.2.6 PPMT 和 IPMT 函数

某人于 20×1 年年初购买商品房,现贷款 792.466 36 元,复利年利率为 10%。如果要在未来 4 年内等额偿还贷款本金及利息(每年年末支付),每年需要偿还多少本金和利息?

**步骤 1** 输入年金、利息、还本金和尚未偿还数据建立本金利息偿还表,如图 9.16 所示。单元格 B41 至 B44 录入 PMT 函数,操作方法参考单元格 D36。

|    | A | B | C | D | E |
|---|---|---|---|---|---|
| 38 | (7) 第(6)题中,每年需要偿还金额中,含利息和本金各是多少? | | | | |
| 39 | 年度 | 年金 | 利息 | 还本金 | 尚未偿还本金 |
| 40 | 0 | | | | 792.466 36 |
| 41 | 1 | | | | |
| 42 | 2 | | | | |
| 43 | 3 | | | | |
| 44 | 4 | | | | |
| 45 | | | | | |

**图 9.16 PPMT 和 IPMT 函数案例**

**步骤 2** 选择单元格 D41,录入"PPMT"函数。
**步骤 3** 分别在"RATE""PER""NPER""PV"项目中,输入参数值"$B$34""A41""$B$35""-$E$40",如图 9.17 所示。
**步骤 4** 完成上一步骤的参数设置后,单击"确定"按钮。
**步骤 5** 利用自动填充功能,将"还本金"列其他行数据输入。
**步骤 6** 单击单元格 C41,录入"IPMT"函数。
**步骤 7** 分别在"RATE""PER""NPER""PV"项目中,输入参数值"$B$34""A41""$B$35""-$E$40",如图 9.18 所示。

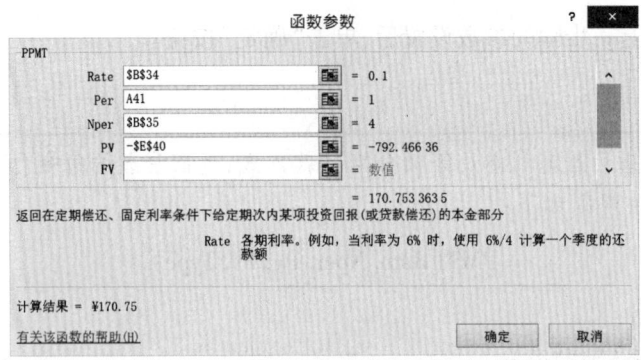

图 9.17 输入 PPMT 函数的参数

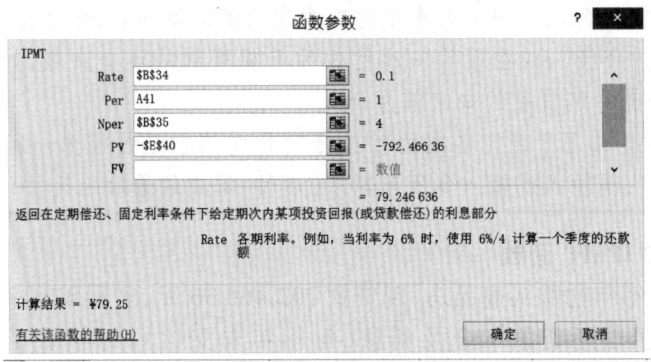

图 9.18 输入 IPMT 函数的参数

**步骤 8** 完成上一步骤的参数设置后,单击"确定"按钮。
**步骤 9** 利用自动填充功能,将"利息"列其他行数据输入。

### ☞ 知识链接

　　PPMT 函数是基于固定利率及等额分期付款方式,返回投资在某一给定期间内的本金偿还额。
　　该函数的语法规则如下:
$$PPMT(Rate, Per, Nper, Pv, Fv, Type)$$
具有以下参数:
Rate 为各期利率。
Per 用于计算其本金数额的期数,必须介于 1 到 Nper 之间。
Nper 为总投资期,即该项投资的付款期总数。
Pv 为现值,即从该项投资开始计算时已经入账的款项,或一系列未来付款当前值的累积和,也称为本金。
Fv 为未来值,或在最后一次付款后希望得到的现金余额,如果省略 Fv,则假设其值为 0,也就是一笔贷款的未来值为 0。
Type 数字 0 或 1,用于指定各期的付款时间是在期初还是期末。0 或省略为期末,1 为期初。

☞ **知识链接**

IPMT 函数是基于固定利率及等额分期付款方式，返回给定期数内对投资的利息偿还额。该函数的语法规则如下：

IPMT( Rate, Per, Nper, Pv, Fv, Type )

具有以下参数：

Rate 为各期利率。

Per 用于计算其利息数额的期数，必须在 1 到 Nper 之间。

Nper 为总投资期，即该项投资的付款期总数。

Pv 为现值，即从该项投资开始计算时已经入账的款项，或一系列未来付款的当前值的累积和，也称为本金。

Fv 为未来值，或在最后一次付款后希望得到的现金余额。如果省略 Fv，则假设其值为 0（例如，一笔贷款的未来值即 0）。

Type 数字 0 或 1，用以指定各期的付款时间是在期初还是期末。0 或省略为期末，1 为期初。

### 9.1.2.7 RATE 函数

某人于 20×1 年年初购买商品房，贷款 792.466 36 元，如果要在未来 4 年内等额偿还贷款本金及利息（每年年末支付），每年需要偿还 250 元。问：复利年利率是多少？

**步骤 1** 输入现值、利率和期数数据，如图 9.19 所示。

**步骤 2** 选择单元格 C51，录入"RATE"函数。

**步骤 3** 分别在"NPER""PMT""PV"项目中，输入参数值"B49""B48""−B47"，如图 9.20 所示。

**图 9.19 RATE 函数表**

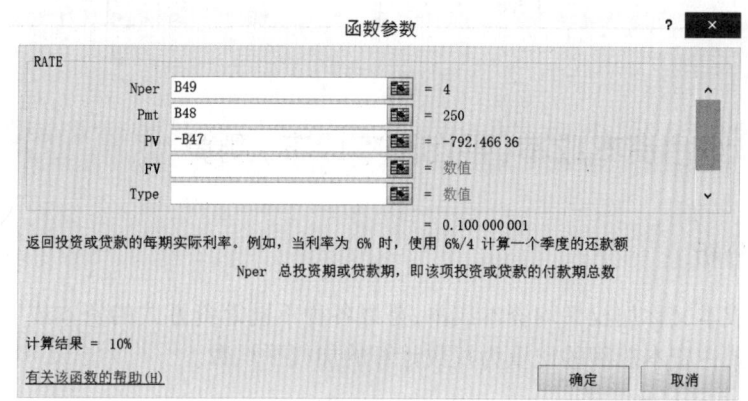

**图 9.20 输入 RATE 函数的参数**

**步骤 4** 完成上一步骤的参数设置后，单击"确定"按钮。

☞ 知识链接

> RATE 函数是返回未来款项的各期利率。
> 该函数的语法规则如下：
> $$Rate(Nper, Pmt, Pv, Fv, Type, Guess)$$
> 具有以下参数：
> Nper 是总投资(或贷款)期。
> Pmt 是各期所应付给(或得到)的金额。
> Pv 是一系列未来付款当前值的累积和。
> Fv 是未来值，或在最后一次支付后希望得到的现金余额。
> Type 是数字 0 或 1，用于指定各期的付款时间是在期初还是期末，0 为期末，1 为期初。

### 9.1.3 拓展任务

建立递延年金和不等额系列收支计算现值模型。

#### 9.1.3.1 递延年金

某企业向银行借入一笔长期款项，银行贷款的年利息率为 8%，银行规定前 10 年不用还本付息，但从第十一年至第二十年每年年末偿还本息 100 万元，问这笔款项的现值应为多少？

#### 9.1.3.2 不等额系列收支

某企业进行投资，产生的现金净收益，如表 9.6 所示，计算现金净收益的现值。

表 9.6　　　　　　　　不等额系列收支表　　　　　　　　单位：万元

| 年　次 | 现金净收益 | 年　次 | 现金净收益 |
| --- | --- | --- | --- |
| 1 | 800 | 2 | 1 200 |
| 3 | 1 600 | 4 | 2 000 |
| 5 | 1 500 | | |

## 任务 9.2　综合资本成本(平均资本成本)测算

### 9.2.1 任务分析

综合资本成本又称加权平均资本成本，是以各种不同筹资方式的资本成本为基数，以各种不同筹资方式占资本总额的比重为权数计算的加权平均数。

### 9.2.2 任务实现步骤

**步骤 1** 建立"综合资本成本"工作表，如图 9.21 所示。

典型项目 9 筹资管理

|   | A | B | C | D | E | F |
|---|---|---|---|---|---|---|
| 1 | | | 筹资渠道资料 | | | |
| 2 | 筹资方式 | 金额（万元） | 利率指标 | 利率（股利） | 调节值 | 筹资费率 |
| 3 | 银行借款 | 300 | 利率 | | | 2% |
| 4 | 债券 | 200 | 利率 | | | 3% |
| 5 | 优先股 | 300 | 股利率 | | | 5% |
| 6 | 普通股 | 700 | 第一年股利 | | | 6% |
| 7 | 留存收益 | 500 | 股利年增长率 | | | |
| 8 | | | 普通股发行价格 | 10 | | |
| 9 | 现有资本合计 | 2 000 | | | 所得税率 | 25% |

图 9.21　筹资渠道资料图

**步骤 2**　显示"开发工具"，单击"文件"按钮，在下拉菜单里面单击"选项"按钮，在对话框里单击"自定义功能区"按钮，在右边的两栏里面的右栏可以看到"开发工具"（在倒数第三个），单击"确定"按钮，如图 9.22 所示。

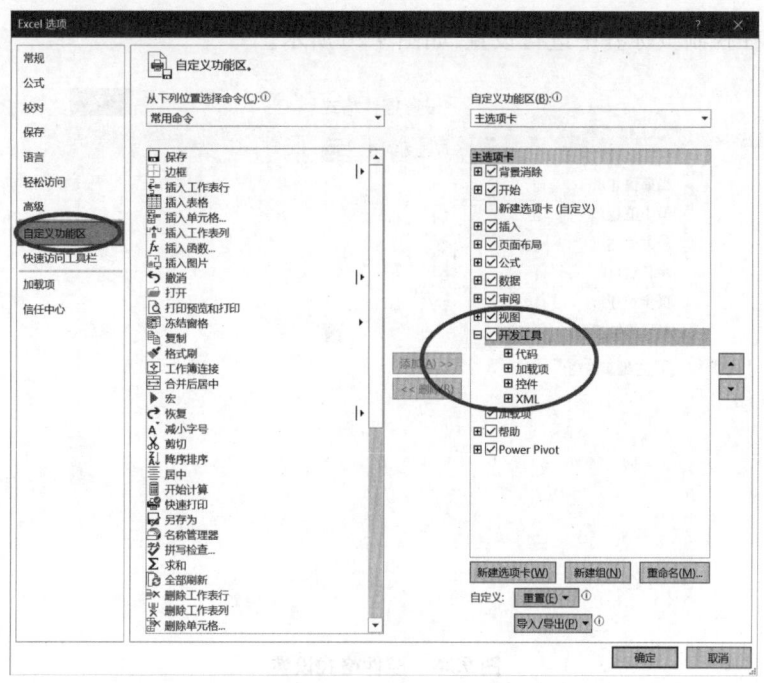

图 9.22　Excel 选项图

**步骤 3**　在图 9.23 中点击"开发工具"下的"插入"工具按钮，插入"滚动条窗体控件"，如图 9.24 所示。

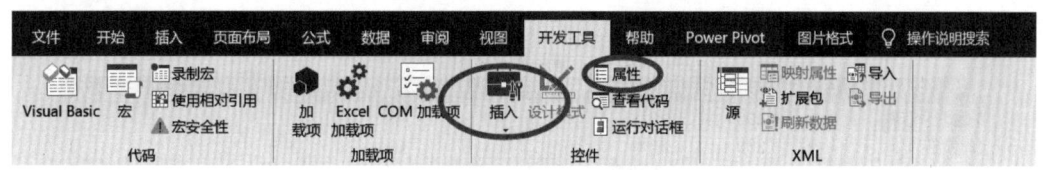

图 9.23　开发工具

**步骤 4**　将"滚动条窗体控件"移到 E3 单元格中，单击鼠标右键，选择设置控件格式，如图 9.25 所示。或单击"开发工具"选项卡的"控件"组中的"属性"，也会弹出"设置控件格式"。

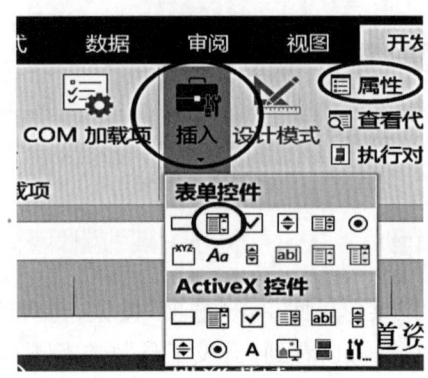

图 9.24 滚动条窗体控件

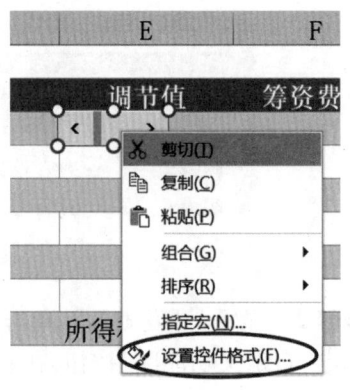

图 9.25 设置控件格式

**步骤 5** 在控制页标签中进行设置,如图 9.26 所示。

图 9.26 控件格式设置

**步骤 6** 使用同样方法,将"调节值"列的其他单元格输入。
**步骤 7** 在单元格 D3 中,输入公式 E3/100,格式设为"百分比"。
**步骤 8** 同理,设置其他单元格数值,如图 9.27 所示。

| | A | B | C | D | E | F |
|---|---|---|---|---|---|---|
| 1 | 筹资渠道资料 | | | | | |
| 2 | 筹资方式 | 金额(万元) | 利率指标 | 利率(股利) | 调节值 | 筹资费率 |
| 3 | 银行借款 | 300 | 利率 | 4% | ‹ › 4 | 2% |
| 4 | 债券 | 200 | 利率 | 6% | ‹ › 6 | 3% |
| 5 | 优先股 | 300 | 股利率 | 8% | ‹ › 8 | 5% |
| 6 | 普通股 | 700 | 第一年股利 | 2 | ‹ › 2 | 6% |
| 7 | 留存收益 | 500 | 股利年增长率 | 5% | ‹ › 5 | |
| 8 | | | 普通股发行价格 | 10 | | |
| 9 | 现有资本合计 | 2 000 | | | 所得税率 | 25% |

图 9.27 筹资渠道资料控件图

**步骤 9** 在筹资渠道资料下方建立综合资本成本计算表,如图 9.28 所示。

| | A | B | C | D | E | F |
|---|---|---|---|---|---|---|
| 1 | | | 筹资渠道资料 | | | |
| 2 | 筹资方式 | 金额(万元) | 利率指标 | 利率(股利) | 调节值 | 筹资费率 |
| 3 | 银行借款 | 300 | 利率 | 4% | ‹ › 4 | 2% |
| 4 | 债券 | 200 | 利率 | 6% | ‹ › 6 | 3% |
| 5 | 优先股 | 300 | 股利率 | 8% | ‹ › 8 | 5% |
| 6 | 普通股 | 700 | 第一年股利 | 2 | ‹ › 2 | 6% |
| 7 | 留存收益 | 500 | 股利年增长率 | 5% | ‹ › 5 | |
| 8 | | | 普通股发行价格 | 10 | | |
| 9 | 现有资本合计 | 2 000 | | | 所得税率 | 25% |
| 10 | | | 综合资本成本的计算 | | | |
| 11 | 资本类型 | 权重 | 个别资本成本 | 加权资本成本 | | |
| 12 | 长期借款 | | | | | |
| 13 | 长期债券 | | | | | |
| 14 | 优先股 | | | | | |
| 15 | 普通股 | | | | | |
| 16 | 留存收益 | | | | | |
| 17 | 合计 | | | | | |

**图 9.28 综合资本成本计算表初始图**

**步骤 10** 计算个别筹资方式的权重,并求和,公式如图 9.30 所示。

**步骤 11** 计算个别资本成本,公式如图 9.30 所示。

**步骤 12** 计算加权资本成本,公式如图 9.30 所示。

**步骤 13** 计算综合加权资本成本。

**方法一** 对加权资本成本求和,D17 为综合加权资本成本,公式如图 9.30 所示。

**方法二** 选择单元格 C17,输入公式"=SUMPRODUCT(B12:B16,C12:C16)",公式如图 9.29 和图 9.30 所示。效果如图 9.31 所示。

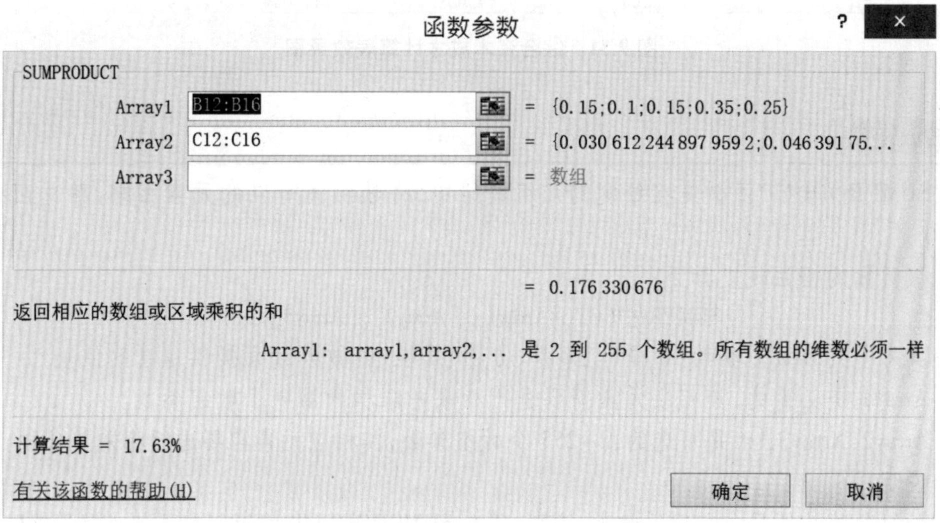

```
函数参数                                    ?  ×

SUMPRODUCT
    Array1  B12:B16          = {0.15;0.1;0.15;0.35;0.25}
    Array2  C12:C16          = {0.030 612 244 897 959 2;0.046 391 75...
    Array3                   = 数组

                              = 0.176 330 676
返回相应的数组或区域乘积的和
        Array1: array1,array2,... 是 2 到 255 个数组。所有数组的维数必须一样


计算结果 = 17.63%
有关该函数的帮助(H)                              确定      取消
```

**图 9.29 SUMPRODUCT 函数参数图**

| | A | B | C | D | E | F |
|---|---|---|---|---|---|---|
| 1 | | | 筹资渠道资料 | | | |
| 2 | 筹资方式 | 金额（万元） | 利率指标 | 利率（股利） | 调节值 | 筹资费率 |
| 3 | 银行借款 | 300 | 利率 | =E3/100 | ‹        › | 0.02 |
| 4 | 债券 | 200 | 利率 | =E4/100 | ‹        › | 0.03 |
| 5 | 优先股 | 300 | 股利率 | =E5/100 | ‹        › | 0.05 |
| 6 | 普通股 | 700 | 第一年股利 | =E6 | ‹        › | 0.06 |
| 7 | 留存收益 | 500 | 股利年增长率 | =E7/100 | ‹        › | |
| 8 | | | 普通股发行价格 | 10 | | |
| 9 | 现有资本合计 | =SUM(B3:B7) | | | 所得税率 | 0.25 |
| 10 | | | 综合资本成本的计算 | | | |
| 11 | 资本类型 | 权重 | 个别资本成本 | 加权资本成本 | | |
| 12 | 长期借款 | =B3/$B$9 | =B3*D3*(1-$F$9)/(B3*(1-F3)) | =B12*C12 | | |
| 13 | 长期债券 | =B4/$B$9 | =B4*D4*(1-$F$9)/(B4*(1-F4)) | =B13*C13 | | |
| 14 | 优先股 | =B5/$B$9 | =B5*D5/(B5*(1-F5)) | =B14*C14 | | |
| 15 | 普通股 | =B6/$B$9 | =D6/(D8*(1-F6))+D7 | =B15*C15 | | |
| 16 | 留存收益 | =B7/$B$9 | =D6/D8+D7 | =B16*C16 | | |
| 17 | 合计 | =SUM(B12:B16) | =SUMPRODUCT(B12:B16,C12:C16) | =SUM(D12:D16) | | |

图 9.30 综合资本成本计算表公式图

| | A | B | C | D | E | F |
|---|---|---|---|---|---|---|
| 1 | | | 筹资渠道资料 | | | |
| 2 | 筹资方式 | 金额（万元） | 利率指标 | 利率（股利） | 调节值 | 筹资费率 |
| 3 | 银行借款 | 300 | 利率 | 4% | ‹    › 4 | 2% |
| 4 | 债券 | 200 | 利率 | 6% | ‹    › 6 | 3% |
| 5 | 优先股 | 300 | 股利率 | 8% | ‹    › 8 | 5% |
| 6 | 普通股 | 700 | 第一年股利 | 2 | ‹    › 2 | 6% |
| 7 | 留存收益 | 500 | 股利年增长率 | 5% | ‹    › 5 | |
| 8 | | | 普通股发行价格 | 10 | | |
| 9 | 现有资本合计 | 2 000 | | | 所得税率 | 25% |
| 10 | | | 综合资本成本的计算 | | | |
| 11 | 资本类型 | 权重 | 个别资本成本 | 加权资本成本 | | |
| 12 | 长期借款 | 15% | 3.06% | 0.46% | | |
| 13 | 长期债券 | 10% | 4.64% | 0.46% | | |
| 14 | 优先股 | 15% | 8.42% | 1.26% | | |
| 15 | 普通股 | 35% | 26.28% | 9.20% | | |
| 16 | 留存收益 | 25% | 25.00% | 6.25% | | |
| 17 | 合计 | 100% | 17.63% | 17.63% | | |

图 9.31 综合资本成本计算表效果图

☞ **知识链接**

  SUMPRODUCT 函数是在给定的几组数组中，将数组间对应的元素相乘，并返回乘积之和。

  该函数的语法规则如下：
$$\text{SUMPRODUCT}([\text{Array1}],[\text{Array2}],[\text{Array3}],\cdots)$$

  具有下列参数（参数：为操作、事件、方法、属性、函数或过程提供信息的值）：

  Array1 是必需的，其相应元素需要进行相乘并求和的第一个数组参数。

  Array2，Array3，… 是可选的，2~255 个数组参数，其相应元素需要进行相乘并求和。

  **说明**

  数组参数必须具有相同的维数，否则，函数 SUMPRODUCT 将返回错误值 #VALUE!。

  函数 SUMPRODUCT 将非数值型的数组元素作为 0 处理。

## 任务9.3 分期偿还借款方案制作

### 9.3.1 任务分析

分期偿还借款是指企业在借款到期之前定期等额或不等额偿还本息的借款。一般来说，借款企业不希望采用这种分期偿还借款的还款方式，它会提高企业的实际借款利率，但降低了银行的经营风险，所以银行等金融机构愿意采用分期偿还方式提供借款。这种方式一般适用于金额大、期限长的银行借款。

### 9.3.2 任务实现步骤

**步骤1** 输入数据建立分期偿还借款方案模型，如图 9.32 所示。（注：每期偿还金额用绝对值表示。）

|   | A | B | C | D | E |
|---|---|---|---|---|---|
| 1 |  |  | 分期偿还借款方案模型 |  |  |
| 2 |  |  |  |  |  |
| 3 |  |  | 借款类型 | 分期偿还借款 |  |
| 4 |  |  | 借款金额（元） | 2 000 000 |  |
| 5 |  |  | 借款年利率 | 10% |  |
| 6 |  |  | 借款年限（年） | 5 |  |
| 7 |  |  | 每年还款期数（期） | 2 |  |
| 8 |  |  | 总还款期数（期） |  |  |
| 9 |  |  | 每期偿还金额（元） |  |  |

图 9.32 分期偿还借款方案数据图

**步骤2** 在单元格 D8 中，输入公式"=D6*D7"。
**步骤3** 在单元格 D9 中，输入公式"=ABS(PMT(D5/D7,D8,D4))"。
**步骤4** 输入利率和期数，如图 9.33 所示。

|    | A | B | C | D | E | F | G |
|----|---|---|---|---|---|---|---|
| 1  |  |  | 分期偿还借款方案模型 |  |  |  |  |
| 2  |  |  |  |  |  |  |  |
| 3  |  |  | 借款类型 | 分期偿还借款 |  |  |  |
| 4  |  |  | 借款金额（元） | 2 000 000 |  |  |  |
| 5  |  |  | 借款年利率（%） | 10% |  |  |  |
| 6  |  |  | 借款年限（年） | 5 |  |  |  |
| 7  |  |  | 每年还款期数（期） | 2 |  |  |  |
| 8  |  |  | 总还款期数（期） | 10 |  |  |  |
| 9  |  |  | 每期偿还金额（元） | 259 009.149 9 |  |  |  |
| 10 |  |  |  |  |  |  |  |
| 11 |  |  |  |  |  |  |  |
| 12 |  |  | 计算在不同利率下，不同借款年限下：每期还款金额，填入下表 |  |  |  |  |
| 13 |  |  |  |  |  |  |  |
| 14 | 259 009.1 | 2 | 4 | 5 | 6 | 8 | 10 |
| 15 | 5% |  |  |  |  |  |  |
| 16 | 6% |  |  |  |  |  |  |
| 17 | 7% |  |  |  |  |  |  |
| 18 | 8% |  |  |  |  |  |  |
| 19 | 9% |  |  |  |  |  |  |
| 20 | 10% |  |  |  |  |  |  |
| 21 | 11% |  |  |  |  |  |  |
| 22 | 12% |  |  |  |  |  |  |

图 9.33 分期偿还借款方案模型

**步骤 5**　在单元格 A14 中,输入公式"= ABS( PMT( D5/D7, D6 * D7, D4) )"。

**步骤 6**　选中 A14:G22 单元格区域,单击"数据"菜单项中,"模拟分析"工具按钮列中,模拟运算表菜单项,如图 9.34 所示。

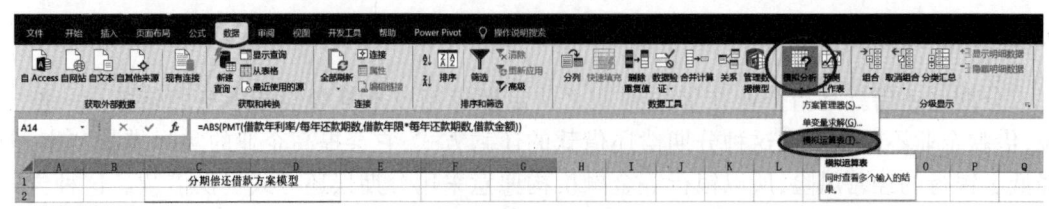

图 9.34　模拟运算表功能图

**步骤 7**　在弹出的对话框中,如图 9.35 所示,在"输入引用行的单元格"中输入"$D$6",在"输入引用列的单元格"中输入"$D$5"。

**步骤 8**　点击"确定"按钮后,将金额改为保留两位小数。效果如图 9.36 所示。

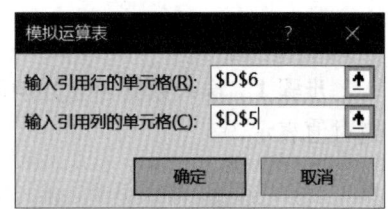

图 9.35　模拟运算表参数

| | A | B | C | D | E | F | G |
|---|---|---|---|---|---|---|---|
| 1 | | | | 分期偿还借款方案模型 | | | |
| 2 | | | | | | | |
| 3 | | | 借款类型 | 分期偿还借款 | | | |
| 4 | | | 借款金额(元) | 2 000 000 | | | |
| 5 | | | 借款年利率(%) | 10% | | | |
| 6 | | | 借款年限(年) | 5 | | | |
| 7 | | | 每年还款期数(期) | 2 | | | |
| 8 | | | 总还款期数(期) | | | | |
| 9 | | | 每期偿还金额(元) | | | | |
| 10 | | | | | | | |
| 11 | | | | | | | |
| 12 | | 计算在不同利率下,不同借款年限下:每期还款金额,填入下表 | | | | | |
| 13 | | | | | | | |
| 14 | 259 009.15 | 2 | 4 | 5 | 6 | 8 | 10 |
| 15 | 5% | 531 635.76 | 278 934.69 | 228 517.53 | 194 974.25 | 153 197.98 | 128 294.26 |
| 16 | 6% | 538 054.09 | 284 912.78 | 234 461.01 | 200 924.17 | 159 221.70 | 134 431.42 |
| 17 | 7% | 544 502.28 | 290 953.29 | 240 482.74 | 206 967.90 | 165 369.66 | 140 722.15 |
| 18 | 8% | 550 980.09 | 297 055.66 | 246 581.89 | 213 104.35 | 171 640.00 | 147 163.50 |
| 19 | 9% | 557 487.30 | 303 219.31 | 252 757.64 | 219 332.38 | 178 030.74 | 153 752.29 |
| 20 | 10% | 564 023.67 | 309 443.63 | 259 009.15 | 225 650.82 | 184 539.82 | 160 485.17 |
| 21 | 11% | 570 588.97 | 315 728.02 | 265 335.54 | 232 058.46 | 191 165.08 | 167 358.66 |
| 22 | 12% | 577 182.98 | 322 071.89 | 271 735.92 | 238 554.06 | 197 904.29 | 174 369.11 |

图 9.36　分期偿还借款方案效果

## 实 战 训 练

滨海发展有限公司目前资本结构为:总资本 1 000 万元,其中,债务资本 400 万元(年利息 40 万元),普通股资本 600 万元(600 万股,面值为 1 元,市价为 5 元)。企业由于扩大经营规模,需要追加筹资 800 万元,所得税税率为 20%,不考虑筹资费用因素。有以下三种筹资方案。

甲方案:增发普通股 200 万股,每股发行价为 3 元;同时向银行借款 200 万元,利率保持原来的 10%。

乙方案:增发普通股 100 万股,每股发行价为 3 元;同时溢价发行 500 万元面值为 300 万元的公司债券,票面利率为 15%。

丙方案:不增发普通股,溢价发行 600 万元面值为 400 万元的公司债券,票面利率为 15%;由于受债券发行数额的限制,需要补充向银行借款 200 万元,利率为 10%。

建立滨海发展有限公司的筹资方案,比较分析出最佳方案。

# 典型项目 10　项目投资管理

## ➤ 项目目标

**知识目标**
1. 熟悉 Excel 投资项目财务指标公式
2. 掌握现金流量的分析与计算
3. 掌握企业投资方案评价知识点
4. 掌握固定资产更新决策原理

**技能目标**
1. 掌握净现值、净现值率、内含报酬率和现值指数的计算
2. 掌握独立和互斥投资分析表编制
3. 掌握保留旧设备方案表编制
4. 掌握购买新设备方案表编制

**素养目标**
1. 学会合理运用资金,提高自身为企业经营活动决策的能力
2. 提高市场的观察能力,掌控投资风险

## ➤ 项目知识背景

财务角度:从财务管理角度看,广义的投资就是资金的运用。就公司而言,投资通常是指为了获取预期收益或其他经营目的而投放或垫付一定量资金,从事某项经营活动的决策行为。项目投资是指以特定建设项目为投资对象的一种长期投资行为。

Excel 技巧:利用 NPV,IRR,MATCH 和 MAX 等功能和函数。

## ➤ 项目任务

吉大卢卡设备有限公司是生产电子设备的中大型企业,该企业生产的豪华烤箱,长期以来销售国内市场,供不应求。为了扩大生产能力,该公司准备新建一条生产线,拟进行项目投资分析。先学习和了解了 Excel 中投资项目的财务指标函数,进而建立独立和互斥投资方案的分析模型和固定资产更新改造方案的分析模型。相关资料,如表 10.1 至表 10.5 所示。

## 表 10.1 投资项目财务指标函数

| 年　次 | 现金流量(元) |
|---|---|
| 0 | −200 000 |
| 1 | 80 000 |
| 2 | 120 000 |
| 3 | 90 000 |
| … | |
| 合计 | |
| 净现值 | |
| 净现值率 | |
| 内含报酬率 | |
| 现值指数 | |

## 表 10.2 独立和互斥投资数据资料

单位:元

| 资金成本: | | 10% | | | |
|---|---|---|---|---|---|
| 指标 | 期间 | 方案1 | 方案2 | 方案3 | 最优方案 |
| 初始投资 | 0 | −300 000.00 | −300 000.00 | −160 000.00 | |
| 第一年收益 | 1 | 180 000.00 | 50 000.00 | 100 000.00 | |
| 第二年收益 | 2 | 140 000.00 | 140 000.00 | 70 000.00 | |
| 第三年收益 | 3 | 50 000.00 | 180 000.00 | 30 000.00 | |
| 数据分析区域 | | | | | |
| 净现值 | | | | | |
| 净现值率 | | | | | |
| 内含报酬率 | | | | | |
| 现值指数 | | | | | |

## 表 10.3 新旧设备资料表

| 项目 | 旧设备 | 备注 | 新设备 | 备注 |
|---|---|---|---|---|
| 原价 | 84 000 | | 76 500 | |
| 税法残值 | 4 000 | | 4 500 | |
| 税法使用年限(年) | 8 | | 6 | |
| 已使用年限(年) | 3 | | 0 | |
| 尚可使用年限(年) | 6 | | 6 | |
| 垫支营运资金 | 10 000 | | 11 000 | |
| 大修理支出 | 18 000 | 在第二年年末 | 9 000 | 在第四年年末 |
| 每年折旧费(直线法) | 10 000 | =(原价−税法残值)÷税法使用年限 | 12 000 | =(原价−税法残值)÷税法使用年限 |
| 每年营运成本 | 13 000 | | 7 000 | |
| 目前账面价值 | 54 000 | =原值−累计折旧 | 76 500 | =原值−累计折旧 |
| 目前变现成本 | 40 000 | | 76 500 | |
| 预计最终报废残值 | 5 500 | | 6 000 | |

表 10.4　　　　　　　　　　保留旧设备方案

| 项　目 | 0 | 1 | 2 | 3 | 4 | 5 | 6 |
|---|---|---|---|---|---|---|---|
| 每年营运成本 | | | | | | | |
| 每年折旧抵税 | | | | | | | |
| 大修理费用 | | | | | | | |
| 预计残值变价收入 | | | | | | | |
| 残值净收益纳税 | | | | | | | |
| 营运资金收回 | | | | | | | |
| 目前变价收入 | | | | | | | |
| 目前变价收入净损失减税 | | | | | | | |
| 合计 | | | | | | | |

表 10.5　　　　　　　　　　购买新设备方案

| 项　目 | 0 | 1 | 2 | 3 | 4 | 5 | 6 |
|---|---|---|---|---|---|---|---|
| 设备投资 | | | | | | | |
| 垫支营运资金 | | | | | | | |
| 每年营运成本 | | | | | | | |
| 每年折旧抵税 | | | | | | | |
| 大修理费用 | | | | | | | |
| 残值变现收入 | | | | | | | |
| 残值净收益纳税 | | | | | | | |
| 营运资金收入 | | | | | | | |
| 合计 | | | | | | | |

> 任务分解

任务分解图，如图 10.1 所示。

图 10.1　任务分解图

## 任务 10.1　投资项目财务指标函数

### 10.1.1　任务分析

#### 10.1.1.1　现金流量

现金流量是指投资项目在其计算期内因资金循环而引起的现金流入和现金流出增加的数量。现金流量包括现金流入量和现金流出量。

1. 现金流入量

现金流入量是指投资项目实施后在项目计算期内所引起的企业现金收入的增加额,简称现金流入。它包括以下几部分。

(1) 营业收入。

营业收入是指项目投产后每年实现的全部营业收入。

(2) 固定资产的余值。

固定资产的余值是指投资项目的固定资产在终结报废清理的残值收入或中途转让时的变价收入。

(3) 回收流动资金。

回收流动资金是指投资项目在项目计算期结束时收回原来投放在各种流动资产上营运资金。

(4) 其他现金流入量。

2. 现金流出量

现金流出量是指投资项目实施后在项目计算期内所引起的企业现金流出的增加额,简称现金流出。它包括以下几部分。

(1) 建设投资(含更改投资)。

一是固定资产投资包括固定资产的购置成本或建造成本、运输成本和安装成本等。

二是无形资产投资。

(2) 垫支的流动资金。

垫支的流动资金是指投资项目建成投产后为开展正常经营活动而投放在流动资产(存货、应收账款等)上的营运资金。

(3) 付现成本(或称经营成本)。

付现成本是指在经营期内为满足正常生产经营而需用现金支付的成本。

$$付现成本 = 变动成本 + 付现的固定成本 = 总成本 - 折旧额(及摊销额)$$

(4) 所得税额。

所得税额是指投资项目建成投产后,应纳税所得额增加而增加的所得税。

(5) 其他现金流出量。

3. 现金净流量

现金净流量是指投资项目在项目计算期内现金流入量和现金流出量的净额。

现金净流量的计算公式为:

$$现金净流量(NCF) = 年现金流入量 - 年现金流出量$$

当流入量大于流出量,净流量为正值;反之,净流量为负值。

**10.1.1.2 项目投资决策评价指标**

项目投资决策评价指标是指用于衡量和比较投资项目可行性,并据以进行方案决策的定量化标准与尺度,是由一系列综合反映投资效益、投资产出关系的量化指标构成的。

项目投资决策评价指标很多,按是否考虑资金的时间价值分为静态指标和动态指标。

静态指标又称非贴现指标,是指在计算过程中不考虑资金时间价值因素的指标,主要包括投资利润率和静态回收投资期等指标。

动态指标又称贴现指标,是指在计算过程中必须充分考虑和利用资金时间价值的指标,主要包括净现值(NPV)、净现值率(NPVR)、现值指数(又称获利指数,PI)和内部收益率(IRR)等指标。

1. 净现值

净现值(NPV)是指在项目计算期内,按一定贴现率计算的各年现金净流量现值的代数和。

$$净现值 = \sum_{t=0}^{n} NCF_t \times (P/F, i, t)$$

式中 $n$ 表示项目计算期(包括建设期与经营期);$NCF_t$ 表示第 $t$ 年的现金净流量;$(P/F, i, t)$ 表示第 $t$ 年、贴现率为 $i$ 的复利现值系数。

净现值指标的决策标准是净现值大于或等于 0 是项目可行的必要条件。

2. 净现值率

净现值率是指投资项目的净现值与投资现值合计的比值。

$$净现值率 = 净现值 \div 投资现值$$

3. 现值指数

现值指数是指项目投产后按一定贴现率计算的在经营期内各年现金净流量的现值合计与投资现值合计的比值。

$$现值指数 = \sum 经营期各年现金净流量现值 \div 投资现值$$

净现值率与现值指数有如下关系:

$$现值指数 = 净现值率 + 1$$

净现值率大于或等于 0,现值指数大于或等于 1 是项目可行的必要条件,可用于投资额不同的互斥项目投资决策。

4. 内含报酬率

内含报酬率又称内部收益率,是指投资项目在项目计算期内各年现金净流量的现值合计数等于 0 时的贴现率,亦可将其定义为能使投资项目的净现值等于 0 时的贴现率。

内含报酬率 $IRR$ 满足下列等式:

$$\sum_{t=0}^{n} NCF_t \times (P/F, IRR, t) = 0$$

内含报酬率评价项目可行的必要条件是内含报酬率大于或等于贴现率。

## 10.1.2 任务实现步骤

**步骤1** 建立"项目投资管理"工作簿,修改"Sheet 1"工作表名"投资项目财务指标函数",录入表10.1内容,年次0,1,2,3对应的数据分别表示初始投资,第一、第二、第三年的现金流量,如图10.2所示。

**步骤2** 参照图10.3录入合计、净现值、净现值率、内含报酬率和现值指数等指标函数公式。

| | A | B |
|---|---|---|
| 1 | 资本成本 | 10% |
| 2 | 年次 | 现金流量 |
| 3 | 0 | -200 000 |
| 4 | 1 | 80 000 |
| 5 | 2 | 120 000 |
| 6 | 3 | 90 000 |
| 7 | ... | |
| 8 | 合计 | |
| 9 | 净现值 | |
| 10 | 净现值率 | |
| 11 | 内含报酬率 | |
| 12 | 现值指数 | |

图10.2 投资项目财务指标函数初始图

| | A | B |
|---|---|---|
| 1 | 资本成本 | 0.1 |
| 2 | 年次 | 现金流量 |
| 3 | 0 | -200 000 |
| 4 | 1 | 80 000 |
| 5 | 2 | 120 000 |
| 6 | 3 | 90 000 |
| 7 | ... | |
| 8 | 合计 | =SUM(B3:B7) |
| 9 | 净现值 | =NPV(B1,B4:B6)+B3 |
| 10 | 净现值率 | =B9/-B3 |
| 11 | 内含报酬率 | =IRR(B3:B6) |
| 12 | 现值指数 | =NPV(B1,B4:B6)/-B3 |

图10.3 投资项目财务指标函数公式图

**步骤3** 录入合计公式。现金流量的负数表示现金的流出,即资金的投入;正数表示现金的流入,即净收益。因此,合计单元格B8的数值为不考虑货币时间价值的净利润。

**步骤4** 录入净现值公式。选择B9单元格可以直接录入公式,但最好使用函数向导录入公式,通过鼠标选择函数参数引用的数据单元和区域,如图10.4所示。在NPV(B1,B4:B6)公式后录入"+B3"。因为函数NPV不包括$t=0$时的初始投资和初始垫支的现金流量。

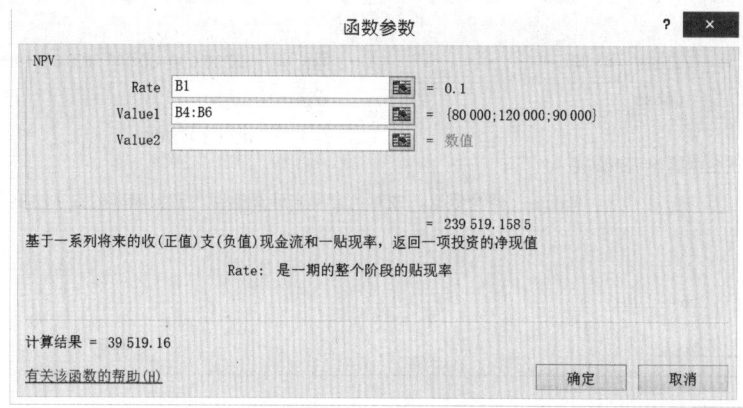

图10.4 NPV函数参数图

☞ **知识链接**

净现值的公式如下：

$$净现值 = \sum_{t=0}^{n} NCF_t \times (P/F, i, t)$$

注意：包括初始的现金流量，即 $t=0$ 时的初始投资和初始垫支的流动资金。

NPV 是通过使用贴现率以及一系列未来支出（负值）和收入（正值），返回一项投资的净现值（注意：不包括 $t=0$ 时的初始投资和初始垫支的现金流量）。该函数的语法规则如下：

NPV(Rate, [Value 1], [Value 2], …)

具有以下参数：

Rate 是必需的，是某一期间的贴现率，如资本成本、最低报酬率等。

Value 1, Value 2, …, Value 1 是必需的，后续值是可选的。这些是代表支出及收入的 1~254 个参数。

Value 1, Value 2, … 在时间上必须具有相等间隔，并且都发生在期末。

NPV 使用 Value 1, Value 2, … 的顺序来解释现金流的顺序。所以，务必保证支出和收入的数额按正确的顺序输入。

忽略以下类型的参数：参数为空白单元格、逻辑值、数字的文本表示形式、错误值或不能转化为数值的文本。

如果参数是一个数组或引用，则只计算其中的数字。数组或引用中的空白单元格、逻辑值、文本或错误值将被忽略，如某个期间没有发生现金流量要用"0"表示。

**步骤 5** 录入净现值率公式"=B9/-B3"。（注：净现值率=净现值÷投资现值）。

**步骤 6** 录入内含报酬率公式。利用 Fx 函数向导录入参数，如图 10.5 所示。

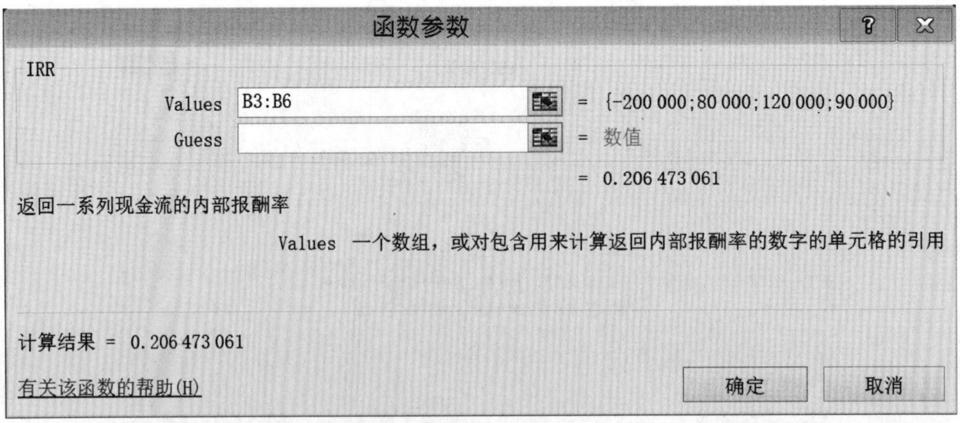

图 10.5 IRR 函数参数图

☞ **知识链接**

内含报酬率满足下列等式：

$$\sum_{t=0}^{n} NCF_t \times (P/F, IRR, t) = 0$$

注意：包括初始的现金流量，即 $t=0$ 时的初始投资和初始垫支的流动资金。

IRR 返回由数值代表的一组现金流的内部收益率。这些现金流不必为均衡的，但作为年金，它们必须按固定的间隔产生，如按月或按年。内部收益率为投资的回收利率，其中包含定期支付（负值）和定期收入（正值）。该函数的语法规则如下：

IRR( Values, [ Guess ] )

具有下列参数（参数为操作、事件、方法、属性、函数或过程提供信息的值）：

Values 是必需的，数组或单元格的引用，这些单元格包含用来计算内部收益率的数字。

Values 必须包含至少一个正值和一个负值，以计算返回的内部收益率。

函数 IRR 根据数值的顺序来解释现金流的顺序。故应确定按需要的顺序输入了支付和收入的数值。

如果数组或引用包含文本、逻辑值或空白单元格，这些数值将被忽略。

Guess 可选，对函数 IRR 计算结果的估计值。

Microsoft Excel 使用迭代法计算函数 IRR。从 Guess 开始，函数 IRR 进行循环计算，直至结果的精度达到 0.000 01%。如果函数 IRR 经过 20 次迭代，仍未找到结果，则返回错误值 #NUM!。

在大多数情况下，并不需要为函数 IRR 的计算提供 Guess 值。如果省略 Guess，假设它为 0.1（10%）。

如果函数 IRR 返回错误值 #NUM!，或结果没有靠近期望值，可用另一个 Guess 值再试一次。

**步骤7** 录入现值指数公式。现值指数 = ∑经营期各年现金净流量现值/投资现值，即 = NPV(B1, B4: B6)/(-B3)。效果如图10.6所示。

### 10.1.3 拓展任务

根据上述数据建立静态指标（非贴现指标）的分析模型，主要包括投资利润率和静态回收投资期等指标，再进一步计算动态指标中的动态投资回收期。

| | A | B |
|---|---|---|
| 1 | 资本成本 | 10% |
| 2 | 年次 | 现金流量 |
| 3 | 0 | -200 000 |
| 4 | 1 | 80 000 |
| 5 | 2 | 120 000 |
| 6 | 3 | 90 000 |
| 7 | … | |
| 8 | 合计 | 90 000 |
| 9 | 净现值 | 39 519.16 |
| 10 | 净现值率 | 20% |
| 11 | 内含报酬率 | 21% |
| 12 | 现值指数 | 1.20 |

**图 10.6 投资项目财务指标函数效果图**

## 任务 10.2 独立或互斥投资方案

### 10.2.1 任务分析

独立方案是指在决策过程中，一组互相分离、互不排斥的方案或单一的方案。一组完全独立的方案存在的前提条件为：①投资资金来源无限制；②投资资金无优先使用的排列；③各投资方案所需的人力、物力均能得到满足；④不考虑地区、行业之间的相互关系及其影响；⑤每一投资方案是否可行，仅取决于本方案的经济效益，与其他方案无关。

互斥方案指互相关联、互相排斥的方案，即一组方案中的各个方案彼此可以相互代替，采纳方案组中的某一方案，就会自动排斥这组方案中的其他方案。

独立或互斥投资方案的决策管理包括以下程序：

（1）估算出投资方案的预期现金流量。
（2）预计未来现金流量的风险，并确定预期现金流量的概率分布和期望值。
（3）确定资金成本的一般水平即贴现率。
（4）计算投资方案现金流入量和流出量的总现值。
（5）通过项目投资决策评价指标的计算，作出投资方案是否可行的决策。

### 10.2.2 任务实现步骤

**步骤 1** 建立"独立或互斥投资方案分析表"工作表，如图 10.7 所示。

| | A | B | C | D | E | F |
|---|---|---|---|---|---|---|
| 1 | | | 独立或互斥投资方案分析表 | | | |
| 2 | 资金成本： | | 10% | | | 单位：元 |
| 3 | 指标 | 期间 | 方案1 | 方案2 | 方案3 | 最优方案 |
| 4 | 初始投资 | 0 | -300 000.00 | -300 000.00 | -160 000.00 | |
| 5 | 第一年收益 | 1 | 180 000.00 | 50 000.00 | 100 000.00 | |
| 6 | 第二年收益 | 2 | 140 000.00 | 140 000.00 | 70 000.00 | |
| 7 | 第三年收益 | 3 | 50 000.00 | 180 000.00 | 30 000.00 | |
| 8 | | | 数据分析区域 | | | |
| 9 | 净现值 | | | | | |
| 10 | 净现值率 | | | | | |
| 11 | 内含报酬率 | | | | | |
| 12 | 现值指数 | | | | | |
| 13 | 分析结论： | | | | | |

图 10.7 独立或互斥投资方案分析初始图

**步骤 2** 录入分析区域的单元公式，如图 10.8 所示。

| | A | B | C | D | E | F |
|---|---|---|---|---|---|---|
| 1 | | | 独立或互斥投资方案分析表 | | | |
| 2 | 资金成本： | | 0.1 | | | 单位：元 |
| 3 | 指标 | 期间 | 方案1 | 方案2 | 方案3 | 最优方案 |
| 4 | 初始投资 | 0 | -300 000 | -300 000 | -160 000 | |
| 5 | 第一年收益 | 1 | 180 000 | 50 000 | 100 000 | |
| 6 | 第二年收益 | 2 | 140 000 | 140 000 | 70 000 | |
| 7 | 第三年收益 | 3 | 50 000 | 180 000 | 30 000 | |
| 8 | | | 数据分析区域 | | | |
| 9 | 净现值 | | =NPV($C$2,C5:C7)+C4 | =NPV($C$2,D5:D7)+D4 | =NPV($C$2,E5:E7)+E4 | ="方案"&MATCH(MAX(C9:E9),C9:E9,0) |
| 10 | 净现值率 | | =-C9/C4 | =-D9/D4 | =-E9/E4 | ="方案"&MATCH(MAX(C10:E10),C10:E10,0) |
| 11 | 内含报酬率 | | =IRR(C4:C7) | =IRR(D4:D7,$C$2) | =IRR(E4:E7,$C$2) | ="方案"&MATCH(MAX(C11:E11),C11:E11,0) |
| 12 | 现值指数 | | =NPV($C$2,C5:C7)/-C4 | =NPV($C$2,D5:D7)/-D4 | =NPV($C$2,E5:E7)/-E4 | ="方案"&MATCH(MAX(C12:E12),C12:E12,0) |
| 13 | 分析结论： | | | | | |

图 10.8 独立或互斥投资方案分析公式图

> **知识链接**
>
> MATCH 函数可在单元格区域（区域：工作表上的两个或多个单元格。区域中的单元格可以相邻或不相邻）中搜索指定项，然后返回该项在单元格区域中的相对位置。
>
> 如果需要获得单元格区域中某个项目的位置而不是项目本身，则应该使用 MATCH 函数而不是某个 LOOKUP 函数。例如，可以使用 MATCH 函数为 INDEX 函数的 Row_num 参数提供值。该函数的语法规则如下：
>
> MATCH(Lookup_value, Lookup_array, [Match_type])
>
> 具有下列参数：
>
> Lookup_value 是必需的。需要在 Lookup_array 中查找的值。例如，如果要在电话簿中查找某人的电话号码，则应该将姓名作为查找值，但实际上需要的是电话号码。
>
> Lookup_value 参数可以为值（数字、文本或逻辑值）或对数字、文本或逻辑值的单元格引用。
>
> Lookup_array 是必需的。要搜索的单元格区域。
>
> Match_type 是可选的。数字 -1，0 或 1。Match_type 参数指定 Excel 如何在 Lookup_array 中查找 Lookup_value 的值。此参数的默认值为 1。
>
> 1 或省略 MATCH 函数会查找小于或等于 Lookup_value 的最大值。Lookup_array 参数中的值必须按升序排列。
>
> 0 MATCH 函数会查找等于 Lookup_value 的第一个值。Lookup_array 参数中的值可以按任何顺序排列。
>
> -1 MATCH 函数会查找大于或等于 Lookup_value 的最小值。Lookup_array 参数中的值必须按降序排列。

**步骤 3** 根据函数取值进行方案分析，如图 10.9 所示。

| | 指标 | 期间 | 方案1 | 方案2 | 方案3 | 最优方案 |
|---|---|---|---|---|---|---|
| | 资金成本： | | 10% | | | 单位：元 |
| | 初始投资 | 0 | -300 000.00 | -300 000.00 | -160 000.00 | |
| | 第一年收益 | 1 | 180 000.00 | 50 000.00 | 100 000.00 | |
| | 第二年收益 | 2 | 140 000.00 | 140 000.00 | 70 000.00 | |
| | 第三年收益 | 3 | 50 000.00 | 180 000.00 | 30 000.00 | |
| | 数据分析区域 | | | | | |
| | 净现值 | | ¥16 904.58 | ¥-3 606.31 | ¥11 299.77 | 方案1 |
| | 净现值率 | | 5.63% | -1.20% | 7.06% | 方案3 |
| | 内含报酬率 | | 14% | 9% | 15% | 方案3 |
| | 现值指数 | | 105.63% | 98.80% | 107.06% | 方案3 |
| | 分析结论： | | | | | |

独立或互斥投资方案分析表

14 利用净现值进行分析，方案1和方案3的净现值均大于0，方案可行，最优方案为1。
15 利用净现值率进行分析，方案1和方案3的净现值率均大于0，方案可行，方案3的净现值小于方案1的，原因是投入资金少，从相对值角度看，最优方案为3。
16 利用内含报酬率进行分析，方案1和方案3的内含报酬率均大于资本成本率10%，方案可行，最优方案为3。
17 利用现值指数进行分析，方案1和方案3的现值指数均大于1，方案可行，最优方案为3。

图 10.9 独立或互斥投资方案分析效果与分析图

### 10.2.3 拓展任务

利用 10.1.3 拓展任务的模型分析上述独立或互斥投资方案。

## 任务 10.3 固定资产更新决策

### 10.3.1 任务分析

固定资产更新决策与新建项目相比，固定资产更新决策最大的难点在于不容易估算项目的净现金流量。

在估算固定资产更新项目的净现金流量时，要注意以下几点：

第一，项目计算期不取决于新设备的使用年限，而是由旧设备可继续使用的年限决定。

第二，需要考虑在建设起点旧设备可能发生的变价净收入，并以此作为估计继续使用旧设备至期满时的净残值的依据。

第三，由于以旧换新决策相当于在使用新设备投资和继续使用旧设备两个原始投资不同的备选方案中作出比较与选择。因此，第一种方法是估算增量净现金流量（$\Delta NCF$）；第二种方法是直接比较两个方案的折现总费用的大小，然后选择折现总费用低的方案。

第四，在此类项目中，所得税后净现金流量比所得税前净现金流量更有意义。

固定资产更新决策利用差额投资内部收益率法，当更新改造项目的差额内部收益率指标大于或等于基准折现率或设定折现率时，应当进行更新；反之，就不应当进行更新。

### 10.3.2 任务实现步骤

#### 10.3.2.1 保留旧设备方案数据分析

**步骤1** 建立"固定资产更新决策"工作表，录入新旧设备资料，如图 10.10 所示。

| | 项目 | 旧设备 | 备注 | 新设备 | 备注2 | | | |
|---|---|---|---|---|---|---|---|---|
| | | | 固定资产更新决策表 | | | | | |
| | | 新旧设备资料 | | | | | | |
| 原价 | | 84 000 | | 76 500 | | | 替换重置，寿命相同 | |
| 税法残值 | | 4 000 | | 4 500 | | | | |
| 税法使用年限（年）| | 8 | | 6 | | | 企业所得税率 | |
| 已使用年限（年）| | 3 | | 0 | | | 25% | |
| 尚可使用年限（年）| | 6 | | 6 | | | 资本成本率 | |
| 垫支营运资金 | | 10 000 | | 11 000 | | | 10% | |
| 大修理支出 | | 18 000 | 第2年末 | 9 000 | 第4年末 | | | |
| 每年折旧费（直线法）| | 10 000 | =（原价−税法残值）/税法使用年限 | 12 000 | =（原价−税法残值）/税法使用年限 | | | |
| 每年营运成本 | | 13 000 | | 7 000 | | | | |
| 目前账面价值 | | 54 000 | =原价−累计折旧 | 76 500 | =原值−累计折旧 | | | |
| 目前变现成本 | | 40 000 | | 76 500 | | | | |
| 预计最终报废残值 | | 5 500 | | 6 000 | | | | |

图 10.10 新旧设备资料表

**步骤2** 继续编制保留旧设备方案初始表格，如图 10.11 所示。

**步骤3** 录入"每年营运成本"数据公式，通过新旧设备资料中的数据计算而来。由于

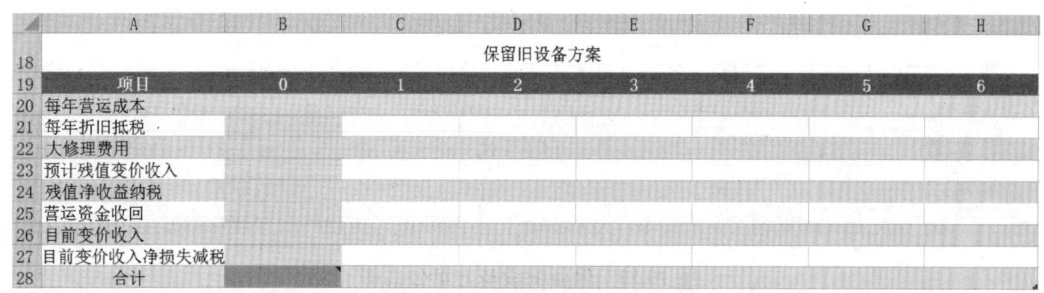

图 10.11　保留旧设备方案初始图

营运成本有抵税的作用,每年实际的现金流量=每年的营运成本×(1-所得税税率)。营运成本是现金流出,为负数。参考公式,如图 10.12 所示。将 1~6 年的现金流量折现,记入第 0 年的单元格中,即 B20。

**步骤 4**　录入"每年的折旧抵税"数据公式,同样通过新旧设备资料中的数据计算而来。折旧不产生现金流出,但是可以产生抵税的效果,每年的折旧抵税的现金流量=每年的折旧×所得税税率。折旧抵税至现金流出的减少,视同现金流入,为正数。由于税法使用年限为 8 年,已经使用 3 年,可提折旧的年限只有 5 年。参考公式如图 10.12 所示。将 1~5 年的现金流量折现,记入第 0 年的单元格中,即 B21。

**步骤 5**　录入"大修理费用"的数据公式。大修理费用发生在第二年,现金流出,并有抵税作用,公式如图 10.12 所示,为负数。录入第一年的数据为 0,再将 1~2 年的现金流量折现,记入第 0 年的单元格中,即 B22。

**步骤 6**　录入"预计残值变价收入"公式。预计残值变价收入发生在第六年,折现时,需将 1~5 年数据补充为 0。再将 1~6 年的现金流量折现,记入第 0 年的单元格中,即 B23。

**步骤 7**　录入"残值净收益纳税"的数据公式。预计残值变价收入大于税法计算的净残值,产生预计净收益,因此要预计净收益纳税额=(预计残值变价收入-税法残值)×所得税税率。残值净收益纳税发生在第六年,折现时,需将 1~5 年数据补充为 0。再将 1~6 年的现金流量折现,记入第 0 年的单元格中,即 B24。

**步骤 8**　录入"营运资金的收回"的数据公式。营运资金的收回发生在第六年,折现时,需将 1~5 年数据补充为 0。再将 1~6 年的现金流量折现,记入第 0 年的单元格中,即 B25。

**步骤 9**　录入"目前变价收入"的数据公式。变价收入是指将旧设备出售,能收回的资金,使用保留旧设备的方案,就不能同时收回这笔资金,因此,相当于资金的投入,直接记入第 0 年的单元格中,即 B26。

**步骤 10**　录入"目前变价收入净损失减税"的数据公式。目前变价收入小于目前账面价值,产生净损失,因此可以抵税=(目前变价收入-目前账面价值)×所得税税率。直接记入第 0 年的单元格中,即 B27。

**步骤 11**　将上述数据合计,第 0 年的合计数,即该方案的净现值。参考公式如图 10.12 所示,效果参考如图 10.13 所示。

## Excel 在财务中的运用

| | A | B | C | D | E | F | G | H |
|---|---|---|---|---|---|---|---|---|
| 18 | | | | | 保留旧设备方案 | | | |
| 19 | 项目 | 0 | 1 | 2 | 3 | 4 | 5 | 6 |
| 20 | 每年营运成本 | =NPV($G$9,C20:H20) | =-$B$12*(1-$G$7) | =-$B$12*(1-$G$7) | =-$B$12*(1-$G$7) | =-$B$12*(1-$G$7) | =-$B$12*(1-$G$7) | =-$B$12*(1-$G$7) |
| 21 | 每年折旧抵税 | =NPV($G$9,C21:H21) | =$B$11*$G$7 | =$B$11*$G$7 | =$B$11*$G$7 | =$B$11*$G$7 | =$B$11*$G$7 | |
| 22 | 大修理费用 | =NPV($G$9,C22:D22) | 0 | =-B10*(1-$G$7) | | | | |
| 23 | 预计残值变价收入 | =NPV($G$9,C23:H23) | 0 | 0 | 0 | 0 | 0 | =B15 |
| 24 | 残值净收益纳税 | =NPV($G$9,C24:H24) | 0 | 0 | 0 | 0 | 0 | =-(B15-B5)*G7 |
| 25 | 营运资金收回 | =NPV($G$9,C25:H25) | 0 | 0 | 0 | 0 | 0 | =B9 |
| 26 | 目前变价收入 | =B14 | 0 | 0 | 0 | 0 | 0 | 0 |
| 27 | 目前变价收入净损失减税 | =(B14-B13)*G7 | 0 | 0 | 0 | 0 | 0 | 0 |
| 28 | 合计 | =SUM(B20:B27) | =SUM(C20:C27) | =SUM(D20:D27) | =SUM(E20:E27) | =SUM(F20:F27) | =SUM(G20:G27) | =SUM(H20:H27) |

图 10.12　保留旧设备方案公式图

| | A | B | C | D | E | F | G | H |
|---|---|---|---|---|---|---|---|---|
| 18 | | | | | 保留旧设备方案 | | | |
| 19 | 项目 | 0 | 1 | 2 | 3 | 4 | 5 | 6 |
| 20 | 每年营运成本 | -42 463.79 | -9 750 | -9 750 | -9 750 | -9 750 | -9 750 | -9 750 |
| 21 | 每年折旧抵税 | 9 476.97 | 2 500 | 2 500 | 2 500 | 2 500 | 2 500 | |
| 22 | 大修理费用 | -11 157.02 | 0 | -13 500 | | | | |
| 23 | 预计残值变价收入 | 3 104.61 | 0 | 0 | 0 | 0 | 0 | 5 500 |
| 24 | 残值净收益纳税 | -211.68 | 0 | 0 | 0 | 0 | 0 | -375 |
| 25 | 营运资金收回 | 5 644.74 | 0 | 0 | 0 | 0 | 0 | 10 000 |
| 26 | 目前变价收入 | -40 000.00 | 0 | 0 | 0 | 0 | 0 | 0 |
| 27 | 目前变价收入净损失减税 | -3 500.00 | 0 | 0 | 0 | 0 | 0 | 0 |
| 28 | 合计 | -79 106.18 | -7 250 | -20 750 | -7 250 | -7 250 | -7 250 | 5 375 |

图 10.13　保留旧设备方案效果图

#### 10.3.2.2　购买新设备方案数据分析

**步骤 1**　编制购买新设备方案初始表格，如图 10.14 所示。

| | A | B | C | D | E | F | G | H |
|---|---|---|---|---|---|---|---|---|
| 31 | | | | | 购买新设备方案 | | | |
| 32 | 项目 | 0 | 1 | 2 | 3 | 4 | 5 | 6 |
| 33 | 设备投资 | | | | | | | |
| 34 | 垫支营运资金 | | | | | | | |
| 35 | 每年营运成本 | | | | | | | |
| 36 | 每年折旧抵税 | | | | | | | |
| 37 | 大修理费用 | | | | | | | |
| 38 | 预计残值变价收入 | | | | | | | |
| 39 | 残值净收益纳税 | | | | | | | |
| 40 | 营运资金收回 | | | | | | | |
| 41 | 合计 | | | | | | | |

图 10.14　购买新设备方案初始图

**步骤 2**　录入"设备投资"数据公式，设备投资直接记为新设备的原价，现金流出，记为负数，记入第 0 年的单元格中，即 B33。

**步骤 3**　录入"垫支营运资金"数据公式，由于旧设备已经使用了 3 年，早在 3 年前就应垫支了营运资金，所以旧设备数据分析中没有涉及垫支了营运资金。但是如果购入新设备，就需要出售旧设备，旧设备垫支的营运资金转移到新设备上，新设备垫支的营运资金高于旧设备垫支的营运资金，只要支付差额就可以了。因此公式为：新设备垫支的营运资金-旧设备垫支的营运资金。记入第 0 年的单元格中，即 B34。

**步骤 4**　录入"每年营运成本"数据公式，通过新旧设备资料中的数据计算而来。由于营运成本有抵税的作用，每年实际的现金流量=每年的营运成本×(1-所得税税率)。营运成本是现金流出，为负数。参考公式，如图 10.15 所示。将 1~6 年的现金流量折现，记入第 0 年的单元格中,即 B35。

**步骤 5** 录入"每年的折旧抵税"数据公式,同样通过新旧设备资料中的数据计算而来。折旧不产生现金流出,但是可以产生抵税的效果,每年的折旧抵税的现金流量为:每年的折旧×所得税税率。折旧抵税至现金流出的减少,视同现金流入,为正数。可提折旧的年限 6 年。参考公式,如图 10.15 所示。将 1~6 年的现金流量折现,记入第 0 年的单元格中,即 B36。

**步骤 6** 录入"大修理费用"数据公式。大修理费用发生在第四年,现金流出,并有抵税作用,公式如图 10.12,为负数。录入第一、第二、第三年的数据为 0,再将 1~4 年的现金流量折现,记入第 0 年的单元格中,即 B37。

**步骤 7** 录入"预计残值变价收入"公式。预计残值变价收入发生在第六年,折现时,需将 1~5 年数据补充为 0。再将 1~6 年的现金流量折现,记入第 0 年的单元格中,即 B38。

**步骤 8** 录入"残值净收益纳税"数据公式。预计残值变价收入大于税法计算的净残值,产生预计净收益,因此要预计净收益纳税额=(预计残值变价收入-税法残值)×所得税税率。残值净收益纳税发生在第六年,折现时,需将 1~5 年数据补充为 0。再将 1~6 年的现金流量折现,记入第 0 年的单元格中,即 B39。

**步骤 9** 录入"营运资金的收回"数据公式。营运资金的收回发生在第六年,折现时,需将 1~5 年数据补充为 0。再将 1~6 年的现金流量折现,记入第 0 年的单元格中,即 B40。

**步骤 10** 将上述数据合计,第 0 年的合计数,即该方案的净现值。参考公式,如图 10.15 所示,效果参考,如图 10.16 所示。

| | A | B | C | D | E | F | G | H |
|---|---|---|---|---|---|---|---|---|
| 31 | | | | | 购买新设备方案 | | | |
| 32 | 项目 | 0 | 1 | 2 | 3 | 4 | 5 | 6 |
| 33 | 设备投资 | =-D4 | | | | | | |
| 34 | 垫支营运资金 | =-D9+B9 | | | | | | |
| 35 | 每年营运成本 | =NPV($G$9,C35:H35) | =-$D$12*(1-$G$7) | =-$D$12*(1-$G$7) | =-$D$12*(1-$G$7) | =-$D$12*(1-$G$7) | =-$D$12*(1-$G$7) | =-$D$12*(1-$G$7) |
| 36 | 每年折旧抵税 | =NPV($G$9,C36:H36) | =$D$11*$G$7 | =$D$11*$G$7 | =$D$11*$G$7 | =$D$11*$G$7 | =$D$11*$G$7 | =$D$11*$G$7 |
| 37 | 大修理费用 | =NPV($G$9,C37:H37) | 0 | 0 | 0 | =-D10*(1-G7) | 0 | 0 |
| 38 | 预计残值变价收入 | =NPV($G$9,C38:H38) | 0 | 0 | 0 | 0 | 0 | =D15 |
| 39 | 残值净收益纳税 | =NPV($G$9,C39:H39) | 0 | 0 | 0 | 0 | 0 | =-(D15-D5)*G7 |
| 40 | 营运资金收回 | =NPV($G$9,C40:H40) | 0 | 0 | 0 | 0 | 0 | =D9 |
| 41 | 合计 | =SUM(B33:B40) | =SUM(C33:C40) | =SUM(D33:D40) | =SUM(E33:E40) | =SUM(F33:F40) | =SUM(G33:G40) | =SUM(H33:H40) |

图 10.15 购买新设备方案公式图

| | A | B | C | D | E | F | G | H |
|---|---|---|---|---|---|---|---|---|
| 31 | | | | | 购买新设备方案 | | | |
| 32 | 项目 | 0 | 1 | 2 | 3 | 4 | 5 | 6 |
| 33 | 设备投资 | -76 500.00 | | | | | | |
| 34 | 垫支营运资金 | -1 000.00 | | | | | | |
| 35 | 每年营运成本 | -22 865.12 | -5 250 | -5 250 | -5 250 | -5 250 | -5 250 | -5 250 |
| 36 | 每年折旧抵税 | 13 065.78 | 3 000 | 3 000 | 3 000 | 3 000 | 3 000 | 3 000 |
| 37 | 大修理费用 | -4 610.34 | 0 | 0 | 0 | -6 750 | 0 | 0 |
| 38 | 预计残值变价收入 | 3 386.84 | 0 | 0 | 0 | 0 | 0 | 6 000 |
| 39 | 残值净收益纳税 | -211.68 | 0 | 0 | 0 | 0 | 0 | -375 |
| 40 | 营运资金收回 | 6 209.21 | 0 | 0 | 0 | 0 | 0 | 11 000 |
| 41 | 合计 | -82 525.30 | -2 250 | -2 250 | -2 250 | -9 000 | -2 250 | 14 375 |

图 10.16 购买新设备方案效果图

### 10.3.2.3 方案分析

上述两个方案是替换重置,寿命相同的案例,营业收入预计相同,则没有考虑,因此,两个方案的净现值实际为两个方案的相关现金流出的现值,且都为负数。保留旧设备的方案的现金流出的现值小于购买新设备方案的现金流出的现值,故应当选择保留旧设备的方案。

### 10.3.3 拓展任务

从上例可以看出替换重置的案例,由于营业收入预计相同,不予以考虑,其他相同的信息也将不予考虑,因此,固定资产更新决策可以利用差额投资内部收益率法,进行判断。请大家根据上述资料建立一个差额投资内部收益率法的分析模型。

## 实 战 训 练

吉大卢卡设备有限公司急需 1 台不需要安装的设备,设备投入使用后,每年可增加营业收入与营业税金及附加的差额为 60 000 元,增加经营成本 37 000 元。市场上该设备的购买价(含税)为 80 000 元,折旧年限为 10 年,预计净残值为 4 000 元。若从租赁公司按经营租赁的方式租入同样的设备,只需每年年末支付 10 000 元租金,可连续租用 10 年。假定基准折现率为 10%,适用的企业所得税税率为 25%。

试建立模型,进行案例分析。

# 典型项目 11 生产成本核算

## ➢ 项目目标

**知识目标**
1. 熟悉企业辅助生产成本分配计算的原理
2. 掌握企业生产成本核算的原理
3. 了解 Excel 中的规划求解功能的使用

**技能目标**
1. 掌握直接材料汇总表的编制
2. 掌握职工薪酬分配表的编制
3. 掌握辅助生产成本分配表的编制
4. 掌握 Excel 制造费用的归集和分配编制
5. 掌握产品成本计算表的编制
6. 掌握生产计划的编制

**素养目标**
1. 提高成本核算能力,在国家推动新型工业化、节能减排进程中,竭尽所能节约企业成本,增强企业发展活力
2. 在大数据环境下,学会分析和汇总各种形式的数据,做好成本核算和控制

## ➢ 项目知识背景

财务角度:生产成本又称制造成本,是指生产活动的成本,即企业为生产产品而发生的成本。生产成本是生产过程中各种资源利用情况的货币表示,是衡量企业技术和管理水平的重要指标,包括直接材料、直接人工、燃料动力以及制造费用;"生产成本"科目借方记录产品成本的计算过程,贷方登记转入"库存商品"科目的完工产品的制造成本。期末借方余额表示生产过程尚未完工产品的成本,即期末在产品成本。该科目的明细分类账应按产品品种分别设置。

Excel 技巧:利用数据验证、规划求解,运用 IF、INDEX、ROW、ROUND、SUMIF 和 SUMIF 等函数。

## ➢ 项目任务

利源有限公司是一家典型的制造业企业,主要有一个基本生产车间和两个辅助生产车间(机修车间和供气);主要生产 PL4 元件、APM5 元件和 MK3 元件三种产品。产品成本计算采用品种法,辅助生产费用分配采用交互分配法。原材料在生产过程中一次领用,产品完工比例按 50% 计算,制造费用按生产工人工资金额分配。现抽取每个产品的 5 张领料单信息,来代表所有原材料的领用。

公司需要通过 Excel 表格进行产品成本计算和编制下一个月份的生产计划,已知数据如下所示①。

20×2 年 12 月该公司生产领用材料情况,如表 11.1 至表 11.15 所示。

表 11.1　　　　　　　　　　　　　领　料　单

领料部门:生产车间

用　　途:生产 PL4 元件　　　　20×2 年 12 月 01 日　　　　第 19121101 号

| 材料 | | | 单位 | 领用数量 | | 退库 | |
|---|---|---|---|---|---|---|---|
| 编码 | 名称 | 规格 | | 请领 | 实发 | 请退 | 实退 |
| A003 | 垫圈 | | 千克 | 300.00 | 300.00 | 0.00 | 0.00 |
| | | | | | | | |
| | | | | | | | |
| | | | | | | | |
| 合计 | | | | | | | 0.00 |

部门经理:王丽清　　　会计:吴小莉　　　仓库:钱伟　　　经办人:赵志国

表 11.2　　　　　　　　　　　　　领　料　单

领料部门:生产车间

用　　途:生产 PL4 元件　　　　20×2 年 12 月 01 日　　　　第 19121102 号

| 材料 | | | 单位 | 领用数量 | | 退库 | |
|---|---|---|---|---|---|---|---|
| 编码 | 名称 | 规格 | | 请领 | 实发 | 请退 | 实退 |
| A008 | 焊丝 HT-50 | | 千克 | 400.00 | 400.00 | 0.00 | 0.00 |
| | | | | | | | |
| | | | | | | | |
| | | | | | | | |
| 合计 | | | | | | | 0.00 |

部门经理:王丽清　　　会计:吴小莉　　　仓库:钱伟　　　经办人:赵志国

---

① 成本数据内容较多,任课教师可通过立信会计出版社获取相关原始数据的 Excel 工作簿。

表 11.3

领 料 单

领料部门:生产车间

用　　途:生产 PL4 元件　　　　　20×2 年 12 月 02 日　　　　　第 19121103 号

| 材料 | | | 单位 | 领用数量 | | 退库 | |
|---|---|---|---|---|---|---|---|
| 编码 | 名称 | 规格 | | 请领 | 实发 | 请退 | 实退 |
| A005 | SA333Cr1 | | 千克 | 500.00 | 500.00 | 0.00 | 0.00 |
| | | | | | | | |
| | | | | | | | |
| | | | | | | | |
| 合计 | | | | | | | 0.00 |

部门经理:王丽清　　　　　会计:吴小莉　　　　　仓库:钱伟　　　　　经办人:赵志国

表 11.4

领 料 单

领料部门:生产车间

用　　途:生产 PL4 元件　　　　　20×2 年 12 月 02 日　　　　　第 19121104 号

| 材料 | | | 单位 | 领用数量 | | 退库 | |
|---|---|---|---|---|---|---|---|
| 编码 | 名称 | 规格 | | 请领 | 实发 | 请退 | 实退 |
| A008 | 焊丝 HT-50 | | 千克 | 200.00 | 200.00 | 0.00 | 0.00 |
| | | | | | | | |
| | | | | | | | |
| | | | | | | | |
| 合计 | | | | | | | 0.00 |

部门经理:王丽清　　　　　会计:吴小莉　　　　　仓库:钱伟　　　　　经办人:赵志国

表 11.5

领 料 单

领料部门:生产车间

用　　途:生产 PL4 元件　　　　　20×2 年 12 月 02 日　　　　　第 19121105 号

| 材料 | | | 单位 | 领用数量 | | 退库 | |
|---|---|---|---|---|---|---|---|
| 编码 | 名称 | 规格 | | 请领 | 实发 | 请退 | 实退 |
| A010 | 焊剂 ETCFX76B | | 千克 | 96.00 | 96.00 | 0.00 | 0.00 |
| | | | | | | | |
| | | | | | | | |
| | | | | | | | |
| 合计 | | | | | | | 0.00 |

部门经理:王丽清　　　　　会计:吴小莉　　　　　仓库:钱伟　　　　　经办人:赵志国

表 11.6　　　　　　　　　　　　　　　领　料　单

领料部门:生产车间

用　　途:生产 APM5 元件　　　　20×2 年 12 月 01 日　　　　第 19122101 号

| 材料 | | | 单位 | 领用数量 | | 退库 | |
|---|---|---|---|---|---|---|---|
| 编码 | 名称 | 规格 | | 请领 | 实发 | 请退 | 实退 |
| A008 | 焊丝 HT-50 | | 箱 | 47 | 47 | 0.00 | 0.00 |
| | | | | | | | |
| | | | | | | | |
| | | | | | | | |
| 合计 | | | | | | | 0.00 |

部门经理:王丽清　　　会计:吴小莉　　　仓库:钱伟　　　经办人:赵志国

表 11.7　　　　　　　　　　　　　　　领　料　单

领料部门:生产车间

用　　途:生产 APM5 元件　　　　20×2 年 12 月 01 日　　　　第 19122102 号

| 材料 | | | 单位 | 领用数量 | | 退库 | |
|---|---|---|---|---|---|---|---|
| 编码 | 名称 | 规格 | | 请领 | 实发 | 请退 | 实退 |
| A006 | 焊条 TS-309Z | | 千克 | 107 | 107 | 0.00 | 0.00 |
| | | | | | | | |
| | | | | | | | |
| | | | | | | | |
| 合计 | | | | | | | 0.00 |

部门经理:王丽清　　　会计:吴小莉　　　仓库:钱伟　　　经办人:赵志国

表 11.8　　　　　　　　　　　　　　　领　料　单

领料部门:生产车间

用　　途:生产 APM5 元件　　　　20×2 年 12 月 02 日　　　　第 19122103 号

| 材料 | | | 单位 | 领用数量 | | 退库 | |
|---|---|---|---|---|---|---|---|
| 编码 | 名称 | 规格 | | 请领 | 实发 | 请退 | 实退 |
| A009 | 焊丝 H10MnSi | | 盒 | 58 | 58 | 0.00 | 0.00 |
| | | | | | | | |
| | | | | | | | |
| | | | | | | | |
| 合计 | | | | | | | 0.00 |

部门经理:王丽清　　　会计:吴小莉　　　仓库:钱伟　　　经办人:赵志国

表11.9　　　　　　　　　　　　　领　料　单

领料部门:生产车间

用　　途:生产APM5元件　　　　20×2年12月02日　　　　　　第19122104号

| 材料 | | | 单位 | 领用数量 | | 退库 | |
|---|---|---|---|---|---|---|---|
| 编码 | 名称 | 规格 | | 请领 | 实发 | 请退 | 实退 |
| A007 | 焊条TS-309Z | | 千克 | 117 | 117 | 0.00 | 0.00 |
| | | | | | | | |
| | | | | | | | |
| | | | | | | | |
| 合计 | | | | | | | 0.00 |

部门经理:王丽清　　　　会计:吴小莉　　　　仓库:钱伟　　　　经办人:赵志国

表11.10　　　　　　　　　　　　领　料　单

领料部门:生产车间

用　　途:生产APM5元件　　　　20×2年12月02日　　　　　　第19122105号

| 材料 | | | 单位 | 领用数量 | | 退库 | |
|---|---|---|---|---|---|---|---|
| 编码 | 名称 | 规格 | | 请领 | 实发 | 请退 | 实退 |
| A001 | 丝网 | | 千克 | 52 | 52 | 0.00 | 0.00 |
| | | | | | | | |
| | | | | | | | |
| | | | | | | | |
| 合计 | | | | | | | 0.00 |

部门经理:王丽清　　　　会计:吴小莉　　　　仓库:钱伟　　　　经办人:赵志国

表11.11　　　　　　　　　　　　领　料　单

领料部门:生产车间

用　　途:生产MK3元件　　　　　20×2年12月01日　　　　　　第19123101号

| 材料 | | | 单位 | 领用数量 | | 退库 | |
|---|---|---|---|---|---|---|---|
| 编码 | 名称 | 规格 | | 请领 | 实发 | 请退 | 实退 |
| A003 | 垫圈 | | 千克 | 49 | 49 | 0.00 | 0.00 |
| | | | | | | | |
| | | | | | | | |
| | | | | | | | |
| 合计 | | | | | | | 0.00 |

部门经理:王丽清　　　　会计:吴小莉　　　　仓库:钱伟　　　　经办人:赵志国

表 11.12

领　料　单

领料部门:生产车间

用　　途:生产 MK3 元件　　　　20×2 年 12 月 01 日　　　　第 19123102 号

| 材料 | | | 单位 | 领用数量 | | 退库 | |
|---|---|---|---|---|---|---|---|
| 编码 | 名称 | 规格 | | 请领 | 实发 | 请退 | 实退 |
| A012 | 焊剂 SJ304 | | 千克 | 11 | 11 | 0.00 | 0.00 |
| | | | | | | | |
| | | | | | | | |
| | | | | | | | |
| 合计 | | | | | | | 0.00 |

部门经理:王丽清　　　　会计:吴小莉　　　　仓库:钱伟　　　　经办人:赵志国

表 11.13

领　料　单

领料部门:生产车间

用　　途:生产 MK3 元件　　　　20×2 年 12 月 02 日　　　　第 19123103 号

| 材料 | | | 单位 | 领用数量 | | 退库 | |
|---|---|---|---|---|---|---|---|
| 编码 | 名称 | 规格 | | 请领 | 实发 | 请退 | 实退 |
| A006 | 焊条 TS-309Z | | 千克 | 96 | 96 | 0.00 | 0.00 |
| | | | | | | | |
| | | | | | | | |
| | | | | | | | |
| 合计 | | | | | | | 0.00 |

部门经理:王丽清　　　　会计:吴小莉　　　　仓库:钱伟　　　　经办人:赵志国

表 11.14

领　料　单

领料部门:生产车间

用　　途:生产 MK3 元件　　　　20×2 年 12 月 02 日　　　　第 19123104 号

| 材料 | | | 单位 | 领用数量 | | 退库 | |
|---|---|---|---|---|---|---|---|
| 编码 | 名称 | 规格 | | 请领 | 实发 | 请退 | 实退 |
| A010 | 焊剂 ETCFX76B | | 千克 | 60 | 60 | 0.00 | 0.00 |
| | | | | | | | |
| | | | | | | | |
| | | | | | | | |
| 合计 | | | | | | | 0.00 |

部门经理:王丽清　　　　会计:吴小莉　　　　仓库:钱伟　　　　经办人:赵志国

表 11.15　　　　　　　　　　　　　　领　料　单

领料部门:生产车间

用　　途:生产 MK3 元件　　　　　　20×2 年 12 月 02 日　　　　　　第 19123105 号

| 材料 | | | 单位 | 领用数量 | | 退库 | |
|---|---|---|---|---|---|---|---|
| 编码 | 名称 | 规格 | | 请领 | 实发 | 请退 | 实退 |
| A012 | 焊剂 SJ304 | | 千克 | 12 | 12 | 0.00 | 0.00 |
| | | | | | | | |
| | | | | | | | |
| | | | | | | | |
| 合计 | | | | | | | 0.00 |

部门经理:王丽清　　　　会计:吴小莉　　　　仓库:钱伟　　　　经办人:赵志国

20×2 年 12 月该公司领料凭证汇总表和产品领料汇总,如表 11.16 和表 11.17 所示。

表 11.16　　　　　　　　　　　　领料凭证汇总表

20×2 年 12 月

| 生产 PL4 元件 | | | 生产 APM5 元件 | | | 生产 MK3 元件 | | |
|---|---|---|---|---|---|---|---|---|
| 领料单 | 材料名称 | 数量 | 领料单 | 材料名称 | 数量 | 领料单 | 材料名称 | 数量 |
| 19121101 | | | 19122101 | | | 19123101 | | |
| 19121102 | | | 19122102 | | | 19123102 | | |
| 19121103 | | | 19122103 | | | 19123103 | | |
| 19121104 | | | 19122104 | | | 19123104 | | |
| 19121105 | | | 19122105 | | | 19123105 | | |

表 11.17　　　　　　　　　　　　产品领料汇总表

20×2 年 12 月　　　　　　　　　　　　　　　　　　　　　　　　　单位:元

| 原材料列表 | | | 生产 PL4 元件 | | 生产 APM5 元件 | | 生产 MK3 元件 | |
|---|---|---|---|---|---|---|---|---|
| 原料编码 | 原料名称 | 单价(元/千克) | 数量 | 成本 | 数量 | 成本 | 数量 | 成本 |
| A001 | 丝网 | 20.56 | | | | | | |
| A002 | 铭牌 | 50.00 | | | | | | |
| A003 | 垫圈 | 5.32 | | | | | | |
| A004 | 液位计原料 | 17.69 | | | | | | |
| A005 | SA333Cr1 | 11.11 | | | | | | |
| A006 | 焊条 TS-345s | 43.59 | | | | | | |
| A007 | 焊条 TS-309Z | 65.73 | | | | | | |
| A008 | 焊丝 HT-50 | 57.26 | | | | | | |
| A009 | 焊丝 H10MnSi | 7.98 | | | | | | |
| A010 | 焊剂 ETCFX76B | 31.37 | | | | | | |
| A011 | 焊剂 SJ603W | 15.38 | | | | | | |
| A012 | 焊剂 SJ304 | 17.09 | | | | | | |
| | 合计 | | | | | | | |

20×2 年 12 月该公司应付职工薪酬分配计算表,如表 11.18 所示。

表 11.18　　　　　　　　　应付职工薪酬分配计算表

工资所属期:20×2 年 12 月 01 日至 20×2 年 12 月 31 日　　　　　　　　　　　单位:元

| 部门编码 | 部门 | 人员岗位 | 会计科目 | 工资总额 |
|---|---|---|---|---|
| 1 | 企业管理部门 | | | 21 177.00 |
| 2 | 市场调研部 | | | 56 658.50 |
| 3 | 财务部 | | | 57 007.75 |
| 4 | 人事部 | | | 36 500.30 |
| 5 | 运输部 | | | 49 794.61 |
| 6 | 销售部 | | | 127 316.05 |
| 7 | 采购部 | | | 58 705.60 |
| 8 | 生产车间 | PL4 元件生产工人 | | 175 803.04 |
| 9 | 生产车间 | APM5 元件生产工人 | | 303 289.86 |
| 10 | 生产车间 | MK3 元件生产工人 | | 167 870.57 |
| 11 | 生产车间 | 管理人员 | | 56 700.49 |
| | | | 合计 | 1 110 823.77 |

20×2 年 12 月该公司辅助生产费用分配表和辅助生产车间提供的劳务量,如表 11.19 和表 11.20 所示。

表 11.19　　　　　　　　　辅助生产成本分配表

20×2 年 12 月

| 项目 | | 交互分配 | | | 对外分配 | | |
|---|---|---|---|---|---|---|---|
| | | 机修车间 | 供气车间 | 合计 | 机修车间 | 供气车间 | 合计 |
| 待分配费用 | | 81 000.00 | 71 400.00 | | | | |
| 劳务供应量 | | | | | | | |
| 分配率 | | | | | | | |
| 机修车间 | 数量 | | | | | | |
| | 金额 | | | | | | |
| 供气车间 | 数量 | | | | | | |
| | 金额 | | | | | | |
| 分配合计 | | | | | | | |
| 生产 PL4 元件用 | 数量 | | | | | | |
| | 金额 | | | | | | |
| 生产 APM5 元件用 | 数量 | | | | | | |
| | 金额 | | | | | | |
| 生产 MK3 元件用 | 数量 | | | | | | |
| | 金额 | | | | | | |
| 制造费用 | 数量 | | | | | | |
| | 金额 | | | | | | |
| 销售部门 | 数量 | | | | | | |
| | 金额 | | | | | | |
| 厂部 | 数量 | | | | | | |
| | 金额 | | | | | | |
| 合计 | | | | | | | |

表 11.20　　　　　　　　　辅助生产车间提供的劳务量
20×2 年 12 月

| 辅助生产 | 生产 PL4 元件用 | 生产 APM5 元件用 | 生产 MK3 元件用 | 车间管理用 | 机修车间 | 供汽车间 | 管理部门 | 销售部门 | 合计 |
|---|---|---|---|---|---|---|---|---|---|
| 机修车间(小时) | | | | 2 000 | | 1 000 | 500.00 | 1 000 | 4 500 |
| 供气车间(吨) | 12 000 | 11 000 | 10 000 | 8 000 | 3 000.00 | | 5 000.00 | 1 000 | 50 000 |

20×2 年 12 月该公司制造费用明细账和制造费用分配表,如表 11.21 和表 11.22 所示。

表 11.21　　　　　　　　　制造费用明细账
20×2 年 12 月

| 月 | 日 | 凭证号数 | 摘要 | 借方 | 贷方 | 方向 | 余额 |
|---|---|---|---|---|---|---|---|
| 12 | 9 | 记-0033 | 检验费 | 7 500.00 | | 借 | 7 500.00 |
| 12 | 29 | 记-0066 | 分配电费 | 600.00 | | 借 | 8 100.00 |
| 12 | 29 | 记-0067 | 分配水费 | 11 250.00 | | 借 | 19 350.00 |
| 12 | 31 | 记-0068 | 计提折旧 | 3 610.00 | | 借 | 22 960.00 |
| 12 | 31 | 记-0072 | 办公费 | 120.00 | | 借 | 23 080.00 |
| 12 | 31 | 记-0076 | 分配工资 | | | 借 | |
| 12 | 31 | 记-0077 | 机修车间分配辅助生产成本 | | | 借 | |
| 12 | 31 | 记-0077 | 供气车间分配辅助生产成本 | | | 借 | |
| 12 | 31 | 记-0078 | 制造费用分配 | | | 平 | |
| 12 | | | 本月合计 | | | 平 | |

表 11.22　　　　　　　　　制造费用分配表
20×2 年 12 月 31 日　　　　　　　　　　　　　　　　　单位:元

| 产品名称 | 工资总额 | 分配率 | 分配金额 |
|---|---|---|---|
| PL4 元件 | | | |
| APM5 元件 | | | |
| MK3 元件 | | | |
| 合计 | | | |

20×2 年 12 月该公司产品成本计算表,如表 11.23、表 11.24 和表 11.25 所示。该公司生产计划,如表 11.26 所示。

表 11.23　　　　　　　　　产品成本计算表

完工产成品数量:　　　　65 000 只
在产品数量:　　　　　　560 只
产品名称:　　PL4 元件　　　　20×2 年 12 月　　　　　　　　　　单位:元

| 成本项目 | 月初在产品 | 本月生产费用 | 生产费用合计 | 约当产量 | 完工产品总成本 | 单位成本 | 月末在产品成本 |
|---|---|---|---|---|---|---|---|
| 直接材料 | 54 675.00 | | | | | | |
| 直接人工 | 1 810.00 | | | | | | |
| 辅助生产成本 | 1 200.00 | | | | | | |
| 制造费用 | 1 300.00 | | | | | | |
| 合计 | | | | | | | |

表 11.24　　　　　　　　　　　　　产品成本计算表

完工产成品数量：　　　　67 000 只
在产品数量：　　　　　　600 只
产品名称：　　APM5 元件　　　　20×2 年 12 月　　　　　　　　　　单位:元

| 成本项目 | 月初在产品 | 本月生产费用 | 生产费用合计 | 约当产量 | 完工产品总成本 | 单位成本 | 月末在产品成本 |
| --- | --- | --- | --- | --- | --- | --- | --- |
| 直接材料 | 1 675.00 | | | | | | |
| 直接人工 | 2 100.00 | | | | | | |
| 辅助生产成本 | 1 000.00 | | | | | | |
| 制造费用 | 2 300.00 | | | | | | |
| 合计 | | | | | | | |

表 11.25　　　　　　　　　　　　　产品成本计算表

完工产成品数量：　　　　63 000 只
在产品数量：　　　　　　400 只
产品名称：　　MK3 元件　　　　20×2 年 12 月　　　　　　　　　　单位:元

| 成本项目 | 月初在产品 | 本月生产费用 | 生产费用合计 | 约当产量 | 完工产品总成本 | 单位成本 | 月末在产品成本 |
| --- | --- | --- | --- | --- | --- | --- | --- |
| 直接材料 | 800.00 | | | | | | |
| 直接人工 | 1 200.00 | | | | | | |
| 辅助生产成本 | 8 000.00 | | | | | | |
| 制造费用 | 500.00 | | | | | | |
| 合计 | | | | | | | |

表 11.26　　　　　　　　　　　　　　生　产　计　划

计划期间:20×3 年 1 月

| 项　目 | 一号生产线 | 二号生产线 | 三号生产线 | 单位成本 | 单价 | 产品产量 |
| --- | --- | --- | --- | --- | --- | --- |
| PL4 元件 | 0.002 | 0.003 | — | | 10.00 | |
| APM5 元件 | | 0.004 | 0.005 | — | 13.00 | |
| MK3 元件 | 0.003 | | 0.004 | — | 8.00 | |
| 车间提供的总工时(小时) | 600 | 720 | 650 | 产品利润 | | |
| 实际工时(小时) | | | | | | |

## ▶ 任务分解

任务分解图,如图 11.1 所示。

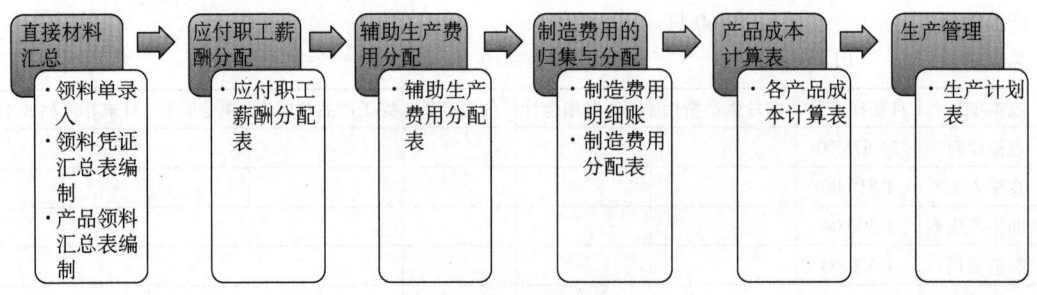

图 11.1　任务分解图

## 任务 11.1 直接材料汇总

### 11.1.1 任务分析

直接材料是生产成本重要的组成部分,本案例只选取了少量领料单作为代表。

本任务的 Excel 学习目的是建立辅助表的理念。

### 11.1.2 任务实现步骤

**步骤 1** 新建工作簿,命名为"生产成本管理",将 Sheet1,Sheet2 和 Sheet3 重命名为"领料单——生产 PL4 元件""领料单——生产 APM5 元件"和"领料单——生产 MK3 元件"。

**步骤 2** 在"领料单——生产 PL4 元件"录入表 11.1 至表 11.5,在"领料单——生产 APM5 元件"录入表 11.6 至表 11.10,在"领料单——生产 MK3 元件"录入表 11.1 至表 11.15,如图 11.2 所示。

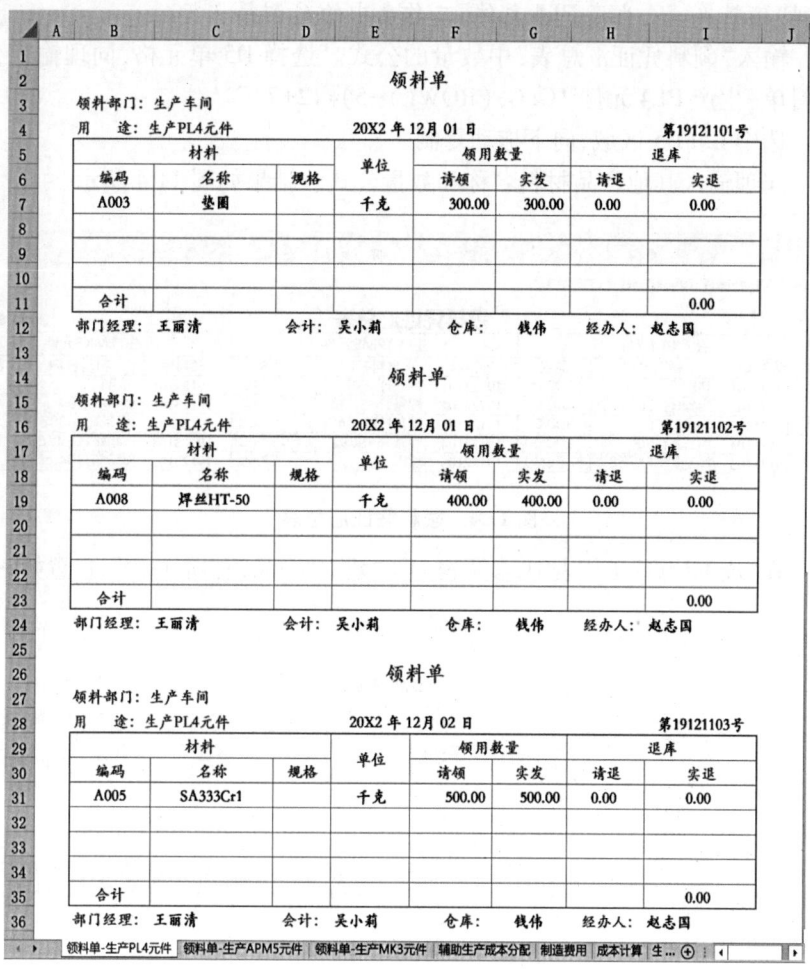

图 11.2 领料单

**步骤3** 在"生产成本管理"工作簿中,新建工作表"成本计算"。参照表11.16建立"领料凭证汇总表",如图11.3所示。

图11.3 领料凭证汇总表初始图

**步骤4** 输入"领料凭证汇总表"中材料名称的公式。选择C5单元格,输入公式"C5=INDEX('领料单-生产PL4元件'!C:C,(ROW()-5)*12+7)"。

**注**:由于每张领料单有12行,C5在第五行,公式ROW()获取当前行数5;"(ROW()-5)*12+7"即(5-5)×12+7=7,则公式INDEX('领料单-生产PL4元件'!C:C,(ROW()-5)*12+7)获取到"领料单——生产PL4元件"工作表中的C列第7行。

**步骤5** 输入"领料凭证汇总表"中数量的公式。选择D5单元格,同理输入公式"D5=INDEX('领料单-生产PL4元件'!G:G,(ROW()-5)*12+7)"。

**步骤6** 选中C5:D5区域,向下拖动复制。

**步骤7** 同理输入其他产品材料名称和数量公式。结果如图11.4所示。

图11.4 领料凭证汇总表

**步骤8** 在"成本计算"工作表中,参照表11.17建立"产品领料汇总表",位置如图11.5所示。

图11.5 产品领料汇总表初始图

**步骤 9** 输入"产品领料汇总表"中生产 PL4 元件的数量公式"O6 = SUMIF(C: C, M6, D: D)"。向下拖动复制。

**步骤 10** 输入"产品领料汇总表"中生产 PL4 元件的成本公式"P6 = N6 * O6"。向下拖动复制。

**步骤 11** 同理输入其他产品公式。结果如图 11.6 所示。

(二) 请根据领料凭证编制产品领料汇总表。

**产品领料汇总表**

20×2年12月                                                        单位: 元

| 原料编码 | 原材料列表 原料名称 | 单价(元/千克) | 生产PL4元件 数量 | 成本 | 生产APM5元件 数量 | 成本 | 生产MK3元件 数量 | 成本 |
|---|---|---|---|---|---|---|---|---|
| A001 | 丝网 | 20.56 | — | — | 52.00 | 1 069.12 | — | — |
| A002 | 铭牌 | 50.00 | — | — | — | — | — | — |
| A003 | 垫圈 | 5.32 | 300.00 | 1 596.00 | — | — | 49.00 | 260.68 |
| A004 | 液位计原料 | 17.69 | — | — | — | — | — | — |
| A005 | SA333Cr1 | 11.11 | 500.00 | 5 555.00 | — | — | — | — |
| A006 | 焊条TS-345s | 43.59 | — | — | — | — | — | — |
| A007 | 焊条TS-309Z | 65.73 | — | — | 224.00 | 14 723.52 | 96.00 | 6 310.08 |
| A008 | 焊丝HT-50 | 57.26 | 600.00 | 34 356.00 | 47.00 | 2 691.22 | — | — |
| A009 | 焊丝H10MnSi | 7.98 | — | — | 58.00 | 462.84 | — | — |
| A010 | 焊剂ETCFX76B | 31.37 | 96.00 | 3 011.52 | — | — | 60.00 | 1 882.20 |
| A011 | 焊剂SJ603W | 15.38 | — | — | — | — | — | — |
| A012 | 焊剂SJ304 | 17.09 | — | — | — | — | 23.00 | 393.07 |
| | 合计 | | | 44 518.52 | | 18 946.70 | | 8 846.03 |

图 11.6 产品领料汇总表

## 任务 11.2 职工薪酬分配

### 11.2.1 任务分析

直接人工的基础数据来自工资结算表,即其中的产品直接生产工人的薪酬,由于薪资管理的典型项目中已经详细介绍过,本章直接使用应付职工薪酬分配表。

本任务需要判断不同部门和岗位的薪酬应记入的会计科目。

### 11.2.2 任务实现步骤

**步骤 1** 建立"职工薪酬分配计算表"。位置如图 11.7 所示。

(三) 请根据职工工资结算,完成应付职工薪酬分配计算表。(职工薪酬总额四舍五入,保留两位小数)

**应付职工薪酬分配计算表**

工资所属期: 20×2年12月01日至20×2年12月31日                     单位: 元

| 部门编码 | 部门 | 人员岗位 | 会计科目 | 工资总额 |
|---|---|---|---|---|
| 1 | 企业管理部门 | | | 21 177.00 |
| 2 | 市场调研部 | | | 56 658.50 |
| 3 | 财务部 | | | 57 007.75 |
| 4 | 人事部 | | | 36 500.30 |
| 5 | 运输部 | | | 49 794.61 |
| 6 | 销售部 | | | 127 316.05 |
| 7 | 采购部 | | | 58 705.60 |
| 8 | 生产车间 | PL4元件生产工人 | | 175 803.04 |
| 9 | 生产车间 | APM5元件生产工人 | | 303 289.86 |
| 10 | 生产车间 | MK3元件生产工人 | | 167 870.57 |
| 11 | 生产车间 | 管理人员 | | 56 700.49 |
| | | | 合计 | 1 110 823.77 |

图 11.7 职工薪酬分配计算表初始图

**步骤 2** 根据财务知识录入会计科目,如图 11.8 所示。

| 部门编码 | 部门 | 人员岗位 | 会计科目 | 工资总额 |
|---|---|---|---|---|
| | (三) 请根据职工工资结算,完成职工薪酬分配计算表。(职工薪酬总额四舍五入,保留两位小数) | | | |
| | **职工薪酬分配计算表** | | | |
| | 工资所属期:20×2年12月01日至20×2年12月31日 | | | 单位:元 |
| 1 | 企业管理部门 | | 管理费用 | 21 177.00 |
| 2 | 市场调研部 | | 管理费用 | 56 658.50 |
| 3 | 财务部 | | 管理费用 | 57 007.75 |
| 4 | 人事部 | | 管理费用 | 36 500.30 |
| 5 | 运输部 | | 销售费用 | 49 794.61 |
| 6 | 销售部 | | 销售费用 | 127 316.05 |
| 7 | 采购部 | | 管理费用 | 58 705.60 |
| 8 | 生产车间 | PL4元件生产工人 | 生产成本 | 175 803.04 |
| 9 | 生产车间 | APM5元件生产工人 | 生产成本 | 303 289.86 |
| 10 | 生产车间 | MK3元件生产工人 | 生产成本 | 167 870.57 |
| 11 | 生产车间 | 管理人员 | 制造费用 | 56 700.49 |
| | | | 合计 | 1 110 823.77 |

图 11.8 职工薪酬分配计算表

## 任务 11.3 辅助生产成本分配

### 11.3.1 任务分析

所谓辅助生产成本分配,是指对为产品生产提供服务而进行的辅助生产所发生的费用进行的分配。

辅助生产车间为提供劳务、作业所耗用的费用按辅助生产车间与劳务作业各业进行归集后,月终就需采用一定的方法将其费用在各受益对象之间进行分配。

如果企业有两个或两个以上的辅助生产车间,辅助车间除了为基本生产车间、管理部门等单位服务外,各辅助生产车间之间也会相互提供劳务,这时各辅助生产车间发生的辅助生产费用,不仅要对辅助生产车间以外的受益单位进行分配,还应在各辅助生产车间之间进行分配,而且在各辅助生产车间之间的分配应先于对辅助生产车间以外的单位和部门。

辅助生产费用分配的方法有直接分配法、顺序分配法、交互分配法、代数分配法和计划成本分配法等五种方法。

### 11.3.2 任务实现步骤

建立"辅助生产成本分配"工作表。参照表 11.19 和表 11.20,建立"辅助生产成本分配表"和"辅助生产车间提供的劳务量",如图 11.9 所示。

## 辅助生产成本分配表

20×2年12月

| 项目 | | 交互分配 | | | 对外分配 | | |
|---|---|---|---|---|---|---|---|
| | | 机修车间 | 供气车间 | 合计 | 机修车间 | 供气车间 | 合计 |
| 待分配费用 | | 81 000.00 | 71 400.00 | | | | |
| 劳务供应量 | | | | | | | |
| 分配率 | | | | | | | |
| 机修车间 | 数量 | | | | | | |
| | 金额 | | | | | | |
| 供气车间 | 数量 | | | | | | |
| | 金额 | | | | | | |
| 分配合计 | | | | | | | |
| 生产PL4元件用 | 数量 | | | | | | |
| | 金额 | | | | | | |
| 生产APM5元件用 | 数量 | | | | | | |
| | 金额 | | | | | | |
| 生产MK3元件用 | 数量 | | | | | | |
| | 金额 | | | | | | |
| 制造费用 | 数量 | | | | | | |
| | 金额 | | | | | | |
| 销售部门 | 数量 | | | | | | |
| | 金额 | | | | | | |
| 厂部 | 数量 | | | | | | |
| | 金额 | | | | | | |
| 合计 | | | | | | | |

### 辅助生产车间提供的劳务量

20×2年12月

| 辅助生产 | 生产PL4元件用 | 生产APM5元件用 | 生产MK3元件用 | 车间管理用 | 机修车间 | 供气车间 | 管理部门 | 销售部门 | 合计 |
|---|---|---|---|---|---|---|---|---|---|
| 机修车间(小时) | | | | 2 000 | | 1 000 | 500.00 | 1 000 | 4 500 |
| 供气车间(吨) | 12 000 | 11 000 | 10 000 | 8 000 | 3 000.00 | | 5 000.00 | 1 000 | 50 000 |

图 11.9 辅助生产成本分配表初始图

第一步:交互分配(对内分配)

**步骤1** 输入交互分配的劳务供应量公式"D7=K32""E7=K33"。

**步骤2** 输入交互分配的分配率公式"D8=D6/D7""E8=E6/E7"。

**步骤3** 输入供气车间为机修车间提供的劳务量和金额的公式"E9=G33""E10=E9*E8"。

**步骤4** 输入机修车间为供气车间提供的劳务量和金额的公式"D11=H32""D12=D8*D11"。

**步骤5** 输入交互分配的合计公式"D13=D6-D12+E10""E13=E6-E10+D12""F6=SUM(D6:E6)""F13=SUM(D13:E13)"。

第二步:直接分配(对外分配)

**步骤1** 输入对外分配的待分配费用"G6=D13""H6=E13"。

**步骤2** 输入对外分配的劳务供应量"G7=D7-D11""H7=E7-E9"。

**步骤3** 输入对外分配的分配率公式"G8=ROUND(G6/G7,4)""H8=ROUND(H6/H7,4)"。

**步骤4** 输入机修车间和供气车间为其他部门提供的劳务量和金额的公式。思路同对内分配公式。公式如图11.10所示,结果如图11.11所示。

## 辅助生产成本分配表

20×2年12月

| 项目 | | 交互分配 | | | 对外分配 | | |
|---|---|---|---|---|---|---|---|
| | | 机修车间 | 供气车间 | 合计 | 机修车间 | 供气车间 | 合计 |
| 待分配费用 | | 81000 | 71400 | =SUM(D6:E6) | =D13 | =E13 | =G6+H6 |
| 劳务供应量 | | =K32 | =K33 | | =D7-D11 | =E7-E9 | |
| 分配率 | | =D6/D7 | =E6/E7 | | =ROUND(G6/G7,4) | =ROUND(H6/H7,4) | |
| 机修车间 | 数量 | | =G33 | | | | |
| | 金额 | | =E9*E8 | | | | |
| 供气车间 | 数量 | =H32 | | | | | |
| | 金额 | =D8*D11 | | | | | |
| 分配合计 | | =D6-D12+E10 | =E6-E10+D12 | =SUM(D13:E13) | | | |
| =C31 | 数量 | | | | =C32 | =C33 | |
| | 金额 | | | | =G14*$G$8 | =H14*$H$8 | =G15+H15 |
| =D31 | 数量 | | | | =D32 | =D33 | |
| | 金额 | | | | =G16*$G$8 | =H16*$H$8 | =G17+H17 |
| =E31 | 数量 | | | | =E32 | =E33 | |
| | 金额 | | | | =G18*$G$8 | =H18*$H$8 | =G19+H19 |
| 制造费用 | 数量 | | | | =F32 | =F33 | |
| | 金额 | | | | =G20*$G$8 | =H20*$H$8 | =G21+H21 |
| 销售部门 | 数量 | | | | =J32 | =J33 | |
| | 金额 | | | | =G22*$G$8 | =H22*$H$8 | =G23+H23 |
| 厂部 | 数量 | | | | =I32 | =I33 | |
| | 金额 | | | | =G24*$G$8 | =H6-H15-H17-H19-H21-H23 | =G25+H25 |
| 合计 | | | | | =G15+G17+G19+G21+G23+G25 | =H15+H17+H19+H21+H23+H25 | =SUM(G26:H26) |

图 11.10 辅助生产成本分配表公式

## 辅助生产成本分配表

20×2年12月

| 项目 | | 交互分配 | | | 对外分配 | | |
|---|---|---|---|---|---|---|---|
| | | 机修车间 | 供气车间 | 合计 | 机修车间 | 供气车间 | 合计 |
| 待分配费用 | | 81 000.00 | 71 400.00 | 152 400.00 | 67 284.00 | 85 116.00 | 152 400.00 |
| 劳务供应量 | | 4 500.00 | 50 000.00 | | 3 500.00 | 47 000.00 | |
| 分配率 | | 18.000 0 | 1.428 0 | | 19.224 0 | 1.811 0 | |
| 机修车间 | 数量 | | 3 000.00 | | | | |
| | 金额 | | 4 284.00 | | | | |
| 供气车间 | 数量 | 1 000.00 | | | | | |
| | 金额 | 18 000.00 | | | | | |
| 分配合计 | | 67 284.00 | 85 116.00 | 152 400.00 | | | |
| 生产PL4元件用 | 数量 | | | | - | 12 000.00 | |
| | 金额 | | | | - | 21 732.00 | 21 732.00 |
| 生产APM5元件用 | 数量 | | | | - | 11 000.00 | |
| | 金额 | | | | - | 19 921.00 | 19 921.00 |
| 生产MK3元件用 | 数量 | | | | - | 10 000.00 | |
| | 金额 | | | | - | 18 110.00 | 18 110.00 |
| 制造费用 | 数量 | | | | 2 000.00 | 8 000.00 | |
| | 金额 | | | | 38 448.00 | 14 488.00 | 52 936.00 |
| 销售部门 | 数量 | | | | 1 000.00 | 1 000.00 | |
| | 金额 | | | | 19 224.00 | 1 811.00 | 21 035.00 |
| 厂部 | 数量 | | | | 500.00 | 5 000.00 | |
| | 金额 | | | | 9 612.00 | 9 054.00 | 18 666.00 |
| 合计 | | | | | 67 284.00 | 85 116.00 | 152 400.00 |

图 11.11 辅助生产成本分配表

> **知识链接**
>
> 交互分配法常用的方法是先在各辅助生产部门之间分配辅助生产费用,然后在辅助生产部门外的各部门进行分配。这种方法适用于各辅助生成部门之间提供的劳务量较多的情况。
>
> 具体做法是先在各辅助生产之间进行交互分配后的成本加上交互分配来的成本,直接分配给各辅助生产以外的受益对象。
>
> 第一步:交互分配(对内分配)。
>
> 交互分配率 = 某辅助生产车间交互分配前发生费用 ÷ 该辅助生产车间提供的产品或劳务数量
>
> 某辅助生产车间交互分配转出费用 = 该辅助生产车间交互分配率 × 该辅助生产车间为其他辅助生产车间提供的产品或劳务数量
>
> 交互分配转入的费用 = $\sum$(某辅助生产车间供应本车间的产品或劳务数量 × 该辅助生产车间交互分配率)
>
> 第二步:直接分配(对外分配)。
>
> 某辅助生产车间交互分配后的实际费用 = 该辅助生产车间交互分配前的费用 + 交互分配转入的费用 − 交互分配转出的费用
>
> 某辅助生产车间对外分配率 = 该辅助生产车间交互分配后的实际费用 ÷ 该辅助生产车间对外提供的产品或劳务数量
>
> 某产品或车间、部门应分配的费用 = 该产品或车间、部门受益的劳务量 × 某辅助生产车间对外分配率

## 任务11.4 制造费用归集和分配

### 11.4.1 任务分析

制造费用是指企业为生产产品和提供劳务而发生的各项间接费用,包括企业生产部门(如生产车间)发生的水电费、固定资产折旧、无形资产摊销、管理人员的职工薪酬、劳动保护费、国家规定的有关环保费用、季节性和修理期间的停工损失等。

制造费用按期归集,期末分配。制造费用的分配标准要根据企业实际情况(如共有性、比例性、易得性、可计量性和稳定性)指定。分配标准可以为产品的直接人工工时、直接人工成本、机器工时、直接材料成本或数量、直接成本和标准产量等。本案例以直接人工的工资金额为分配标准。

### 11.4.2 任务实现步骤

**步骤1** 建立"制造费用明细账"工作表。参照表11.21资料,编制制造费用明细账,如图11.12所示。

制造费用明细账可以为多栏式,这里使用三栏式的简化的制造费用明细账。

制造费用明细账

20×2年12月

| 月 | 日 | 凭证号数 | 摘要 | 借方 | 贷方 | 方向 | 余额 |
|---|---|---|---|---|---|---|---|
| 12 | 9 | 记-0033 | 检验费 | 7 500.00 | | 借 | 7 500.00 |
| 12 | 29 | 记-0066 | 分配电费 | 600.00 | | 借 | 8 100.00 |
| 12 | 29 | 记-0067 | 分配水费 | 11 250.00 | | 借 | 19 350.00 |
| 12 | 31 | 记-0068 | 计提折旧 | 3 610.00 | | 借 | 22 960.00 |
| 12 | 31 | 记-0072 | 办公费 | 120.00 | | 借 | 23 080.00 |
| 12 | 31 | 记-0076 | 分配工资 | | | 借 | |
| 12 | 31 | 记-0077 | 机修车间分配辅助生产成本 | | | 借 | |
| 12 | 31 | 记-0077 | 供气车间分配辅助生产成本 | | | 借 | |
| 12 | 31 | 记-0078 | 制造费用分配 | | | 平 | |
| 12 | | | 本月合计 | | | 平 | |

**图 11.12　制造费用明细账初始图**

**步骤 2**　输入制造费用中的工资计算公式“F10＝成本计算！P33”。

**步骤 3**　输入制造费用中辅助生产成本分配来的费用的计算公式“F11＝辅助生产成本分配！G21”“F12＝辅助生产成本分配！H21”。

**步骤 4**　输入制造费用余额列计算公式“I10＝I9+F10−G10”，将 I10 公式向下拖动复制，至 I13 单元格。“I14＝I13”。

**步骤 5**　输入制造费用分配金额计算公式“G13＝I12”。

**步骤 6**　输入制造费用借方贷方本月合计金额“F14＝SUM(F5:F13)”“G14＝SUM(G5:G13)”，结果如图 11.13 所示。

制造费用明细账

20×2年12月

| 月 | 日 | 凭证号数 | 摘要 | 借方 | 贷方 | 方向 | 余额 |
|---|---|---|---|---|---|---|---|
| 12 | 9 | 记-0033 | 检验费 | 7 500.00 | | 借 | 7 500.00 |
| 12 | 29 | 记-0066 | 分配电费 | 600.00 | | 借 | 8 100.00 |
| 12 | 29 | 记-0067 | 分配水费 | 11 250.00 | | 借 | 19 350.00 |
| 12 | 31 | 记-0068 | 计提折旧 | 3 610.00 | | 借 | 22 960.00 |
| 12 | 31 | 记-0072 | 办公费 | 120.00 | | 借 | 23 080.00 |
| 12 | 31 | 记-0076 | 分配工资 | 56 700.49 | | 借 | 79 780.49 |
| 12 | 31 | 记-0077 | 机修车间分配辅助生产成本 | 38 448.00 | | 借 | 118 228.49 |
| 12 | 31 | 记-0077 | 供气车间分配辅助生产成本 | 14 488.00 | | 借 | 132 716.49 |
| 12 | 31 | 记-0078 | 制造费用分配 | | 132 716.49 | 平 | - |
| 12 | | | 本月合计 | 132 716.49 | 132 716.49 | 平 | - |

**图 11.13　制造费用明细账**

**步骤 7**　在“成本计算”工作表中，参照表 11.22 编制制造费用分配表，本企业以生产工人的工资为分配标准，如图 11.14 所示。

(四) 请完成制造费用分配表，按生产工人工资金额分配。（分配率及分配金额不做四舍五入处理）

**制造费用分配表**

20×2年12月31日　　单位：元

| 产品名称 | 工资总额 | 分配率 | 分配金额 |
|---|---|---|---|
| PL4元件 | | | |
| APM5元件 | | | |
| MK3元件 | | | |
| 合计 | | | |

**图 11.14　制造费用分配表初始图**

**步骤8** 输入制造费用合计公式。制造费用合计即制造费用需分配的金额,应等于制造费用明细账的合计数。"O43=制造费用!G13"。

**步骤9** 输入产品的生产人员的工资总额和分配率计算公式,并计算分配金额。公式如图 11.15 所示,效果如图 11.16 所示。

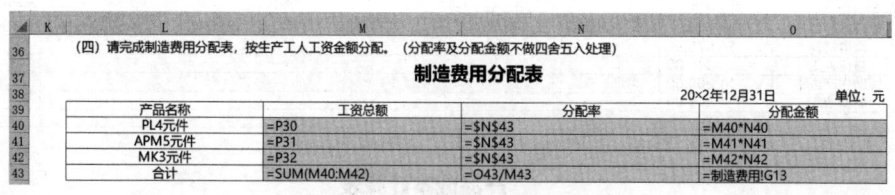

图 11.15 制造费用分配表公式

| | 产品名称 | 工资总额 | 分配率 | 分配金额 |
|---|---|---|---|---|
| | | | | 20×2年12月31日 单位:元 |
| 40 | PL4元件 | 175 803.04 | 0.21 | 36 063.80 |
| 41 | APM5元件 | 303 289.86 | 0.21 | 62 216.13 |
| 42 | MK3元件 | 167 870.57 | 0.21 | 34 436.55 |
| 43 | 合计 | 646 963.47 | 0.21 | 132 716.49 |

图 11.16 制造费用分配表

## 任务 11.5 产品成本计算表编制

### 11.5.1 任务分析

不同的企业,按生产工艺过程和生产组织的不同,产品成本计算方法也不同。通常所用的方法有品种法、分批法和分步法等。按产品品种计算成本,是产品成本计算最一般、最基本的要求,因此,品种法是最基本的成本计算方法。

### 11.5.2 任务实现步骤

**步骤1** 在"成本计算"工作表中,参照表 11.23 至表 11.25 编制各种产品的产品成本计算表,如图 11.17 所示。

**步骤2** 输入本月生产费用及合计计算公式。

直接材料本月生产费用公式"N51=P18"。

直接人工本月生产费用公式"N52=P30"。

辅助生产成本本月生产费用公式"N53=辅助生产成本分配!I15"。

制造费用本月生产费用公式"N54=O40"。

合计公式"M55=SUM(M51:M54)""N55=SUM(N51:N54)""O51=SUM(M51:N51)",将 O51 公式向下拖动复制到 O55。

**步骤3** 输入约当产量计算公式。

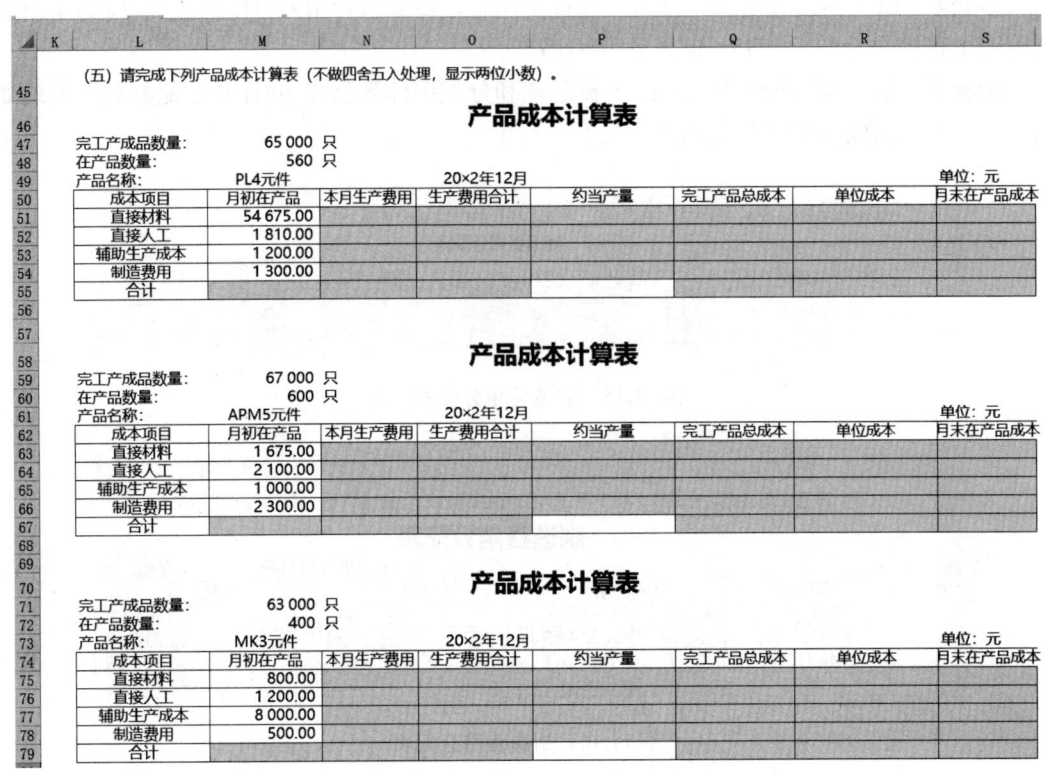

图11.17 产品成本计算表初始图

直接材料约当产量公式"P51＝M47+M48"。

直接人工约当产量公式"P52＝M47+M48*50%"。将P52公式复制至P53和P54，完成辅助生产成本和制造费用约当产量的计算公式。

**步骤4** 输入完工产品总成本计算公式"Q51＝O51/P51*$M$47"，将Q51公式向下拖动复制至P54，完成其他成本项目的完工产品总成本计算公式。

**步骤5** 输入单位成本计算公式"R51＝Q51/$M$47"，将R51公式向下拖动复制至R54，完成其他成本项目的单位成本计算公式。

**步骤6** 输入月末在产品成本计算公式"S51＝O51−Q51"，将S51公式向下拖动复制至S54，完成其他成本项目的单位成本计算公式。公式如图11.18所示。

图11.18 产品成本计算表——PL4元件

**步骤7** 同理编制其他产品成本计算表。结果如图11.19所示。

典型项目 11　生产成本核算

(五) 请完成下列产品成本计算表 (不做四舍五入处理, 显示两位小数)。

**产品成本计算表**

完工产成品数量：65 000 只
在产品数量：560 只
产品名称：PL4元件　　　　　　　　　　20×2年12月　　　　　　　　　　　　　　单位：元

| 成本项目 | 月初在产品 | 本月生产费用 | 生产费用合计 | 约当产量 | 完工产品总成本 | 单位成本 | 月末在产品成本 |
|---|---|---|---|---|---|---|---|
| 直接材料 | 54 675.00 | 44 518.52 | 99 193.52 | 65 560.00 | 98 346.23 | 1.51 | 847.29 |
| 直接人工 | 1 810.00 | 175 803.04 | 177 613.04 | 65 280.00 | 176 851.22 | 2.72 | 761.82 |
| 辅助生产成本 | 1 200.00 | 21 732.00 | 22 932.00 | 65 280.00 | 22 833.64 | 0.35 | 98.36 |
| 制造费用 | 1 300.00 | 36 063.80 | 37 363.80 | 65 280.00 | 37 203.54 | 0.57 | 160.26 |
| 合计 | 58 985.00 | 278 117.36 | 337 102.36 | | 335 234.63 | 5.16 | 1 867.73 |

**产品成本计算表**

完工产成品数量：67 000 只
在产品数量：600 只
产品名称：APM5元件　　　　　　　　　　20×2年12月　　　　　　　　　　　　　　单位：元

| 成本项目 | 月初在产品 | 本月生产费用 | 生产费用合计 | 约当产量 | 完工产品总成本 | 单位成本 | 月末在产品成本 |
|---|---|---|---|---|---|---|---|
| 直接材料 | 1 675.00 | 18 946.70 | 20 621.70 | 67 600.00 | 20 438.67 | 0.31 | 183.03 |
| 直接人工 | 2 100.00 | 303 289.86 | 305 389.86 | 67 300.00 | 304 028.54 | 4.54 | 1 361.32 |
| 辅助生产成本 | 1 000.00 | 19 921.00 | 20 921.00 | 67 300.00 | 20 827.74 | 0.31 | 93.26 |
| 制造费用 | 2 300.00 | 62 216.13 | 64 516.13 | 67 300.00 | 64 228.54 | 0.96 | 287.59 |
| 合计 | 7 075.00 | 404 373.69 | 411 448.69 | | 409 523.49 | 6.11 | 1 925.20 |

**产品成本计算表**

完工产成品数量：63 000 只
在产品数量：400 只
产品名称：MK3元件　　　　　　　　　　20×2年12月　　　　　　　　　　　　　　单位：元

| 成本项目 | 月初在产品 | 本月生产费用 | 生产费用合计 | 约当产量 | 完工产品总成本 | 单位成本 | 月末在产品成本 |
|---|---|---|---|---|---|---|---|
| 直接材料 | 800.00 | 8 846.03 | 9 646.03 | 63 400.00 | 9 585.17 | 0.15 | 60.86 |
| 直接人工 | 1 200.00 | 167 870.57 | 169 070.57 | 63 200.00 | 168 535.54 | 2.68 | 535.03 |
| 辅助生产成本 | 8 000.00 | 18 110.00 | 26 110.00 | 63 200.00 | 26 027.37 | 0.41 | 82.63 |
| 制造费用 | 500.00 | 34 436.55 | 34 936.55 | 63 200.00 | 34 826.00 | 0.55 | 110.56 |
| 合计 | 10 500.00 | 229 263.15 | 239 763.15 | | 238 974.08 | 3.79 | 789.08 |

图 11.19　产品成本计算表

## 任务 11.6　生产规划

### 11.6.1　任务分析

在生产计划表中给出了 PL4 元件、APM5 元件、MK3 元件 3 种产品所经过的加工生产线及在各生产线的单位产品加工工时, 各产品的单价以及各生产线所能提供的总加工工时, 各产品的计划单位成本采用上月的单位成本。假设没有销售订单等其他因素的影响。本任务利用规划求解计算: 全部产品的总利润最大时的 PL4 元件、APM5 元件、MK3 元件 3 种产品的产量(要求产品产量为整数)。

### 11.6.2　任务实现步骤

#### 11.6.2.1　启动规划求解功能

**步骤1**　执行"开发工具"|"Excel 加载项", 如图 11.20 所示。

图 11.20　Excel 加载项

**步骤 2** 选择"规划求解加载项",点击"确定",如图 11.21 所示。

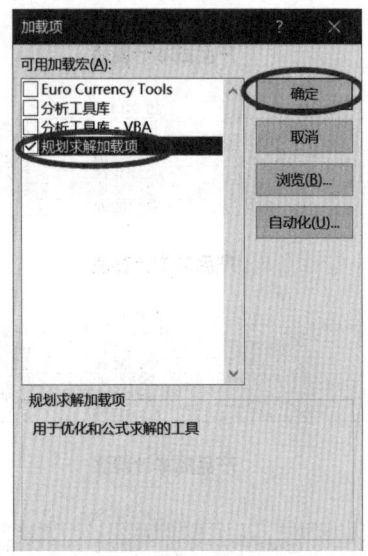

图 11.21 选择"规划求解加载项"

#### 11.6.2.2 编制生产计划表

**步骤 1** 新建"生产计划"表。参照表 11.26,编制"生产计划"表,如图 11.22 所示。

| | A | B | C | D | E | F | G | H |
|---|---|---|---|---|---|---|---|---|
| 1 | | | | 生产计划 | | | | |
| 2 | 计划期间: | | 20×3年1月 | | | | | |
| 3 | 项 目 | | 一号生产线 | 二号生产线 | 三号生产线 | 单位成本 | 单价 | 产品产量 |
| 4 | PL4元件 | | 0.002 | 0.003 | | — | 10.00 | |
| 5 | APM5元件 | | | 0.004 | 0.005 | — | 13.00 | |
| 6 | MK3元件 | | 0.003 | | 0.004 | — | 8.00 | |
| 7 | 车间提供的总工时 | | 600 | 720 | 650 | | 产品利润 | |
| 8 | 实际工时 | | | | | | | |

注:C 列、D 列、E 列为工时数。

图 11.22 生产计划初始表

**步骤 2** 输入各产品单位成本计算公式"F4 = 成本计算!R55""F5 = 成本计算!R67""F6 = 成本计算!R79"。

**步骤 3** 输入各生产线实际工时计算公式"C8 = C4 ∗ $H $4+C5 ∗ $H $5+C6 ∗ $H $6",将 C8 公式向右拖动复制至 E8,显示四位小数。

**步骤 4** 输入产品利润计算公式"F8=(G4-F4)∗H4+(G5-F5)∗H5+(G6-F6)∗H6"。

**步骤 5** 计算产品产量。执行"数据选项"卡下,"分析"组的"规划求解"加载项,如图 11.23 所示。

图 11.23 规划求解加载项

**步骤 6** 设置规划求解参数。设置目标为产品利润单元格 F8,选择最大值。将需求解的产品产量设为可变单元格。添加约束条件,由于实际工时应小于等于车间提供的总工时,因此需添加$C$8<=$C$7,$D$8<=$D$7,$E$8<=$E$7。同时要求产品产量为整数,因此添加约束条件$H$4:$H$6 为整数,如图 11.24 所示。

图 11.24　规划求解约束条件——取整

**步骤 7** 放回规划求解参数,如图 11.25 所示。

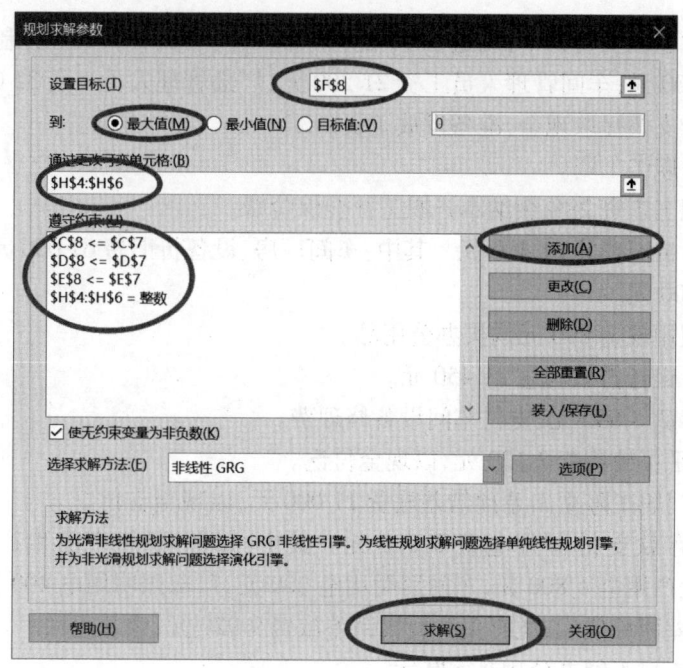

图 11.25　规划求解参数

**步骤 8** 求解。点击"求解",如图 11.26 所示。

| | A | B | C | D | E | F | G | H |
|---|---|---|---|---|---|---|---|---|
| 1 | | | | | 生产计划 | | | |
| 2 | | 计划期间: | 20×3年1月 | | | | | |
| 3 | | 项　目 | 一号生产线 | 二号生产线 | 三号生产线 | 单位成本 | 单价 | 产品产量 |
| 4 | | PL4元件 | 0.002 | 0.003 | | 5.157 5 | 10.00 | 163 636.00 |
| 5 | | APM5元件 | | 0.004 | 0.005 | 6.112 3 | 13.00 | 57 273.00 |
| 6 | | MK3元件 | 0.003 | | 0.004 | 3.793 2 | 8.00 | 90 908.00 |
| 7 | | 车间提供的总工时 | 600 | 720 | 650 | 产品利润 | | |
| 8 | | 实际工时 | 599.996 0 | 720.000 0 | 649.997 0 | 1 569 322.52 | | |

图 11.26　生产计划

## 实 战 训 练

练习产品生产业务的核算和产品成本的计算。

资料:嘉华公司是一家产品制造企业,20×2年2月份有关产品生产的资料如下:

(一)嘉华公司生产L500配件、L700配件两种产品。20×2年2月月初L500配件产品月初在产品成本为:直接材料15 000元,直接人工12 280元,其他直接费用1 300元,制造费用11 500元;L700配件产品月初在产品成本为:直接材料12 500元,直接人工11 140元,其他直接费用1 500元,制造费用1 800元。

(二)12月份发生下列业务:

1. 本月各种材料耗用汇总如下:制造L500配件产品领用A材料115 000元,制造L700配件产品领用B材料19 000元,车间一般消耗B材料11 200元,厂部一般消耗B材料1 800元。

2. 本月应付职工工资如下:制造L500配件产品工人工资94 000元;制造L700配件产品工人工资93 000元;车间管理人员工资21 200元;厂部管理人员工资32 000元。

3. 开出现金支票提取现金,准备发放工资。

4. 发放本月职工工资。

5. 按上述职工工资28%缴纳本月职工社会保险费。

6. 计提本月折旧费共81 400元。其中:车间厂房、设备折旧费61 000元,管理部门固定资产折旧费20 400元。

7. 管理部门用现金800元购买办公用品。

8. 预提本月银行借款利息21 450元。

9. 以银行存款8 600元,支付车间设备修理费。

10. 职工张平报销药费2 120元,以现金付讫。

11. 管理部门职工陈立出差预借差旅费11 000元,以现金支付。

12. 以银行存款支付本月电费3 600元。其中:L500配件产品生产用电1 200元,L700配件产品生产用电1 800元,车间照明用电200元,厂部照明用电400元。

13. 陈立出差回单位后,凭有关单据报销差旅费9 920元,余款退回。

14. 以现金支付车间办公用品520元。

要求:

1. 根据经济业务1至业务14,编制会计分录。

2. 编制"制造费用分配表",将"制造费用分配表"的有关数字,结转到"生产成本"账户中。

3. 月末,L500配件产品本月生产100件全部完工;L700配件产品生产200件中完工150件,月末在产品成本为:直接材料4 875元,直接人工3 135元,其他直接费用1 575元,制造费用3 642元。编制"产品成本计算表"并结转完工产品的成本。

# 附录　Excel 快捷键

1. 定位功能组合键
1）在工作表中移动和滚动向上、下、左或右移动单元格箭头键
2）移动到当前数据区域的边缘：Ctrl+箭头键
3）移动到行首：Home
4）移动到工作表的开头：Ctrl+Home
5）移动到工作表的最后一个单元格：Ctrl+End
6）向下移动一屏：Page Down
7）向上移动一屏：Page Up
8）向右移动一屏：Alt+Page Down
9）向左移动一屏：Alt+Page Up
10）移动到工作簿中下一个工作表：Ctrl+Page Down
11）移动到工作簿中前一个工作表：Ctrl+Page Up
12）移动到下一工作簿或窗口：Ctrl+F6 或 Ctrl+Tab
13）移动到前一工作簿或窗口：Ctrl+Shift+F6
14）移动到已拆分工作簿中的下一个窗格：F6
15）移动到被拆分的工作簿中的上一个窗格：Shift+F6
16）滚动并显示活动单元格：Ctrl+Backspace
17）显示"定位"对话框：F5
18）显示"查找"对话框：Shift+F5
19）重复上一次"查找"操作：Shift+F4
20）在保护工作表中的非锁定单元格之间移动：Tab

2. 处于 End 模式时在工作表中移动
1）打开或关闭 End 模式：End
2）在一行或列内以数据块为单位移动：End,箭头键
3）移动到工作表的最后一个单元格：End,Home
4）在当前行中向右移动到最后一个非空白单元格：End,Enter

3. 处于"滚动锁定"模式时在工作表中移动
1）打开或关闭滚动锁定：Scroll Lock
2）移动到窗口中左上角处的单元格：Home
3）移动到窗口中右下角处的单元格：End
4）向上或向下滚动一行：上箭头键或下箭头键

5）向左或向右滚动一列：左箭头键或右箭头键

4. 用于预览和打印文档

1）显示"打印"对话框：Ctrl+P

2）在打印预览中时：

（1）当放大显示时，在文档中移动：箭头键

（2）当缩小显示时，在文档中每次滚动一页：Page Up

（3）当缩小显示时，滚动到第一页：Ctrl+上箭头键

（4）当缩小显示时，滚动到最后一页：Ctrl+下箭头键

5. 用于工作表、图表和宏

1）插入新工作表：Shift+F11

2）创建使用当前区域的图表：F11 或 Alt+F1

3）显示"宏"对话框：Alt+F8

4）显示"Visual Basic 编辑器"：Alt+F11

5）插入 Microsoft Excel 4.0 宏工作表：Ctrl+F11

6）选择工作簿中当前和下一个工作表：Shift+Ctrl+Page Down

7）选择当前工作簿或上一个工作簿：Shift+Ctrl+Page Up

6. 选择图表工作表

1）选择工作簿中的下一张工作表：Ctrl+Page Down

2）选择工作簿中的上一个工作表：Ctrl+Page Up，End，Shift+Enter

7. 用于在工作表中输入数据

1）完成单元格输入并在选定区域中下移：Enter

2）在单元格中折行：Alt+Enter

3）用当前输入项填充选定的单元格区域：Ctrl+Enter

4）完成单元格输入并在选定区域中上移：Shift+Enter

5）完成单元格输入并在选定区域中右移：Tab

6）完成单元格输入并在选定区域中左移：Shift+Tab

7）取消单元格输入：Esc

8）删除插入点左边的字符，或删除选定区域：Backspace

9）删除插入点右边的字符，或删除选定区域：Delete

10）删除插入点到行末的文本：Ctrl+Delete

11）向上下左右移动一个字符：箭头键

12）移到行首：Home

13）重复最后一次操作：F4 或 Ctrl+Y

14）编辑单元格批注：Shift+F2

15）由行或列标志创建名称：Ctrl+Shift+F3

16）向下填充：Ctrl+D

17）向右填充：Ctrl+R

18）定义名称：Ctrl+F3

8. 设置数据格式

1）显示"样式"对话框：Alt+'（撇号）
2）显示"单元格格式"对话框：Ctrl+1
3）应用"常规"数字格式：Ctrl+Shift+~
4）应用带两个小数位的"货币"格式：Ctrl+Shift+$
5）应用不带小数位的"百分比"格式：Ctrl+Shift+%
6）应用带两个小数位的"科学记数"数字格式：Ctrl+Shift+^
7）应用年月日"日期"格式：Ctrl+Shift+#
8）应用小时和分钟"时间"格式，并标明上午或下午：Ctrl+Shift+@
9）应用具有千位分隔符且负数用负号（-）表示：Ctrl+Shift+!
10）应用外边框：Ctrl+Shift+&
11）删除外边框：Ctrl+Shift+_
12）应用或取消字体加粗格式：Ctrl+B
13）应用或取消字体倾斜格式：Ctrl+I
14）应用或取消下划线格式：Ctrl+U
15）应用或取消删除线格式：Ctrl+5
16）隐藏行：Ctrl+9
17）取消隐藏行：Ctrl+Shift+（ 左括号
18）隐藏列：Ctrl+0（零）
19）取消隐藏列：Ctrl+Shift+）右括号

9. 编辑数据

1）编辑活动单元格并将插入点放置到线条末尾：F2
2）取消单元格或编辑栏中的输入项：Esc
3）编辑活动单元格并清除其中原有的内容：Backspace
4）将定义的名称粘贴到公式中：F3
5）完成单元格输入：Enter
6）将公式作为数组公式输入：Ctrl+Shift+Enter
7）在公式中键入函数名之后，显示公式选项板：Ctrl+A
8）在公式中键入函数名后为该函数插入变量名和括号：Ctrl+Shift+A
9）显示"拼写检查"对话框：F7 键

10. 插入、删除和复制选中区域

1）复制选定区域：Ctrl+C
2）剪切选定区域：Ctrl+X
3）粘贴选定区域：Ctrl+V
4）清除选定区域的内容：Delete
5）删除选定区域：Ctrl+连字符
6）撤销最后一次操作：Ctrl+Z
7）插入空白单元格：Ctrl+Shift+加号

11. 在选中区域内移动

1）在选定区域内由上往下移动：Enter
2）在选定区域内由下往上移动：Shift+Enter
3）在选定区域内由左往右移动：Tab
4）在选定区域内由右往左移动：Shift+Tab
5）按顺时针方向移动到选定区域的下一个角：Ctrl+Period
6）右移到非相邻的选定区域：Ctrl+Alt+右箭头键
7）左移到非相邻的选定区域：Ctrl+Alt+左箭头键

12. 选择单元格、列或行

1）选定当前单元格周围的区域：Ctrl+Shift+*（星号）
2）将选定区域扩展一个单元格宽度：Shift+箭头键
3）选定区域扩展到单元格同行同列的最后非空单元格：Ctrl+Shift+箭头键
4）将选定区域扩展到行首：Shift+Home
5）将选定区域扩展到工作表的开始：Ctrl+Shift+Home
6）将选定区域扩展到工作表的最后一个使用的单元格：Ctrl+Shift+End
7）选定整列：Ctrl+Spacebar
8）选定整行：Shift+Spacebar
9）选定整个工作表：Ctrl+A
10）如果选定了多个单元格则只选定其中的单元格：Shift+Backspace
11）将选定区域向下扩展一屏：Shift+Page Down
12）将选定区域向上扩展一屏：Shift+Page Up
13）选定了一个对象，选定工作表上的所有对象：Ctrl+Shift+Spacebar
14）在隐藏对象、显示对象与对象占位符之间切换：Ctrl+6
15）显示或隐藏"常用"工具栏：Ctrl+7
16）使用箭头键启动扩展选中区域的功能：F8
17）将其他区域中的单元格添加到选中区域中：Shift+F8
18）将选定区域扩展到窗口左上角的单元格：Scrolllock，Shift+Home
19）将选定区域扩展到窗口右下角的单元格：Scrolllock，Shift+End

13. 处于 End 模式时展开选中区域

1）打开或关闭 End 模式：End
2）将选定区域扩展到单元格同列同行的最后非空单元格：End，Shift+箭头键
3）将选定区域扩展到工作表上包含数据的最后一个单元格：End，Shift+Home
4）将选定区域扩展到当前行中的最后一个单元格：End，Shift+Enter

14. 选择含有特殊字符单元格

1）选中活动单元格周围的当前区域：Ctrl+Shift+*（星号）
2）选中当前数组，此数组是活动单元格所属的数组：Ctrl+/
3）选定所有带批注的单元格：Ctrl+Shift+O（字母O）
4）选中行中不与该行内活动单元格的值相匹配的单元格：Ctrl+\
5）选中列中不与该列内活动单元格的值相匹配的单元格：Ctrl+Shift+|
6）选定当前选定区域中公式的直接引用单元格：Ctrl+[（左方括号）

7）选定当前选定区域中公式直接或间接引用的所有单元格：Ctrl+Shift+{（左大括号）

8）只选定直接引用当前单元格的公式所在的单元格：Ctrl+]（右方括号）

9）选定所有带有公式的单元格，这些公式直接或间接引用当前单元格：Ctrl+Shift+}（右大括号）